· 北京外国语大学大中小学外语国家教材建设重点研究基地
 （中国外语教材研究中心）成果
· 获得北京外国语大学"双一流"建设重大项目资助

外语教材研究丛书　　　总主编　孙有中

国外本土中文教材研究

刘杨 等著

外语教学与研究出版社
北京

图书在版编目（CIP）数据

国外本土中文教材研究 / 刘杨等著. -- 北京 ：外语教学与研究出版社，2025.5.
（外语教材研究丛书 / 孙有中主编）. -- ISBN 978-7-5213-6376-0
I. H195.4
中国国家版本馆 CIP 数据核字第 2025053FJ1 号

国外本土中文教材研究

GUOWAI BENTU ZHONGWEN JIAOCAI YANJIU

出 版 人	王　芳
选题策划	李会钦
项目负责	高　婷
责任编辑	张雪梅
责任校对	孙纪晓
封面设计	郭　莹　梧桐影
出版发行	外语教学与研究出版社
社　　址	北京市西三环北路 19 号（100089）
网　　址	https://www.fltrp.com
印　　刷	固安县铭成印刷有限公司
开　　本	650×980　1/16
印　　张	24.125
字　　数	423 千字
版　　次	2025 年 5 月第 1 版
印　　次	2025 年 5 月第 1 次印刷
书　　号	ISBN 978-7-5213-6376-0
定　　价	110.00 元

如有图书采购需求，图书内容或印刷装订等问题，侵权、盗版书籍等线索，请拨打以下电话或关注官方服务号：
客服电话: 400 898 7008
官方服务号: 微信搜索并关注公众号"外研社官方服务号"
外研社购书网址: https://fltrp.tmall.com

物料号: 363760001

记载人类文明
沟通世界文化
www.fltrp.com

作者团队

第一作者：刘　杨

第二作者：高雅茹　冀媛媛　刘田丰　谈　梦　荀佳月　朱旻文

第三作者：蔡　杨　陈文倩　李莹莹　孟昊萱　谭　越　王会欣
　　　　　张京京　周　倩

第四作者：曹　婷　陈柯佚　李雲鹏　廖鸿婧　林汉钊　钱奕竹
　　　　　陶怡涵　中英伦范

目　录

第七部分　日本本土中文教材研究

序　言

面对百年未有之大变局，提高人才培养质量是当前我国教育改革与发展的迫切任务。而人才培养的质量取决于两大根本支撑，其一是教师，其二就是教材。教材的重要性不仅在于它为教学提供知识内容与教学方法，而且在于它在很大程度上决定了人才培养的价值取向，即为谁培养人这一问题。在此意义上，教材成为国家事权。目前，我国教育界普遍认识到，教材必须体现党和国家意志，必须坚持马克思主义指导地位，体现马克思主义中国化要求，体现中国和中华民族风格，体现党和国家对教育的基本要求，体现国家和民族的基本价值观，体现人类文化知识积累和创新成果。

外语教材在我国教育体系中占有突出的重要地位。外语（特别是英语）是唯一贯穿我国基础教育和高等教育全过程的科目，又是直接输入外国文化特别是西方文化的科目，教学内容承载着各种意识形态和价值观，影响学生时间最长、人数最多。在高等教育阶段，外语不仅是人人必修的公共课程，而且成为最大的专业类课程之一。不仅如此，外语（专业）教学较之其他科目（专业）的教学，更多地依靠教材所提供的学习材料。就教材的种类和出版的数量而言，外语教材无疑名列前茅。因此，外语教材的建设和研究应受到特别重视。

当前，加强外语教材研究应着眼于两个基本目标。一是把握方向，即保障外语教材正确的价值导向，服务于立德树人与培养社会主义建设者和接班人的根本教育方针。二是提高质量，即根据外语教育教学的基本规律，结合我国外语教育教学的实践经验，揭示具有中国特色的外语教材编写理论与方法，打造融通中外的外语精品教材。

随着全国首届教材工作会议的召开，外语教材建设和研究进入新的发展时期。中国高等教育和外语教育的提质升级对外语教材建设和研究提出了一系列重大课题：在外语教材编写中，如何全面贯彻党的教育方针，落实立德树人的根本任务？如何扎根中国大地，站稳中国立场？如何体现社会主义核心价值观？如何加强爱国主义、集体主义、社会主义教育？如何引导学生坚定道路自信、理论自信、制度自信、文化自信，成为担当民族复兴大任的时代新人？在中观和微观层面，外语教材编写如何吸收语言学、应用语言学、教育学研究的最新成果？如何提炼和继承中国外语教育教学的宝贵经验并开拓创新？如何借鉴国际外语教材编写的先进理念与方法？在全面贯彻落实《教育信息化 2.0 行动计划》的时代背景下，外语教材如何支持和引领混合式教学、翻转课堂乃至慕课建设？一句话，外语教材如何为培养具有国际视野、中国情怀、思辨能力和跨文化能力的国际化人才提供坚实支撑？所有这些紧迫问题，都需要中国外语教材研究者用具有中国特色的理论与实践做出回答。

在此背景下，北京外国语大学作为国家大中小学外语教材建设重点研究基地，积极促进外语教材研究成果的产出与传播。中国外语教材研究中心与外语教学与研究出版社共同策划了"外语教材研究丛书"。本套丛书一方面积极引进国外外语教材研究经典著作，一方面大力推出我国学者的原创性外语教材研究成果。我们精选引进了一批国外外语教材研究力作，包括：

——《外语教材中的文化呈现》（*Representations of the World in Language Textbooks*）

——《英语教材研发：创新设计》（*Creativity and Innovations in ELT Materials Development: Looking Beyond the Current Design*）

——《英语教材研究：内容、使用与出版》（*English Language Teaching Textbooks: Content, Consumption, Production*）

——《英语教材研究：国际视角》（*International Perspectives on Materials in ELT*）

——《英语教材与教师角色：理论与实践》（*Teaching Materials and the Roles of EFL/ESL Teachers: Practice and Theory*）

——《语言教学材料的真实性设计》（*Designing Authenticity into Language Learning Materials*）

"他山之石，可以攻玉"，引进的目的在于批判性地借鉴和自主创新。同时我们也推出国内学者外语教材研究的优秀成果，首批包括：

——《新形态外语教材研究》

——《中国基础外语教材研究》

——《英语教学新发展研究：教材、教学与测评》

—《跨文化视野下国外中小学英语教材研究》

—《国外本土中文教材研究》

—《法国对外法语教材史研究：教学法视角》

—《世界主要非英语国家外语教材研究》

—《国际视域下新形态外语教材研究》

　　本套丛书为开放性丛书，后续将不断更新。期待本套丛书为中国外语教材研究提供理论启迪和实践指导，最终为中国特色外语教材的编写、使用、研究做出贡献。

孙有中

2023 年 10 月 30 日于北外

前　言

在全球化进程的加速推进中，中文凭借庞大的使用群体，国际影响力与日俱增。在此背景下，中文教材的编写与应用成为国际中文教育领域中至关重要的一环。

根据周小兵等（2014）[i] 的定义，"本土化"的含义为"考虑、反映学习者所在国情况（如社会制度、文化习俗、思维模式、母语特点等），根据学习特点、难点设计教学点与顺序、教学方式、练习等，以改善效果，减少冲突，适合外语在当地的教和学。"

与"本土化"相似的一些表述有"国别化""区域化"等，吴应辉（2013）[ii] 指出"本土化"教材可涵盖"国别化"和"区域化"教材，即"本土化"教材既可以指某一国家的"国别本土化"教材，也可以指一个区域的"区域国别化"教材，两个术语在使用时受到国籍的影响，中国人可能常混用两个概念，而外籍人士更倾向使用"本土化"。此外，"本土化"和"国别化"还存在使用环境的差别。国别化教材可以服务于学习者所在国的环境，也可以用于目的语环境，如学习中文的韩国人在韩国和中国都可以使用韩国国别化教材。而本土化教材通常指在学习者所在国的环境中使用，如韩国人在韩国使用本土中文教材。因此，本土化教材更能体现出海外教学的适用性。[iii]

本研究聚焦七个海外中文教学的核心区域，深入剖析各国本土中文教材的编写理念与实践状况，旨在为中国国际中文教材的编写工作提供参考与启示。

第一部分：美国本土中文教材的发展经历多个阶段，成果显著。部分教材在文化呈现方面仍存在视角局限与人物刻画缺失等问题。相比之下，《中文听说读写》教材所采用的"多维融合"与"联系驱动"的编写理念值得借鉴。

---

i　周小兵、陈楠、梁珊珊，2014，汉语教材本土化方式及分级研究，《华南师范大学学报（社会科学版）》（05）：73-78。

ii　吴应辉，2013，关于国际汉语教学"本土化"与"普适性"教材的理论探讨，《语言文字应用》（03）：117-125。

iii　感谢朱昱文老师提供上述文献，厘定"国外本土中文教材"概念的边界。

第二部分：英国的中文教育已融入国民教育体系，其本土中文教材在各学段教材体系中成果丰富。编写方面遵循多重标准。英国本土中文教材未来应加强政府协同、统一标准、均衡资源并深化数字化发展。

第三部分：德国中文教育与汉学研究紧密相关，其本土中文教材数量丰富，编写理念多样。但大学本土中文教材发展相对滞后，而中小学本土中文教材优势较为明显，未来在各领域均具广阔发展空间。

第四部分：法国本土中文教材丰富多样，编写多依据《欧洲语言共同参考框架》（简称"欧框"）与《法国基础教育阶段的中文教学大纲》（简称"法纲"），聚焦学生能力培育，但存在对大学生群体关注不足、内容滞后及网络词汇教学存在争议等问题。相关教材的中国文化呈现以社会生活内容为主，不够均衡。

第五部分：意大利的中文教学历史悠久，本土中文教材发展势头强劲，却存在数量不多、种类有限等问题。作者在系统分析的基础上，总结出教材编写应借鉴"三方合作"模式，并且要贴合当地教育实际、融入当地文化习俗等经验。

第六部分：俄罗斯的中文教育近年来发展迅猛，相关教学资源历经多阶段发展，但目前仍面临教材连贯性欠佳、资源供应不足等问题。相关教材文化呈现各具特色但仍存在文化元素维度选取不均、缺乏时代感等问题。

第七部分：日本中文教育历史底蕴深厚，但相关教材仍存在文化呈现不均衡、部分内容陈旧等状况。此外，教师自身认知与素养及多重因素相互交织，影响日本本土中文教材的使用。因此须优化教材内容，提升教师素养，开发多模态教材，以此提升教学效果。

结合现有研究，本书认为国外本土中文教材研究对中国编写自己的国际中文教材可形成以下六点借鉴：

一、贴合学习者文化背景与需求：中国的国际中文教材编写应精准调研，深入了解目标学习者所在国家的文化习俗、教育体系和学习习惯。此外，教材内容的选择和设计应与学习者的生活紧密相联，增强文化适应性，避免因文化差异导致的学习障碍。

二、与时俱进更新文化信息：中国的国际中文教材编写应建立动态更新机制，密切关注中国社会在科技、经济、文化等领域的发展，及时将新成果、新现象融入教材。同时，教材更新还应关注全球文化发展趋势，帮助学习者理解中国文化在世界文化中的地位和作用。

　　三、全面呈现中国文化：中国编写的国际中文教材应进一步拓宽文化内容的广度，增加如中国新兴科技产业、流行文化等当代文化元素的比重，同时深入挖掘传统文化内涵。在呈现方式上，灵活运用故事、案例、图片、图表等多种表现形式。

　　四、提高学习者参与度和兴趣：中国编写的国际中文教材应充分利用现代信息技术，开发配套的多媒体资源，如动画、视频、音频等，全方位展示中国文化。同时设计丰富的实践活动，让学习者在实践中感受中国文化，提升学习效果。

　　五、引导思考文化差异：中国编写国际中文教材的时候可在教材内容中增加文化对比的板块，引导学习者发现不同文化的独特之处，培养他们的全球视野和文化包容意识，提升他们的跨文化交际能力。

　　六、加强国际合作与交流：中国编写国际中文教材的时候可以邀请外方编者共同参与编写，发挥他们对当地文化和教育熟悉的优势，使教材内容更贴合当地实际，同时结合中国的实际情况，保持中国文化的特色。

　　综上所述，在全球化不断深入的当下，本书通过深度探究不同国家本土中文教材的编写理念与实践状况，期望助力中国国际中文教材编写与应用，促进不同文化间的交流与理解，让中文在全球的传播与交流中绽放更加绚烂的光彩。

刘　杨

北京外国语大学

2025 年 2 月 13 日

第一部分
美国本土中文教材研究

1 美国本土中文教材发展、编写和使用概况

陈文倩　曹　婷

1 引言

中文在美国作为第二外语的教学历程起始于大学，已经历一百四十多年的发展。这段历史不仅包括早期的汉学研究和战时的语言培训，还包括在大学的东亚系或现代语言文学系中设立的中文专业和多样化的暑期中文项目。随后，中文教育逐渐向主流的中小学系统扎根。中文的角色也经历了显著变迁：从最初被视为异国情调的稀奇语言，到少数语种，再到关键语言和国家急需语言。这一变化反映了中文在美国外语教育中的地位日益提升，现已成为美国重要的第二外语之一（李宇明、唐培兰 2020；梁霞 2021）。

中文教学在美国虽有悠久的历史，但直到 20 世纪末期，它才逐渐深入到基础教育阶段。1994 年，中文首次被纳入美国的大学入学考试（Scholastic Assessment Test），目的是鼓励中学生学习中文。进一步地，2003 年，美国大学理事会（The College Board）在高中生的"学业成绩考试（Advanced Placement）"中增设了中文科目。AP 中文项目使得优秀的高中生能够提前接触大学水平的中文课程，这不仅促进了高中与大学中文教学的衔接，也使中文教育与美国外语教育体系对接。如此一来，中文便成为了美国高中主流教育体系中的重要部分，同时也是高中生参加大学升学考试时的外语科目之一，成为提升学生学术履历的关键外语课程之一。这一变化显著提升了中文在美国基础教育中的地位。

2006 年，美国教育部和国防部联合宣布提升国民外语能力为国家教育政策的重点之一，其中中文被纳入"国家安全语言计划（National Security Language Initiative）"，成为八种关键语言之一。同年，美国首家中文沉浸式特许学校英华汉语学校（Yinghua Academy）的成立标志着中文教育正式进入美国主流中小学教育体系，且教育重点逐渐转向 K-12 教育体系，着力于中小学阶段的拓展。到了 2016 年，全美汉语语言与文化联盟（The National

Chinese Language and Culture Coalition）成立，这一联盟致力于从美国本土视角推动中文教学研究、教学资源开发与建设、课程设计与评估等方面的工作，推动美国中文教育进入更为本土化的发展阶段（任弘 2019）。

尽管美国国务院网站上将中文归类为对英语为母语的学习者来说是"超级难学的语言（Super-hard Languages）"[1]，但随着中文的战略地位逐步提升，美国中小学的中文学习人数也在稳步增长。从基础教育到高等教育阶段，中文教育都表现出良好的发展势头。

2　美国中文教育概况

美国是海外中文教学的重要区域之一，其发展历程起步早且成熟，对北美乃至世界其他地区产生了显著的引领和示范作用。作为美国外语教育体系的重要组成部分，中文教育已经发展超过百年，形成了一套从基础教育到高等教育完整、体系化及科学化的中文教育体系，并全面融入美国的国民教育体系（伍晨辰、梁宇 2023）。

在美国，中文教学主要由主流学校和非主流教育机构承担。主流学校是正规教育系统中的学校，如小学、中学、高中、大学、研究生院等，其中中文课程作为正式学科，以学分课的形式纳入教学大纲。主流学校以外的机构开设的中文课程则归入非主流教育机构的中文教学范畴，其中包括周末制的社区中文学校、政府机构如中央情报局和联邦调查局、军事学院如西点军校和美国国防语言学院、私立在线教育机构，以及中国政府通过侨办和孔子学院等提供的支持（姚道中、张光天 2010；梁霞 2020：41）。

到 2022 年底，美国已有 20 万所小学、初中和高中开设中文课程，其中超过 300 所学校提供沉浸式中文教学（人民网 2023）。根据美国国际教育委员会（American Councils for International Education）公布的全美 K-12 外语学生入学调研报告（The National K-12 Foreign Language Enrollment Survey Report）[2]，截至 2017 年，美国 K-12 基础教育阶段学习中文的学生人数达到 227 086 人，占外语学习总人数的 2.3%，使中文成为美国中小学生第四大外语。

1　U.S. Department of State, https://www.state.gov/foreign-language-training/ (accessed 14/12/2023)

2　American Councils for International Education https://www.americancouncils.org/sites/default/files/FLE-report-June17.pdf (accessed 14/12/2023)

在高等教育阶段，超过 400 多所大学，包括四年制综合性大学、文理学院以及社区大学提供中文及中文相关课程（梁霞 2020）。美国现代语言学会（Modern Language Association）[1]对美国境内 2455 所大学开展的语言学习调查统计显示，截至 2021 年共有 46 492 名美国大学生学习中文，中文课的注册人数排在大学外语课程中的第六位。

由此可以看出，中文教学在美国基础教育阶段已广泛开展，特别是沉浸式中文教育发展迅猛。随着中文在基础教育阶段的普及，很多学生在升入高等教育机构之前就已经开始学习中文，这不仅为他们在大学阶段的中文学习奠定了坚实的基础，也为美国高等教育中的中文教学提供了广阔的发展前景。

3　美国本土中文教材发展概况

3.1　美国本土中文教材的发展历程

在 20 世纪 80 年代之前，美国本土的中文教材主要用于满足传教、汉学研究、战时培训以及响应新政策的需求（梁霞 2020：98）。在这一时期，中文教材的出版主要集中在耶鲁大学出版社和哈佛大学出版社，服务于大学和少数高中的中文教学需求。这些教材的代表作包括：

表 1　20 世纪 80 年代以前的代表性本土中文教材

教材名称	出版年份	服务需求
《语言自迩集》（*Colloquial Chinese*）	1867	传教、汉学研究
《中文口语》（*Spoken Chinese*）	1946	战时培训
《国语入门》（*Mandarin Primer*）	1948	战时培训
《说汉语》（*Speak Mandarin*）	1948	战时培训
《华语对话》（*Chinese Dialogue*）	1953	战时培训
"德范克系列（*DeFrancis Series*）"教材	1963—1966	响应新政策

1　Modern Language Association https://www.mla.org/Resources/Guidelines-and-Data/Reports-and-Professional-Guidelines/Enrollments-in-Languages-Other-Than-English-in-United-States-Institutions-of-Higher-Education (accessed 14/12/2023)

　　《说汉语》和《华语对话》是耶鲁教材系统的基础（黄伯飞1980），它们为耶鲁大学后续发展的以听说法为主的中文教材系列奠定了坚实基础，特别强调听力和口语能力。1958年，随着"美国国防教育法案"的颁布，美国本土中文教材发展迎来了重大突破。耶鲁大学的汉学家德范克教授编写的系列教材《初级汉语课本》（*Beginning Chinese*）、《中级汉语课本》（*Intermediate Chinese*）和《高级汉语课本》（*Advanced Chinese*）首次引入了汉语拼音和简体字，这些教材在20世纪70、80年代成为美国最受欢迎且使用最广泛的本土中文教材（姚道中2014）。除此之外，由耶鲁大学出版社发行的《中国文化二十讲》（*Twenty Lectures on Chinese Culture*）等其他教材也广受学习者的推崇和使用（盛译元2016）。

　　20世纪80年代以后，美国本土中文教材在数量和质量上都实现了跨越式的发展。1979年，在美国波士顿成立的剑桥出版社（Cheng & Tsui）致力于"让亚洲走向世界"，专门出版亚洲语言教科书和多媒体教育资源。该出版社陆续推出了四十多种满足不同学习阶段和语言水平的本土中文教材。剑桥出版社与大华风采有限公司（Better Chinese Ltd.）等出版机构一同成为了美国中文教材出版的核心力量。此外，美国的高校出版社对中文教材的出版，尤其是大学阶段的教材，也扮演着重要角色，已经出版了七十余种用于初、中、高级别的综合教材，以及用于商务、旅游、文学等多种用途的专门教材。其中，普林斯顿大学出版社出版的，由周质平教授与其团队编写的"普林斯顿系列"中文教材最负盛名。

表2　美国中文教材的主要出版机构名称以及代表性教材

序号	出版机构名称	适用学段	代表性教材
1	美国剑桥出版社 Cheng & Tsui	小学至大学	《中文听说读写》（*Integrated Chinese*） 《趣学中文》（*Go Far with Chinese*） 《在商言商》（*Close the Deal*）
2	大华风采有限公司 Better Chinese Ltd.	学前至高中	《快乐幼儿华语》（*My First Chinese Words*） 《快乐儿童华语》（*My First Chinese Readers*）
3	EMC Publishing	学前至小学	《奇多多到我家》（*Kids Interactive Chinese: home, sweet home*） 《真棒！》（*Zhen Bang!*）

（待续）

（续表）

序号	出版机构名称	适用学段	代表性教材
4	Evergreen Publishing	小学	《中文一二三》（ *Chinese 1-2-3: A Textbook for Elementary Mandarin Chinese* ）
5	普伦蒂斯·霍尔（培生教育集团）Prentice Hall (Pearson Education)	中学至大学	《中文天地》（ *Chinese Link* ）
6	美国巴伦教育出版公司 Barron's Educational Series, Inc.	小学至中学	《AP 中文语言与文化》（ *Barron's AP Chinese Language and Culture* ）《易学中文》（ *Mandarin Chinese the Easy Way* ）
7	全美中文学校联合总会教育研究发展委员会 Education Research and Development Committee of the National Council of Associations of Chinese Language Schools	小学至中学华裔学生	《美洲华语》（ *Meizhou Chinese* ）
8	Homa&Sekey Books	中学至大学	《筷子叉子 双管齐下》（ *The Chopsticks-fork Principle X 2* ）
9	肯德尔·亨特出版公司 Kendall Hunt Publishing	大学	《汉语指南：综合汉语案例详解（初级）》（ *First-Year Chinese: A Complete Study Guide: A Collection of Examples, Drills, and Exercises for Integrated Chinese* ）
10	普林斯顿大学出版社 Princeton University Press	大学	《中文入门》（ *Chinese Primer* ）《事事关心》（ *All Things Considered* ）《中国啊！中国》（ *Oh, China! An Elementary Reader of Modern Chinese for Advanced Beginners* ）
11	印第安纳大学出版社 Indiana University Press	大学	《互动》（ *Interactions* ）《心系中国》（ *Connections* ）《放眼中国》（ *Encounters* ）初、中、高级系列
12	哥伦比亚大学出版社 Columbia University Press	大学	《超越》（ *Advancing in Chinese* ）《大学语文》（ *A Primer for Advanced Beginner s of Chinese* ）

（待续）

（续表）

序号	出版机构名称	适用学段	代表性教材
13	华盛顿大学出版社 University of Washington Press	大学	《中国当代短篇小说：人性的思考》（*Advanced Reader of Contemporary Chinese Short Stories: Reflections on Humanity*）
14	乔治城大学出版社 Georgetown University Press	大学	《职场中文（入门篇）》（*Working Languages series: Working Mandarin for Beginners*）
15	哈佛大学出版社 Harvard University Press	大学	《新编实用文言文入门》（*A New Practical Primer of Literary Chinese*）

由表 2 可知，多数出版机构覆盖从小学到大学的教育阶段的中文教材，但也有专注于更细分阶段（如学前或仅大学）的机构。例如：EMC Publishing 主要针对学前至小学，而大学出版社则专注于大学层面。

3.2　高中、大学阶段的本土中文教材

高中生是美国中文学习的重要力量，他们的数量直接影响着大学中文课程的报名人数。由于高中和大学阶段的中文教材往往相似，本章节将主要探讨在美国高中和大学广泛使用且正式出版的纸质教科书。本章节的教材信息主要通过查阅剑桥出版社等美国主要出版机构的官方网站、美国中文教师学会从 2003 年至 2024 年的通讯中的"新书快递"板块，以及美国部分高校出版社网站收集整理而来。

在美国，高中和大学阶段使用的本土中文教材可以分为三种类型。第一类是由美国华裔中文教师主编、面向中文作为第二语言的学习者的教材，这包括专门为 AP 中文课程设计的教材。这类教材主要被正规教育体制内的机构采用，如中学、大学、研究生院以及高校的暑期项目等。它们占美国本土中文教材的大多数。第二类是由美国华裔中文教师或华文教师编写，针对具有华裔背景的学生，将中文视为传承语言的教材，这类教材多用于社区学校或设有华裔班的高校，部分教材也被用于中文沉浸式项目。第三类是由将中文作为外语学习的美国人，即"老外"，编写的教材，这些教材通常在大学和政府机构开设的语言学校中使用。

3.2.1 华裔中文教师主编、面向中文作为第二语言学习者的代表性教材

根据表3可知，由美国华裔中文教师主编、面向中文第二语言学习者的中文教材涵盖了高中和大学阶段不同语言水平学习者的需求。初级中文教材以通用型教材为主，内容较为全面，符合初级学习者对基础语言知识、语言技能和语境的需求，适用于各种学习场景，如《中文听说读写》《趣学中文》和《走向未来：新中文教程》。中级教材则更多涵盖了阅读类教材，同时也包括一些听力类教材，适合学习者提升专项语言技能和篇章阅读与理解能力。初、中级教材大多提供多媒体课件、教师用书、练习册、音频、视频等教学辅助资源，这些资源有助于增强学习效果。随着级别的提升，教材内容从综合类逐渐转向专注于阅读和写作的技能提升，其中还有专门针对商务、戏剧、文学等领域的教材，适合具有一定中文基础的学习者进一步提高语言水平和在特定领域使用中文的专业能力，如《高级汉语：意图、技巧和表达》《新航道》和《体演〈春草〉》。有别于其他国家和地区的本土中文教材，美国出版的大部分中文教材使用繁体字和简体字并存的方式，这样一来可以满足不同地区学习者的需求。

表3 华裔中文教师主编、面向中文作为第二语言学习者的代表性教材

教材名称	适用级别	教材用途	教材功能	字体	出版年份
《中文入门》（Chinese Primer）	初级	通用型	综合类	简繁体	2007
《职场中文（入门篇）》（Working Languages series: Working Mandarin for Beginners）	初级	专用型	综合类	简体	2007
《欢迎》（An Introduction to Chinese）	初级	通用型	综合类	简体	2009
《起步》（First Step）	初级	通用型	综合类	简繁体	2014
《汉语指南：综合汉语案例详解（初级）》（First-Year Chinese: A Complete Study Guide: A Collection of Examples, Drills, and Exercises for Integrated Chinese）	初级	通用型	综合类	—	2016
《中文交流》（Communicating in Chinese）	初、中级	通用型	综合类	简繁体	1993

（待续）

（续表）

教材名称	适用级别	教材用途	教材功能	字体	出版年份
《中文听说读写》（Integrated Chinese）	初、中级	通用型	综合类	简繁体	1997
《新世纪商用汉语》（Startup Business Chinese）	初、中级	专用型	综合类	简繁体	2006
《通向中国》（Chinese Odyssey）	初、中级	通用型	综合类	简繁体	2007
《走向未来：新中文教程》（Chinese for Tomorrow）	初、中级	通用型	综合类	简繁体	2008
《中文天地》（Chinese Link）	初、中级	通用型	综合类	简繁体	2010
《沟通》（Making Connections）	初、中级	通用型	听力类	简繁体	2012
《新编中文课外阅读丛书》（Tales and Traditions）	初、中级	通用型	阅读类	简繁体	2015
《趣学中文》（Go Far with Chinese）	初、中级	通用型	综合类	简繁体	2020
《筷子叉子 双管齐下》（The Chopsticks-fork principle * 2）	初、中、高级	通用型	阅读类	简繁体	2008
《现代汉语中级读本》（Intermediate Reader of Modern Chinese）	中级	通用型	阅读类	简繁体	1992
《大为和海琳在中国》（David and Helen in China: An Intermediate Course in Modern Chinese）	中级	通用型	综合类	简繁体	1999
《华夏行》（A Trip to China）	中级	通用型	综合类	简繁体	1995
《新的中国》（A New China）	中级	通用型	阅读类	简繁体	1999
《人物传记》（Chinese Biographies）	中级	通用型	阅读类	简繁体	2015
《故事内外》（Expressive Chinese）	中级	通用型	阅读类 写作类	简繁体	2021
《乐在沟通》（Beyond the Basics）	中、高级	通用型	综合类	简繁体	2008
《AP 中文考试 5 分冲刺》（Strive for a 5: AP Chinese Practice）	中、高级	专用型	综合类	简繁体	2010

（待续）

（续表）

教材名称	适用级别	教材用途	教材功能	字体	出版年份
《超越》（*Advancing in Chinese*）	中、高级	通用型	综合类	简繁体	2010
《AP 中国语言文化》（*Barron's AP Chinese Language and Culture*）	中、高级	专用型	阅读类	简繁体	2014
《龙文墨影》（*Language of the Dragon*）	高级	专用型	阅读类	繁体	1999
《事事关心》（*All Things Considered*）	高级	通用型	阅读类	简繁体	2001
《高级汉语：意图、技巧和表达》（*Advanced Chinese: Intention, Strategy, and Communication*）	高级	通用型	阅读类	简体	2004
《名作导读与写作》（*Masterworks Chinese*）	高级	通用型	阅读类 写作类	简繁体	2005
《在商言商》（*Close the Deal*）	高级	专用型	综合类	简繁体	2005
《无所不谈》（*Anything Goes*）	高级	通用型	阅读类	简繁体	2006
《新实用古代汉语教程》（*A New Practical Primer of Literary Chinese*）	高级	专用型	阅读类	简繁体	2007
《变化中的中国》（*Reading into a New China*）	高级	通用型	阅读类 写作类	简繁体	2009
《体演〈春草〉》（*Perform* Chun Cao）	高级	专用型	综合类	简繁体	2019
《新航道》（*New Pathways*）	高级	专用型	阅读类	简繁体	2018

AP 中文课程和考试连接起美国高中与大学之间的中文教学，有效解决了教育连贯性的问题，同时也提高了高中生的学习动力。高中阶段的中文教材编写在遵循美国外语教育政策和中文教学大纲的基础上，往往会结合 AP 考试的要求，满足学生升学需求。这些教材经过精心设计，旨在提升学生的语言运用能力和对文化的理解水平。尽管美国大学理事会并没有对 AP 中文课程与考试的具体教材做出规定，但针对这一需求编写的教材越来越多。特别为 AP 中文课程与考试编写的本土教材主要包括阅读类教材《AP 中国语言文化》和服务于考试的《AP 中文考试 5 分冲刺》（*Strive for a 5: AP Chinese Practice*）。除了这两本教材，通用型教材如《中文听说读写》《趣学中文》《超越》《通向中国》《走向未来》，以及阅读类教材《中国文化阅读系

列》也常用于 AP 中文课程。使用教材之余，AP 课程的授课教师还会利用美国大学理事会提供的在线课程系统"AP Classroom"作为补充（陈贝颖等2021）。该教学系统包含了讲解、练习和评分等多个环节，有助于学生更好地掌握考试要求，提高应试能力。

在大学阶段，由于没有统一的大纲要求，中文教材的编写更加灵活多样。各个大学或出版社会根据自身的教学理念和学生需求来编写教材。除了中文作为语言课程的教材外，一些高校还设有中国宗教、商务中文、古代文学、当代中国文学以及中国文化等课程，这些课程的教材多由任教老师编写。这种多样性使得学生在大学学习中可以接触到不同风格和内容的教材，有助于拓展他们的学习视野和知识广度。

3.2.2　华裔中文教师或华文教师编写的面向华裔学生的本土中文教材

面向华裔学生的本土中文教材以综合教材为主。该类教材覆盖小学至大学各阶段，但相比前两类教材，种类和数量都十分有限。高中阶段面向华裔学生的本土教材以马立平中文系列和《美洲华语》系列为主，部分社区中文课程还使用中国大陆编写的教材，如暨南大学出版社出版的《中文》系列与北京大学出版社出版的《新双双中文教材》系列，或是中国台湾地区编写的《远东少年中文》等。为了增强课程的吸引力，满足华裔高中生的学习需求，越来越多中文学校从九年级开始使用巴伦教育出版公司出版的《AP 中国语言与文化》。在大学阶段，《大学语文》和《中国啊！中国》两本教材是华裔中文班的专用教材。除了少数开设华裔中文班的高校，大多数美国大学里的中文课程并不对华裔与非华裔学生开展分班教学，他们使用的教材多为通用型的《中文听说读写》。

表 4　面向华裔学生的本土中文教材

教材名称	作者	出版机构	适用学段	出版年份
《马立平海外华裔儿童中文教材》	马立平	斯坦福中文学校	小学至高中	1994
《美洲华语》	许笑浓	全美中文学校联合总会教育研究发展委员会	小学至中学	2010
《中国啊！中国》	Perry Link Xuedong Wang Chih-p'ing Chou	普林斯顿大学出版社	大学	1997
《大学语文》	Duanduan Li	哥伦比亚大学出版社	大学	2004

值得关注的是，2023 年，由四位美国华裔大学中文教师共同编写的《传承中文》(*Modern Chinese for Heritage Beginners: Stories about Us*) 在英国劳特利奇 (Routledge) 出版社出版。该教材专为美国高中和大学中文传承语学习者编制，旨在启发他们反思自己的身份，了解美国的华裔历史，拥抱自己的文化遗产。由于该教材并非在美国本土出版，因此未纳入表 4 中。

3.2.3 由中文作为外语的"老外"编写的代表性教材

表 5　由中文作为外语的"老外"编写的代表性教材

教材名称	编者	出版社	出版年份	适用水平
《初级汉语课本》(*Beginning Chinese*)	约翰·德范克 John DeFrancis	耶鲁大学出版社 Yale University Press	1963	初级
《中级汉语课本》(*Intermediate Chinese*)			1964	中级
《高级汉语课本》(*Advanced Chinese*)			1966	高级
《汉语基础教材》(*Learning Chinese: A Foundation Course in Mandarin*)	魏久安 Julia Wheatley	耶鲁大学出版社 Yale University Press	2010、2014	初、中级
《汉语动词和语法精要》(*Chinese Verbs & Essentials of Grammar*)		麦格劳·希尔教育 McGraw-Hill Education	2014	初、中级

除了华裔教师外，将中文作为外语学习的非华裔教师也凭借自己的中文学习经验，编写了不少适合英语母语者的中文教材，除了早期的德范克系列教材外，最具代表性的当属由魏久安 (Julian Wheatley) 所编、耶鲁大学出版社出版的《汉语基础教材》。

该教材分为上下两部：上部主要教授口语，采用拼音作为教学语码；下部则引入了汉字，主要用于教授书面语。这两部分教材虽然内容相关，但可以独立使用或相互配合，各自形成完整的体系。教材采用繁体和简体字，通过归纳法和高频篇章，帮助学生在真实语境中自然学习汉字。内容丰富且层次清晰，作者根据自己的学习经历，精心编排话题，采用循序渐进的方式教学，并在每课末尾设计对话或叙述以强化关键话题。此外，教材还为自学者提供了丰富的书面练习和录音资料，易于转化为课堂活动，且可以通过网络等手段进行补充学习。

3.3　美国高中、大学本土中文教材的特点

　　美国已具备本土中文教材自主研发能力和本土供给能力（马箭飞等2021），其种类丰富且多样化。高中和大学阶段的本土中文教材覆盖了美国学生从初学到高级阶段的不同需求，既有针对听、说、读、写全面技能训练的通用教材，也有专注于提升特定中文技能的教材。更有面向商务、旅游、文学等领域的专门教材，这些都符合美国的教育制度和理念，并通过商业化运营接触更广泛的市场。

　　此外，教材开发实现了全流程化，配套资源丰富，包括教学课件、挂图、字卡、词卡、练习册、阅读和测试资料等。特别是在高中阶段，数字化和线上资源的使用更为广泛，反映了教材向多媒体和互动式学习的演进。这些创新不仅增强了学习效果，也适应了当前的教育趋势。

　　在内容设计方面，针对高中生的教材贴近学生的实际生活，符合他们的学习特点和学校的课程设置。而大学阶段的教材则容量更大，更多地集中于中美文化和跨文化交流能力的培养，例如普林斯顿系列教材从美国学生的视角深入探讨中美文化差异。

　　在教材编写方面，严格遵循 ACTFL 标准和 AP 考试的要求，尤其是 AP 中文课程，不仅作为常规课程，还强调应试技巧，关注学生的大学入学和学分获取。教材在话题选择、练习设计等方面体现了考教结合的原则。

　　在教学方法上，本土中文教材突出主流教学法（罗春英2010）。例如，《基础汉语教材》注重听力和口语，采用听说法；《中文听说读写》和《趣学中文》采用交际法原则，强调学生的互动和交流；而《中文交流》《汉语和中国文化》等教材则采用任务型教学法，更注重实际交流技能的培养。此外，像《互动汉语》和《心系中国》等系列，则展示了认知法的应用，以及《中文：在文化中交流》和《体演〈春草〉》等体现了体验文化教学法的特色。这些教材的多样性和专业性极大地丰富了美国高中和大学阶段的本土中文教学资源，满足了各种学习需求。

3.4　美国本土中文教材的编写理念与原则：以《趣学中文》为例

　　《趣学中文》是一套专为美国初、高中生设计的基于能力的中文教材系列，由剑桥出版社于2020年出版[1]。这套教材的核心课程和顺序参考了在美国大

---

[1]　美国剑桥出版社 https://www.cheng-tsui.com/browse/go-far-with-chinese (accessed 15/11/2023)

学中广泛使用的初级中文教材《中文听说读写》，是第一套将中学中文课程和大学中文课程进行有效衔接衔的本土中文教材。该系列涵盖了《中文听说读写》第一卷和第二卷的所有语法和基础词汇。在高中阶段完成《趣学中文》系列后，学习者即可在大学阶段无缝对接《中文听说读写》第三卷和第四卷。

该教材系列采用反向设计理念，首先确定学习目标，然后评估这些目标的达成情况，最后基于这些评估来设计和安排教学活动。这种理念旨在提高学生的实际交流能力，使他们能够在真实场景中有效沟通。在反向设计理念的指导下，教材通过漫画故事和情境教学法激发学生的学习兴趣和专注力，提供丰富的真实语料练习帮助学生体验中国文化和日常生活，增强语言的实用性。此外，在线学习资源和互动平台的设置还进一步增强了教学的互动性和学习的趣味性。

在设计和格式上，《趣学中文》充分考虑了美国中学生的学习习惯、特点和偏好，采用漫画形式循序渐进地呈现学习内容。同时，教材考虑到美国教学体制和外语课程的学习时长特点，严格控制每一课和每一单元的学习内容与体量，注重通过多种形式复现新知识。这种方法不仅使中文学习过程更吸引人和有效，而且提升了学生的学习成就感。课程内容与中学生的日常生活紧密相关，例如包括宠物等生活话题，以提高中文学习的趣味性和吸引力。

在词汇教学方面，《趣学中文》优先引入高频功能性词汇，并精选与青少年生活紧密相关的词汇，增加学习的兴趣和实用性。语法教学则采用启发式方法，把语法知识融入实际语境中，鼓励学生先理解句子的整体意义，逐步深入掌握语法细节。教材强调通过真实且有意义的交流任务来进行教学，避免机械重复，促使学生尽早进行真实对话。

此外，教材还包括分级阅读材料、交互式学习资源和系统的语言结构讲解，以及文化和语言的综合教学，这些都旨在提高学生对中文和中国文化的深入理解。教材提供多样化的教学选择和支持，允许教师根据学生的需求灵活安排课程。在为教师准备的资源包中配有多条个性化和差异化的教学建议，使教师能够轻松调整课程以适应不同学生。从问世至今，这套教材已逐步在美国的中学中文课堂上推广开来，深受师生欢迎。

4　美国本土中文教材使用情况研究

研究关于美国本土中文教材的使用情况始于20世纪80年代。从那时起，随着教学理念和方法的持续更新，美国本土的中文教材开始呈现出多样化的变化，以适应不同的学习需求。这种教材的功能和用途的多元化，促使越来越多的中文教育学者关注到这一领域。针对美国本土中文教材的使用情况，相关的调查和研究也逐步开展。以下是按时间顺序排列的代表性文章和调查报告：

表 6　美国本土中文教材研究的代表性文章和调查报告

作者	文章 / 报告名称	调查对象	调查时间
黄伯飞	《四十年代以来在美国所用的汉语汉文教材》	20 世纪 40 至 70 年代美国学校使用的初级和中级汉语教材	1980
全美中小学中文教师协会	"Chinese Textbook Survey" [1]	美国中小学使用的中文教材	2003
王静	《关于美国高校对外汉语教师及教材的调查报告》	美国 45 所大学使用的中文教材	2008
罗春英	《美国汉语教材现状综述》	美国大中小学使用的中文教材	2010
Li et al.	"CLTA 2012 Survey of College-Level Chinese Language Programs in North America"	美国高校中使用的中文教材	2012
Liu	博士论文 "Representations of culture in Chinese language textbooks for k-16 Chinese language learners in the United States: examining cultural literacy in Chinese language education"	美国幼儿园至大学阶段，设有中文项目的 760 所学校所使用的中文教材	2016
陈贝颖等	《美国外语教育政策对中文教育的影响及中文教学资源现状》	美国中文教育资源	2021

从表 6 中的数据可以看出，美国本土中文教材的研究涵盖了从幼儿园到大学不同教育阶段，并且跨越了从 20 世纪 40 年代到 21 世纪的广泛时间段。这些调查和研究主要集中在教材的使用情况、教学资源的现状，以及教育政策对中文教育的影响。此外，美国中文教材的调查研究主要集中在大学教育阶段，而针对中小学阶段的具体研究相对较少。尽管美国有许多中小学设有中文课程，这些学校所使用的中文教材种类和数量存在明显差异。2003 年，全美中小学中文教师协会对中小学的中文教材使用情况进行了详细调查，但之后关于中小学中文教材使用的专门调查报告十分有限。

1　全美中小学中文教师协会 https://www.classk12.org

4.1 大学阶段的本土中文教材研究

美国大学阶段的本土中文教材研究显示了几个显著的发展趋势和特点。从 20 世纪中叶至今，中文教材经历了从单一语言技能的侧重转变为多技能平衡发展的阶段，此外，教材内容也逐渐从满足基础语言学习需求扩展到涵盖中国文化和社会现象的多元主题。

从教材发展的历史背景来看，耶鲁大学的黄伯飞对 20 世纪 40 至 70 年代的教材进行了研究，这一时期的教材从侧重听说技能逐步转变为听说读写综合能力的培养。此外，这些教材还包括了为战争需求设计的语言教材和介绍中国文化的教材，如《华语对话》和《中国文化二十讲》等，这些内容体现了当时社会和政治背景下的教育需求。

就大学阶段的教材使用趋势而言，进入 21 世纪，美国高校中文教材的使用和开发呈现出明显的分化趋势。2008 年，王静在普林斯顿大学的国际研讨会上对来自 45 所大学的中文教师和学者进行了问卷调研，结果显示在初级阶段《中文听说读写》使用率非常高，而在高级阶段则多采用自编教材，如普林斯顿大学的《事事关心》等，显示出教材内容和使用的多样性。罗春英、张燕军（2012）的调研进一步证实了这一点，指出随着年级的提升，可用的教材种类更为丰富，说明高年级学生的学习需求更为复杂，教材选择也更为个性化。

在教材的多元化和专业化方面，Li *et al.* 的调研表明，除了通用教材如《中文听说读写》外，还有如《中文天地》和《汉语与中国文化》等教材，也受到学生的欢迎。这些教材不仅涵盖语言学习，还包括文化和社会内容，增加了教学的广度和深度。陈贝颖等（2021）的量化研究则从出版情况、教材性质与功能、语言水平等级等多个方面探讨了大学本土中文教材的使用情况，强调了更新频率高和教辅资源丰富的特点，同时指出专用型教材的开发潜力仍然很大。

总体来看，美国大学阶段的中文教材研究揭示了教材从初级到高级的逐渐复杂化和个性化，同时也显示了从基础语言技能到深入文化内容的扩展。这些教材不仅满足了语言学习的基本需求，还努力适应了文化教学和高级语言应用的需求。此外，随着技术的发展，教材在配套的计算机及网络辅助材料方面也显示出巨大的发展空间，预示着未来教材开发和使用可能的新方向。

4.2 基础教育阶段的本土中文教材研究

针对基础教育阶段本土中文教材开展的研究包括了教材的种类和选择、教材内容的丰富性，以及数字化和网络化的发展趋势等方面。

从教材的多样性与特定需求角度来看，小学阶段的教材主要使用《快乐幼儿华语》《快乐儿童华语》等，适合年幼学生的学习特点。此外，沉浸式中文项目中，教材选择与普通班级相似，但也包括如《美洲华语》这类更具文化内容的中文作为传承语的教材。中学阶段，则开始使用与大学初级相似的《中文听说读写》，这也显示了教材使用上的连续性。同时，也有使用专门为中级学习者设计的《你好》等教材。高中阶段由于 AP 中文考试的需求，教材更为丰富，除了《中文听说读写》外，还包括专门为 AP 考试编写的练习书，反映了教材内容与考试标准的紧密结合。

此外，教材编制还凸显了自主性。罗春英（2010）指出，由于没有统一的教材标准，许多小学中文教师选择自编教材，这种做法反映了基础教育阶段对教材个性化需求的响应，但也表明该时期教材资源的不足。在将中文作为传承语学习上，Liu（2016）发现《马立平海外华裔儿童中文教材》和《美洲华语》在美国 238 所中小学中广受欢迎，这些教材不仅满足语言学习需求，还强调文化内容的传递，符合华裔家庭对保持文化联系的期望。结合中小学本土中文教材资源的发展趋势来看，陈贝颖等（2021）的分析显示，尽管中小学阶段的教材内容丰富，但主要集中于读物。这一点反映了教材开发中对阅读材料的重视。同时，教材的数字化和网络化特征也日益明显，提供了更多的教辅资源，这对于适应现代教育技术的需求至关重要。

由此可见，基础教育阶段本土中文教材的选择和使用受到学生年龄、教育阶段和文化背景的影响。教材内容不仅覆盖基本语言技能的培养，也逐渐加入了更多关于中国文化和社会的学习内容。自主编制的教材反映了教师对教材个性化需求的响应，而数字化和网络化的发展则展示了教材资源在适应现代教育环境方面的进步。

参考文献

Li, Y., Wen, X. & Xie, T. 2014. CLTA 2012 Survey of College-Level Chinese Language Programs in North America. *Journal of the Chinese Language Teachers Association 49* (1): 1-49.

Liu, Y. 2016. Representations of culture in Chinese language textbooks for k-16 Chinese language learners in the United States: examining cultural literacy in Chinese language education. Ph.D. Dissertation. San Antonio: University of Texas at San Antonio.

陈贝颖、吴双、蓝青青、朱益琳、朱宇，2021，美国外语教育政策对中文教育的影响及中文教学资源现状，《云南师范大学学报（对外汉语教学与研究版）》19（04）：2-17。

黄伯飞，1980，四十年代以来在美国所用的汉语汉文教材，《语言教学与研究》（04）：135-139。

李宇明、唐培兰，2020，论汉语的外语角色，《语言教学与研究》（05）：17-30。

梁霞，2020，《美国大学汉语教育研究》。北京：北京语言大学出版社。

梁霞，2021，检视与前瞻——美国中文教材编写再探，《国际中文教育（中英文）》6（04）：52-60。

罗春英，2010，美国汉语教材现状综述，《江西科技师范学院学报》（05）：71-77。

罗春英、张燕军，2012，美国本土大学汉语教材的特点及其启示，《浙江外国语学院学报》（04）：75-79。

马箭飞、梁宇、吴应辉、马佳楠，2021，国际中文教育教学资源建设70年：成就与展望，《天津师范大学学报（社会科学版）》（06）：15-22。

任弘，2019，美国中文教育发展报告。载贾益民、张禹东、庄国土（编），《华侨华人研究报告（2019）》。北京：社会科学文献出版社。

人民网，2023，国之交在于民相亲！从这部纪录片看美国人与"中国谜题"的相遇，http://m2.people.cn/news/default.html?s=Ml8yXzQwMjkzOTI3XzEzNDc2OF8xNjc1ODQ0NzY4&from=sohu（2023年11月15日读取）。

盛译元，2016，美国高校汉语教学历程研究，《海外华文教育》（05）：613-617。

王静，2009，关于美国高校对外汉语教师及教材的调查报告，《国际汉语教育》（03）：45-51。

伍晨辰、梁宇，2023，美国中文教育发展动态及特征研究，《华文教学与研究》（01）：69-78。

姚道中，2014，夏威夷大学和美国的中文教学，《暨南大学华文学院学报》（01）：9-14。

姚道中、张光天，2010，美国汉语教学历史回顾与现状。载张海惠（编），《北美中国学——研究概述与文献资源》。北京：中华书局。

2 美国本土中文教材中的中国文化呈现：以普林斯顿版本教材《新的中国》（修订版）为例

钱奕竹 刘 杨

1 引言

随着中国国家实力迅速增强，中文在国际交往中的作用日益凸显，其国际影响力不断攀升。目前，全球累计学习使用中文人数接近 2 亿人。截至 2021 年底，全球共有 180 多个国家和地区开展中文教育，81 个国家将中文纳入国民教育体系。

在二语学习过程中，教材不仅是培养学习者对目标语各方面知识的有效来源，也是向二语学习者传递跨文化信息的重要媒介（Kilickaya 2004）。外语课本中的主导意识形态可能会含蓄地形成、维持和改变学生对语言和文化的看法（Azimova & Johnston 2012），并构建目标国家的文化图景和身份认同（Shardakova & Pavlenko 2004）。然而，这种认知通常带有浓厚的想象色彩，并可能持续以多种方式影响学生今后与目的国的跨文化交际。因此，本研究通过研究美国编写的本土中文教材《新的中国》（修订版）中的中国文化呈现，旨在更准确地定位文明互鉴、平等对话所需的领域，更有效地对外塑造国家形象、讲述中国故事。

2 文献综述

2.1 外语教材中的文化呈现

2.1.1 教材中呈现文化内容的分类

语言和文化在外语教育中紧密相连（Risager 2018）。在二语教学中，教材是目标语言输入和文化知识的重要来源（Cortazzi & Jin 1999）。长期以来，语言教材中的文化研究一直是学术讨论的重要主题（Gray 2000；Widodo *et al.*

2018）。早期对教材文化内容的分析主要关注各国别文化所占的比例。最常见的分类是"本土文化""英语国家文化"和"其他国家文化"（Tomlinson & Masuhara 2017；张虹、于睿 2020）。

随着研究的深入，学者们提出了多种文化分类框架来分析教材中的文化类型。Byram（1993）针对外语教材提出的文化内容框架包括八个方面：人物身份；社会互动；信仰和行为；社会和政治制度；社会互动和生命周期；民族/国家历史；民族/国家地理；刻板印象和民族认同。Cortazzi & Jin（1999）提出的文化模型，经 Tajeddin & Teimournezhad（2015）的修正，将文化分为源文化、目标文化、国际文化和文化中性元素。另一个较为普遍采用的文化分类框架是由 Moran（2001，2009）提出的，包括文化产品、文化实践、文化观点、文化社群和文化人物。通过这些分类框架的应用，研究者得以更系统地解析教材中的文化内容。

2.1.2 教材中文化呈现的定义及研究方法

"呈现"这一概念一直广受学者热议。Hall（1997）将其视为文化群体利用语言、符号和图片产生和交换意义的过程。Azimova & Johnston（2012）则聚焦教材领域，认为呈现总是涉及选择；未被选择的部分会变得不可见或被否定（Hooks 1992）。他们指出，语言教材是塑造学习者概念化自己、他人和两者互动的强有力呈现工具。

过往关于文化呈现的研究在方法上主要分为三类：一是内容分析，通过统计教材中不同文化的陈述频率、计算其各自占据的空间并探究呈现文化内容内涵来考查语言教材中的文化多样性（Keles & Yazan 2020）；其次是符号学分析法，主要用于调查教材在多大程度上鼓励关于文化的辩论和讨论（Stranger-Johannessen 2015）；最后是话语分析法，它被广泛应用于研究教材中文化、道德准则以及全球化和民族化的表述（Puspitasari *et al.* 2021）。这些方法各有侧重，但都有助于揭示教材中隐含的文化信息和价值观。

2.1.3 教材中文化呈现的实证研究

目前，大多数实证研究集中在对外英语教材上。部分研究侧重于探究文化呈现的内容，强调其在教授文化细节和培养相关能力方面的不足（如 Aliakbari 2004；Puspitasari *et al.* 2021）。通过评估土耳其小学英语教材中目标语文化成分和习语的普遍程度，Cakir（2010）发现该教材中文化表达的数量和频率不足以让学习者接触到学习目标语言的理想环境。这与Aliakbari（2004）的研究结果相呼应，后者研究了伊朗高中英语教材中的文化呈现，发现其在文化方面的描述是肤浅的，不足以教授文化综合能力。一些学者则采用文化框架对教材中不同文化的比例进行分类和比较（Keles & Yazan 2020）。基于 Moran（2009）的框架和 Kachru（1990）的同心圆模型，Keles & Yazan（2020）揭示了英语教材《新航线》（*New Headway*）更强调目标语言国家和欧洲国家的文化呈现，指出不同地区文化在教材中的不平衡表现会影响学生对于多元文化的理解，阻碍全球文化意识的培养。

随着中文的日益普及，针对中文教材的研究有所增加（Hua *et al.* 2021；Xiong & Peng 2020），然而，与对外英语教材的大量研究相比，现有相关研究仍相对匮乏。一些学者对国际中文教材中的文化词汇和主题进行探索，发现教材中存在着文化内容较为单一刻板、缺乏关于文化内容的反思模块等问题（李昕 2012；李明珍 2020）。Wang（2016）指出，中国出版的国际中文教材主题集中在中国的道德教育和公民教育上，而这些内容对许多国际学习者缺乏吸引力，使得这些教材难以适应中国以外的国际学习环境。此外，一些学者比较中美学者编写的本土中文教材在文化呈现方面的差异。欧阳芳晖、周小兵（2016）从跨文化角度系统对比了四套中文教材中"国别文化"和"社会文化背景"内容呈现，发现美国版教材的呈现策略更加多元、内容更为真实。在针对中国出版的《新实用汉语课本》（*New Practical Chinese Reader*）和美国出版的《中文听说读写》（*Integrated Chinese*）的比较研究中，Xiong & Peng（2020）发现，《综合汉语》为学习者提供了更多批判和反思中国文化价值观的机会，欧阳芳晖（2020）则指出，与《新实用汉语读本》几乎同样强调中国文化的历史和当代发展的相比，美国学者编写的《综合汉语》更关注中国古代文明和历史。

2.2　研究缺口与研究问题

与针对对外英语教材的丰富研究相比，聚焦国际中文教材的研究目前仍相对较少。在研究材料的选择方面，大多数针对国际中文教材的研究选择了中国境内（不含港澳台地区）编写的教材（Hua *et al.* 2021）。而与中文教学在东南亚、非洲和欧洲通过孔子学院广泛推广不同（White 2008；Zhu & Li 2014），美国外语教学委员会（American Council on the Teaching of Foreign Languages）要求使用美国学者编写的本土中文教材（Hua *et al.* 2021）。因此，这些外国学者编写的中文教材被广泛使用，在很大程度上塑造了学生对中国文化的认知和理解。

在研究内容方面，现有研究主要集中在教材的编写过程，从教育学视角关注教材选定的文化内容和呈现形式。然而，少有研究从社会学视角对中文教材中的文化呈现进行深入分析。为填补这些研究缺口，本章选取《普林斯顿语言计划》中的《新的中国》（*A New China*）一书作为分析对象。因该书在 2011 年经历了一次修订，故本章统一采用《新的中国》（修订版）作为教材名字，并探究以下研究问题：

（1）教材选择呈现了哪些中国文化？

（2）教材如何呈现这些中国文化？

（3）教材在中国文化呈现中的情感维度是什么？

3　研究设计

3.1　研究对象

本研究分析的教材是《新的中国》（修订版），来自《普林斯顿语言计划》。这是一套面向从初学者到高级水平学生的综合性本土中文教材，具备使用的广泛性及与研究选取标准的契合性。

《普林斯顿语言计划》共包括 15 本教材，分为四个学年教学。这套教材由普林斯顿大学东亚研究系成员编写，在国际中文教学领域得到广泛应用。除了普林斯顿大学的师生，它还被许多短期中文培训项目使用，如普林斯顿北京项目、中国联合学院等，得到了教师和学习者的广泛认可（亓华 2000；郑超然 2019）。

本研究旨在探讨教材如何呈现中国文化并系统构建中国形象，选取的教材应满足以下两个标准：（1）教材的目标学生没有系统地接触过中文教材；（2）教材关于中国文化的内容充足且具有时效性。因此，最终选择了符合两项标准的教材《新的中国》（修订版）一书作为研究对象。

3.2　研究过程

本研究采用内容分析法来检验《新的中国》（修订版）中的中国文化呈现。这是一种可对文本内容进行可靠且可重复推断的技术，也是广泛用于研究教材中文化呈现的方法之一（Krippendorff 2013；Widodo *et al.* 2018）。

总体研究设计如图 1 所示。定量内容分析主要用于从宏观角度评估不同文化类别的频率和情感维度，而本研究更注重定性内容分析，旨在更详细深入地具体分析教材中的文化呈现主题。

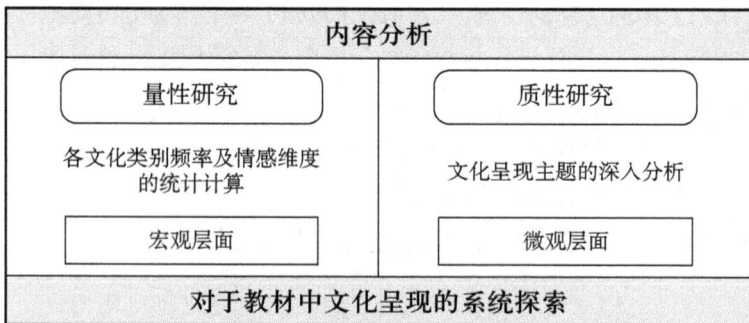

图 1　总体研究设计示意图

3.2.1　定量内容分析

本研究运用了 Moran（2009）的文化分类框架，因其在以往学者对语言教材的研究中表现出了较强的可迁移性，能够涵盖教材中绝大多数的文化元素，并进行明确有效的区分（如 Hua *et al.* 2022；Zhang *et al.* 2022）。

首先，编码员使用 Moran（2009）的文化分类框架和示例进行了初步编码（见表 1），并对不一致之处进行了讨论和纠正。随后，进行正式编码，并在完成后使用 SPSS 计算 Kappa 值以确保编码的有效性。编码完成后，编码人员讨论了不一致的编码，直到达成共识。

其次，研究者对每个项目进行情绪维度评估，评分范围为 0—10，其中 0、5 和 10 分别表示最消极、中性和最积极的情绪。由于缺乏现有量表可用于分类打分，本研究采用 12 位编码者评分，并取平均值减少误差。通过 SPSS 计算 Kappa 值验证情感维度编码的效度。

表1　Moran（2009）文化分类框架的五个维度及

《新的中国》（修订版）中用于编码的示例

文化分类	定义	类别及阐释	编码示例
产品	由文化成员生产或采用的人工产品。	1. 人工制品：由文化成员创造、采用或改编的个体物品 2. 地点：使用或解释自然环境的物理特征，以及文化成员整合或操纵环境的方式 3. 制度：包括多种产品规范文化成员实践的复杂建构 4. 艺术形式：渗透于文化但存在于社会制度外的复杂产品	夏天的傍晚，天桥也是人们乘凉、下棋、打牌的地方，有时甚至有小摊儿卖东西。（第21课：184—185） 母：……宿舍里有空调吗？ 女：有。不但有空调，还有电视、电话、热水和自己的浴室呢！（第2课：12）
实践	文化成员作为其生活方式的一部分而进行的行为。	1. 操作：文化个体成员对文化产品的操纵 2. 行为：具有语言及非语言特征的特定交际功能 3. 情景：在特定的社会情境中制定的扩展交际实践 4. 生活：个人在文化生活方式组织的一系列实践	中国人打汉字并不比美国人打英文慢。许多人都在公共汽车上给朋友发短信，显然打中文是很容易的。（第37课：323） 为了表示热情，中国主人常常劝菜、劝酒，也就是一再地请客人多吃菜多喝酒。（第19课：163—164）
视角	文化成员共有的显性和隐性价值观念。	1. 见解：被感知、被注意或被忽视的 2. 价值观：被认为是对/错、善/恶、恰当/不当、正常/不正常的 3. 信仰：被认为是真实的或虚假的 4. 态度：充满感情的心理和情感倾向	现在中国的年轻人都已经认识到只有努力工作才能为自己带来成功。（第27课：244） 现在大家的收入增加了，在生活上也想有点儿享受，过些舒服日子。（第41课：371）

（待续）

（续表）

文化分类	定义	类别及阐释	编码示例
社群	成员进行文化实践的特定社会背景、环境和群体。	1. 广泛、无定形的社区：如民族文化、种族、性别、宗教、语言、社会经济阶层或世代	在家庭生活里，女人往往占主导的地位。先生每月的工资，大多交给太太，由太太来处理。（第 51 课：218）
		2. 狭义的群组：如工作场所、社区、同事或家庭成员	除了汉族以外，中国还有 55 个少数民族。少数民族的人口虽然不多，但是分布很广。（第 47 课：410）
人物	具有独特身份并以独特方式体现文化及其社群的成员。	人物身份和生活史在文化人物的发展过程中起着关键作用。 1. 身份：被赋予的身份和宣称的身份	理发的师傅很和气，也很愿意和我聊天儿。可惜我的中文不够好，只能聊些简单的事儿。（第 8 课：69） 北京人大都有很清楚的方向感。他们在说明方向的时候，很少说向左、向右，而是说往东、往西，或往南、往北。（第 40 课：346—347）
		2. 人物生活史：主要通过公开记录和直接接触获得的生活史	

注：Moran（2009）指出，尽管他将观点列为感知、信仰、价值观和态度（Samovar *et al.* 1998），并将它们分别作为独立类别呈现，但它们相互交织和重叠。然而，Moran 仍然认为它们可以被独立检验，且这种区别是有用的。因此，表格中 Moran 框架下的第二层次的分类和阐释展示仅作为对第一层次文化编码时的参考，第二层次未运用该框架进行编码。

3.2.2　定性内容分析

由于 Moran（2009）的分类仅在第一层次上互斥，而在第二层次上发生重叠，致使没有明确的框架来实现第二层次的定量分析，因此本研究选择了定性分析来深入探索教材中的文化呈现的主题。

基于定量分析中发现的文化呈现总体分布，作者对教材的 48 章进行了三次通读，并记录了关于文本编码部分的初步想法。随后，作者系统编写数据特征，并整理与代码相关的数据。表 2 展示了应用于一小段数据的编码示例。

初步编码后，作者将不同的代码归类为潜在的主题，并调整了代码间、同层次主题间、不同层次主题间的关系。最后，作者回顾并完善了主题，对数据进行了简明扼要的描述，并编写了学术报告。

表 2 原始文本提取及初步编码

数据提取	初步编码
以前女人在经济上完全依靠男人。如果离了婚，她们就失去了生活的保障。现在可不是这样了。有的家庭里，妻子的收入比丈夫还高。要是夫妻之间没有爱情，他们不必再忍受下去。（第 32 课：288—289）	1. 在中国过去的婚姻中，女性在经济上完全依靠男性。 2. 在中国现在的婚姻中，男女双方的经济地位没有绝对高下之分。 3. 中国的婚姻能否维系的重要因素从过去的经济依赖关系转变为目前的双方感情。

4 研究结果分析

4.1 文化呈现和情感维度的总体分布

本研究借鉴了 Moran（2009）的文化分类框架，由计算出的 0.911 的 Kappa 值可知，两位编码者对《新的中国》中文化分类达到高度一致性（见表 3）（Landis & Koch 1977）。如图 2 所示，最常见的类别是文化产品和文化实践。在 338 个项目中，文化产品出现 160 次（47.34%），包括现代中国的称谓、旅游景点等。其次是文化实践，出现 123 次（36.39%），包括中国人的日常日程安排、饮食习惯、餐桌礼仪等。其余三类在教材中占比相对较少，合计约占 16.27%。其中，文化人物的代表性最低，只有 12 次（3.55%）。教材中大部分内容都没有关注中国人的"独特特征"，而是专注于解释"作为他们生活方式一部分的行为"，包括"超过一半的中国人睡午觉"，这反映的是文化实践而非人物。此外，教材只列举了北京人和理发师等少数文化人物，其他部分则强调了中国人整体的特点，例如"中国人善于快速调整"。

表 3 文化分类的 Kappa 系数表

Kappa	Z 值	P 值	标准误差	95% CI
0.911	24.097	0.000**	0.02	0.872—0.950
* p<0.05 ** p<0.01				

研究发现，整本教材的平均情感维度得分为 5.490，总体对中国文化表现出略显积极的态度。Fleiss-Kappa 值为 0.412，表示编码者之间的一致性程度适中（见表 4）。在特定文化类别中，文化人物的情感维度得分最高（6.069），包括展示中国人善于"从食物、着装、人际关系到思维模式"等方面进行快速调整，以及"文化自信"等。

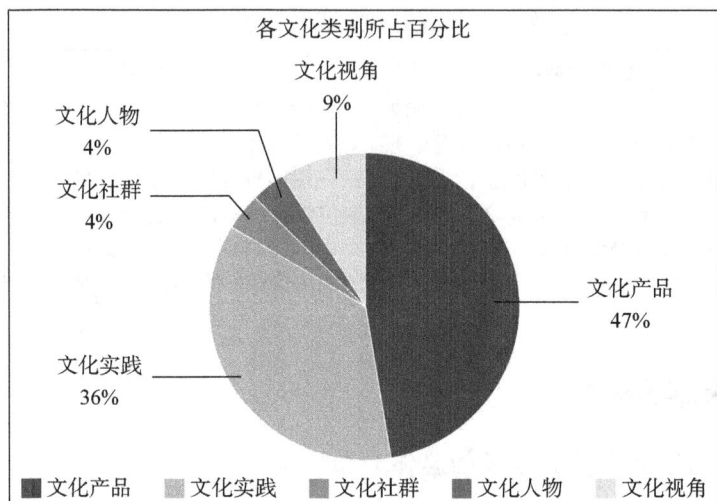

图 2　Moran（2009）框架下《新的中国》中的文化呈现分类及比例

表 4　情感维度评分 Fleiss-Kappa 系数表

Fleiss Kappa	标准误差	Z 值	P 值	95% CI
0.412	0.003	153.484	0	0.412—0.412

然而，如图 3 所示，在文化视角方面，教材的情感维度得分最低（4.736），因其旨在提供多样化的观点，并经常引入多种观点进行辩论和讨论。例如在赞扬中国"男女的交往越来越公开，越来越平等"的同时，教材也指出"中国重男轻女的现象在中国农村仍然很普遍"等情况。

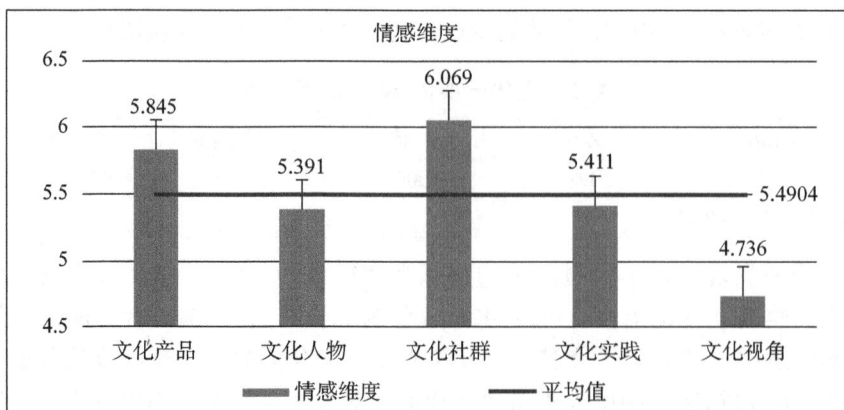

图 3　《新的中国》中总体及各类别的文化情感维度

4.2 从宏观到微观：主题呈现的深度剖析

基于量化研究对于教材呈现文化重点的总体把控和质性内容的深入分析，研究发现，宏观层面上，教材聚焦中国的政策体系和家庭这两大社会机构。而微观层面上，教材则从中国人的惯有日常习惯和个体间的社会交往两个方面进行呈现。

4.2.1 政策体系与家庭演变：宏观视角的系统研究

（1）财政政策：以西方为参照的反思

在财政政策方面，教材主要介绍了改革开放，但更多是以西方案例为标准评估其成就。《新的中国》并未直接阐述改革开放在中国财政和经济政策下取得的经济成就，而是通过一系列国际化的例子来间接展示经济的良好发展。例如，教材提到国际学生在美国购买"中国制造"的礼物、美国在中国设立工厂以及"越来越多的外国公司正在北京设立办事处"等例子来展现中国经济的良好发展和国际化。这种基于西方反思和标准，特别是美国和欧洲国家的视角来评估中国经济发展的方法，进一步强化了西方的主导地位，低估了中国的国家政策、独特的经济体系和地方文化在促进中国企业和产业转型升级中的重要作用。

（2）劳动就业政策：中国传统文化价值观的追溯

教材描述了改革开放后中国劳动和就业政策的转变及其所引发的社会问题。《新的中国》解释，经济改革后，中国从"铁饭碗"制度转向了竞争性就业制度，导致了"有人没活儿干，有活儿没人干"的矛盾现象，且其原因主要有两个方面。首先，"许多求职者缺乏专业训练"。这在经济转型期的国家较为常见，传统行业的衰落和新行业的涌现，使工人的技能需求发生了显著变化。另一原因是偏向轻视体力劳动的文化价值观。传统知识分子普遍认为，通过体力劳动谋生是"不体面的"。因此许多人宁愿被解雇，也不愿从事体力劳动。这种态度自古已有。《孟子》的《滕文公章句上》有"劳心者治人，劳力者治于人"的论断；《左传·襄公九年》中亦有"君子劳心，小人劳力，先王之制也"的论述。这种对脑力劳动的偏好造成了围绕体力劳动的社会污名。

（3）教育政策：高考和英语义务教育政策的双重解析

以高考为代表的应试教育的弊端在教材中有所体现。《新的中国》（修订版）指出，高考在一定程度上剥夺了学生发展兴趣的机会，迫使很多学生死记硬背以获得高分。许多学者也批评高考体系忽视了学生综合能力的培养，这种应试教育使许多学生缺乏实际应用和创造性思维能力，可能会影响人才培养和社会创新（Liu & Helwig 2022）。然而，教材也指出，高考的优势远大于劣势，因为其体现了公平竞争的精神，使不同背景的人都有机会进入名牌大学：

> 一个在农村长大的年轻人，只要通过考试，就可以跟别人一样进入北京大学。我认为这种公平竞争的精神是非常有意义的。不靠关系，不走后门儿，完全靠自己的能力，通过考试，进入大学。（第 29 课：261—262）

因此，可以看出，高考制度确实提供了一个公平竞争的机会，使农村和贫困家庭的孩子能够通过努力学习获得接受优质高等教育的机会，从而可能提高这些家庭的社会经济地位并增强社会流动性（Zhang 2016）。

此外，《新的中国》（修订版）还讨论了中国的英语义务教育政策，强调了英语学习在中国的开始时间之早和实行的广泛性，因为"中国孩子一进小学就必须开始学习英语，有的甚至从幼儿园就开始了"（第 44 课：396）。

同时，教材还比较了中外学生对外语学习的态度和动机差异。教材中提到，国际学生重视外语学习在跨文化交流中的作用，希望通过语言学习进一步了解中国社会和中国人的生活；而中国学生通常更考虑实用性，将其视为提高就业市场竞争力的手段。语言学习动机的差异反映了英语在中国被视为全球交流的纽带的重要性（Rao 2019），也印证着实施英语义务教育政策的战略意义。

4.2.2　婚姻家庭：结构变迁的动因与趋势

（1）婚姻关系：经济权力对性别关系的重塑

教材指出，在中国婚姻中男女间不断变化的权力关系呈现出性别平等的趋势，并对此持积极态度。教材介绍了中国"重男轻女"的传统观念和中国社会长期存在的男尊女卑观念。传统婚姻中，家族意见和社会地位会很大程度上影响婚姻决定（Gao 2003），而西方则更强调婚姻中的爱情和个人自由（Medora *et al.* 2002）。

相较于外国想象的"中国女人总是受男人压迫"，教材阐明了中国家庭的女性也有发言权和家庭财产分配权。这种情况在一定程度上是由于从传统农业社会向现代工业社会过渡期间，妇女教育和就业机会的增加，以及中国保护妇女权利政策的实施（Xie 2013）。

针对离婚率的不断上升，教材分析了中国婚姻能否维持取决于男女经济权力关系、子女的需求及彼此间的感情维系情况。教材认为，男女经济权力关系的变化是中国离婚率上升的主要原因。

> 以前女人在经济上完全依靠男人。如果离了婚，她们就失去了生活的保障；所以即使没有爱情，婚姻还是得维持下去。现在可不是这样了。有的家庭里，妻子的收入比丈夫还高。要是夫妻之间没有爱情，他们不必再忍受下去。（第 32 课：288—289）

因此，中国的婚姻已从女性对男性的经济依赖逐步转向夫妻间的情感联系。教材的描述与相关研究一致，认为女性经济独立的兴起促进了婚姻关系的平等化和灵活化。

（2）家庭结构：集体主义与个人主义的差异

教材介绍了中国的两种典型家庭结构，即扩展家庭和核心家庭，分别代表集体主义和个人主义。教材推测，随着现代化进程的推进，中国的家庭结构正在从集体主义向相对个人主义转变。

中国传统的家庭结构是扩展家庭，通常指"三代同堂"（Hu & Peng 2015）。在这种家庭中，集体利益往往优先于个人利益（Robinson 1989）。教材分析了这种家庭结构盛行原因及其缺点。"三代同堂"存在的一个重要原因是祖父母照顾孙辈的传统，正如教材所描述的，"我常常看到父母和祖父母四个人一起照顾一个孩子"（第 16 课：145）。然而，教材对此持消极态度，认为过度照顾可能会宠坏孩子。孝道的价值观是造成这种家庭结构的另一重要原因。孝道被认为是尊重长辈的道德规范、责任和义务（Zhang et al. 2020）。教材中提及老人们和孩子们住在一起是"比较理想的晚年生活"（第 35 课：319），还对比了美国人对孝道的理解。在个人主义盛行的美国社会，个人的独立和自主受到高度重视（Georgas et al. 2001），和老年人共同居住并不被视为孝顺的最佳方式，反而被认为是剥夺了他们的独立生活空间。

4.2.3　个人习惯与社会交往：微观层面的文化剖析

（1）社会交往：跨越语境的透析与互动

首先，教材讨论了中国社会中的多种称谓方式，认为体现"平等性"和保留"中国特色"才是理想的中国称谓所应有的特质。然而，这种设想与中国社会的实际情况存在明显差异。对这两种特征的追求体现在教材对于两种称谓形式的比较中。一种是称呼配偶的形式，相较于传统的"夫人"和"先生"，教材更赞同使用"爱人"这个称谓，认为其更能体现性别平等的概念。此外，与现代社会常用的"老公""老婆"相比，教材对到新中国成立 40 年左右使用的"同志"一词持更积极的态度，认为其无论性别、年龄和熟悉程度，都可以使用，反映了中国社会"人人平等"的价值观。然而，教材中提出的价值观与现实存在偏差。中国社会长期以来一直属于"差序格局"，社会分层严格（费孝通 2009）。年龄、性别和家庭背景影响着个人的社会地位，而社会称谓常常是显示差异的重要工具（Yin 2010）。在对话中，人们经常有意或无意地自我贬低，以抬高对方的地位（Gu 1990；Kádár & Pan 2011）。此外，"同志"一词带有强烈的政治内涵和历史印记。虽然它在中华人民共和国成立后的短暂时间内被广泛使用，但其后续使用主要限于具有平等价值观的政治组织。因此，教材中对中国社会具有平等主义精神的描述并不完全准确。

其次，鉴于高低语境文化间的鲜明对比，教材详细阐释了中国日常沟通策略及潜在含义的重要性。正如 Hall（1976）所阐述的，高语境文化通常依赖于非语言线索和物质语境来传递信息，而低语境文化则主要通过明确和直接的语言代码进行交流。鉴于中国文化是高语境文化，来自低语境西方国家的学生在互动期望方面可能会遇到显著差异（Gudykunst *et al.* 1996；Hall 1976）。教材重点介绍了中国日常语言和交流规范。与西方低语境文化中的直白表达相比，中国高语境文化使用了更多的隐含表达，这些谚语、成语和歇后语需要文化背景知识和清晰的编码才能理解（Kim *et al.* 1998），如"狗拿耗子，多管闲事"等。此外，教材强调了在与他人意见相左或尝试拒绝请求等的社会情景下，中国高语境交际的独特特征，即需要听众推测说话者的潜在意图（Kim *et al.* 1998；Wang 2008）。教材展示了中国人使用的间接拒绝策略，如推迟和给出不确定的回答：

又比方说，有人请你帮忙，可是你没有把握，你可以说："问题不大，可是有一定的困难。"你也可以说："我们再研究研究。"要是那个人进一步问你，你可以说："我们一步一步地来。"（第 18 课：163）

教材强调，这是一种礼貌说"不"的方式，不应被视为不诚实或不真诚。这种澄清是必要的，否则，这种间接拒绝方式可能被来自低语境文化的国际学生视为虚伪的表现（Vick 1993）。

（2）中国面子文化

教材着重讲解了中国面子文化，认为它抽象而不可捉摸，是中国人调节社会交往最细腻的标准（Lin 1936）。虽然面子对人类交往至关重要，但不同文化背景中对面子的理解和应用存在显著差异，由此导致的交际方式也大相径庭（Scollon & Scollon 1995）。尤其是中西方在面子文化上的理解和运用差异较大（Gao & Ting-Toomey 1998）。一个体现中国面子文化的例子是中国人的日常对话中的恭维现象。教材解释，中国人如果一段时间没见面，再见面时会说些恭维的客套话，不管是过去常说的"发福了"，还是近几年更常说的"最近你好像瘦了点儿，看起来健康多了！"这种恭维方式旨在给对方面子，维系中国人非常看重的个体人际关系融洽（Wei & Li 2013）。

中西方面子文化差异也体现宴请时主客表现上。教材介绍了中国主人为了表示热情而常常"一再地请客人多吃菜多喝酒"，其出发点是想让客人感受到热情，给对方面子。教材通过中国酒席间的一段对话作为案例：

"来，来，来，再吃块肉，再来点儿菜！"
"我实在吃不下了，谢谢，谢谢！"
"你根本没吃什么嘛！再来点儿，再来点儿！"（第 19 课：172）

然而，教材指出，相比于美国人一般"不劝菜也不劝酒"的做法，这种超乎社交距离的热情和聚餐的沟通方式一般会导致他们难以适应。在他们看来，这种行为没有充分尊重对方的意愿，有勉强对方、妨碍个人自由之嫌。而西方的面子文化里，面子被视为社会成员意欲为自己树立的公众自我形象（Brown & Levinson 1978；Goffman 1967），强调个人行动自由和愿望的满足，因此，这种劝菜劝酒的行为在国际学生看来实际上是对其消极面子的威胁。

（3）日常习惯：文化差异的调适与融合

教材中呈现的中美两国在日常生活中的作息差异主要体现在起床时间和午睡习惯方面，而这些都植根于中国传统文化。

首先，中国人重视早起。《弟子规》中的"朝起早，夜眠迟，老易至，惜此时"强调了早起学习的重要性，《曾国藩书信》中亦有"早起也，有恒也，重也，三者皆尔最要之务……当以早起为第一先务"的教诲。早起在中华传统文化中备受推崇。然而，在教材中展现的国际学生对此观念并不熟悉：

> 中国人常说早晨头脑最清楚，是学习最好的时候。可对我来说，早上刚起来的时候头脑最不清楚，需要喝两三杯咖啡才能完全醒过来。（第3课：24—25）

其次，中国人午饭后睡午觉的习惯也体现了中外差异。在中国，午睡的观念由来已久，被认为是健康生活的一部分，《易经》中的"子午之时，阴阳交接，必欲静卧，以候气夏"的记载强调了午睡的重要性，认为其符合人与天相应之道，而这对于国际学生来说则是全新的概念。教材通过西方学生的态度转变，展现了中国习俗有其特定的哲理和合理性，而这种文化作息差异并非完全无法接受，是可以通过入乡随俗逐步适应的。

除了作息差异，教材还展示了中西饮食习惯的差异，特别是中国自古以来喝热饮的传统和西方偏好冷饮的习惯。袁祖之在《中西风俗对比》中详细阐述了这种文化差异，"中土戒饮凉水，以防坏腹，泰西务饮冷水，以为除热；中土酒必温而饮之，泰西则皆冷以尝之"。教材通过习惯于在夏天喝冰水的国际学生视角，突出了中外饮食习惯的差异，并说明这种差异是可以逐渐适应的。

> 一般说来，中国人喜欢喝热茶，很少喝冰水。夏天喝热水，对我来说，简直是受罪！但是因为中国的自来水不能直接喝，要喝到凉开水并不容易。……最近我学着喝热水瓶里的热水，有时也泡茶。没想到喝了几天以后，我也习惯了，而且觉得热水并不难喝呢！（第6课：54—55）

在饮食习惯方面，教材指出，由于中国的高语境文化，一些菜肴的命名代表了中国独特的文化特征，使用了抽象的表达方式，如"八宝""三鲜"和"全家福"，对于跨越高低文化的界限的国际学生构成了较大挑战。这些独特的命名不仅需要语言上的理解，更需要对文化背景的深刻认识。虽然饮食习惯的差异显著，但通过适应和学习，国际学生可以逐渐克服这些挑战，理解并欣赏中国丰富的饮食文化。

5 讨论

研究表明，《新的中国》（修订版）将中国描绘成一个虽存在部分不太理想方面，但不断进步并已成为较为现代化的国家。下文将从教材呈现的内容维度的多样性角度深入分析教材中的文化呈现。

5.1 隐匿的文化镜像：视角和人物的缺失

研究发现，《新的中国》（修订版）主要集中于呈现文化产品和实践，较少涉及文化视角和人物。这一发现与 Aliakbari（2004）、Cakir（2010）及 Davidson & Liu（2020）关于伊朗、土耳其和日本英语教材中文化呈现的研究结果相似，表明当前外语教材中的文化呈现仍然侧重于知识的呈现，而缺乏对目标国家更深层次信仰和价值观的阐述（Shin *et al.* 2011）。但也需注意的是，《新的中国》（修订版）作为美国出版的本土中文教材，在呈现中国传统文化和当代文化间保持了较好的平衡，这与欧阳芳晖（2020）认为美国出版的本土中文教材更加强调中国古代文明的观点不符。总体而言，教材缺乏核心思想和价值观的内容可能会妨碍对学生文化意识和理解能力的培养，这与 Risager（2018）的观点相呼应。

5.2 全球视野的盲点：非西方主体的失声

在《新的中国》（修订版）中，无论是文化对比还是人物设定，教材涉及中国、美国和欧洲，而其他大陆和国家个人的身份则没有涉及或呈现。这种国家多样性的缺乏，使得教材未能充分反映全球多元文化背景。这种在教材中额外突出某些国家身份而低估其他国家的做法，体现了 Holliday（2011）的论述，即本质主义话语和实践可以发展为维护民族主义目标和惯例，因为保持国际、全国和地区差异也对学者、教师和学习者有利（Cole & Meadows 2013）。这种做法反过来导致在中国学习中文的学习者，尤其是美国人，得以享有特权地位，而在教材中未涉及的其他国籍的人则无法享受这种特权。

5.3　消失的城市面貌：粗糙二分下的单调

在教材中，中国的城市被单调地二分为经济蓬勃发展的发达城市和经济不发达、物质条件较差、思想落后的乡村城镇。

北京作为首都频频出现，而绝大部分其他城市则被埋没在了"大城市"或是"农村"的统称之下。在这种"城市—农村"二元划分格局下，大多数城市被边缘化了，仅凭学生想象进行补充，造成了对于中国形象的不全面呈现，很可能构建同质化的虚构特征，并导致跨文化理解的障碍和误解（Hua *et al.* 2021；White 2008）。

台湾和香港在教材中均被提及，唯独遗漏了澳门。虽然澳门在面积、人口和国际影响力上不及台湾和香港，但极富文化特色。在中文教材中忽略关于澳门的内容，与现代化时代多元文化教育的目标不符（Hua *et al.* 2021）。

6　结论与启示

本研究采用 Moran（2009）的文化分类框架来考察普林斯顿版本土中文教材《新的中国》（修订版）中的中国文化呈现。研究结果表明，该教材描绘了一个相对积极的中国形象，其文化内容的呈现主要集中在文化产品与实践，而在展现国家多样性及中国城市特色方面相对不足。

目前研究存在一定局限性。首先，研究局限于单一教材进行个案分析，选取统计数据有限。未来研究可以通过对比分析多国的多本本土中文教材来更全面地分析中国文化呈现的异同。其次，研究的方法亦存在局限。本研究依据 Moran 的文化分类框架针对教材内容进行分析，而缺乏对教材用户反馈的调查。未来研究可以采用问卷调查和访谈收集使用教材的教师和学生的反馈，为提高教材中的文化代表性和加强中国国际形象建设提供更多有针对性的见解。

总体而言，本研究揭示了本土中文教材中的文化呈现，不仅有助于外语教学的稳步提高，还为学者提供了研究教材如何影响学习者对目标国文化的认知和想象的建构的宝贵视角，有助于深入理解跨文化交际的复杂性和细微差别。此外，了解外部公众对中国文化和国家形象的构建，并识别这种塑造中的不准确和错误之处，有助于更有效地应对相关争议，促进跨文化交流。

　　本研究也带来了一些重要启示。作为"面向全世界传播中华语言与文化的窗口"（王巍 2022），本土中文教材中的中国文化呈现内容应立足新时代中国文化传播的要求。教材内容应合理兼顾古今文化，不应"厚古薄今"或"标今弃古"，并注意平衡不同国家文化的比重，丰富呈现的文化国别，引导学生关注不同文化间的差异与共性。

　　同时，教材应关注表层文化和深层文化的平衡呈现，不仅要诠释文化实践、文化产品等内容，也不能忽视文化人物、文化视角和文化社群的呈现。教材应阐释文化背后所蕴含的思想和内涵，提炼展示中华文明的精神标识和文化精髓，引导学生认识不同文化所积淀的思想、精神及道德财富。通过显隐结合、自然巧妙地呈现中国文化，为中文学习者展示一个真实、立体、全面的中国，助推人类命运共同体意识的形成。

参考文献

Aliakbari, M. 2004. The place of culture in the Iranian ELT textbooks at high school level. Paper presented at the 9th Conference of Pan-Pacific Association of Applied Linguistics, Seoul, Republic of Korea, August 2004.

Azimova, N. & B. Johnston. 2012. Invisibility and ownership of language: Problems of representation in Russian language textbooks. *The Modern Language Journal 96* (3): 337-349.

Brown, P. & S. Levinson (eds.). 1978. Universals in language usage: Politeness phenomena. In E. Goody. *Questions and Politeness: Strategies in Social Interaction*. Cambridge: Cambridge University Press. 56-310.

Byram, M. 1993. Language and culture: The need for integration. In M. Byram (eds.). *Germany: Its Representation in Textbooks for Teaching German in Great Britain*. Frankfurt: Diesterweg. 3-16.

Cakir, I. 2010. The Frequency of Culture-specific Elements in the ELT Course Books at Elementary Schools in Turkey. *Novitas ROYAL (Research on Youth and Language)* (4): 182-189.

Cole, D. & Meadows, B. (eds.). 2013. *Linguistics for Intercultural Education*. Amsterdam: John Benjamins.

Cortazzi, M. & Jin, L. (eds.). 1999. *Culture in Second Language Teaching*. Cambridge: Cambridge University Press.

Davidson, R. & Liu, Y. 2020. Reaching the world outside: cultural representation and perceptions of global citizenship in Japanese elementary school English textbooks. *Language, Culture and Curriculum 33* (1): 32-49.

Gao, G. & S. Ting-Toomey. 1998. *Communicating effectively with the Chinese*. Los Angeles: Sage Publications.

Gao, X. 2003. Women existing for men: Confucianism and social injustice against women in China. *Race, Gender & Class 10* (3): 114-125.

Georgas, J., K. Mylonas, T. Bafiti, Y. H. Poortinga, S. Christakopoulou, C. Kagitcibasi & Y. Kodiç. 2001. Functional relationships in the nuclear and extended family: A 16 culture study. *International Journal of Psychology 36* (5): 289-300.

Goffman, E. 1967. *International ritual: essays on face-to-face behavior*. New York: Pantheon Books.

Gray, J. 2000. The ELT coursebook as cultural artefact: How teachers censor and adapt. *ELT Journal 54* (3): 274-283.

Gu, Y. 1990. Politeness phenomena in modern Chinese. *Journal of pragmatics 14* (2): 237-257.

Gudykunst, W. B., Y. Matsumoto, S. Ting-Toomey, T. Nishida, K. Kim & S. Heyman. 1996. The influence of cultural individualism-collectivism, self-construal, and individual values on communication styles across cultures. *Human Communication Research 22* (4): 510-543.

Hall, E. T. 1976. *Beyond culture*. New York: Anchor Press/Doubleday.

Hall, S. 1997. *Representation: Cultural Representations and Signifying Practices*. Milton Keynes: The Open University.

Holliday, A. 2011. *Intercultural communication and ideology*. London: Sage Publications.

Hooks, B. 1992. *Black Looks: Race and Representation*. Boston: South End Press.

Hu, Z. & X. Peng. 2015. Household changes in contemporary China: An analysis based on the four recent censuses. *The Journal of Chinese Sociology 2* (9): 1-20.

Hua, X., G. Hu & F. Liu. 2021. The cultural representation of Chinese-speaking groups in U.S. produced Chinese as a foreign language textbooks. *Asia Pacific Journal of Education 43* (1): 126-143.

Hua, X., T. Xiong & Yu, R. 2022. The Cultural Representation of Chinese Speaking Others in Localized CFL/CSL Textbooks. *International Journal of Chinese Language Teaching 3* (2): 7-26.

Kachru, B. B. 1990. World Englishes and applied linguistics. *World Englishes 9* (1): 3-20.

Kádár, D. Z. & Y. Pan. 2011. *Politeness in East China. Politeness in Asia.* Cambridge: Cambridge University Press.

Keles, U. & B. Yazan. 2020. Representation of cultures and communities in a global ELT textbook: A diachronic content analysis. *Language Teaching Research 27* (5): 1325-1346.

Kilickaya, F. 2004. Guidelines to Evaluate Cultural Content in Textbooks. *Online Submission 10* (12): 571265.

Kim, D., Y. Pan & H. S. Park. 1998. High-versus low-context culture: A comparison of Chinese, Korean, and American cultures. *Psychology and Marketing 15* (6): 507-521.

Krippendorff, K. 2013. *Content analysis: An introduction to its methodology* (3rd ed.). Thousand Oaks: Sage Publications.

Landis, J. R. & G. G. Koch. 1977. An application of hierarchical kappa-type statistics in the assessment of majority agreement among multiple observers. *Biometrics 33* (2): 363-374.

Lin, Y. 1936. *My Country and My People.* New York: Reynal and Hitchcock. Inc.

Liu, G. X. Y. & C. C. Helwig. 2022. Autonomy, social inequality, and support in Chinese urban and rural adolescents' reasoning about the Chinese college entrance examination (Gaokao). *Journal of Adolescent Research 37* (5): 639-671.

Medora, N. P., J. H. Larson, N. Hortaçsu & P. Dave. 2002. Perceived attitudes towards romanticism: A cross-cultural study of American, Asian-Indian, and Turkish young adults. *Journal of Comparative Family Studies 33* (2): 155-178.

Moran, P. R. 2001. *Teaching culture: Perspectives in practice.* Boston: Heinle & Heinle.

Moran, P. R. 2009. *Teaching Culture: Perspectives in Practice.* Beijing: Foreign Language Teaching and Research Press.

Puspitasari, D., H. P. Widodo, L. Widyaningrum, A. Allamnakhrah & R. P. D. Lestariyana. 2021. How do primary school English textbooks teach moral values? A critical discourse analysis. *Studies in Educational Evaluation 70* (1): 101044.

Rao, P. S. 2019. The role of English as a global language. *Research Journal of English 4* (1): 65-79.

Risager, K. 2018. *Presentations of the world in language textbooks*. Bristol: Multilingual Matters.

Robinson, J. 1989. Family Policies, Women, and the Collective Interest in Contemporary China. *Review of Policy Research 8* (3): 648-662.

Samovar, L. A., R. E. Porter & L. Stefani. 1998. *Communication between cultures*. Belmont: Wadsworth.

Scollon R. & Scollon S. W. 1995. *Intercultural Communication: A Discourse Approach*. Oxford: Basil Blackwell.

Shardakova, M. & A. Pavlenko. 2004. Identity options in Russian textbooks. *Journal of Language, Identity, and Education 3* (1): 25-46.

Shin, J., Z. R. Eslami & W. C. Chen. 2011. Presentation of local and international culture in current international English language teaching textbooks. *Language, Culture and Curriculum 24* (3): 253-268.

Stranger-Johannessen, E. 2015. Constructing English as a Ugandan language through an English textbook. *Language, Culture and Curriculum 28* (2): 126-142.

Tajeddin, Z. & S. Teimournezhad. 2015. Exploring the hidden agenda in the representation of culture in international and localized ELT textbooks. *The Language Learning Journal 43* (2): 180-193.

Tomlinson, B. & H. Masuhara. 2017. *The complete guide to the theory and practice of materials development for language learning*. Hoboken: John Wiley & Sons.

Vick, L. 1993. Cross-cultural Training of Chinese Managers and Workers by US Companies: A Comparative Cultural Analysis of the Problems Reported by US Trainers. Master Dissertation. Oregon: Portland State University.

Wang, D. 2016. Learning or becoming: Ideology and national identity in textbooks for international learners of Chinese. *Cogent Education 3* (1): 1140361.

Wang, J. 2008. A Cross-cultural Study of Daily Communication between Chinese and American-From the Perspective of High Context and Low Context. *Asian Social Science 4* (10): 151-154.

Wei, X. & Q. Li. 2013. The Confucian value of harmony and its influence on Chinese social interaction. *Cross-Cultural Communication 9* (1): 60-66.

White, C. 2008. Understanding China's minorities through learning Chinese: The portrayal of minorities in Chinese second language textbooks. *Journal of Multicultural Discourses 3* (2): 79-97.

Widodo, H. P., M. R. Perfecto, L. V. Canh & A. Buripakdi. 2018. A critical micro-semiotic analysis of values depicted in the Indonesian Ministry of National Education-endorsed secondary school English textbook. *Situating moral and cultural values in ELT materials*. Cham: Springer. 131-152.

Xie, Y. 2013. Gender and family in contemporary China. *Population studies center research report* (13): 808.

Xiong, T. & Y. Peng. 2020. Representing culture in Chinese as a second language textbooks: A critical social semiotic approach. *Language, Culture and Curriculum 34* (2): 163-182.

Yin, Y. 2010. Cultural and Social Interpretation of Chinese Addressing Strategies. *English Language Teaching 3* (1): 195-199.

Zhang, H., X. Li & W. Chang. 2022. The representation of cultures in national English textbooks in China: a synchronic content analysis. *Journal of Multilingual and Multicultural Development 65* (4): 1-21.

Zhang, M., T. Lin, D. Wang & W. Jiao. 2020. Filial piety dilemma solutions in Chinese adult children: The role of contextual theme, filial piety beliefs, and generation. *Asian Journal of Social Psychology 23* (2): 227-237.

Zhang, Y. 2016. *National college entrance exam in China: Perspectives on education quality and equity*. Singapore: Springer.

Zhu, H. & W. Li. 2014. Geopolitics and the changing hierarchies of the Chinese language: Implications for policy and practice of Chinese language teaching in Britain. *The Modern Language Journal 98* (1): 326-339.

费孝通，2009，《费孝通全集：第六卷（1948—1949）》。呼和浩特：内蒙古人民出版社。

李明珍，2020，对外汉语教学中的传统节日文化研究——以春节为例。硕士学位论文。太原：山西大学。

李昕，2012，三套国际汉语初级教材中的文化词语编排简析，《淮北师范大学学报（哲学社会科学版）》33（02）：163-165。

欧阳芳晖，2020，本土化视角下的国际汉语教材文化内容对比，《辽宁教育行政学院学报》37（06）：103-107。

欧阳芳晖、周小兵，2016，跨文化视角下的中美汉语教材文化呈现比较，《华文教学与研究》（01）：78-84。

亓华，2000，美国意识形态对汉语教学的渗透及我们的对策——从普林斯顿大学编写的汉语教材说起，《北京社会科学》(01)：145-152。

王巍，2022，揭示中华文明起源、形成、发展的历史脉络，http://www.nopss.gov.cn/n1/2022/0704/c219544-32465084.html（2025 年 1 月 18 日读取 ）。

张虹、于睿，2020，大学英语教材中国文化呈现研究，《外语教育研究前沿》(03)：42-48。

郑超然，2019，普林斯顿大学汉语教材中中国争议形象探究。硕士学位论文。北京：中央民族大学。

3 美国本土中文教材文化教学理念与策略探究：以《中文听说读写》为例

林汉钊 廖鸿婧

1 引言

作为国际中文教育的核心议题之一，中文教材扮演着至关重要的角色，它不仅连接着教师、教学方法与学习者，也构成了教学的基础支撑，是实现国际中文教育教学目标的重要载体（崔希亮 2010）。随着全球学习中文的人数不断增长，国际中文教育事业蓬勃发展，众多本土化中文教材应运而生、快速发展（周小兵等 2018）。这些本土化教材（也称为国别型教材）在满足学习者多样化的学习需求和推动海外本土国际中文教育发展中发挥了重要作用。因其契合国际中文教育学科发展的实际需求，本土化教材被视为"解决当前汉语国际传播教材问题的现实出路"（吴应辉 2013：117），并成为衡量国际中文教育本土化发展水平的重要指标（郭晶 2021）。深入研究和探讨海外本土化中文教材在理论和实践层面具有重大意义，是国际中文教育研究的重点领域之一（崔希亮 2023）。

同时，研究海外本土化教材，在比较和鉴别中提炼其编写理念、实践策略和本土化适宜性，具有重要的应用价值（吴应辉 2013）。尽管我国的教材建设在近年取得了显著进展，依然存在很多问题，限制着国际中文教育的进一步发展。具体而言，国际中文教学资源存在数量不足、种类不够丰富的问题，无法满足全球中文学习者的多样化需求（周小兵等 2018）。不仅如此，国际中文教材的质量、在海外使用的适应性和接受度等问题也备受关注。例如，国内中文教材在海外常常表现出"水土不服"的问题，主要原因在于教材未能契合外国学习者的语言习惯和文化背景（刘悦淼等 2021；周天甲、吴长安 2021），也存在理论创新不足等问题（司红霞等 2023）。因此，研究海外优秀的本土化中文教材，"合理吸收其对文化取向的正确态度"（陆路 2018：71），了解其如何适应当地教学，是中文二语教材研究的重要内容与应有之义（李泉、宫雪 2015）。

鉴于此，本研究从比较互鉴的视角，基于国际中文教育领域首部文化教学参考框架《国际中文教育用中国文化和国情教学参考框架》（后称《参考框架》）创建分析框架，以美国本土中文教材《中文听说读写》为例，探究其文化教学的理念与策略，总结其成功经验，旨在为我国国际中文教材的编写提供借鉴和启示，以期提升国内教材在海外的"话语亲和力"（熊涛、周小兵 2023），更好地传播中国文化和形象。本研究至少有以下三方面的意义：第一，有助于充分了解和评估海外优秀本土中文教材，基于《参考框架》从中国文化主体视角检验其是否有效地传达了中国文化和国情；第二，学习美国本土优秀教材的特色和经验，为我国中文教材的编写提供参考，提升我国中文教材在海外的适应性、接受度和影响力，从而推动中文教材的创新发展和国际中文教育的高质量发展，助力中文和中国文化的全球传播，实现中文教材"走出去""融进去""促进民心相通"的目标；第三，提出有实际应用价值的教学策略与教材改进建议，为国际中文教育的多方主体提供依据，促进全球教育资源的优化，实现文明互鉴、文化共融和教育共赢。

2　文献回顾

2.1　海外中文教材文化教学理念研究回顾

自国际中文教学学科诞生伊始，学术界就在中文教材编写实践中重视中国文化的"体现、融入、介绍和揭示"（李泉 2011：388）。基于现有研究，我们可以将中文教材的文化理念和策略大致分为三种主要模式：

第一，多视角呈现与跨文化对比：王巍（2022：95）强调"虽然不同类型的汉语教材对跨文化内容的编排存在着一定的差异性，但跨文化交际意识与策略应该贯穿于一部教材的始终"。李泉（2011）强调文化内容的呈现应有多角度，与中外对比、古今联系相结合，以提高学习者对中国文化的全面理解。郭凤岚（2021）提出"融通观"作为国际中文教材资源建设的理念之一，即"即教材建设者不仅要有扎实的语言学和语言教学理论功底，更要有高站位，具备国际化视野和融通中外的意识与能力"。吕美（2015：189）以国际中文民俗文化教学以及教材为例，指出教材编写中的跨文化的观点要求本土民俗文化应"与世界其他地域和民族的民俗文化进行一定的差异比较"，从而产生有益的碰撞和交流，实现真正意义上的跨文化交际。此外，也有聚焦于某一微观领域的文化教学考察，例如对国际中文教材中体育元素呈现方式的探析（林

许洋 2016)，基于国际中文教材的中华饮食文化国际传播（范中予等 2021）
等等。辛平（2015：85）从文化匹配度视角出发，考察了中、日、美六部初级
中文教材，并将教材中文化与语言的匹配程度定义为"由三个维度构成：一
是内容上与语言的关联类型，二是文化的呈现角度，三是文化知识的内容侧
重"，为分析中文教材中的跨文化对比提供了融合语言与文化维度的框架基础。

第二，学习者为中心的文化内容选择：李泉（2011）提出在跨文化教学
的背景下，教材编写应注重从学习者的视角考虑内容选择和表述方式，考虑
学习者的认知习惯和情感需求，避免文化灌输的生硬和单一。赵杨（2024）
指出通过"共情叙事"使外国中文学习者对中国文化和国情有深入了解和理
解，促使他们形成新的认识并产生共鸣，关键在于以"受众本位"进行教学，
确保有效传达信息。杨薇（2022：46）则建议"基于'受众优先'的原则，
充分考虑学习者的可接受程度，发掘相对容易进行内化的文化元素"。实际
上，以学习者为中心的理念也显示了中文作为外语教材编写的实用性（吕必
松 2007；李泉 2007），即需要注意话题的选取与文化项目的兼容和针对性，
"体现受众国的文化"（张红芳 2011）。李泉（2004）深化拓展了对教材编写
原则针对性的理解，区分了"针对性范围分析""针对性取舍分析""针对性
的措施""针对性的实施""针对性的体现"等考量维度，强调教材的针对性
的目标在于提高教学的质量和效益。教材的文化教学内容是中文教材编写的
重要组成部分之一，也需要体现针对性的原则。

第三，文化传播或对话的现代性和共时性：国际中文教育中，教材文
化内容的现代性和共时性是众多学者关注的焦点（周小兵等 2010；冯小钉
2012）。中国文化教学与传播的"现代视角"要求"文化介绍应古今联系、
以今为主，今古兼顾、说古以论今"（李泉、丁秋怀 2017：121）。在文化传
播方式上，司红霞等（2023）建议应转变"以我为主"的文化传播模式，建
立在对话与交流基础上的双赢传播模式。杨薇（2022：46）从国际传播视域
出发，探讨了"古代与现代，宏观与微观，叙述与体验"三大方面，强调文
化教学需要把"古代文化与现代文化有机结合，宏观介绍与微观描述相辅相
成，叙述提炼与真实体验情景交融"，从而达到传播目的。

综上，多视角呈现与跨文化对比的教学理念强调通过多角度、多层次地
展示文化内容，帮助学习者在比较中更全面地理解和感受文化差异与共性，
而学习者为中心的文化内容选择则确保了教材内容能够贴近学习者的认知习
惯和情感需求，提高其学习的主动性和积极性。文化传播或对话模式强调在

教材中建立不同文化之间双向交流的桥梁，使学习者不仅接受文化知识，还能参与其中，形成互动。尽管现有的文化教学理念和策略为中文教材的编写提供了重要指导，但仍存在研究不足。一方面，较为缺乏对具体教材文化教学理念和策略呈现的实证分析；另一方面，尚未充分顾及不同文化背景的本土中文教材研究。因此，有必要进一步探索如何在海外中文教学语境中编写出具有针对性和实用性的中文教材，提高在国际中文教育中教材使用的实效，实现培养跨文化交际能力的育人目标。

2.2 《参考框架》相关研究回顾

2022 年，教育部语言合作中心组织研制的《参考框架》正式发布。这是我国首部针对国际中文教育领域的文化教学参考框架，代表了国际中文教育标准体系建设的重要里程碑。其目的在于为海内外各级学校、孔子学院以及其他中文教学机构在"文化课程设置、课堂教学、教材编写以及学习者文化能力测评等方面提供参考和依据"（教育部中外语言交流合作中心 2022：1）。《参考框架》的出台为中文语言课中的文化教学"教什么"提供了回答，也为"讲好中国故事，传播中国声音"中的"讲什么"提供了基本遵循与导向。

当前，学界对语言和文化的密切关系的认知逐渐达成共识，文化教学逐渐摆脱了作为语言教学的附属或边缘角色的束缚（张英 2016），但聚焦国际中文教育的文化教学相关研究仍较为零散，缺乏系统性。《参考框架》的出台对推动国际中文教育文化教学的规范化和体系化起到了积极的作用（祖晓梅 2023a），尤其为改进教材编写提供了广阔的应用空间（吴勇毅 2022）。虽然《参考框架》发布时间不长，但已经在学术界引起了一定的关注和积极反馈。目前学界对《参考框架》的研究多侧重理论层面的解读，探讨了《参考框架》的研制背景、内容特点、意义、要旨、文化教学的理念与思路、使用原则等主题（马佳楠 2022；吴勇毅 2023；祖晓梅 2023b）。换言之，结合实证研究对《参考框架》进行深入的分析则较为欠缺。这在一定程度上制约了《参考框架》在实际应用中的推广与实施。当前笔者能搜索到仅有的两篇涉及实证研究成分的论文，均聚焦于对中国概况或文化教材的分析（吴勇毅 2023；邹春江 2024）。对标准的解读与研究是相辅相成的（赵杨 2023），因此，关于《参考框架》的研究仍需要进一步深化。尤其是在《参考框架》与海外中文教材的适配性方面，相关的实证研究尚待深入，以推动国际中文教育标准体系建设工作的进一步发展。

2.3 《中文听说读写》教材相关研究回顾

就本文的研究对象而言，《中文听说读写》在美国本土中文教材研究领域占据重要地位，成为众多研究者的关注焦点。目前，关于《中文听说读写》的研究以硕士论文为主，大多运用对比研究方法，聚焦于中文教学本体问题与社会文化现象探究两大层面，涵盖了话题选编、体例、插图、语法项目编排、教材人物形象、词汇、助读系统、交际法及交际性原则、练习和释义、国家形象、教师用书等多个方面。例如，王若江（2006）把美国与澳大利亚两部中文教材进行了对比与分析，指出两部教材根据以学生生活为中心的话题来组织内容，反映了文化因素。石彦霞、秦坤静（2016）探讨了《中文听说读写》的针对性问题，指出该教材在适应北美中文学习者的母语习惯和文化背景、服务处于中文初级阶段的北美大学生、符合美国学期的学时特点，以及契合美国中文教学模式方面具有天然优势。王莹（2020：62）从内容和形式两个方面分析了《中文听说读写》的趣味性，指出"文化本身就是趣味性的来源，教材中文化方面的内容十分丰富，包括传统文化和现当代文化，学生通过文化学习，提高学习目的语的动力"；在形式方面，令人耳目一新的体例篇幅和版式设计是《中文听说读写》趣味性的两大来源。

然而，针对《中文听说读写》中文化教学的研究尚显薄弱。其中，高慧乾（2012）考察了《中文听说读写》和《当代中文》文化点，发现两套教材的相似点主要体现文化点分布特征上，即在日常生活和习俗类文化点的数量最多，思想观念类文化点的数量最少；文化时效性和现代性较为突出，且注重文化对比。同时，《中文听说读写》在文化内容的编排与呈现方面展现了独特的风格和鲜明特色。教材强调微观文化及中国文化内部的区域差异和多样性，并利用多媒体手段，尤其通过多样化的照片展示，生动而直观地传达文化信息（高慧乾 2012）。此外，黑如意（2022）对《发展汉语》与《中文听说读写》两本中文教材文化因素进行了对比，指出两套教材交际文化因素不够突出，且《中文听说读写》部分文化因素冗杂，实用性匮乏。尽管现有研究充分证明了该教材的经典地位和研究价值，但针对其文化内容的研究仍然较为匮乏，研究相对分散，分析深度和理论支撑有待加强，因而有必要对该教材的文化内容进行更系统、更深入的探索。

本节回顾了关于中文教材文化教学的相关研究成果，研究框架《参考框架》的研究动态，以及《中文听说读写》的研究现状。本研究在一定程度上弥补了以往研究中的一些不足，包括教材文化点研究标准不统一、教材研究理论与实践结合不够紧密、教材研究中跨文化视角关注较少，以及《参考框架》在海外本土中文教材实证应用中的研究较为有限。通过系统整合中文教材文化教学理论、《参考框架》与《中文听说读写》教材，本研究旨在为国际中文教材的编写与研究提供理论创新与实践指导。

3　研究方法

3.1　研究问题

本研究将《参考框架》应用于海外本土中文教材的文化教学研究，以《中文听说读写》系列中文教材为例，探究该教材中文化教学内容分布特征及呈现方式，提炼其文化教学理念和策略。具体研究问题如下：

（1）《中文听说读写》教材的文化教学内容是如何分布的？

（2）《中文听说读写》教材的文化教学内容是如何呈现的？

3.2　样本教材选择与介绍

本研究选择的样本教材《中文听说读写》第四版是美国本土中文教学资源建设创新发展的优秀代表，在教材跨文化视角和语言文化教学的科学性、经典性和市场认可度方面具有多重优势。

美国的中文教学资源建设已处于先进且成熟的阶段，具备自主研发和全球输出能力。《国际中文教育教学资源发展报告》（2021 版）将各国的中文教学资源建设分为成熟型、成长型和薄弱型三种类型。美国作为资源建设成熟型国家的代表，其出版的《中文听说读写》等教材对外输出，影响了其他国家的中文教学理念和模式，推动了国际中文教学资源的全球流动（教育部中外语言交流合作中心 2022）。因此，研究美国本土教材不仅具有代表性，还能为其他国家和地区提供重要的启示。《中文听说读写》第四版出版于 2018 年，紧跟最新的语言文化教学理念和教学实际需求的变化，具有较强的时代感、前瞻性和针对性（教育部中外语言交流合作中心 2022）。此外，该教材跨文化性突出，文化内容丰富多样，呈现方式新颖，充分展现了语言与文化并重的教学理念。作为美国本土中文教学的经典教材，《中文听说读写》在海外市场已获得广泛认可，影响力显著（教育部中外语言交流合作中心 2022）。

《中文听说读写》系列自 1997 年首版问世以来，历经多次修订与更新，分别于 2006 年、2010 年和 2018 年推出了新版。该系列一直保持着稳定的更新态势，不仅体现了其迭代性，更彰显了其持久的发展动力。第四版融入了许多新特色，例如"在文化素养（前身为文化亮点）部分纳入了比较和对比活动，以提高学生对快速全球化世界中文化多样性的认识"（Liu *et al*. 2018）。此版还"进行了大量的插图，杂志式的处理，以更好地吸引学生"（Liu *et al*. 2018）。

《中文听说读写》的组织原则包括：整合教学法与真实性、繁体字和简体字的结合、综合教学方法（Liu *et al*. 2018）。各单元的结构包括以下部分：导入、课文、词汇表、语法、词汇与短语、语言练习、文化素养、课程小结和补充模块。其中，"文化素养"主要包括两部分内容：一是提供当代和中国传统文化的"快照"——即"文化笔记"，二是将不同文化进行联系和对比的部分——即"比较与对比"（Liu *et al*. 2018）。这一部分包含了丰富的文化内容，充分展现了教材编写中所倡导和践行的文化教学理念和策略。值得注意的是，文化素养板块是第四版着重更新的内容之一，具有高度的时代性和分析价值。因此，根据研究问题和挖掘教材文化教学特色的目的，为确保数据具有针对性、代表性和可比性，本研究选取了第三册每个单元的"文化素养"板块内容为重点考查对象。

3.3　数据收集与分析

3.3.1　研究设计及分析框架

本研究采用了定量内容分析和定性案例分析相结合的研究设计，以"点面结合"的方式来挖掘本土教材中的文化教学内容的分布和呈现情况。以《参考框架》中的两级文化项目为基础，制定了一套基于本土参考框架的编码系统，如表 1 所示。该框架基于广义的"文化即生活"的定义，将社会生活、传统文化和当代中国作为三个一级文化项目。鉴于《参考框架》中不同层级的文化呈现"包含状"，本研究的编码方案主要参考《参考框架》高级（大学及成人）层级的文化内容和分级目标，以实现最大覆盖度（吴勇毅2022：5）。

表 1　本研究的编码方案

一级文化项目	二级文化项目
社会生活	饮食、居住、衣着、出行、家庭、节庆、休闲、消费、就业、语言交际、非语言交际、交往、语言与文化
传统文化	历史、文化遗产、文学、艺术、哲学、宗教、发明、中外交流
当代中国	地理、人口与民族、政治、经济、社保、教育、语言文字、文学艺术、科技、传媒、对外关系与对外交流

3.3.2　数据收集和分析的方法与步骤

第一，在量化分析部分，本研究主要采用了内容分析法。内容分析法是"一种基于定性研究的量化分析方法，以定性的问题假设为出发点，利用定量的统计分析方法和工具对对象进行处理，其最终结果是从统计数据中得出定性的结论"（肖磊、王宁 2021：45）。内容分析法适合用于从教材中提取和分析文化信息点（李加军 2023）。本研究根据编码方案识别文化项目的属性与类别，以描述性统计量化每个单元中文化素养板块所涉及的文化项目点数量，分析其在不同单元和不同层级的分布情况，了解其分布特点。在分析过程中，以意思完整的意群为基本单位，对每个单元中的文化信息进行编码。若某部分内含有多个文化点，则把涉及的文化项目均按编码方案编码。鉴于同一单元主题的相似性，一个小标题下同一项目仅被计算一次，以避免重复对数据分析准确性的影响。在面对编码与分析过程中可能出现的困惑或矛盾时，两位作者积极展开了充分的交流与深入探讨，确保对数据分析的理解和解释达成一致，以提升研究的可信度和准确性。当意见仍存在差异时，则邀请来自教材研究领域的第三方专家或另一位课题组研究人员参与共同讨论后形成最终共识。

第二，对教材内容的质性分析步骤包括以下几个方面。首先，通过主题分析对编码方案中的文化点进行细致的质性编码。这一步骤涉及对数据进行系统的整理和分类，以识别出数据中的关键概念和模式。接着，将这些编码聚合成若干主题，进而识别、归类与提炼教材中文化教学内容的呈现方式和表达特点，揭示数据中的主要趋势和隐含意义。此外，定性分析部分也使用了案例研究法，即从每个突出的主题中选择具有代表性的案例进行深入分析和解释（Yin 2018）。这一过程不仅有助于呈现研究发现，还能为后续的理论构建和实践应用建议提供基础。研究者在多轮编码和考察的基础上，按照每个单元至少选择一个典型案例，每个一级文化项目至少三个突出案例的基本原则，最终确定了十六组案例作为案例分析对象。这些案例涵盖了教材中不同单元的各种文化主题,涉及编码方案的不同层级。在选取案例的过程中,我们注重确保案例的代表性和典型性,以便能够更好地反映教材中文化教学内容的整体特征和实际应用情况。对于每个选取的案例,研究者围绕研究问题对文化教学内容呈现方式和特点进行了详细的分析和解读。通过案例分析,深入挖掘教材中文化信息点所蕴含的文化内涵,从而展现教材文化教学内容对增强学习者"文化知识、文化理解、跨文化意识和文化态度"的意义(教育部中外语言交流合作中心 2022:3)。同时,案例分析也注重揭示教材中文化内容的具体情境以及意义构建与实现机制。

简言之,本研究采取了一种双向循环互动的数据分析路径(周小兵等2019),注重质性和量化分析、"自上而下"和"自下而上"两种视角的结合,在注重规范科学性与有效性的同时保持开放性与灵活性。这种方法能够从宏观和微观两个层面审视教材的文化教学内容,既考虑了整体框架的指导,又保持了对细节的关注,有利于挖掘和剖析教材文化内容的分布与呈现特征及其文化教学理念与策略。

4 研究结果

本节首先分析各级文化内容在教材中的频次,然后探讨这些内容在教材中的分布情况,并最后对这些文化内容的呈现特征进行分析。

4.1 文化教学项目和主题分布

根据研究分析框架和编码方案得出的一级和二级文化项目的数量分布和占比可见下表:

表 2 文化项目编码统计表

一级文化项目	数量	所占比例	主要二级文化项目及其频次
社会生活	37	53.6%	语言与文化(12)、饮食(6)、消费(4)、家庭(3)、居住(2)、节庆(2)、休闲(2)、语言交际(2)、交往(2)、就业(1)、非语言交际(1)
传统文化	14	20.3%	文学(4)、历史(3)、中外交流(2)、哲学(2)、发明(1)、宗教(1)、文化遗产(1)
当代中国	18	26.1%	教育(8)、地理(4)、语言文字(2)、科技(2)、社保(1)、人口与民族(1)
总 计	69	100%	

总体来看，样本教材文化项目设置和分布上呈现较为全面但不均衡的情况。文化项目主要集中在社会生活领域（出现频次 37 次，所占比例 53.6%），数量最多，占比最大，有助于帮助学习者了解中国人的社交规范、行为举止、思想观念等重要方面。对社会生活的强调也与《参考框架》对文化的界定相吻合，即文化等同于生活。文化属性出现频次排序其次是当代中国（18 次），再次是传统文化（14 次）。相对而言，传统文化和当代文化和国情的占比较为接近（20.3% 与 26.1%），两者互补互动有助于展现古往今来的中国。传统文化的占比比当代中国部分略少，也体现了该教材更加关注中国当代发展的特征，与传统中文教材"以古为重"的编写思路不同。

此外，样本教材在二级文化项目呈现方面展现出较为丰富与多元的特点。语言与文化（12）、教育（8）、饮食（6）等共通主题出现的次数最多。根据《参考框架》的分类，"语言与文化"和"饮食"是社会生活范畴，而"教育"属于当代中国范畴。这与一级文化项目的规律大致相同。在社会生活类别的二级项目中，"文化素养"相关文本并未明确提及衣着和出行等具体内容。同样，在传统文化类别中，也未见显著的艺术相关项目。当代中国作为一个涵盖广泛的领域，其相关文本中并未具体涉及政治、经济、文学艺术、传媒以及对外关系等项目。

4.2　文化教学主题的单元分布

本节主要描述文化教学主题在各单元中的分布情况。在该册教材中，涉及校园情境主题的单元包括：Lesson 1 开学、Lesson 2 宿舍生活、Lesson 5 选课、Lesson 9 教育。这些以校园情境为主题的单元，通过创设文化敏感性情境，帮助海外中文学习者在真实语境中掌握文化知识，充分呼应大学生群体的生活经验及学习需求。

社会生活维度则以微观情境和微小叙事为语言文化教学的出发点，主要体现在以下单元中：Lesson 1 开学、Lesson 2 宿舍生活、Lesson 3 在饭馆儿、Lesson 4 买东西、Lesson 6 男朋友女朋友、Lesson 8 打工等。这些单元通过贴近学生日常生活的情境和具体的叙事，帮助学习者在实际场景中理解和运用语言，同时感受和体验相关的文化元素。

此外，当代中国的主题主要体现在以下单元：Lesson 7 电脑和网络、Lesson 9 教育、Lesson 10 中国地理。教材通过几个贯穿始终的人物角色，将这些看似宏大的主题融入日常生活叙事中。例如，中国地理知识并非通过生硬讲解呈现，而是通过角色讨论旅行计划等情境自然引出，以小见大地展现了宏观文化主题。

总结而言，样本教材的文化内容呈现出微观文化取向，以社会生活领域的日常实践为主要聚焦点，而对当代中国宏观主题的显性呈现相对有限。需要强调的是，虽然从单元标题来看未明确设置传统文化主题单元，但通过内容分析可见，各单元文化教学内容均延伸至历史维度，传统文化作为底层逻辑与行为规范有机融入其中。

4.3 文化教学内容呈现方式

文化教学内容的呈现方式通过质性数据进行分析，主要采用案例分析和主题分析的方法。通过主题分析，文化教学内容的呈现方式聚合成两个主要类型，分别是图文配合渲染文化场景以及文化联系现实。

4.3.1 图文配合渲染文化场景

该文化呈现方式以文本内容与图文关系的协同设计为核心，通过整合多模态教学资源，构建沉浸式文化场景，实现文化教学效果的最优化。这种模式有以下几个特征：

（1）直观性：通过图片和文字的结合，使文化内容更直观易懂，帮助学习者更好地理解和记忆。

（2）情境性：图文配合的方式能够创造出真实的情境，使学习者在身临其境的文化氛围和环境中进行语言学习，增强实际应用能力。

（3）多感官参与：利用视觉和阅读的双重刺激，提高学习者的参与感和兴趣，促进文化学习。

在第 3 单元的饭馆场景中，右上角的饮食传统一节主要涉及中国饮食文化的演变。文化内容包括中国饮食习惯的历史变迁、饮食文化的重要性以及餐桌礼仪等方面。这部分内容通过插图生动地呈现了相关场景，例如筷子在饭桌上的使用和圆桌上的分餐场景，这些场景都是中国餐饮文化中常见的情景，能够直观地展示中国人用餐时的习惯和礼仪。渲染的文化场景是在一家人就餐的情景。通过与正文伴随式插图的设计，呈现了典型的中国饮食场景，如圆桌上的圆形布置、使用筷子进餐、菜品通过圆碟圆碗装盛摆放方式、分餐制度等，丰富学习者的文化场景想象。图文配合营造了浓厚的学习氛围，背景颜色采用了中国文化的代表色红色，配以中国特色符号以及中国窗花工艺设计增强了文化氛围。前景、后景与文本相互呼应，为学习者提供了多元的文化输入，吸引了他们的注意力和兴趣。这种图文配合渲染文化场景的方式，不仅使学习者更好地理解和记忆文化内容，还能够激发他们对学习的兴趣，提高学习效果。

　　整体布局与氛围渲染方面类似的手法在其他单元也有使用，体现了《中文听说读写》前言中"杂志风格"的设计，又如图1。

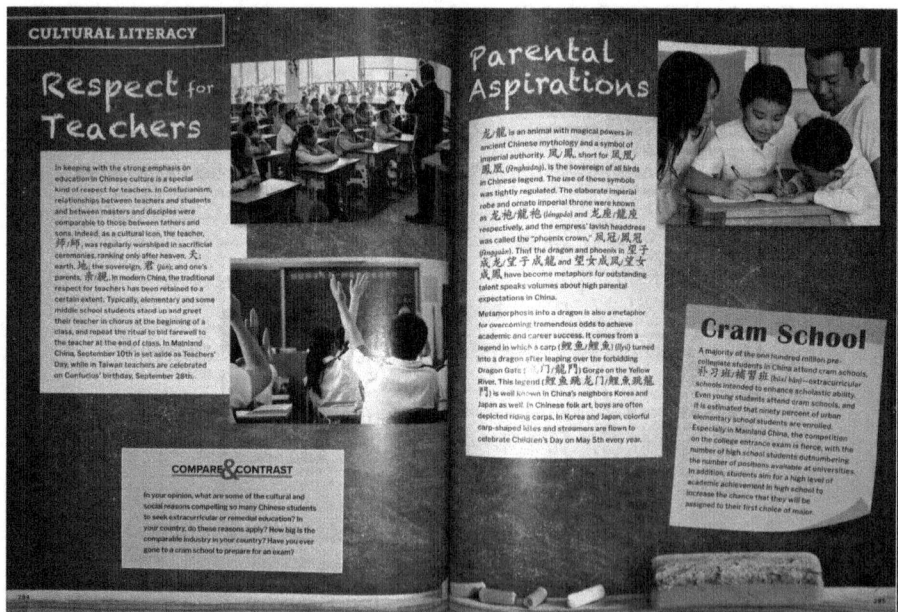

图1　"教育"案例（第9课：284—285）

　　这部分的文化内容主要包括以下几个方面。"尊重老师"介绍了中国文化中对教师的尊重，源于儒家思想中的师生关系被比作父子关系。这种尊重在现代中国的教育体系中仍然保留，如学生在开学和放学时向老师行礼；"父母的期望"阐述了中国文化中父母对孩子成才的期望，通过龙和凤凰的象征意义,以及"鲤鱼跃龙门"的典故,展现了父母期望孩子通过努力取得成功的观念;"补习学校"介绍了中国教育体系中的补习学校现象,解释了许多中国学生参加课外辅导或补习班以提高学术成绩的文化背景。教材通过图文结合的方式多维度呈现中国教育文化。在场景渲染上,采用黑板报、粉笔画等元素还原典型教育场景,如学生举手发言和端坐听讲,体现课堂规范与尊师重道。在文化阐释上,插画通过视觉符号传递深层文化逻辑,如家庭作业辅导场景中家长的参与,引发对中国教育观念的思考,补充并丰富了文化呈现。

通过这些文化内容的介绍,学习者可以学到与教育相关的实用和常用词汇和表达,例如"师""补习班""望子成龙""鲤鱼跃龙门"等等,体现了语言文化融合教学,有助于他们在实际生活中更好地使用中文以及理解中国的教育文化和家庭教育观念,增进跨文化交流的能力。再如图 2 所示:

图 2 "买东西"案例(第 4 课:124—125)

教材的这一部分呈现了中国商业文化的现代变迁与历史渊源。在当代维度,教材重点展示了移动支付技术的普及性应用及其对社会生活的深刻重塑。同时,通过市集议价场景的视觉再现,生动刻画了中国传统交易文化中的讨价还价现象。在历史维度,教材不仅阐释了"东西"一词的语义流变与丝路贸易的关联性,还通过视觉符号的修辞设计(如"y"替换为钱币符号,

"o"右上角加点象征"看"的眼睛，以及"x"的交叉箭头象征文明交汇）隐喻了丝绸之路在东西方物质文化交流中的历史枢纽作用。这种多维度的呈现方式，既帮助学习者掌握语言知识，又深化其对中国文化的理解。

4.3.2　文化联系现实

文化联系现实主题涉及古今联系、与学习者联系以及与社区／社会联系三个二级主题。

4.3.2.1　古今联系突出当代国情社情

教材重点突出了古代文化与当代社会的联系，通过对古代文化的传承和演变进行深入探讨，以古润今，并且突出了与当代国家情况和社会情况相关的文化内容，促进学习者对中国文化传统与当代社会的关联性有更深刻的认识，加深学习者对当代国情社情的文化理解。下面我们以图 3 的案例揭示该教材如何处理传统文化和当代中国以及社会生活之间的关系：

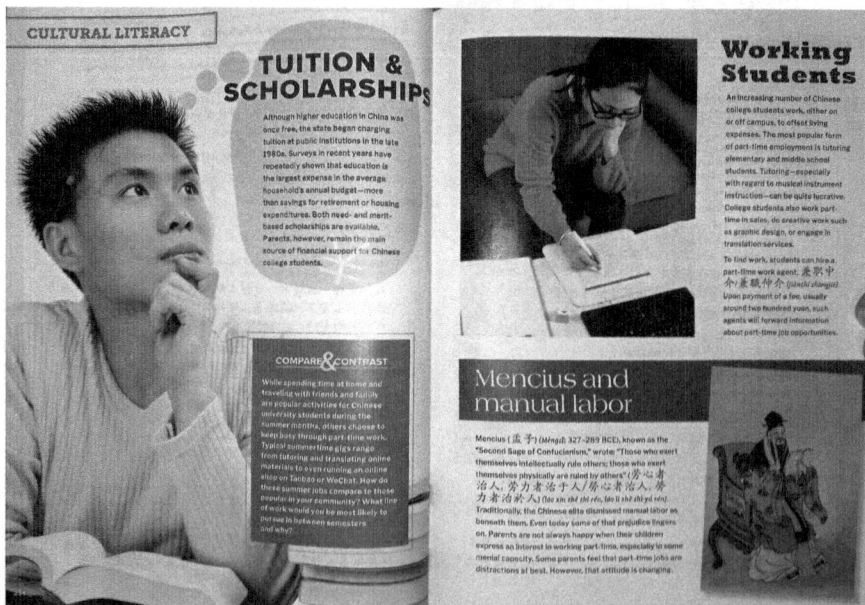

图 3　"打工"案例（第 8 课：254-255）

在这一部分教材内容中，通过"古今联系"的方式，文化教学突出了当代中国的国情与社会现状。案例包括几个主要模块，分别为"学费与奖学金""学生兼职"和"孟子与体力劳动"，每个模块通过具体内容和视觉元素的结合，展示了中国的教育、学生兼职现象以及历史文化思想的现代影响。

传统与现实的联系主要体现在右下角的模块介绍了孟子的政治和教育思想，强调了传统文化在现代社会中的持续影响。例如，孟子所提倡的"仁义"概念在中国文化中根深蒂固，对人们的行为和态度产生了深远的影响。

现代社会的变迁主要体现在左上角的模块"学费与奖学金"中，案例介绍了中国高等教育收费的演变，以及当前学生在学费和生活费用上的负担。具体内容提及了国家和学校提供的助学金和奖学金情况，例如国家奖学金和助学贷款等。通过这些信息，学习者可以了解到政府和社会在支持大学生教育上的努力，以及这些政策对大学生的影响。

观念性变化则体现在右上角的"学生兼职"模块，描述了越来越多的中国大学生通过兼职来减轻生活费用压力的现象。具体举例说明了常见的兼职类型，如家教、翻译、图形设计等。描述中国大学生因家庭经济压力或个人兴趣选择兼职的情景，揭示这种现象在中国社会中的普遍性和影响。这一部分还提及了现代父母对孩子打工态度的变化，从最初的反对到现在的接受，展示了传统观念在现实中的逐渐演变。

通过这些模块，学习者不仅能够学习到与教育和工作相关的实用词汇和表达，如"兼职"等，学习者还能够更好地理解当代中国的教育体制、学生生活和社会观念，增强跨文化沟通能力。综上所述，这部分教材内容通过古今对比和联系的方式，为学习者提供了不同角度的语言和文化学习体验，帮助在学习中文的同时了解中国的教育和社会现状。通过展示传统与现实的联系，增强了学习的实用性和深度，使学生在学习中文的同时能够更深入地了解和关注当代中国的社会、文化和教育现状。

4.3.2.2 与学习者联系激活文化生活体验

教材文化内容与学习者联系指从学习者的需求和体验出发，创造与学习者有关的学习机会，全面促进学生对文化的认知、情感和思考，使其在文化学习中获得更为丰富和深刻的体验。这种联系不仅体现在文化话题的选择上，更通过文化素养板块的"比较与对比"环节实现持续互动。该设计突破传统以语言为中心的练习模式，重点引导学习者开展跨文化思考。如图3所示，"比较与对比"环节通过"你在学期之间的假期会寻求做什么工作？为什么？"这一问题，有效触发学习者对不同文化背景下学生兼职现象的比较分析。这种对比不仅揭示中西方教育文化差异，更能深化学习者对文化价值观的理解，培养跨文化交际能力。

此外，正文内容通过直接联系学习者来增强互动性。例如，第6课"理想特质"板块的开篇问句——"你是否觉得《IC》中的角色或语言过于腼腆？"——使用第二人称"你"，拉近了与学习者的心理距离，促使其产生共鸣。这种方式能促使学习者对文化教学内容形成个体化的理解，并激发其主动参与学习过程的兴趣。此外，虚拟语气或假设等表达也能进一步促使学习者代入情境，如图4所示。

COMPARE & CONTRAST

Institutional spaces such as dorms are the product of available resources, but they're also conditioned by ideas about personal space and how people are supposed to relate to each other—that is, by ideas about how society is supposed to work. As one example, in dorms at many Chinese public universities, the electricity is turned off around eleven o'clock at night. Research Chinese dorm life online, and take a look at a few pictures. What ideas about how people are supposed to relate to each other in society are reflected in Chinese dorm rooms? Which of these ideas are shared in your own community/culture?

Accommodations for
INTERNATIONAL STUDENTS

If you study abroad in China, you will most likely stay in an international student dorm. You will probably share a room with another international student, or you may be paired with a Chinese roommate. Many universities have established international student dorms to avoid thrusting students into conditions dramatically different from those back home. However, China also has a history of segregating foreigners from the local population. For example, between about 1686 and 1856, Western traders were confined in a special area along the Pearl River in Canton (now Guangzhou). The so-called Thirteen or Canton Factories comprised the offices and warehouses of foreign mercantile agents. The establishment of these separate quarters arose from a desire to avoid the intermingling of foreigners and the native Chinese population, or 华洋杂处/華洋雜處 (huá yáng zá chù).

59

图 4 "国际学生住宿"的案例（第 2 课：59）

本案例通过创设"如果你在中国留学，你将很有可能住在留学生公寓"这一文化情境，实现了教材内容与学习者身份的精准对接。这种表述方式既体现了对中文学习者主体性的充分尊重，又避免了文化认知上的身份错位问题。从文化教学的角度看，这一设计具有双重功能：一方面，通过展示留学生公寓这一特定住宿安排，揭示了中国为国际学生提供的文化适应机制；另一方面，该案例巧妙地引入"华洋杂处"这一历史文化概念，将现实中的文化适应策略与历史上的中外互动传统联系起来。这种教学设计不仅帮助学习者理解当代中国对外来文化的接纳方式，还通过语言形式与文化内容的有机融合，实现了认知负荷的优化，从而提升了学习效率和文化理解深度。整个案例的设计充分体现了教材编写者将语言教学与文化认知相结合的智慧，为学习者构建了一个既真实又可理解的文化学习空间。

4.3.2.3　与社会联系促进跨文化反思

本小节与上一小节的关系在于从个体联系走向学习者所处的更大范围的社区、社会、国家，甚至国际的联系。通过联系和讨论与学习者生活环境相关的文化现象、社会习俗和社区活动来进行文化教学，有助于反映社区的多样性，展示不同文化、族群和社会群体的习俗和生活方式，促进文化包容和理解。例如图4左侧"比较与对比"部分从宿舍生活的文化差异出发讨论到社会文化观念的不同，文中提到，中国许多的公共大学宿舍在晚上11点左右会关电。这反映了中国大学宿舍管理中的一种集体规章制度的文化。这种管理方式可能与一些国家的宿舍生活不同。教材这部分最后的设问没有聚集于文化的差异，而是从观察和了解中国到反思和思考本土社区及文化中与中国观念共通的地方，看到社区与社区之间、文化与文化之间的潜在联系。这无异于架起文化理解和沟通的桥梁，而不是专注于"我和你不同"的"拆桥"。同时，差异蕴藏着对话的契机。如第6课的同一板块则从学习者所处的文化和中国文化对早恋态度的不同入手，询问学习者所在国家的态度与中国的态度是否有差别，体现了与学习者联系以及与更大社群联系的开放性和包容性、多样性和关联性。通过思考这些问题，学习者也能对自身以及自己的社区、社会和文化产生更深层的联系，生发更深的认识、反思和理解。

此外，图像也是连接和反映学习者与其更大社区的重要媒介。例如，在图2案例中，尽管左侧"讨价还价"栏目的配图未明确标明国家，但通过图片的背景风格和人物形象等因素，学习者能够获得一定的熟悉感，提升了本土中文教材的适配性。

5　讨论

结合量化和质性的结果，样本教材的文化内容基本上符合参考框架的要求——"教学内容方面应遵循古今兼顾、立足当代的原则，强调中国文化和国情的多元性和动态性，强调传统文化对中国社会与生活的影响和当代意义，深入挖掘文化产物、制度、习俗等可见文化现象背后的文化内涵和观念，把握中国文化的本质特征"（教育部中外语言交流合作中心 2022：4）。量化分析显示，教材涵盖了广泛的文化主题。质性分析进一步揭示了这些文化内容的呈现方式，不仅通过文本，还通过丰富的图像和案例，引导学习者在学习语言的同时深刻理解相关文化背景。具体而言，教材在古今联系、与学习者联系以及与社会联系这三个二级主题上表现突出。古今联系部分，教材通过现代国情社情的实例，帮助学习者理解中国文化的历史延续性和当代发展。与学习者联系部分，教材通过激活学习者的文化生活体验，使其在真实的生活情境中感受文化内涵。最后，与社会联系部分，教材通过融入和反思本地文化脉络，促进学习者在多元文化背景下的适应和反思能力。因此，样本教材的文化内容在广度和深度上都基本符合参考框架的要求，为学习者提供了较为全面且实用的文化学习体验。

　　基于研究结果，本节聚焦于对研究发现中体现的文化教学理念进行进一步的讨论和提炼。综合来看，《中文听说读写》文化教学的编排和呈现体现出"多维融合"和"联系驱动"两大文化教学理念。

　　第一，"多维融合"指将多种文化元素融合到语言文化教学中。这不仅包括了传统的文化知识和价值观的传授，还包括了文学、历史、艺术、社会习俗等多个方面的内容。通过文化教学内容在教材中的多维融合，学习者可以在较为立体的文化教学框架中全局性地了解和体验目标语言所承载的文化。例如，在样本教材中可以看到对于中国传统文化的介绍，不仅仅局限于历史、文学、艺术等领域，还融合了哲学、伦理、科技等多方面的内容。这种多维度的教学方式，让学生在领略中国传统文化丰富多彩的同时，也能更好地理解文化与社会、历史、科技的紧密联系（李泉 2011）。

　　除了不同文化内容和主题的融合，样本教材中的"多维融合"也指"文本-配图"以及"插图-教法"的融合。这既包括模态上、形式上、设计上、文化要素和资源上的融合，也包括课堂教学实践以及课堂内外、不同时空"在场"或"离场"的融合。例如，图文与教法的融合体现在教材文化教学板块的"文化对比"活动，从而为培育学习者跨文化交际能力的提供教学支持和引导。这有助于锻炼学习者文化理解力和鉴赏力，提高独立思考的批判性思维和能力。

　　可以说"多维融合"理念集中映照和落实了跨文化交际能力培养的认知维度，有助于通过真实、多样的文化教学输入，从多角度、多维度、多路径体现中文及中国文化的独特魅力与厚重底蕴，从而让中文学习者在语言学习中了解并理解"真实、立体、全面的中国"和"可信、可爱、可敬的中国形象"。

第二，"联系驱动"强调了教材和教学的目的是建立学习者与语言文化之间的密切联系。这种联系不仅仅是语言和文化元素之间的关联，更重要的是学习者与教材内容之间的互动和参与。在联系驱动的教学策略下，学习者被鼓励积极参与到语言和文化的学习中，通过与教材内容的互动，积极地探索、思考和运用所学的语言和文化知识。这种互动和参与不仅有助于学习者更深入地理解和认知语言文化，还培养了他们的自主学习能力和批判性思维能力。因此，联系驱动的教学策略不仅有助于提高学习者的学习兴趣，激发文化学习动机，提升学习者的语言水平，还能够促进他们对语言文化的更深层次理解和应用。

进一步来说，"联系驱动"的文化教学策略与以往文献讨论的教材建设的针对性原则有所联系，但也有所区别。以往文献中讨论本土教材建设要有针对性的原则侧重于根据学习者的特点和需求，设计和编写符合本土文化背景和语言特点的教材。在实践中，通过将"联系驱动"的文化教学策略应用于本土教材建设中，可以更好地实现教材与学习者之间的有效联系。这意味着教材不仅要符合学习者的语言水平和学习需求，还应该融入针对性的本土文化元素和场景等，以便与学习者的"已有"知识产生勾连，帮助他们更好地理解和运用"未知"的语言和文化知识。因此，"联系驱动"与"针对性"相辅相成，共同促进了语言文化教学的有效性，优化了学习者的学习体验。

总之，"联系驱动"着力于跨文化交际能力培养的情感维度，有助于培养"知华友华爱华"的国际友人，让中文学习者看到"融通中外"文化交流的可能性与必要性，理解"自我"与"他者"的共通之处，成为"对话的交流者"（高一虹 2014）。

6 对国际中文教材建设的启示

本研究基于对《中文听说读写》文化教学内容的分析所提炼出的两大文化教学理念"多维融合"与"联系驱动"，针对我国国际中文教材文化资源不足、海外适应性有待加强的现状，对国际中文教材的本土化建设和依托教材的文化教学提出以下借鉴性应用：

　　"多维融合"与"联系驱动"相互支撑，在教材中的应用体现了中国传统"体用贯通"的哲学智慧，可以应用在教学实践中的多个方面。首先，通过"多维融合"，在教材中融入多种文化元素，构成了一个丰富的文化背景，为学习者提供了更广泛的学习资源。同时，"联系驱动"强调学习者与语言文化之间的联系，鼓励他们积极参与到语言和文化的学习中，通过与教材内容的互动建立对语言文化的理解和认知。因此，"多维融合"为"联系驱动"提供了丰富的学习内容和资源，而"联系驱动"则促进了学习者与这些多维文化元素的有效联系和互动，从而实现了语言教学中文化教学的全面发展和深入理解。

　　此外，"多维融合"和"联系驱动"的文化教学理念也可以应用于国际中文教师专业发展和教学资源建设。"多维融合"要求教师创新在地化、情境化的文化教学的内在机理与外在表现形式，关注学习者跨文化交际意识和能力培养的多重维度，通过不断探索和整合多种文化元素，提高自身的跨文化教学能力和专业水平，为学习者提供更加丰富和有趣的文化教学内容。而"联系驱动"则促使教师关注学习者的个体差异和学习需求，根据实际情况调整文化教学策略和方法，从而更好地满足学习者的个性化学习需求，实现国际中文教育教学目标的有效达成，尊重和发挥课堂师生"双主体"的能动性，以实现和达成真正的联系为旨归和桥梁，驱动和赋能教与学的循环提升。

　　最后，在国际中文教材资源建设方面，"联系驱动"的文化教学理念要求教材建设过程中不能仅仅"以我为主"地思考文化教学内容选择与安排，而应充分考虑海外本土复杂多样的国情、社情、学情、教情、学习者需求等等本土因素，构建多元文化呈现路径，提高教材编写的针对性、适应性与吸引力。在语言类教材建设的过程中需要紧密联系与动态处理文化教学内容。这意味着以学习者为导向，采用系统设计、统筹兼顾、开放创新的方式，构建面向未来的文化教学理念与策略，与跨文化交际能力培养目标相衔接，更好地服务中文与中国文化"走出去"战略。

7　结语

　　本研究基于《参考框架》，通过量化内容分析和定性案例分析，研究了《中文听说读写》的文化内容分布特征和呈现策略，根据研究结果将其文化教学理念概括为"多维融合"和"联系驱动"，并提出针对性应用建议，用以弥补以往国际中文教材中语言与文化教学较为割裂、文化资源不够丰富及适应性不强的不足，展现了融合性语言文化教学观。本文不仅进一步拓展了《参考框架》的应用领域，也充分证明了其与海外本土中文教材研究的适应性。同时，本研究为国际中文教育语言文化融合式教学和教材编写提供了参考与借鉴。然而，作为以《参考框架》为工具，探讨海外本土中文教材文化教学理念与策略的初步尝试，本研究在某些方面尚存不足。研究局限于对单一教学环节的深入分析，这一限制在一定程度上影响了研究结果的普遍适用性。此外，研究未涵盖多模态数据，如教材配套的音视频等。未来的研究应当致力于扩大教材的分析范围，并采用对比分析的方法。通过调查和研究教材使用主体，我们可以更全面地了解教材在实际教学中的应用情况以及教师和学习者的使用体验。这将为中文教材编写与设计的改进以及国际中文教育的发展提供更多重要参考。

参考文献

Liu, Y., Yao, T., Bi, N., Shi, Y. & Ge, L. 2018. *Integrated Chinese Volume 3 (4th ed.)*. Boston: Cheng & Tsui Company.

Yin, R. 2018. *Case Study Research and Applications: Design and Methods*. Thousand Oaks: Sage Publications.

崔希亮，2010，汉语国际教育"三教"问题的核心与基础，《世界汉语教学》24（01）：73-81。

崔希亮，2023，国际中文教育的十二个重点研究领域，《国际中文教育（中英文）》8（01）：3-12。

范中予、赵云杨、王壮，2021，立足国际汉语教材出版，开展中华饮食文化精准传播——基于三套国际汉语教材饮食文化内容的分析，《传播与版权》（11）：102-105。

冯小钉，2012，论对外汉语教材中文化内容的共时性问题，《广东外语外贸大学学报》23（06）：91-94+103。

高慧乾，2012，《中文听说读写》（Level 1）和《当代中文》（初级）文化点考察。硕士学位论文。广州：中山大学。

高一虹，2014，"对话的交流者"——英语学习者认同典型模式的新发展，《中国外语》11（02）：54-59。

郭风岚，2021，论国际中文教材资源建设理念，《国际汉语教学研究》（03）：46-52。

郭晶，2021，国际中文教育本土化发展指数构建研究，《民族教育研究》32（03）：161-167。

黑如意，2022，《发展汉语·初级综合》与《中文听说读写·Level 1》文化因素比较研究。硕士学位论文。西安：西北大学。

教育部中外语言交流合作中心，2022，《国际中文教育用中国文化和国情教学参考框架》。北京：华语教学出版社。

李加军，2023，大学通用英语教材的（跨）文化呈现研究，《外语界》（01）：66-75。

李泉，2004，论对外汉语教材的针对性，《世界汉语教学》（02）：49-57+3。

李泉，2007，论对外汉语教材的实用性，《语言教学与研究》（03）：28-35。

李泉，2011，文化内容呈现方式与呈现心态，《世界汉语教学》25（03）：388-399。

李泉、丁秋怀，2017，中国文化教学与传播：当代视角与内涵，《语言文字应用》（01）：117-124。

李泉、宫雪，2015，通用型、区域型、语别型、国别型——谈国际汉语教材的多元化，《汉语学习》（01）：76-84。

林许洋，2016，对外汉语文化教学与体育文化融合的研究——对外汉语教材中体育元素呈现方式的探析，《广州体育学院学报》36（02）：51-54。

刘悦淼、王建欣、吴希斌，2021，汉语国际化下对外汉语教材的编撰与出版策略，《中国编辑》（06）：55-60。

陆路，2018，汉语国别型教材文化取向的再思考——基于对对外法语教材《taxi!》的考察，《云南师范大学学报（对外汉语教学与研究版）》16（02）：64-71。

吕必松，2007，《汉语和汉语作为第二语言教学》。北京：北京大学出版社。

吕美，2015，浅谈对外汉语民俗文化教学及教材，《文化学刊》（05）：188-189。

马佳楠，2022，《国际中文教育用中国文化和国情教学参考框架》的研制背景、意义及其内容特色，《国际汉语教学研究》（02）：25-30。

石彦霞、秦坤静，2016，谈对外汉语教材编写的针对性原则——以《中文听说读写》为例，《现代交际》（10）：237-238。

司红霞、冯淋、舒中满，2023，国际中文教材的发展与展望，《昆明学院学报》45（01）：51-63。

王若江，2006，美国与澳大利亚两部汉语教材的对比与分析——《中文听说读写》和《汉语》的考察报告，《语言文字应用》（S1）：87-92。

王巍，2022，国际汉语教材中的中国文化因素研究，《首都师范大学学报（社会科学版）》（03）：90-97。

王莹，2020，美国本土教材《中文听说读写》的趣味性研究。硕士学位论文。哈尔滨：黑龙江大学。

吴应辉，2013，关于国际汉语教学"本土化"与"普适性"教材的理论探讨，《语言文字应用》（03）：117-125。

吴勇毅，2022，《国际中文教育用中国文化和国情教学参考框架》与教材编写，《国际汉语教学研究》（02）：4-7。

吴勇毅，2023，文化的理解与分享——《国际中文教育用中国文化和国情教学参考框架》之要义，《宁波大学学报（教育科学版）》45（01）：2-4+1+19。

肖磊、王宁，2021，中国教材分析：历程回顾与未来展望，《课程.教材.教法》41（10）：42-50。

辛平，2015，初级汉语教材中文化匹配度研究——以中、美、日六部教材为例，《吉林师范大学学报（人文社会科学版）》43（01）：80-86。

熊涛、周小兵，2023，国际传播视域下中国文化读本的话语亲和力建构，《现代外语》46（01）：97-109。

杨薇，2022，国际传播视域下国际中文教育文化教学的内容选择，《天津师范大学学报（社会科学版）》（04）：41-46。

张红芳，2011，"话题"的选取及"文化项目"的兼容——中级汉语教材问题研究，《苏州教育学院学报》28（06）：32-35。

张英，2016，二语教学目标与中文教师的文化意识，《云南师范大学学报（对外汉语教学与研究版）》14（02）：5。

赵杨，2023，主持人语，《国际中文教育（中英文）》8（01）：13-14。

赵杨，2024，共情叙事视角下中国概况教学原则，《世界汉语教学》38（01）：3-10。

周天甲、吴长安，2021，国际汉语教材海外推广策略探析，《出版广角》（18）：63-65。

周小兵、罗宇、张丽，2010，基于中外对比的汉语文化教材系统考察，《语言教学与研究》（05）：3。

周小兵、谢爽、徐霄鹰，2019，基于国际汉语教材语料库的中国文化项目表开发，《华文教学与研究》（01）：50-58+73。

周小兵、张哲、孙荣、伍占凤，2018，国际汉语教材四十年发展概述，《国际汉语教育（中英文）》3（04）：76-91。

邹春江，2024，基于"讲好中国故事"的四本文化教材对比研究。硕士学位论文。南
　　昌：江西师范大学。

祖晓梅，2023a，文化教学的新理念和新思路——《国际中文教育用中国文化国情教
　　学参考框架》解读，《语言教学与研究》(03)：26-35。

祖晓梅，2023b，新时期中国文化教学与传播的新探索——以《国际中文教育用中
　　国文化和国情教学参考框架》为例，《宁波大学学报（教育科学版）》45（01）：
　　5-7+19。

第二部分
英国本土中文教材研究

4 英国本土中文教材概况

孟昊萱

1 引言

英国本土中文教学始于 1837 年，传教士基德（Samuel Kidd）出任伦敦大学学院（University College London，简称 UCL）首位中文教授，开启英国大学设立中文专业、开展中文教学的历史。除传教士及宗教的影响外，中文教育在英国的发展主要得益于数量庞大的华人华侨群体。华人移民英国已有 200 多年历史，根据 2021 年数据，英国华侨华人总数有约 70 万，占英国总人口的 1%，其中绝大多数已加入英国籍，是继印巴人、黑人之后的第三大少数族裔（中华人民共和国驻大不列颠及北爱尔兰联合王国大使馆 2021）。庞大的华人群体提升了英国整体对中文学习的需求，也促进了英国孔子学院的发展。2005 年，英国开设了第一所孔子学院。截至 2024 年，在英现有 30 所孔子学院和 164 间孔子课堂，数量居欧洲国家之首（中华人民共和国外交部 2024）。基于两百多年的历史积累，以及孔子学院及孔子课堂在当地的丰富探索实践，英国中文教育现已进入了国别化、本土化的新阶段，相关教学资源的建设也已起步，并积累了一定成果。因此，对英国本土中文教材的考察和研究具有重要的理论价值，并可对其他英语国家的本土中文教材开发提供借鉴。本章将从历史的角度梳理英国本土中文教材的建设，并横向比较英国当前使用的各学段中文教材，以期为教材编写者、研究者和出版方提供参考。

2 英国中文教育发展概况

在西欧国家之中，英国最早将中文纳入国民教育体系，这既体现出其对中文教育的重视，也反映了其对华人群体及中国日渐增长的关注。从历史的纬度分析，英国作为欧洲的经济、政治、文化重地，早在 18 世纪末就出现了欧洲的第一条唐人街，华人也广泛地参与到了当地的社会活动中。在 19 世纪末和 20 世纪初华人还分别建立了华文报刊和华人社团。在教育方面，华文学校大约在 20 世纪 40 年代出现（张新生、李明芳 2022），这也为中文进入英国国民教育体系打下了基础。如今，中文已成为英国初、高中会考的科目之一。综合而言，中文在英国得到了较为广泛的应用和认可，学习者涵盖升学目的、兴趣爱好、职业需要等。这不仅得益于在英国华人移民数量较大，也源自欧洲国家对移民语言权利的认可。此外，更重要的是中国正在走向世界舞台中央，学习中文对于学习者在世界范围内的人文交流、升学深造和经贸往来意义深远。

2.1　基础教育阶段中文教育发展概况

如今中文已成为英国基础教育外语语种之一，但实际上中文真正取得与欧洲语言同等重要的地位是在 21 世纪之后。在此之前，中文仅是作为一种社区内部的语言进行教学、修习与传承，在基础教育阶段，其学生群体、教学区域都具有强烈的华人聚居色彩，也难以融入主流学校的课程建设之中。因此，于泓珊、张新生（2022）指出，中文仍处于同英国国民教育体系深度融合的初期阶段。但总体而言，中文在英国基础教育阶段的重要性正在日渐增加，且融合方式也在不断丰富当中，包括课程标准、内容及评价的完善。

从时间维度梳理中文教育在英国基础教育阶段的发展过程。自 1978 年实施改革开放以来，中国加快、加深、加强与世界各国的交流交往，而英国敏锐地认识到随着中国的崛起，学习中文将变成一项人才培养的必需技能。因此，在英国开设中文课程的中小学陆续增多，但多为学校的个体行为，以聘请中文教师为主。进入 21 世纪，中国政治经济实现高速发展，重视文化软实力的输出，尤其是海外华文教育和中文作为外语教育进入了蓬勃发展的阶段。英国也相应适时地调整了语言政策，中文的重要性随之提高。2002 年，英国政府将中文的重要性提升至战略意义，并从 2003 年开始研制中学中文教学大纲，2004 年在部分中学试点。2008 年，英国将中文列入"普通中等教育证书"（General Certificate of Secondary Education，简称 GCSE）考试科目。此外，中文也被纳入了素有"英国高考"之称的"普通教育高级水平证书课程"（General Certificate of Education Advanced Level，简称 A-Level）。2012 年，英国政府修订教学大纲，规定小学生须从 3 年级开始选修外语，中文和法语、德语等一道被列为 6 种可供选修的外语课程（张鹏 2022）。

按照学制划分梳理中文教育在英国基础教育阶段的发展现状。综合张新生、李明芳（2022），张鹏（2022）等人的研究及统计数据，在学前教育阶段，中文教育多集中在英国境内大都市中的民办双语教育机构。截至2023—2024学年，英国基础教育阶段共有24 453所学校，其中公立小学16 764所（UK Government 2024）。在小学阶段，由于未受到升学影响，故中文教育多以兴趣课程为主，也有部分双语学校提供沉浸式中文教育，相对发展较为缓慢。在中学阶段，2023—2024学年英国共有公立中学3452所。相较于小学而言，英国中学的中文教育发展迅速，一方面是受到升学的影响，另外一方面是具有更加标准化的课程体系。在地域上，开展中文教学的中学多集中在英格兰和苏格兰地区。在学校类型上，开设中文教育的私立学校远多于公立学校。2016年英格兰地区约有20%的中学开设了中文课程，尤其是中文培优项目（Mandarin Excellence Programme）推动了公立学校的中文教育发展。在苏格兰地区，分别于2008年和2010年设置了初、高中中文会考。参与中文各阶段会考的人数每年也都有波动，在高中会考中文科目参与人数方面，中文一度超越德语成为第三大外语语种，但未能稳定保持。

综合而言，英国基础教育阶段的中文教育发展经历了短时快速的数量增长，目前开设的学校数量仍相对有限，修习并参与初高中会考的人数相较于其他传统欧洲外语语种而言较少，具有增长空间和可能性。新的增长点在于，更加规范的课程研发及推广、师资培养、政府重视与政策引导。

2.2 高等教育阶段中文教育发展概况

在英国的高等教育阶段，中文教育的发展更加多元，且增速更快、受众更广。这不仅体现出政府、高校对中国与中文的重视，更是英国学生对中国关注增长的有力证明。与基础教育阶段的发展类似，高等教育阶段中文教育的蓬勃发展也集中在世纪之交，中国强势回归世界政治经济舞台的这段时期。经历了二十多年的快速发展，现今英国高等教育阶段的中文教育已经可以分为学历教育与非学历教育两大类。从英国高校学生的中文学习目的来看，主要可以分为升学、求职与兴趣三大类。不可否认的是，随着人工智能的横空出世与指数级更新迭代，传统外语教学在海外面临着极大的挑战，中文教育在英国高等教育中也受到了一定冲击。数智化转型与高质量发展，是英国高等教育阶段中文教育发展应尽快回应的问题。

　　从时间上看，英国高等教育阶段的中文教育在 2000 年之后经历了快速增长。20 世纪 90 年代末，只有约 27 所大学和 15 所语言学院开设中文课程，这一数字在 2009 年达到了 80 所，在英国所有大学的占比是 70%。而到 2017 年，85% 以上的英国大学都已开设中文课程。20 年前的中文教育主要集中在少数传统大学，随着社会对中文和中国的认知提升，中文课程的设立数量和种类显著增加，复合型学位课程逐渐普及。

　　从数量上看，根据统计，目前英国约有 80 所大学开设中文课程，占全部 115 所大学的 70%。1996 年，全英参与中文专业课程的学生仅 1075 人，到 2006 年这一数字增至 2282 人，再到 2019 年，学习中文的大学生数量达到约 1.4 万人。其中在大学中文专业学习的学生约 4000 人，显示出学生对中文学习的兴趣和需求在不断上升。

　　从类型上看，当前，英国的中文教育涵盖了多种课程类型，包括中文专业、主修中文、辅修中文以及"中文 + 专业"的复合课程。大约 80% 的大学提供中文课程，特别是公共中文课程的增长显著。大学语言中心提供的选修课程，既有学分课程，也有非学分课程，公共中文课程的开设比例从 21 世纪初的 15% 增长至近 90%。不过，近年来虽然开设中文课程的大学比例保持在 95% 左右，但学生人数的增长趋势有所减缓。

　　在课程供给方面，英国的中文教育主要由大学的语言中心、中文系及东亚研究机构提供。最初，中文课程主要集中在少数传统大学，近 20 年来，课程供给迅速扩大，尤其是复合型本科学位课程，如中文与商务、中文与其他外语等，成为热门选择。自 1997 年成立的英国中文教学研究会（The British Chinese Language Teaching Society，简称 BCLTS）为中文教师提供了支持和培训，促进了教学质量的提升。目前，提供中文语言文学专业课程的大学较少，主要集中在剑桥大学、牛津大学、伦敦大学亚非学院等几所高等院校。然而，公共中文课程的开设几乎覆盖了 95% 的大学，显示出对中文教育的广泛需求和供给的多样性。

　　总体来看，在英国高等教育阶段，中文教育经历了快速而多元的发展，成为政府和高校重视中国与中文的重要体现。自 21 世纪初以来，开设中文课程的大学数量迅速增长，目前已有约 80 所大学提供各种类型的中文课程，涵盖学历与非学历教育。虽然学习中文的学生人数在持续上升，但近年增长趋缓，尤其受到人工智能发展的挑战。因此，未来英国的中文教育需要应对数智化转型与高质量发展的要求，以满足升学、求职与兴趣等多样化的学习目的，并进一步提升教学质量和学生的学习体验。

2.3 华文教育发展概况

华文教育是海外中文教育的重要组成部分，主要是对接受语言教育的主体进行了细分，专指对海外华人华侨子女开展的中文及中国文化教育。英国的华文教育发展与华人在英国的移居热潮和社会文化活动密不可分。英国的华文教育发端于 19 世纪中叶，当时华人开始移居英国并催生中文教育的需求，正式开启于 20 世纪初期，英国的第一所面向华裔的中文学校于是成立。此后，随着华人社区的不断壮大，华文教育逐步发展，并以华文学校为主要载体，促进了中文学习的普及和中国文化的传播。至今，英国的华文教育业已走过了百年。近年来，随着中国国际地位的提升和中英关系的深化，英国华文教育不仅面向华人华侨子女，还吸引了越来越多的本土学生加入，推动了英国中文教育的多样化和规模化发展。

从时间维度梳理英国华文教育的发展，其历程可以分为几个重要的时间节点。1914 年，中国留英学生联合会（Chinese Students and Scholars Association UK，简称 CSSA UK）开设了英国首所华文学校，开创了历史先河。1993 年 6 月，英国中文教育促进会（U.K. Association for the Promotion of Chinese Education，简称"促进会"）成立，旨在推广弘扬中国文化、发扬英国华人办学精神、联络热心教学人士、促进教学交流及提高教学水平，共同推动英国华文教育事业。1994 年 7 月，英国中文学校联会（The UK Federation of Chinese Schools，英文简称 UKFCS，中文简称"联会"）成立，通过其会员学校进一步推动了中文教育及中国文化在英国的发展。

从数量维度梳理英国华文教育的发展，华文学校的数量和师生规模逐年增长，反映了华文教育规模的不断壮大。根据鞠玉华（2024），张鹏（2022），张新生、李明芳（2022）等人的统计数据，2013 年，英国的华文学校数量达到了 138 所，中文教师人数为 2500 人，学生总数达到 2.5 万人。2022 年，华文学校数量增至约 300 所，学生人数约为 3.5 万人。实际上，除正规注册的华文学校外，华文教育还广泛地以多种形式存在于英国。例如，华人社区中举办的中文兴趣班、中文家教、中文学习小组等形式，都为更大范围的社区及学习者们提供了中文教育的机会。其中越来越多的非华裔学生加入中文学习，反映出华文教育受众的多元化发展，更体现出中文教育在英国的规模化发展，但这同时也给华文教育带来了一定的挑战。

从活动维度来看，英国的华文教育不仅局限于课堂教学，还通过丰富多彩的文化活动提升学生的学习兴趣和文化认同。促进会等社会组织自成立以来，与国务院侨务办公室保持沟通，连年组织"寻根之旅"夏令营、普通话朗诵比赛、成语典故竞赛、书法和国画比赛等文化活动。此外，还定期组织教师回国培训、邀请国内教师访英培训，并举办中文学校校长论坛和教学研讨会。联会也开展了相应的系列活动，如出版成套教材《齐来学中文》（*Let's Learn Chinese*）推动华文教育的标准化课程建设，举办年度教师培训活动、迎春文艺比赛等，整体与促进会相比活动较少。但值得肯定的是，这些活动不仅促进了中文教育的普及，也加深了学生对中国文化的理解和热爱，还将华人华侨通过子女的语言教育紧密地结合在了一起。

综合来看，英国的华文教育从早期面向华裔的补习班逐步发展为一个面向多元化群体的教育体系。在华文学校数量和学生人数逐年增长的同时，华文教育的影响力也在不断扩大，吸引了越来越多的非华裔学生参与。通过丰富的文化活动、完善的教师培训和教材开发，英国的华文教育不仅促进了中文教育的发展，也为中国文化在英国的传播奠定了坚实的基础。然而，随着学生群体的多样化，华文学校在教学内容、师资力量和管理模式上也面临新的挑战，需要进一步创新和调整。

2.4　孔子学院（课堂）发展概况

英国孔子学院与孔子课堂在促进中文教育和中英人文交流方面具有重要意义。2005 年 7 月，曼彻斯特大学与北京师范大学合作设立了英国的首所孔子学院，标志着孔子学院在英国的发展自此起步。孔子学院（课堂）旨在通过与当地教育机构的合作，为英国学生提供中文课程和文化体验，帮助其深入了解中国文化。虽然近几年孔子学院的增速放缓，但孔子课堂仍在逐步扩展，尤其是在中小学层面。根据张新生、李明芳（2022）的述评，截至2019 年底，英国共有 30 所孔子学院和 161 个孔子课堂，参与学习中文的学生人数超过 19 万人次，位居欧洲第一。

从时间维度来看，自 2005 年全英第一所孔子学院设立以来，孔子学院在英国迅猛发展。到 2010 年，已有十多所孔子学院投入运作，数量持续增加。受到国际政治局势的变化及以美国为首的国家对孔子学院的打压，孔子学院的发展有所停滞，但是孔子课堂在中小学阶段仍不断建设中。从区域上看，特别是在苏格兰和英格兰，孔子课堂网络已经覆盖了多个教育区，北爱尔兰和威尔士的孔子学院也逐渐建立了一定的中文教学网络。近年来，孔子学院逐渐成为推动英国中文教育和文化交流的核心力量，并通过与各类学校及社会机构的合作，提升了中文学习的普及度。

从类型上看，英国的孔子学院还颇具特色，在全球范围内都进行了创新性的探索，依托与中英两国教育机构的深度合作，形成了独特的合作模式。孔子学院基本均设在大学等高等教育机构中，涵盖了多领域的特色课程，如商务孔子学院、中医孔子学院、舞蹈与表演孔子学院等。其中，伦敦商务孔子学院（Confucius Institute for Business London）通过与当地企业合作，组织了多项商贸活动，促进了中文学习在商业领域的应用，并获得了一定收入，确保了其可持续发展。

目前，中英两国在中文教育方面的合作体系已逐步建立，尤以孔子学院（课堂）等实体机构为主。两国政府重视人文交流与教育科研创新，积极探索以语言教育为桥梁，涵盖多学段、跨学科的合作机制，为进一步深化两国双边关系作出新的贡献。

3 英国本土中文教材历史

英国中文教育在欧洲起步较早，在基础教育、高等教育阶段均取得了长足的发展，尤其是华文教育教学不断创新、活动多元丰富。语言教学离不开教材的开发，英国本土中文教材也具有悠久的历史，经过代代中文教师的传承，在世界范围内成为了重要的中文教材开发中坚力量。纵观而言，自19世纪初期至20世纪中叶，英国本土中文教材经历了早期探索、改革与本土化尝试两个主要阶段，为中文教育的全球传播作出了突出贡献。

3.1 早期探索阶段

在早期探索阶段，可以追溯到19世纪初，随着华人移居英国的数量大幅度增加，中文教育的需求提升，同时也对中文教材建设提出了需求。然而，早期英国中文教材主要依赖从中国内地和香港地区引进，以字典等工具书居多，考虑到学生群体多为香港地区移居英国的华侨，故多以繁体字和粤语教学为主。在教材的编写者方面，以汉学家、传教士、外交人员和跨境商人为主，他们在尚未形成专任海外中文教师这一职业前，为英国中文教学资源建设奠定了基础。

具体展开，如传教士罗伯特·马礼逊（Robert Morrison）于 1815 年出版英文版中文语法教材《通用汉言之法》（*A Grammar of the Chinese Language*），他还编撰了历史上第一部英汉对照字典——《华英字典》（*A Dictionary of the Chinese Language, in Three Parts*）。传教士、汉学家艾约瑟（Joseph Edkins）在 1853 年和 1857 年分别编写了两本语法书《上海方言口语语法》（*A Grammar of Colloquial Chinese: as Exhibited in the Shanghai Dialect*）和《汉语官话口语语法》（*A Grammar of the Chinese Colloquial Language, Commonly Called the Mandarin Dialect*）。传教士麦都思（Walter Henry Medhurst）于 1831 年编撰出版的《福建方言字典》（*Dictionary of the Hok-keen Dialect of the Chinese Language*）。

3.2　本土化尝试阶段

19 世纪中叶至 20 世纪初期，中文教育逐渐在英国得到规模化发展，特别是在华裔社区的支持下，中文教学资源呈现出本土化的趋势。詹姆斯·萨默斯（James Summers）是 19 世纪英国重要的汉学家和中文教育家之一。他的第一部中文相关作品是 1853 年出版的《中国语言与文字讲稿》（*Lecture on the Chinese Language and Literature*）。1863 年，萨默斯出版了《汉语手册》（*A Handbook of the Chinese Language*），这本教材是当时较为全面的中文学习参考书之一，包含了中文基础语法、句型、词汇等内容。他在 1864 年出版的《中文基础》（*The Rudiments of the Chinese Language*）是他对中文教学实践的进一步总结。有学者指出萨默斯的《中文基础》可以看作是英国国别化本土教材的雏形，为今后的国别化教材的编写及国际中文教学提供思路上的历史思考向度。

在中国长期担任过外交官的英国人威妥玛（Thomas Francis Wade）于 1866 年撰写出版中文教科书《语言自迩集》，他曾在中国生活四十余年，并研发了威妥玛拼音，用以标注中文发音。威妥玛的学生翟理斯（Herbert Allen Giles）是一位承上启下的汉学家，他在 1892 年出版了《华英字典》（*A Chinese-English Dictionary*），这部字典对威妥玛拼音进行修订，并扩展了词汇的数量和文化注解，使其成为中英翻译和汉学研究的重要工具。翟理斯在 1902 年出版《汉言无师自明》（*Chinese Without a Teacher*），面向中文初学者，通过简单的对话和语法规则帮助其掌握基础中文。

伦敦大学东方学院（现亚非学院）是英国本土中文教材发展初期的重要阵地之一。1924 年至 1929 年，著名作家老舍在此任教期间，与中文系布鲁斯（J.Percy Bruce）教授和叶女士（E. Dora Edwards）合作编写了《言语声片》（*Linguaphone Oriental Language Courses: Chinese*），这套教材是世界上最早的多媒体中文教材，结合了音频教学，均由老舍先生本人录制。这一时期，教材编写者注重结合本土学生的学习特点，强调实用性、趣味性。

据研究者统计，19 世纪初期到 20 世纪上半叶英国中文教材出版近百种，其中以综合类教材、工具书居多，此外还包含语法、口语、汉字、语音、文化阅读类教材若干（于泓珊、张新生 2022）。由此可知，在英国本土中文教材的发展历史上，大量传教士、外交官、汉学家作出了重大贡献，推动编著了种类多元化、形式多样化的各级各类中文教材，他们中的大多数具有在中国生活的经验，以亲历者的身份推动了中文教材在英国的本土化建设。这些早期的实践，不仅为现当代英国本土中文教学资源建设打下了稳固的地基，更为其他国家的中文教材本土化发展提供了重要参考。

4　英国本土中文教材现状

经过百余年的传承与积淀，中文教育目前已初步完全融入英国的国民教育体系。自 21 世纪以来，得益于中文科目在英国初高中升学考试中的地位凸显、孔子学院的短时期高强度扩张，在政府积极推动实施中文培优项目的背景下，英国中文教育不断向优质化、本土化发展，在教学资源建设方面也累积了一定的成果。梳理英国本土中文教材的现状具有极强的现实意义，一方面可以较为全面地掌握英国中文教育本土化的成果，总结经验。另一方面可以从中挖掘英国中文教育本土化过程中的优秀案例，提供借鉴。

4.1　基础教育

英国基础教育阶段中文本土教材出版发行数量相对最多，据统计，在1980 年至 2022 年英国正式出版 201 种（于泓珊、张新生 2022），这一数字还在持续增长中。总体来看，在教材形式及教学层次方面，以纸质教科书和初中阶段为主，数字化教材及幼儿园阶段教材最少。此外，大部分教材集中在中文初级水平学习者使用的通用型教材，这也符合大部分海外国家和地区中文学习者的集中群体和学习目的。在出版社方面，主要由培生教育集团、剑桥大学出版社、牛津大学出版社、三联书店出版社等国际知名出版社和教育集团编写出版。

基础教育阶段的英国本土中文教育主要集中在三个方面，华文教育、兴趣导向、升学导向。由于英国国家课程标准对基础教育教材使用并未作严格限制，因此在华文教育与兴趣导向的中文课堂里，教学材料多由教师主导进行选用或自编。而在升学导向方面，教材编写则相对更加明晰，主要跟随不同类型考试项目的考纲进行编写和更新。

在英国基础教育阶段，中文教育主要面向的英国本土考试为 GCSE 考试和 A-Level 考试。英国的升学考试由不同的考试局组织，故而制定的考纲及开发的教学资源也有所不同。英国主要有四大考试局，分别是：英国资格评估与认证联合会（Assessment and Qualifications Alliance，简称 AQA），英国培生爱德思国家职业学历与学术考试机构（Pearson Edexcel，简称 Edexcel），牛津、剑桥和 RSA 考试局（Oxford, Cambridge and RSA Examinations，简称 OCR），剑桥大学国际考试委员会（Cambridge International Examinations，简称 CIE）。此外，还有一些区域性的考试局，他们均为政府授权的机构，负责制定考试大纲、编写题目、组织阅卷、公布成绩等工作。

AQA 和 Edexcel 是 GCSE 的主要考试局，其中 Edexcel 考试局曾发布 2002 年、2009 年 GCSE 中文考试大纲并出版配套教材《英国初中标准中文》（*Edexcel GCSE 9-1 Chinese Student Book*），该教材于 2010 年荣获第五届孔子学院大会 "优秀国际中文教材" 奖。Edexcel 考试局又于 2017 年和 2021 年更新了中文考试大纲，2021 大纲在 2017 大纲的基础上做了一些细节的优化和调整。因此，目前配套教材主要也以 2017 新版为主，由伦敦大学学院教育学院孔子学院（UCL IOE Confucius Institutes for Schools，简称 IOE 孔子学院）与培生教育集团合作出版。AQA 考试局的 GCSE 中文考试大纲发布节点与 Edexcel 同步，也同样出版了配套新大纲的中文教材。由此可知，本土考试标准的更新会促进本土中文教材的相应迭代，从而优化本土中文教育资源建设。

基础教育阶段其他代表性本土中文教材包括由伦敦华语教学出版社出版的《英国中文初中会考写作复习指南（2018）》（*GCSE Chinese Writing Revision Guide 2018*）与《中学汉语口语指南（2022）》（*GCSE Chinese [9-1] Speaking and Listening Revision Guide 2022*），英国常青图书出版社出版的《英国 AS 中文教程（2019）》（*Chinese for Advanced Subsidiary Level 2019*），培生教育集团出版的《进步（2010）》（*Jin Bu 2010*）等。此外，英国汉语教师也会选用中国出版的《快乐汉语》《轻松学汉语》《HSK 标准教程》《YCT 标准教程》以及其他自编教材进行中文教学。

4.2　高等教育

在英国高等教育阶段，本土中文教材的建设也颇有成效。据统计，正式出版的本土中文教学资源共有 60 余种，且仍在不断更新中。高等教育阶段主流的英国本土中文教材主要由在英国执教的高校中文教师进行编写，也有由中英知名出版社共同合作出版的教材。其中包括外语教学与研究出版社与英国麦克米伦公司联合出版的《走遍中国》（Discover China）系列教材，该教材共四册，主要面向英语国家的零起点及中等水平中文学习者。此外，英国常青图书出版社出版、伦敦理启蒙大学张新生教授主编的《步步高中文》（Chinese in Steps）系列教材也曾在 2010 年第五届孔子学院大会上获"优秀国际中文教材"奖，该教材针对零起点及初级学习者，将文化意识和交际法、比较分析法融为一体，以日常交际活动为教学内容，重点培养学习者实际运用中文的能力。

从教材类型上看，高等教育阶段的通用型教材较多，专门用途教材正在稳步增加中。英国本土的专门用途教材在高等教育阶段集中在商务与旅游两个领域。这也符合中英两国的主要经贸往来需求。在商务中文教材方面，有由伦敦华语教学出版社出版的《中国商务文化导读新版（2015）》（When in China: A Guide to Chinese Business Culture-New Edition 2015），以及由英国常青图书出版社出版的《商务汉语必学话题 20 课（2017）》（Business Chinese 20 Essential Topics 2017）和《步步高商务汉语（2018）》（Chinese for Business Leaders 2018）。在旅游中文教材方面，英国劳特利奇出版社（Routledge）出版了《为中国准备好！酒店及旅游汉语（2021）》（China Ready! Chinese for Hospitality and Tourism 2021）。尤其是在国际交往快速复苏的当下，在英国接待中国游客与由英国前往中国旅行均成为潮流，在这个过程中，急需一批懂得双边文化、语言及习俗的专门人才。

随着中国职教出海的稳步推进，天津市经济贸易学校与英国奇切斯特学院共同成立了英国鲁班工坊，致力于向世界各地提供标准的中餐烹饪技术学历教育和资格培训。相信随着鲁班工坊的持续建设，将拓展出更多专门用途的英国本土中文教材。

除印刷出版的纸质教材外，英国各高校也在积极建设线上数字本土中文教学资源，以线上慕课为主，辅以各类与纸质教材配套的数字教学资源，以及各校教师自发建设的教学资源网站等形式，为高等教育阶段英国本土中文教育资源添砖加瓦。

4.3　孔子学院（课堂）

在孔子学院的中文教学中，多以 HSK 与 YCT 的标准教材为主，如《HSK 标准教程》和《YCT 标准教程》，或本土已公开出版的中文教材。但教师也多根据当地学生情况及特点进行个性化、差异化的补充。这些尝试与探索为英国本土中文教材的建设提供了基础，但多为教师的个体探索，并未能形成较为广泛使用的统一教材。少数具有影响力和教研能力的孔子学院依托外方高校的资源和平台，进行了更进一步的英国本土中文教学资源建设。

IOE 孔子学院作为英国中小学中国语言与文化教学国家咨询中心，在英国中文教育领域具有很强的号召力，并聚集了一批中文教师开发了优质的教材和教学资源。其在国内的合作机构是北京大学与北京大学附属中学。此外，IOE 孔子学院大力推广中文和中国相关知识的教学和学习，支持建立了43 个 IOE 孔子课堂，有超过 9000 名学生注册了中文学习课程，并为中文教师提供持续专业发展，包括举办年度会议、开发课程与教学资源、开展科学研究、组织举办赴华夏令营等。其建立的教学资源包括 "IOE 孔子学院小学中文教育资源库"（IOE CI Primary Mandarin Toolkit）[1]、"中小学中文教育资源库"（Mandarin Resources for Schools，简称 MARS）[2] 和 "中小学中文教学年会资源库"（Conference Workshops）[3]，辐射全英的中小学中文教师。

苏格兰中小学孔子学院（Confucius Institutes for Scotland's Schools，简称CISS）于 2012 年 6 月在格拉斯哥思克莱德大学揭牌成立。苏格兰中小学孔子学院由天津市教委、苏格兰国家语言中心、思克莱德大学合作建立，覆盖了苏格兰 22 个行政区域，辐射当地数百所中学及上千所小学。截至 2023 年，苏格兰地区有 400 多所学校通过孔子学院开设中文课程、开展各类中国文化活动，惠及学生 3 万余人，受到当地中小学普遍欢迎。苏格兰中小学孔子学院建设了丰富的数字教学资源库[4]，包括建立了中文学习的分级大纲、整理中国节日文化教学素材、提供中文作为第三语言学习指南、编写居家中文学校教学资源等，力求为英国全国的学生提供平等的中文学习机会与条件。

1　https://ciioeprimary.com/

2　https://ci.ioe.ac.uk/mars-homepage/

3　https://ci.ioe.ac.uk/conference-workshops/

4　https://www.strath.ac.uk/humanities/confuciusinstituteforscotlandsschools/resourcesforlearningteaching/

在孔子学院数智化发展方面，英国开放大学与北京外国语大学于 2022 年突破创新联合建立了全球第一所网络孔子学院——英国开放大学网络孔子学院（Online Confucius Institute of The Open University），该孔子学院秉承英国开放大学远程教育的先进理念，依托北京外国语大学语言教学方面的优势，助力网络孔子学院中文教学的发展和中国文化的网络传播，并为英国本土中文教育资源建设开辟了新的途径。

5 英国本土中文教材前景

基于历史的沉淀，发于当代的探索，中文教材在英国已经走向了本土化、多样化、数智化、优质化的新发展阶段。在此过程中，两国政府、高校、教师学者及其他民间组织密切合作、携手共进，为其他国家和地区的中文教育资源建设提供了借鉴和参考的范本。展望未来，英国本土中文教材发展前景广阔，仍有提升空间，尤其是在加强顶层设计与政府间协同、规范统一教学标准、均衡优质中文教育资源、加强建设数字教学资源等方面。

5.1 加强政府协同，推动顶层设计

英国具有较长的中文教育历史，华人华侨子女群体庞大，且大量为港人子女。在教学传承中难免出现教学方式固化、教材老旧等问题，而其港人子女因历史上受殖民统治的影响，在中国语言及文化教学过程中也可能存在一定的历史背景冲突。因此，在英国中文教育的发展前景展望中，应当充分尊重中文母语国的基本国情、文化历史、民族习俗，培养通晓两国语言、了解两国文化、擅长两国交往的具有全球胜任力的人才。中英两国间应当加强政府间协同，发挥母语国优势，提供在教学资源、师资培养、标准制定、资金支持等方面的政策引导及资源协助。

国际学生流动是国家间人文交流的重要组成部分，英国是中国学生的留学选择大国，中国也欢迎并吸引英国学生来华留学，提供学历制与非学历制教育项目，开放多种类型的奖学金申请。语言学习的最终目的在于交往交流，唯有在两国政府的大力推动下实现更广泛和密切的人员往来及人文交流，英国本土中文教育才能迈向新的发展历程，同时促使本土中文教材迭代更新。

5.2　建立统一标准，实现教材优化

英国在英格兰、威尔士、苏格兰及北爱尔兰四个行政区划内实行地区自治，因此各地区的外语教育标准及语言政策不尽相同。加之在 GCSE 和 A-Level 等升学考试中，存在不同考试局制定不同考试大纲的情况，因此在英国地区尚未形成统一的标准化教材，这在一定程度上造成了教材建设的困难和资源浪费。诚然，这是英国政治体制与教育制度长期形成的局面，但在外语教育方面，可以酌情出台国家参考标准。此外，还可参考"欧框"、《国际中文教育中文水平等级标准》等国际通行标准，以使其教材建设更具科学性和规范性。

英国本土中文教学具有丰富的实践案例，教师总结了大量的自编教材，在教师、教学机构组织内部也建立了一定的共享教学资源库。这些均是宝贵的本土教材资源，应当予以重视，寻求一定的资金支持进行出版。同时，随着各级各类考试大纲及语言标准的更新，也应当使教材一同迭代以符合时代背景和语言教学及使用情境。

5.3　均衡教学资源，转型数字发展

由于英国在政治经济方面的区域自治，其教学资源发展具有较强的不均衡性，各地区的中文教学发展也有一定的差异性。此外，在教材方面也多以初级阶段为主，集中在通用型教材建设，缺少对中高级教材、专门用途教材等的重视。因此，在教学资源建设方面，应当加强对中高级教材的编写及对旧版教材的修订，结合时代需要（如鲁班工坊）拓展新的专门用途教材。推动区域间的教师交流与教育资源共享，以便实现优质资源流动。发挥各类教师及学校组织的主体作用，开展交流研讨会、论文评选、教学评奖等活动。同时加强与国内优秀教师的互动和沟通，保持教学的活力与动力。

数字化教学资源转型对英国本土中文教材建设非常重要，也可以有力地弥补区域间教育资源发展不均衡的问题。其一，依靠出版社及教育机构开发教材配套的数字资源，如影像资料、互动性练习题目等。其二，借助线上教学平台及辅助教学工具，如 Quizlet 和 Padlet 等，设计中文教学素材与资源。其三，建设中文教学线上平台，如中文联盟这一数字化云服务平台，可适当拓展出英国本土教学板块，提供国际和本土两全的数字化教学资源。其四，发挥孔子学院（课堂）的组织力量，进行资源建设。

　　英国中文教育走过了百年岁月，迈入了新的征程，具有广阔的前景。中英两国也在政府合作、民间交往、人文交流等层面取得了丰硕的成果。推动英国本土中文教育发展将进一步深化中英两国人民的合作、交往、交流。在中文已纳入英国国民教育体系的当下，注重进一步加强政府协同、推动顶层设计，建立统一标准、优化本土教材，均衡教育资源、转型数字发展，英国的本土中文教育将迎来新的增长空间和发展态势。

参考文献

UK Government. 2024. Schools, pupils and their characteristics. https://explore-education-statistics.service.gov.uk/find-statistics/school-pupils-and-their-characteristics#dataBlock-d0b6acc0-51de-4d0a-b75c-d5ac59f54d07-tables (accessed 04/10/2024).

鞠玉华，2024，英国中文学校发展现状探析，《八桂侨刊》(02)：18-24。

于泓珊、张新生，2022，英国中文教学资源发展研究，《云南师范大学学报（对外汉语教学与研究版)》20 (05)：42-52。

张鹏，2022，英国中文教育本土化问题与建设，《语言教育》10 (01)：121-129。

张新生、李明芳，2022，英国中文教育近年发展情况述评，《国际汉语教学研究》(01)：4-14+25。

中华人民共和国外交部，2024，中国同英国的关系，https://www.mfa.gov.cn/web/gjhdq_676201/gj_676203/oz_678770/1206_679906/sbgx_679910/（2024 年 4 月 9 日读取)。

中华人民共和国驻大不列颠及北爱尔兰联合王国大使馆，2021，在英留学生、中资企业、华侨华人等群体基本分布情况，http://gb.china-embassy.gov.cn/lmbf/lsqw/202105/t20210520_9036686.htm（2024 年 9 月 23 日读取)。

5 英国本土中文教材的编写与使用评估

孟昊萱 高雅茹

1 引言

1.1 研究背景

中文的广泛传播是经济力量、文化交流和数字化进程三者相互作用的结果，体现了语言在全球经济和文化互动中的深远影响。作为全球第二大经济体，中国的崛起推动中文成为通往中国市场与文化的重要工具。同时，政府通过文化推广和教育合作等手段，促进了中文在世界范围内的普及，逐步使其成为跨文化交流的桥梁，增强国际社会对中国文化的认知与理解。此外，信息化和数字化的迅速发展为中文传播提供了全新的渠道。随着全球数字平台的兴起，中文不仅作为日常交流的工具，更成为文化传播和价值交流的重要载体，进一步拓展了其在全球范围内的影响力。在英国，由于英国语言政策中的中文战略倾斜、中国国际影响、中英经贸教育合作交流以及新华裔移民增加等因素影响，中文被认为是未来 10 年最重要的外语之一。尤其是自 2016 年以来，英国教育部启动中文培优项目（Mandarin Excellence Programme），致力于培养英国优秀中文人才，中文教育的普及和发展在规模和速度上都呈现出显著增长。

英国政府对中文教育的推广和普及过程是一个从政策推动到实际落实的渐进过程。2002 年，英国政府首次将中文列为"战略上具有重要意义的语言"，这一决策为中文教育的迅速发展奠定了政策基础。自 2003 年起，英国开始制定中学的本土中文教学大纲，并于 2004 年在部分中学开展试点教学，这一举措为中文在英国的广泛推广提供了初步的实践平台。接着，2008 年，中文被正式纳入"普通中等教育证书"（The General Certificate of Secondary Education，以下简称 GCSE）考试科目，并进入英国的"普通教育高级水平证书课程"（GCE Advanced Level，以下简称 A-Level）考试体系，这标志着中文教育逐渐得到官方认可，成为英国教育体系中不可忽视的一部分。到2012 年，英国政府进一步修订教学大纲，规定小学生必须从三年级开始选修外语，并将中文与法语、德语等其他语言一起列为六种可选的外语课程。此举不仅表明中文教育在英国教育体系中的地位逐步巩固，也反映了英国在应对全球化挑战和增强学生跨文化竞争力方面的教育战略。这一系列举措标志着中文教育已不再仅仅局限于中学层面，而是全面融入了英国大中小学的各个教育阶段。根据英国联合资格委员会（Joint Council for Qualifications）的数据，A-Level 中文考试的报考人数呈现缓慢上升趋势，2021 年为 1312 人，2022 年增长至 1349 人，至 2023 年进一步上升至 1499 人，显示出对中文学习的持续关注和需求。

随着中文学习的广泛推广，教材作为学习重要工具，其重要性日益突出。在中文教育的教材建设中，普适性教材与本土化教材各有其重要性（吴应辉2013）。普适性教材通常以标准化的语言教学为主，适用于全球范围的中文学习者，强调语言技能的普遍培养。然而，针对具体国家和地区的学习者需求，教材本土化则显得尤为重要。它需要结合当地文化背景、教育体系及学生的学习习惯，对语言内容、教学方式及文化导入进行适当调整，从而提高教学的有效性和吸引力。通过本土化的教材，中文教育不仅能更好地服务于当地学生的学习需求，还能促进中文与本地文化的融合，增强学生对中文学习的兴趣和实际应用能力。中文教育的迅速发展使得教材本土化问题逐渐凸显，成为中文教育体系亟待解决的关键挑战之一。

1.2　研究目的与研究问题

本文的主要研究目的在于探讨英国本土中文教材在编写与使用中的政策引导、标准设定及其评估体系。通过分析这些政策与标准，揭示中文教材在英国教育体系中的地位与作用，以及这些教材如何适应英国本土学生的学习需求。

基于此，本文提出以下研究问题：

（1）英国在中文教材编写和使用方面的政策框架是什么？这些政策如何引导了教材内容的设计与开发？

（2）英国现行的中文教材评估标准与方法是什么？这些标准在教学应用中有何实际效果？

（3）考试标准对中文教材使用效果有何影响？教材如何在实际教学中促进学生的语言能力发展？

2　英国国家教育体系中的本土中文教材编写依据

在英国本土化中文教材的理想状态开发中，教材必须既符合国家课标，又要满足 GCSE 和 A-Level 考试要求，同时还须遵循"欧框"和国际汉语能力标准化考试（HSK）。这种多维度的要求，源于确保中文教育系统的规范性与国际化，同时促进中文学习的质量和可持续发展。首先，符合国家课标和 GCSE/A-Level 考试要求是为了确保中文教学的质量与结构化。英国的语言教育体系严格按照国家规定的课标进行，以保证教育目标的统一性和标准化。GCSE 和 A-Level 作为英国初高中阶段关键的学术评估体系，是衡量学生学习能力和学术水平的重要标准。教材需要对接这些考试内容，以确保学生能够在正式考试中取得优异成绩，进而增强中文作为学术科目在学校教育中的地位。其次，符合"欧框"和我国所开发的国际汉语能力标准化考试（HSK）标准则是为了确保中文学习在国际语言教育中的一致性和可比较性。"欧框"是欧洲及许多其他国家用于描述和评估外语学习者语言能力的通用框架，能够确保学生在不同语言环境下的学习成果具备跨文化的通用性和认可度。国际汉语能力标准化考试（HSK）则为中文学习者提供了统一的学习目标和能力评估尺度，确保中文教育在全球范围内的一致性，推动中文语言的标准化教学和全球推广。这些要求的综合设定，旨在通过规范教材的设计与教学内容，保证中文教学的质量与有效性。教材不仅要适应英国的教育体制和考试要求，更要与全球中文教学的标准接轨，从而提升中文作为外语的全球竞争力。此外，符合这些要求的教材还能帮助教师更好地规划教学内容，帮助学生在学习过程中明确目标和进度，提高其语言能力，同时也为中文教育的进一步发展与国际交流奠定坚实基础。除此之外，英国的主要考试局，如 AQA 和 Edexcel 两家考试局，在中文教材编写中起到了关键作用。它们不仅设定了考试大纲，还参与了教材内容的设计和评估，以确保教材能够准确传达考试所需的知识和技能。

3　英国本土中文教材评估标准与方法

3.1　中文教材评估标准的理论基础

在评估中文教材的过程中，理论基础主要涉及教学效果、学生反馈以及文化传递等多方面的考量。教材评估应考虑教材内容是否能够有效支持学生的语言技能发展，并在文化传递上是否具有准确性和适应性。这种多维度的评估方法不仅能衡量教材的教学效果，还可以揭示其在跨文化教育中的潜力。此外，文化因素在语言学习中的影响非常显著，尤其是当教材涉及国际中文教学时，文化适应性应成为评估标准中的关键要素。教材在设计时应考虑到学习者的文化背景和认知方式，以便更好地促进其理解和掌握所学语言的内涵。根据 Littlewood（2007）的观点，为了建立适合不同学习阶段的中文教材评估框架，应结合语言能力测评和文化敏感度分析，确保教材不仅满足语言教学需求，还能有效培养学生的跨文化交流能力。

3.2 评估政策与实施机制

在英国，中文教材的评估政策和实施机制主要依靠国家课程标准（National Curriculum Standards）和第三方认证机构的支持。根据 Wang & Curdt-Christiansen（2016）的研究，学校通常会采用标准化的评估框架，通过教学反馈和学生学习成果来衡量教材的有效性。这些评估机制不仅关注教学目标的达成度，还重视教材在实际课堂教学中的应用效果。Zeng & Day（2019）则进一步指出，第三方认证机构在教材评估中的作用越来越重要。这些机构通过独立的评估标准和教师专业发展计划来确保教材的教学质量。这种机制在很大程度上提升了教材的可靠性和适用性，有助于推动中文教材在英国本土教育中的应用和发展。

3.3 实际评估中的挑战与应对策略

尽管有完善的评估框架和政策支持，中文教材在实际评估过程中依然面临一些挑战。主要问题在于如何衡量文化适应性和教学效果，这在多元文化教育背景下尤为复杂。由于学习者的背景和学习目标各不相同，教材评估必须平衡内容的标准化和教学方法的灵活性。为了解决这些挑战，Macalister & Nation（2019）建议在评估框架内引入动态评估方法，通过持续反馈和调整来优化教材内容和教学策略。这种灵活的评估方式能够更好地适应不同学习者的需求，提升教材在教学中的实际效果。

4　英国中文教材的考试标准与教学应用

4.1　GCSE 与 A-Level 考试的中文教材标准

　　GCSE 和 A-Level 考试在英国中文教材的编写和应用中具有重要的指导作用。根据 Xie（2013）的研究，GCSE 和 A-Level 的中文教材在内容设计上必须符合考试大纲的要求，以确保学生能够在考试中达到所需的语言水平和文化理解能力。这种考试导向的教材编写策略在很大程度上决定了教材的内容安排和教学重心。GCSE 中文考试的重点在于基本语言技能的培养，而 A-Level 考试则更强调高级语言表达和理解能力。因此，教材的编写需要在语言难度和文化背景知识上做出相应的调整，以适应不同水平的学生需求。这种分级设计不仅提升了学生的学习效率，还增强了他们的跨文化沟通能力。

4.2　考试局在教材编写中的角色

　　英国考试局中制定 A-Level 中文大纲的有 Edexcel、CIE 两家。Edexcel 是英国最大的学术及职业考试认证机构，也是英国唯一的具备颁发学术类考试证书和职业教育资格证书的机构。相较于其他考试局，其规模较大，发展历史较为悠久，体制更为成熟，在英国更具权威性，该考试局为全球超过 80 个国家和地区的 170 多万人提供国际考试认证服务，已授权全球 5400 多所学校、机构和企业开展 Edexcel 系列考试或培训业务。Edexcel 考试局在制定大纲方面也非常具有发言权，由该考试局制定的 A-Level 中文大纲最新版本于 2017 年 9 月首次应用于教学。该大纲包括大纲介绍、主题内容、评估体系、试卷说明、听说读写译技能的培养等内容。Edexcel 考试局尤其注重中文教材的实用性，结合实际教学反馈来不断优化教材内容，以提升教学效果。

4.3　考试标准对教材使用效果的影响

　　考试标准在教材使用中的实际效果直接影响学生的学习成果和教学质量。根据 Li *et al.*（2024）的研究，通过标准化考试反馈优化教材编写过程，是提高学生学习效果的重要策略。这种基于考试结果的反馈机制能够帮助教材开发者及时调整教学内容和方法，确保学生在不同学习阶段都能得到针对性的指导。Natzler（2022）指出，英国的中文教材在开发过程中，不仅需要考虑考试标准，还要关注学生的实际学习需求和反馈。这种双重标准的应用能够有效提升教材的适用性，并在教学实践中不断优化，以促进教学资源的改进和提升学生的语言水平。

5 英国中文教材的编写与使用评估：现状与未来方向

5.1 政策框架下的教材编写与评估现状

在英国本土化中文教材的理想状态中，教材理应既符合国家课标，又要满足 GCSE 和 A-Level 考试要求，同时遵循"欧框"和国际汉语能力标准化考试（HSK）标准。然而，现实中这种多维度的要求往往存在一定的错位关系，即"应然"和"实然"之间的差距。理想状态下，教材的开发应当在这四个框架下高度统一，以确保中文教育体系的规范性和国际化，同时推动中文教育的质量和可持续发展。然而，在实际操作中，教材的编写和应用可能因不同标准之间的偏差而面临挑战。这种错位关系导致了教材在满足多重要求时的困难，可能在内容设计、学习进度和评估方式上存在冲突。教材开发者需要在多元的教育标准和文化背景中寻找平衡点，既要确保教材符合英国的教育要求，又要照顾到中文作为外语在全球范围内的学习需求。这种错位关系的存在提示我们，理想的教材开发应当是一项渐进而复杂的任务，需要不断调整和优化，以适应不同标准和文化背景下的教育需求。

与此同时，政策导向的教材开发往往会导致内容的高度规范化，这虽然保证了教学质量的一致性，但也可能限制教师在课堂教学中的灵活性和创造性。这种规范化与创新性之间的张力，实际上是教材开发中的一个核心问题。在确保教材符合标准化考试要求的同时，如何在教学内容、方法和资源的选择上为教师提供足够的灵活性，激发学生的学习兴趣和创造性，成为教材设计中的一项重要任务。这不仅关乎考试成绩的达成，更关系到中文教育的可持续发展和学生语言能力的全面提升。教材开发者在遵循既定教学大纲和评估标准的同时，也需要考虑如何融入更多的本土文化和教学创新元素，以平衡标准化和创新性之间的矛盾，推动中文教育的更广泛普及和深度发展。

5.2　英国中文教材编写与使用的未来发展趋势

未来英国中文教材的发展趋势将更加注重融合创新和数字化教育资源的应用。在信息技术迅速发展的时代，传统的纸质教材已无法满足学生多样化的学习需求。为了应对这一挑战，教材开发者应将更多的数字化学习工具和资源引入到中文教材中，使其不仅仅是一本语言学习书籍，更是一个综合性、互动性强的学习平台。通过结合多媒体资源、在线学习平台以及虚拟现实技术，学生将能够在更生动、更贴近实际的环境中学习中文。此外，文化适应性将在未来中文教材的发展中起到关键作用。语言学习不仅是对语言本身的掌握，还包括对语言所承载的文化理解。因此，未来的教材应在内容设计上更加强调文化差异和跨文化理解能力的培养。通过在教材中引入更多的中西文化对比案例和实际应用情境，学生将能够在学习语言的同时，更好地理解和接受不同的文化观念。在教材内容方面，加强实践性和应用性的教学资源也将是未来发展的重要趋势。与传统教学模式不同，新的教材应更多地融入实际语言运用情境，如商业交流、旅行对话、社会交往等，帮助学生在真实情境中使用中文。这不仅能提升学生的语言表达能力，还能培养他们在不同场合自如沟通的能力。此外，未来的教材编写应更加注重个性化学习的支持。随着学生学习需求的多样化，如何根据不同学生的兴趣和水平提供有针对性的学习资源将成为教材开发中的一大重点。个性化学习不仅能够提高学生的学习积极性，还能让他们在学习过程中感受到更多的成就感和乐趣。

6　总结

英国中文教材的编写与使用评估正处在一个充满挑战与机遇的关键阶段。未来的发展方向不仅需要在教材内容上进行创新，还需要在政策层面给予更多的支持和灵活性。通过数字化资源的引入、文化适应性的增强以及个性化学习的推广，英国中文教育有望在全球化的浪潮中取得更大的成就。这种全方位的教材开发思路不仅能提升学生的语言能力，还能在更大程度上促进跨文化理解和全球交流能力的培养，为培养具有国际视野的多语种人才奠定坚实基础。

参考文献

Byram, M. 2008. *From foreign language education to education for intercultural citizenship: Essays and reflections.* Bristol: Multilingual Matters.

Hamid, M. O. & Nguyen, H. T. M. 2016. Globalization, English language policy, and teacher agency: Focus on Asia. *International Education Journal: Comparative Perspectives 15* (1): 26-43.

Li, J., Kuai, X. T., Zheng, Y. & Chen, Y. H. 2024. Investigating the A-level Chinese examination in England: teachers' perspectives. *The Language Learning Journal.*

Littlewood, W. 2007. Communicative and task-based language teaching in East Asian classrooms. *Language Teaching 40* (3): 243-249.

Macalister, J. & Nation, I. S. P. 2019. *Language curriculum design.* New York: Taylor & Francis.

Menken, K. & García, O. 2010. *Negotiating language policies in schools. Educators as Policymakers.* New York: Taylor & Francis.

Natzler, M. 2022. Understanding China: The study of China and Mandarin in UK schools and universities. https://www.hepi.ac.uk/2022/03/31/understanding-china-the-study-of-china-and-mandarin-in-uk-schools-and-universities/ (accessed 30/12/2024)

Shohamy, E. 2006. Language policy: Hidden agendas and new approaches. London/New York: Routledge.

Wang, W. & Curdt-Christiansen, X. L. 2016. Teaching Chinese to international students in China: Political rhetoric and ground realities. *The Asia-Pacific Education Researcher 25 (5)*: 723-734.

Xie, L. 2013. How and why Mandarin Chinese is introduced into secondary schools in England. Ph.D. Dissertation. Coventry: University of Warwick.

Zeng, Y. & Day, C. 2019. Collaborative teacher professional development in schools in England (UK) and Shanghai (China): Cultures, contexts and tensions. *Teachers and Teaching 25* (3): 379-397.

吴应辉，2013，关于国际汉语教学"本土化"与"普适性"教材的理论探讨，《语言文字应用》（03）：117-125。

6　AQA GCSE 中文教材中的中国形象分析——传统与现代的融合

高雅茹

1　引言

在全球化的推动下，中文逐渐成为世界范围内备受关注的语言之一，被越来越多的国家纳入其教育体系中。为适应这一需求，英国资格评估与认证联合会 AQA（Assessment and Qualifications Alliance）开发了 AQA GCSE 中文系列教材，分《AQA GCSE 中文教材 入门》(for Beginners)、《AQA GCSE 中文教材 第一册》(Textbook 1) 和《AQA GCSE 中文教材 第二册》(Textbook 2) 三本。这套教材专门为英国中学阶段的学生设计，旨在提供系统的中文学习框架，不仅注重语言技能的培养，还在教材内容中融入了关于中国传统文化和现代社会发展的元素，帮助学生在学习中文的过程中更好地理解中国的多样化文化背景。AQA GCES 中文教材以若干中国城市为核心，结合生活、文化、交通、科技等主题，采用情境化体验场景设计的编制方式，实用的教学设计，在英国的中小学中文课程中得到了广泛应用。语言教材在跨文化教育中发挥着重要作用，不仅是语言技能传授的工具，还在很大程度上影响学生对目标文化的理解与认同感（Xiong & Peng 2020）。教材的文化呈现方式在一定程度上影响学生对目标文化的认知能力及跨文化理解水平。因此，探讨 AQA GCSE 中文教材中中国形象的多维度展示方式，对于理解其在跨文化教育中的作用具有重要意义。

2　研究问题和研究目的

2.1　研究问题

AQA GCSE 中文教材不仅是语言教学的重要工具，还扮演着展示和传递中国文化形象的关键角色。在全球化语境下，如何通过教材内容有效传递中国文化，兼具历史纵深感与当代适应性，展示多元中国形象，是一个值得深入探讨的问题。基于此，本研究将聚焦以下核心议题：

第一，中国形象的多维度呈现。AQA GCSE 中文教材在文化、经济、科技和社会生活等领域是如何塑造和展示中国形象的？在文化传播过程中，教材如何在传统与现代文化之间取得平衡，呈现出既具历史厚度又充满现代活力的中国？

第二，文化传递的逻辑与策略。在教材设计中，文化内容是如何被选择和组织的？这些文化元素是否体现出系统性与策略性？

第三，跨文化理解的促进。AQA GCSE 中文教材如何通过文化内容推动学生对多元文化的理解，并培养其批判性思维？在全球化背景下，教材内容是否能够引导学生形成开放包容的文化视野，并在跨文化交流中提升其理解力与共情能力？

2.2　研究目的

本研究旨在探讨 AQA GCSE 中文教材在展示中国文化形象和促进跨文化理解中的表现。具体目标如下：

第一，解析中国形象的构建策略。通过对教材中涉及中国文化、经济、科技和社会生活等内容的文本分析，探讨教材在构建中国形象时所采用的叙述方式和表述策略。本研究将考察教材中如何通过传统文化（如节庆、艺术）与现代成就（如科技创新、经济发展）相结合的方式，呈现一个多层次的中国形象。

第二，评价文化内容的传递逻辑。分析教材中文化内容的选择和组织是否符合逻辑性和连贯性。研究将重点关注教材在展现中国文化的过程中，如何在不同文化维度间达成平衡，并以此提升学生对文化多样性的认识。

第三，提升跨文化理解的教育价值。基于对教材文化内容的分析，探讨其在跨文化理解教育中的作用。研究将聚焦于教材如何引导学生发展批判性思维，增强其在全球化语境下的文化敏感度和开放视角。

通过对这些问题的分析，本研究希望揭示 AQA GCSE 中文教材在中国文化形象的建构及其跨文化教育中的潜力，并为未来中文教材设计提供理论支持和策略性建议。

3　理论框架和研究方法

3.1　理论框架

本文分析 AQA GCSE 中文教材中的中国形象，采用了多种理论框架，以全面了解教材如何通过文化传递和教育内容展示中国的多维度形象。主要理论框架包括跨文化传播理论、全球化理论和知识传播理论，这些理论不仅帮助我们理解教材内容的设计逻辑，还揭示了其在促进跨文化理解和全球视野培养方面的潜力。

首先，跨文化传播理论（Intercultural Communication Theory）是指社会信息的跨文化传递，各种文化信息在时间和空间中流动、共享和互动的过程。在教材中，跨文化传播者即教材编写者，传播内容即教材内容，传播媒介即教材的载体，包括纸质、网络学习平台等，受众即教材的学习者，传播效果即学习者在教材使用后对所传播内容的选择、理解和记忆的效果（王尧美 2012）。第二，全球化理论（Globalization Theory）。全球化理论强调全球范围内的文化、经济和社会联系如何改变国家和地区的本地实践。Giddens（2022）认为，全球化不仅涉及经济领域的相互依存，还包括文化的交流与融合。第三，知识传播理论（Knowledge Transmission Theory）。教材作为知识传播的载体，主要通过系统性结构设计和情境化内容编排实现知识的有效传递与组织。其内容通常以主题模块为核心，围绕特定社会生活等领域构建知识单元，每个模块整合语言技能训练（听、说、读、写）与文化认知目标。通过螺旋式内容编排，基础概念在初级阶段重复出现并逐步扩展，高级阶段则深化主题内涵并引入复杂语境。此外，教材常借助多模态资源（如插图、音频、视频）创设真实交际场景，将抽象知识转化为可感知的学习经验，并通过练习、游戏、角色扮演等活动促进知识的实践应用与迁移，最终形成结构化、情境化的知识网络。结合这些理论框架的分析，有助于理解 AQA GCSE 中文教材在展示中国形象时如何整合传统与现代元素，以及其在跨文化教育中的应用潜力。这些理论为深入剖析教材内容提供了多维度的视角，揭示了教材在促进学生全球视野和跨文化理解中的教育价值。

3.2 研究方法

在对 AQA GCSE 中文教材中的中国形象进行分析时，本文采用了文本分析法、案例研究法和比较分析法，这些方法适合文本内容的深入理解和思辨性探讨。

4 研究内容

本文系统分析 AQA GCSE 中文教材中展示的中国形象，并探讨其在传统文化与现代化发展方面的结合。具体研究内容从以下五个方面：文化传承与现代化的结合、经济发展与国际地位、多样性与统一性、教育与科技、社会生活与价值观来分析 AQA GCSE 中文教材中的中国形象。

4.1 文化传承与现代化的结合

AQA GCSE 中文教材中的中国形象主要通过文化传承与现代化发展的结合呈现。教材在展示中国传统文化的同时，也重点突出其现代化成就，以体现中国在全球化背景下如何保持文化根基与推动现代化进程的双重特性。

中医、中式婚礼、中国乐器、名胜古迹、传统服饰等是中国文化传承的重要组成部分，在 AQA GCSE 中文教材中，这些元素帮助学生理解中国的历史和文化背景。教材详细介绍了中国的传统节日和历史遗迹，这些内容在培养学生对中国文化的理解方面发挥了重要作用。例如，通过对春节、端午节等传统节日的描述，教材不仅展现了中国人对家庭和团圆的重视，还展示了这些传统节日在现代社会中的新表现形式。这种方式使学生能够更好地理解中国文化的持续性和适应性（Sun & Kwon 2020）。教材中对历史名胜如长城和故宫的描绘，不仅展示了中国丰富的历史文化遗产，还反映了这些遗迹在中国文化传承中的象征意义。例如，长城被描述为中华民族抵御外敌、坚韧不拔的象征这种文化元素的呈现，使学生能够直观地感受到中国的历史深度和文化厚度。教材的内容设计不仅涵盖了语言学习的基础技能，还通过多元文化的呈现帮助学生建立起对全球化社会的理解，增强了学生的跨文化交际能力。

　　除了传统文化的介绍，教材还通过对现代科技与经济发展的描述，展示了中国在现代化进程中的重要地位。例如，教材中对中国高速铁路系统的描绘，不仅凸显了这一现代科技成就对社会效率的提升，还展示了中国在全球科技领域中的领先地位。又如，举例中国第一座跨越外海的大桥东海大桥和世界第一高桥贵州北盘江大桥，教材中用"不可思议"（extraordinary）形容中国强大的基础设施建设能力。这样的内容帮助学生理解中国在全球化背景下，不仅保持文化根基，还积极推动现代化进程。

4.2　多样性与统一性

　　AQA GCSE 中文教材通过多层次的单元主题、图片及对话情境，系统而生动地展现了中国的多民族、多文化特征。这种教学方式不仅帮助学生在学习中文的过程中了解中国丰富的文化遗产，同时也在情境中传达了中国的统一性与社会和谐。这种情境化学习模式，使教材内容更具吸引力和实用性，成为其在中文教学领域中的重要特色。

　　教材的设计以情境化学习为核心，将学生带入中国各地的文化背景中，通过实地游玩的主题，如西安、台湾、北京、上海、苏州、大理和成都等地，让学生在丰富的文化氛围中自然地学习中文。这些情境化单元不仅包含了地道的语言表达，还结合了丰富的文化元素，使学生在语境中理解中国各地的风土人情和文化习俗。教材通过这些具体场景，不仅展示了西安的古老历史文化、台湾的独特风貌、上海的现代化气息，还引导学生体验苏州的园林艺术、大理的少数民族文化及成都的悠闲生活方式。这种通过情境和对话学习文化的方式，使得学生在语言学习过程中自然地融入了对中国多样性文化的认知。例如，通过在各地的游玩主题中，教材生动地描绘了北方的面食文化与南方的米饭传统，强调了饮食文化作为地域特色的重要组成部分。北京的烤鸭、四川的火锅、苏州的糕点等美食的描述，不仅凸显了中国各地区饮食文化的多样性，也在无形中帮助学生加深了对中国地域性和多元文化的理解。

　　除了展现文化的多样性外，AQA GCSE 中文教材还通过单元主题和教育内容传递中国社会中的文化共识与民族认同，强调人民的统一性。这种统一性不仅体现在语言表达上，也反映在文化传统与社会价值观的传承中。首先，教材通过教授中国成语和谚语（如万事开头难、十全十美、王婆卖瓜，自卖自夸等），帮助学习者理解汉语中的深层文化逻辑和价值观。这些成语不仅是语言学习的内容，更承载了中国文化的共同价值观，增强学习者

对中国社会思维方式的理解。其次，教材系统介绍了中国的法定传统节日
（如 春节、中秋节、端午节）及其文化意义、庆祝方式，以此塑造对中国文
化的归属感。例如，端午节结合了纪念屈原的历史故事与赛龙舟、吃粽子的
民俗，展现传统文化的传承。这些节日不仅传递了中国文化的认同感，也让
学生理解节日背后的社会意义，即文化如何塑造人民的集体意识。此外，在
介绍中国文化的同时，教材还引导学生对比不同国家的传统节日和文化现
象，如圣诞节、复活节、各大洲的电视节目。这种跨文化比较不仅拓宽了学
生的全球视野，还帮助他们理解文化的多样性和共性，能够促进跨文化理解，
使学生在认识中国文化的同时，也学会用比较的视角看待世界文化。

4.3　教育与科技

AQA GCSE 中文教材在展示中国教育制度与科技发展时，以情境学习
为核心，通过具体的单元设计和真实的对话场景，引导学生在互动式学习中
逐步了解中国在知识经济时代的进步。

在 AQA GCSE 中文教材中，中国科技的呈现涵盖了多个领域，从现代
城市建设到数字科技创新，再到基础设施的发展，充分展现了中国在科技领
域的成就与全球影响力。首先，教材通过摩天大楼的图片展示了中国现代化
城市的发展以及城市化进程。例如，教材中呈现上海陆家嘴东方明珠塔、台
北 101 大楼等标志性建筑，展现中国在高层建筑设计和施工方面的技术突破。
其次，中国互联网科技的发展 也是教材重点介绍的内容之一。教材中展示
了中国种类丰富的搜索引擎、电子商务平台、新闻聚合与自媒体平台、在线
视频平台，以及音乐平台等。这些科技产品不仅改变了中国人的日常生活，
也在全球市场上产生了重要影响。此外，教材还介绍了中国社交媒体与即时
通讯工具。这些科技产品反映了中国在移动互联网与数字经济领域的领先地
位。除了数字科技，教材还关注中国的基础设施建设，包括地铁、高铁和大
桥等重大工程。这些工程不仅提升了国内交通运输效率，也展示了中国在基
础设施建设方面的技术实力。这种学习方式，不仅引导学生关注科技对生活
的改变，还激发了他们对中国现代化发展过程的探索欲望。通过这样的设计，
教材在不直接描述科技细节的情况下，仍然成功地在学生心中建立了对中国
现代化发展的初步印象。这种隐性展示方式不仅让学生在学习语言的过程中
自然接触到中国的科技进步，同时也促使他们在实际生活中进一步探究这些
技术背后的创新与成就。

4.4　社会生活与价值观

　　AQA GCSE 中文教材还通过日常生活的细节描绘中国人的社会生活和价值观。尊老爱幼、勤劳勇敢等传统价值观，以及现代社会的变化，如城市化进程、生活方式的多样化，这些内容帮助学生理解中国社会的复杂性和多元化。

　　传统价值观在中国社会中依然占据重要地位，同时，现代生活方式的变化也反映了社会的发展和进步。在 AQA GCSE 中文教材中详细介绍了中国的家庭结构和传统家庭观念，强调了家庭在中国社会中的核心地位。教材中提到，中国的家庭观念注重尊老爱幼，强调家庭成员之间的责任和义务。例如，教材描述了春节期间家庭成员团聚的场景，展示了这一传统节日如何强化家庭纽带和代际关系。这种家庭观念不仅体现了对长辈的尊重，也强调了年轻一代的社会责任感和义务。此外，在 AQA GCSE 中文教材中，全球性问题的讨论不仅帮助学生理解现实世界的挑战，还引导他们培养批判性思维和社会责任感。教材围绕环境问题与社会问题展开探讨。教材强调环境问题对人类社会的影响，涵盖自然环境破坏、空气污染、河道污染、电和水资源浪费等现实问题，并引导学生深入思考人与自然的关系，如人类如何与动物和谐共处，以及城市与农村的优劣势比较。教材还提及成都第七中学的"环保旅游"志愿服务活动，鼓励学生通过实地考察、清理垃圾、推广环保理念等方式参与环保行动。这一案例不仅展示了中国学生在环保事业中的积极实践，也引导学习者思考如何将环保理念融入日常生活，从自身做起，减少浪费，保护生态环境。此外，教材鼓励学生针对环境问题提出批判性解决方案。这些内容不仅提升了学生的环保意识，也培养他们分析问题、提出对策的能力，使他们能以全球化视角思考可持续发展。除了环境问题，教材还关注社会问题，特别是不良生活习惯对个人和社会的影响，如网瘾、吸烟、饮酒、饮食不健康等。教材鼓励学生分析了网瘾如何影响青少年的学习、社交能力和心理健康，引导讨论吸烟、喝酒对身体健康的危害等。教材还介绍了中国的"友善之墙"捐赠活动，这一公益项目鼓励人们将多余的衣物挂在墙上供有需要的人免费领取，倡导资源共享、互帮互助的精神。通过这一案例，学生可以理解如何通过小行动推动社会公益，并思考类似的公益实践在不同国家的可行性。同时，教材引导学生思考如何在个人生活中践行社会责任，如参与志愿服务、关心弱势群体等，让公益成为日常行为习惯的一部分，引导学生树立正确的价值观。

5　总结与展望

通过对 AQA GCSE 中文教材的深入分析,本研究探讨了其在展示中国文化形象和促进跨文化理解中的作用。作为一套在英国教育体系中应用广泛的中文教材,AQA GCSE 中文教材不仅是一种语言教学工具,更是一个展示和传递中国多维度文化形象的关键平台。在全球化背景下,如何在教材中平衡传统与现代文化的展示,如何通过文化内容提升学生的跨文化理解能力,都是值得深入探讨的问题。

AQA GCSE 中文教材通过具体的单元主题和情境对话设计,涵盖了从中国传统文化到现代科技、经济发展的多个领域。这种多维度的呈现方式不仅帮助学生理解了中国丰富的文化遗产,还引导他们关注中国在现代化进程中的科技创新与经济成就。本研究发现,教材在构建中国形象时,成功地在传统与现代之间达到了平衡,使学生能够在学习语言的过程中,深刻体会到一个既具历史厚度又充满现代活力的中国形象。这种展示方式有助于学生形成对中国的全面理解,并在文化认知上达到更高的层次。

在文化传递过程中,AQA GCSE 中文教材通过对单元主题和对话内容的精心设计,展示了文化内容选择和组织上的逻辑性与策略性。教材在介绍中国文化时,注重结合不同地区的特点,如在西安、台湾、北京、上海等地的游玩情境中,将当地的文化风貌与语言学习紧密结合。这种策略不仅增强了学生对不同文化维度的理解,还避免了单一文化视角的倾向,使学生在多元文化教育中获得更全面的认知体验。

本研究表明,AQA GCSE 中文教材在跨文化理解教育中的表现尤为突出。教材通过引导学生在不同文化情境中运用所学语言,培养其批判性思维和文化敏感度,使其在全球化背景下能够形成开放包容的文化视野。这种多维度的学习方式,不仅提升了学生在跨文化交流中的理解力与共情能力,还帮助他们在面对文化差异时更加从容与自信。

综上所述,AQA GCSE 中文教材通过系统展示中国的多元文化、现代科技与经济发展,不仅在语言教学中起到了关键作用,还在塑造中国形象和推动学生跨文化理解方面表现出色。教材通过情境化的学习方式和多维度的文化呈现,成功地在传统与现代之间找到了平衡,为学生在全球化背景下理解和接受中国文化提供了良好的基础。本研究的发现表明,AQA GCSE 中文教材在中国文化形象的构建及其跨文化教育中的潜力尚未完全被挖掘。未来的研究和教材设计应进一步探索如何通过更具策略性和连贯性的文化内容设计，提升学生的文化敏感度和批判性思维能力，从而在全球化的语境中更有效地促进跨文化理解与交流。

参考文献

AQA. 2017. GCSE Chinese (Spoken Mandarin) Specification. https://filestore.aqa. org.uk/resources/chinese/specifications/AQA-8673-SP-2017.PDF (accessed 29/12/2024)

Giddens, A. 2002. *Runaway World: How Globalization is Reshaping Our Lives*. London: Profile Books.

Kazantseva, A., Dyundik, Y. B., Sizykh, E. & Kazantseva, A. A. 2022. Problems of the Chinese language textbook content in teaching future teachers of Chinese. *SHS Web of Conferences* (134): 00131

Sun, W. & Kwon, J. 2020. Representation of monoculturalism in Chinese and Korean heritage language textbooks for immigrant children. *Language, Culture and Curriculum 33* (4): 402-416.

Xiong, T. & Y. Peng. 2020. Representing culture in Chinese as a second language textbooks: A critical social semiotic approach. *Language, Culture and Curriculum 34* (2): 163-182.

王尧美，2012，跨文化传播视角下对外汉语教材的演变与发展，《现代传播（中国传媒大学学报）》34（12）：3。

第三部分
德国本土中文教材研究

7 德国本土中文教材的发展和现状

张京京

1 引言

德国本土中文教材的编写和应用始于德国汉学家对中国、中文的学术研究，随着汉学专业在德国的正式设立逐步发展，在从大学中文教学向中小学中文教学、非课堂教学的拓展中进一步丰富。本章简要回顾德国本土中文教材的产生与发展，对德国本土中文教材进行分类，特别是对德国本土中文课堂教材进行详细整理，分析德国本土中文教材的现状特点。

2 德国本土中文教材的产生与发展

2.1 德国本土中文教材的产生

德语母语者在中国的中文学习实践至少可追溯至汤若望（Johann Adam Schall von Bell）等传教士所处的 17 世纪，而德国学者们在德国本土对中文的正式学术研究也至少可追溯至 17 世纪。德国本土中文教材最初的编写和出版也得益于德国汉学家对中国、中文的学术研究。

1857 年，曾参与勃兰登堡大选帝侯腓特烈·威廉（Friedrich Wilhelm）中国图书目录后续编纂工作的柏林弗里德里希·威廉大学（现柏林洪堡大学）[1] 教授硕特（Wilhelm Schott）在柏林出版了《汉语教程：用于授课或自学》（*Chinesische Sprachlehre: zum gebrauche bei vorlesungen und zur selbstunterweisung*）（Berlin: Ferd. Dümmlers Verlagsbuchhandlung）。

与柏林一样，德国各地的早期本土中文教材均与德国汉学研究的发展进程密不可分。莱比锡大学教授甲柏连孜（Georg von der Gabelentz）在继《汉文经纬》（*Chinesische Grammatik*）等其他古代中文研究著作之后，

1　柏林大学（Berliner Universität）为大学建立时的名称，1828 年更名为弗里德里希·威廉大学（Friedrich-Wilhelms-Universität），1949 年更名为柏林洪堡大学（Humboldt-Universität zu Berlin），简称 HU Berlin，沿用至今，下同。

于 1883 年写就《汉语语法基础：附练习》（*Anfangsgründe der chinesischen Grammatik. Mit Übungsstücken*）（Leipzig: T. O. Weigel），柯若朴（2017：41）认为该书是中文文法教育教科书。

1887 年，柏林东方语言学院（Seminar für Orientalische Sprachen，简称 SOS）成立，是德国境内第一个正式设立中文课程的机构。任教于此的阿恩德（Carl Arendt）首次聚焦于现代中文，首次聚焦于以当时鲜活的北京口语为代表的北方官话，于 1891 年出版《汉语研究导论》（*Allgemeine Einleitung in das chinesische Sprachstudium*）（Stuttgart: Spemann），于 1984 年出版《北方官话入门》（*Einführung in die nordchinesische Umgangssprache*）（Berlin: Walter de Gruyter）。汤春艳（2022：98）认为，这两部专著是德国柏林大学东方语言研究所从建立直至第二次世界大战前一直使用的中文教材。

2.2　德国本土中文教材的发展

1909 年，德国汉堡殖民学院（Hamburgisches Kolonialinstitut）设置东亚语言与历史（Sprachen und Geschichte Ostasiens）教席，曾经师从阿恩德的福兰阁（Otto Franke）成为该教席的教授，是德国第一位汉学教授。这个教授教席的设立，标志着德国汉学专业研究和发展进入了新的阶段。

1939 年，波恩大学副教授石密德（Erich Schmitt）和中国留德博士、波恩大学中文讲师陆懿合著的教材《标准国语教本》（*Einführung in das moderne Hochchinesisch. Ein Lehrbuch für den Unterrichtsgebrauch und das Selbststudium nebst chinesischem Zeichenheft*）在上海出版。该教材虽然是在上海而不是德国本土出版，但这一出版方式属于战时出版中文书籍的权宜之法，且由于编写者、使用者和出版公司领属都在德国本土，不影响其德国本土中文教材属性。

3　当代德国本土中文教材

3.1　德国本土中文教学实践中使用的多种教材

当前，德国本土中文教学实践中使用的教材包括如下六种：

（1）中国编写出版的通用中文教材

例如刘珣编写的经典教材《新实用汉语课本》英语版（北京语言大学出版社）。

（2）原中国通用中文教材，经中国"一本多版"改编、调整后的德语版教材

当前，德国的综合大学（Universität，简称 Uni）、应用科技大学（Fachhochschule，简称 FH）和孔子学院等成人教学机构中，主要使用中国编著出版的通用中文教材和对原中国通用中文教材进行"一本多版"改编、调整后的德语版教材。例如刘珣编写的经典教材《新实用汉语课本》德语版（北京语言大学出版社），根据相关统计，截至 2021 年，仍至少作为德国 9 所大学汉学系的本科教材使用，目前在德国大学汉学系的使用仍然最为广泛（Guder & Burckhardt 2021：28）。

另外，由于成本问题、环保因素、购买渠道限制以及多元化语言背景的生源，教师和教学机构往往不能向大学学生和成人学习者指定教材的新旧、版本，在教学中经常会出现一册书的多个版本、多个语种、新书和二手书混用的情况，例如前述《新实用汉语课本》，同一课堂上经常出现第一版、第二版、英语版、德语版乃至其他语种版本均同时存在的情况。在课堂上师生配合，共同应对和弥补页码不同、内容细微不同等不便之处。

（3）原中国通用中文教材，经德国出版社引进、改编、调整后的德语版教材

《走遍中国》（*China entdecken*）由同处德语区的瑞士华瑞图书中文网（Zürich: Chinabooks E. Wolf, Chinabooks.ch）于 2015 年引进、翻译出版，目前在德国波恩、宾根、威斯巴登等多地的德国业余大学（Volkshochschule，简称 VHS）中文班中使用，在莱比锡、纽伦堡等多个孔子学院的课堂中使用。

（4）未经德国出版社引进、改编、调整而直接使用的其他国家中文教材

据统计，截至 2021 年，德国有 5 所大学的汉学系使用美国刘月华、姚道中等共同编写的《汉语听说读写》（*Integrated Chinese*）。

（5）原其他国家中文教材，经德国出版社引进、改编、调整后的德语版教材

当前德国中小学普遍使用的中文教材中，包括了法国中文教材《你说呢？》的德语版。《你说呢？》由三位法国教师编写，2009 年在法国出版发行，经德国 Cornelsen 出版社改编，于 2015 年在德国出版，获得广泛使用。目前仍然是德国多所中学使用的中文教材。《你说呢？》作为法国本土中文

教材，在德国成功引进，进行本土化改造并获得广泛使用，与其编写依据密切相关：除法国当地的中学中文教学大纲外，也依据"欧框"进行编写，在欧洲中学语言教学中具有一定的普适性，与德国中学的语言教学具有共核基础。

（6）德国本土中文教材

教材可根据水平等级、教学对象、教学场景等不同依据，进行多种分类。现以课堂和非课堂两大不同教学场景初步分类如下：

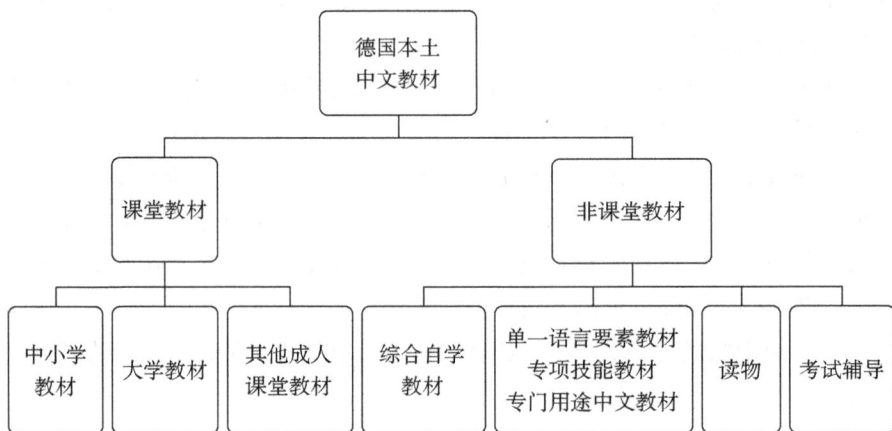

图 1　德国本土中文教材分类

3.2　德国本土中文非课堂教材

如果以学术、学院标准衡量和区分德国本土中文教材，则课堂教材特别是大学课堂教材数量比较有限，非课堂教材数量较多。例如德国知名出版社 Hueber 出版的 Einstieg chinesisch für Kurzentschlossene, Schnellkurs Chinesisch（Für Anfänger und Wiedereinsteiger），为多语种自学教材"一版多本"中的中文版：全系列各本书编排和内容一致，区别仅为使用不同的目标语言进行展示和呈现。还有一些独立编写者、小型出版机构编写和出版的大量教辅读物、考试辅导材料，例如位于 Gröbenzell 的黄鹤飞出版社（Hefei Huang Verlag GmbH）系列读物和成套教辅：

表 1　黄鹤飞出版社（Hefei Huang Verlag GmbH）系列读物和成套教辅

	名称和级别	出版年份
考试辅导	《目标 HSK3 作业本》	2017
	《目标 HSK3 听力训练》	2013
	《目标 HSK4 作业本》（上）	2014
	《目标 HSK4 听力训练》（上）	2014
	《目标 HSK4 阅读教材》（上）	2017
	《目标 HSK4 作业本》（下）	2016
	《目标 HSK4 听力训练》（下）	2016
	《目标 HSK4 阅读教材》（下）	2015
专门用途中文教材	《外贸商务口语与写作 1，课本》（HSK2 以上） （*Handelskorrespondenz 1, Lehrbuch*）	2017
	《外贸商务口语与写作 1 作业本》 （*Chinesische Handelskorrespondenz 1, Arbeitsbuch*）	2017
	《外贸商务口语与写作 2 课文》（HSK2 以上） （*Handelskorrespondenz 2, Lehrbuch*）	2018
	《外贸商务口语与写作 2 练习册》 （*Chinesische Handelskorrespondenz 2, Arbeitsbuch*）	2018
综合教材	《难忘中文》（*Unvergeßliches Chinesisch*） A、B、C、D 四册（HSK1-HSK2）	2018
专项技能教材	《汉语强化听力练习：基础阶段 1》（HSK1）	2018
	《汉语强化听力练习：基础阶段 2》（HSK1）	2018
	《汉语口语强化训练》（HSK2）	2021
读物	《我读中文故事——作文集 汉语水平 2》 （Ich lese auf Chinesisch Aufsatzsammlung HSK 2）	2019
	《我读中文故事——作文集 汉语水平 3》 （Ich lese auf Chinesisch Aufsatzsammlung HSK 3）	2019
	《我读中文故事——作文集 汉语水平 4》 （Ich lese auf Chinesisch Aufsatzsammlung HSK 4）	2019
	《总算懂了中国人》	2017
	《游学中国 中级汉语阅读》	2021

其中，《目标 HSK3》也在德国大学中文教学场景中作为补充资源应用。因此作为数量和实际应用均有一定代表性的非课堂教材列举于此。其他更多非课堂教材，特别是多语种系列自学教材"一版多本"之中的中文版，本文不再一一列举，继续聚焦于课堂教材的整理和分析。

3.3　当前德国本土中文课堂教材

当前德国本土中文课堂教材包括中小学课堂教材、大学课堂教材和成人（非大学）课堂教材：

表 2　当前德国常见的中小学本土中文课堂教材

名称	级别	作者编者	出版社	出版年	说明
Chinesisch - sprechen, lesen, schreiben	A1—A2	Hans-Christoph Raab	Heidelberg: Groos, Julius	1991	2002 年由 Tübingen: Stauffenburg 出版社再版
《多媒体汉语》（ Chinesisch multimedial. Der CD-ROM-Sprachkurs für Einsteiger ）	A1	戴克昌	München: Hueber Verlag	2003	多媒体软件非纸质书
《学步中文》（ Chinesisch – Schritt für Schritt 1+2 ）	A1	LIEDTKE-AHERRAHROU, Sandra	Hamburg: Buske	2005	/
《懂不懂？》	A1	Antje Benedix	Stuttgart: Ernst Klett Sprachen Gmb	2008	/
《了了聊聊 Liao Liao》	A1—A2	Thekla Chabbi	München: Hueber Verlag	2009	/
《同道 Tóngdào》	A1—A2	GUBER-DORSCH, Barbara / WU Jiang	Bamberg: C.C.Buchner	2015	/
《一盒中文》	A1	Andrea Valenzue	Esslingen： Drachenhaus Verlag	2016	纸质教学和活动材料，非纸质书

表 3　当前德国常见的大学本土中文课堂教材

名称	级别	作者编者	出版社	出版时间	说明
《德国人学中文》（ *Chinesisch für Deutsche* ）	A1—B1	赵荣朗 朱锦阳（整理 第二版）	Hamburg: Buske	1976	1979、1981、1985、1986 年多次再版 1989 年修订 第二版
Chinesische Grammatik für Deutsche mit PINYIN （ Ein Lehr-und Übungsbuch mit Lösungen ）	/	朱锦阳 Ruth Cordes	Hamburg: Buske	2010	/
《初级汉语》（ *Chinesisch intensiv Grundstufe* ）《中级汉语》（ *Chinesisch intensiv Aufbaustufe* ）	A2—B1	波鸿鲁尔大学 国家语言学院 Landesspra- cheninstitut in der Ruhruniversität Bochum（LSI）	Hamburg: Buske	2010	/
Lehrbuch der chinesischen Sprache 1.1 Lehrbuch der chinesischen Sprache 1.2 Lehrbuch der chinesischen Sprache 2	A1—B1	Ruth Cremerius 倪少峰	Hamburg: Buske	2019 2024 2017	/
《与社会、时政、科技的对话——当代交际中文》（ *Aktuelle Themen aus Gesellschaft, Politik und Technik: Kommunikatives Chinesisch für die Mittelstufe* ）	B1—B2	李和舫（LEE He-Fang）（德国）、刘晗 璐（Hanlu SOUFFLET）（法国）	Das China Center der TU Berlin	2022	数字化教材，公开免费下载

其中,《与社会、时政、科技的对话——当代交际中文》获得 2024 年第九届典宁豪斯奖（Friedhelm-Denninghaus-Preis des Fachverbandes Chinesisch）[1]。

表 4　当前德国常见的成人（非大学）本土中文课堂教材

名称	级别	作者编者	出版社	出版时间	说明
Umgangschinesisch effektiv. Ein Crash-Kurs der chinesischen Umgangssprache	A1—A2	GU, Wen / MEINSHAUSEN, Frank	Stuttgart: Schmetterling	2001	/
Chinesisch - Sprachpraxis im Alltag（1） Chinesisch - Sprachpraxis für Fortgeschrittene（2） Chinesisch - Sprachpraxis für Geschäftsleute（2）	A1—A2	Yan Yin	Wilhelmsfeld: Egert	2001 2003	/
《Long 龙 龍》	A1—A2	Hui Weber	Stuttgart: Ernst Klett Sprachen Gmb	2008	
Crashkurs Chinesisch für Geschäftsleute.	A1	Ju Wang-Sommerer	Stuttgart: Ernst Klett Sprachen Gmb	2009	商务汉语；编写说明中称用于自学和用作课堂教材均可

4　德国本土中文教材现状特点

4.1　教材编写总体上有待进一步规范化

目前常用的教材中，在汉字展示方面，很多初级和零起点中文教材中的汉字均不使用楷体。在拼音标写方面，有的教材拼音按照《汉语拼音正词法

1　该奖项由德语区汉语教学协会（Fachverband Chinesisch e.V.）于 2006 年倡议设立，每两年颁发一次，用以奖励对德语区中文教学作出突出贡献的优秀成果或优秀个人。

基本规则》（国家标准）（GB/T 16159-2012）分词连写，但汉字同时保持按字分开并空格，例如波鸿鲁尔大学国家语言学院编写的《初级汉语》；还有教材中的拼音没有按照《汉语拼音正词法基本规则》分词连写，仍然是按字分标，姓名也未使用大写字母，例如 Chinesisch. Sprachpraxis im Alltag。

另外，还有一些教材存在语言内容上的错误，例如杜荣、习颖（2023：3794）提到教材《龙》（/《龍》/*Long neu*）配套录音存在前后鼻音不分的错误，在教学中需要授课教师向学习者特别说明。

4.2　大学本土中文教材有待发展

尽管德国本土中文教材的产生始于大学汉学研究和中文教学的发展，但目前德国大学汉学系本科仍普遍使用中国编写出版的通用中文教材：德语区有汉学专业的高校为 29 所，德国为 27 所，其中 9 所大学汉学系使用《新实用汉语课本》，3 所使用《博雅汉语》，3 所使用《汉语教程》，共计 15 所。还有 3 所大学使用美国中文教材《中文听说读写》（*Integrated Chinese*）（Boston: Cheng & Tsui Company）。仅有 3 所大学汉学系使用德国大学本土教材《德国人学中文》（*Chinesisch für Deutsche*）（Ruth Cremerius, Hamburg: Buske）。这既是基于德国大学使用中国原创教材的传统，也有赖于中国成人中文教材多年来日益丰富、成熟、级别梯度完善。同时，德国大学之间课程安排和学时的不统一，也影响德国大学本土中文教材编写后的普适推广。

4.3　中学本土中文教材编写质量、应用情况占据优势

1963 年，巴伐利亚州的圣安娜文理中学（SanktAnna-Gymnasium）首先在德国开设了最早的中小学中文兴趣班。自此之后德国中小学中文教学的规模多年来不断发展。根据德语区汉语教学协会（Fachverband Chinesisch e.V.）截至 2024 年 1 月的统计和公示：德国的 16 个联邦州中，有 14 个州有中学开设中文选修课（至少 3 个年级，每周至少 3 个课时的中文课程设置，不含中文兴趣小组），数量超过 120 所。

德国中小学中文教学的发展也日益规范化。目前，12 个联邦州已经有州文教部颁发的中学中文教学大纲（柏林州和勃兰登堡州两州共用相同大纲），巴伐利亚州、北莱茵-威斯特法伦州、汉堡州、黑森州分别确立了初中中文教学大纲和高中中文教学大纲。11 个州（巴登符腾堡州、巴伐利亚州、柏林州、勃兰登堡州、不来梅州、汉堡州、黑森州、下萨克森州、北莱

茵-威斯特法伦州、石勒苏益格-荷尔斯泰因州、图林根州）共计 81 所中学将中文作为高中毕业考试科目（考试形式为口试，或口试笔试均有，均未将笔试作为唯一的考试形式）。

　　得益于中小学中文教学在德国多年来的稳步发展，以及教学大纲的指导，德国中小学本土中文教材在质量和应用情况上相较于大学和其他成人中文本土教材都有明显的优势。质量方面表现突出的获奖教材包括：戴克昌 2003 年出版的《多媒体汉语》教学软件、Antje Benedix 2006 年编写（2008 年出版）的《懂不懂？》获得 2006 年第一届，Thekla Chabbi 2009 年编写的《了了 聊聊 LiaoLiao》获得 2010 年第三届典宁豪斯奖（Friedhelm-Denninghaus-Preis des Fachverbandes Chinesisch）。

5　前景

　　回顾德国本土中文教材的发展，概览德国本土中文教材的现状，德国本土中文教材在数量、质量、种类上均有相当的发展潜力和空间。中小学特别是高中的本土中文教材，受益于多年来中小学中文教育不断普及，依托于中学教育大纲和高中毕业升学考试规范，将得到进一步发展；大学本土中文教材可以在应用中国通用教材、外国本土中文教材的基础之上，进一步拓展引进教材的德国本土化改造之路，循序渐进；聚焦于中德商务、法律、外交等领域的专门用途本土中文教材编写，适合德国孔子学院等非学术学历教育课堂的本土中文教材编写，也将有机会随着德国本土中文教育的发展而逐步展开。

参考文献

Guder, A. & Vincent Burckhardt. 2021. Chinesisch sprechen, schreiben, forschen? Ergebnisse einer Erhebung zum Chinesischunterricht in chinawissenschaftlichen Bachelor- und Masterstudiengängen. *CHUN – Chinesischunterricht* (36): 7-39.

杜荣、习颖，2023，德国莱比锡孔子学院汉语教学现状研究，《教育进展》13（6）：3789-3794。

柯若朴，2017，德国莱比锡大学汉学研究的历史、现况与未来（Chinese Studies at the University of Leipzig, Germany: Past, Present, and Future），韩承桦译，汉学研究通讯》36（4）：41-44。

汤春艳，2022，德国汉学家卡尔·阿恩德及其现代汉语研究述论，《同济大学学报（社会科学版）》33（04）：97-110。

8 德国本土中文教材的编写理念、体例与特点——以《德国人学中文1》和《Lóng 龙——初级汉语课本》为例

谭 越

1 引言

国际中文教育领域，围绕"三教"问题展开的研究始终是学界的焦点，其中"教材"是连接教师发挥主观能动性和实施有效课堂教学的关键，国际中文教材建设是国际中文教育高质量发展的重要组成部分。随着国际中文教育体系的逐步完善，国际中文教材研究已经形成一定规模。李诺恩、梁宇（2022）对 1980 年至 2020 年 40 年间的 1131 篇国际中文教材研究的文献走势、文献被引频次、研究方法、研究热点等方面进行了分析，总结出国际中文教材历经初创探索、跨越发展和震荡平台等不同时期，国别本土化教材研究、教材中的文化和话题研究、专门用途教材研究等成为近年来的研究热点，当前国际中文教育突出的特点在于关注海外非目的语环境中的中文教学，这与国际中文教育发展趋势存在内在关联。

德国的汉学研究可追溯至 17 世纪，在相当一段时间里德国的汉学研究领先于欧洲各国，形成了独有的学院派汉学研究风格。在学院派汉学时期，中文学习只限于古代汉语，现代汉语不被纳入汉学系课堂。20 世纪德国完成了一次汉学转型，由学院派汉学转向现代中国学，汉学与中文教学呈现出二元发展关系（王邵飞 2011：8）。在此期间，德国中文教育的语言观和教学法几经发展。1909 年，德国汉堡大学率先开设中文专业；1998 年，德国文化部通过"中文作为高中毕业考试科目统一要求"，中文教育正式进入德国国民教育体系。截至 2023 年，逾 70 所德国中学将中文作为学分课程，部分学校的中文成为高中毕业会考科目，中文教育已经覆盖德国各个教育阶段（吴思娜等 2023：144）。

教材承载着宏观教学理念和微观教学法的发展历程，是中文教学内容和中国文化的客观呈现，教材建设体现出促进中外文明交流的重要功能，其中，本土中文教材对中国文化的表达与描述，成为中外文明相互理解的重要窗口。

　　本土中文教材通常是为特定地区或国家的学习者设计的中文学习材料，教材以学习者的母语、文化背景以及学习环境为编写基础，通过教材与学习者本土文化建立相关性和互动性，使学习者的学习过程更加有效。德语区的本土中文教材是德国本土编写和出版的对德中文教材，大部分由德国的汉学家或本土中文教师编写。本研究选择了分别在两种语言观理念下编写的《德国人学中文 1》(*Chinesisch für Deutsche 1*) 和《Lóng 龙——初级汉语课本》(*Lóng neu-Chinesisch für Anfänger*) 两本德国本土中文教材，采用比较分析的方法对两本教材进行系统比较，通过分析两本教材的共性与差异，归纳其编写理念及特点，推理德国本土中文教材的整体观。

2　德国本土中文教材的编写理念

　　20 世纪 60 年代之前，德国中文教学服务于汉学研究，教学目标是培养学习者的文献阅读能力，对于中文语言知识和言语技能的侧重点在于能够介绍中文知识、掌握中文语法和词汇、能够认读汉字，受此传统影响，语法-翻译法理念贯穿中文教材。20 世纪 80 年代，汉堡大学编写了《德国人学中文 1》(*Chinesisch für Deutsche 1*)，这是德国汉学传统背景下语法—翻译理念的代表教材，教材受到汉堡大学教学传统的影响，保留了早期德国中文教学的风格。2001 年，"欧框"发布，该框架体现了欧洲语言教学在多元语言能力、跨文化知识与技巧、功能主义和任务法的外语教学新理念。德国中文教材遵循"欧框"指导的功能-意念大纲理念，出版了一系列功能教材，注重培养学生使用中文进行交际的能力。2008 年出版的《Lóng 龙——初级汉语课本》(*Lóng neu-Chinesisch für Anfänger*) 是"欧框"影响下以功能-意念为大纲的德国中文教材的新实践成果。

2.1　教材的编写原则

　　《德国人学中文 1》(*Chinesisch für Deutsche 1*) 是由德国汉堡大学出版的本土中文教材，使用群体面向德国大学本科中文专业学习者。采用"语法翻译法"的理念贯穿编写原则，教材强调语法知识的重要性，重视语法规则和语法结构的练习。教材使用德语解释语法规则，为学习者理解中文语法、打下扎实的中文基础做铺垫，同时重视培养学习者的阅读能力，教材整体设计符合德国人的思维和学习习惯。整套教材采用对话体的课文模式，共分为两册，第一册由德国汉学家编写，以中文知识为主，文化知识为辅，主要教授基本语法规则，通过系统地介绍语法和翻译练习巩固语法知识；第二册由在德国的中国学者编写，中文知识和文化知识在教材中同等重要。

《Lóng 龙——初级汉语课本》（*Lóng neu-Chinesisch für Anfänger*）是由惠·韦伯（Hui Weber）主编，德国恩斯特·柯莱特（Ernst Klett）出版社旗下的柯莱特语言出版社出版的本土中文教材，以德语区本土中文学习者为教学对象。"功能-意念"理念作为编写原则，教材的目标群体是由于工作和旅游需要在中国生活的德国学习者（王邵飞 2011：39）。教材注重培养学习者在日常生活中的交际能力，整体设计内容紧扣现实主题，符合德国人在中国生活的基本场景和生活习惯。整套教材分为"初级"和"进阶"两册，初级教材除个别课文外基本采用对话体的课文模式，课文通过主题组织方式将功能与结构相结合，注重文化知识与国情介绍。

本研究聚焦在初级阶段综合性德国本土中文教材，从两本教材的语法编排形式、语言实用性、语言技能练习、文化适应性、跨文化交际理解和师生互动性等方面对比分析《德国人学中文 1》（*Chinesisch für Deutsche*）和《Lóng 龙——初级汉语课本》（*Lóng neu-Chinesisch für Anfänger*）的编写原则。

教材与教学目标密切相关，不同类型的国际中文教材在编写原则上不完全相同，但是在编写理念上保持着理论和实践相统一的原则。教材既要具有实用性、交际性、知识性、趣味性和科学性，也在课程设计、标准制定、教学法和教学策略等方面达到一致。教材中的语法知识编排顺序、语言表达的交际作用、课文包含的文化知识、内容的跨文化理解等因素都体现着教材的编写原则和特点。

在教材编排上，语法知识循序渐进，知识的内在逻辑与教学观相统一。教材内容的组织符合语言规律、语言学习规律和语言教学规律，内容的编排由简单到复杂，学习内容数量适合绝大多数学习者的学习情况，一本教材中每篇课文包含的语言知识均匀分布（吕必松 1993：206-219）。《德国人学中文 1》和《Lóng 龙——初级汉语课本》两本教材的语法知识都是按照中文语言教学规律呈垂直式分布，强调前序课文语法内容的复现。不同的是，《Lóng 龙——初级汉语课本》以"话题-功能"为主线，在同一个话题内的不同篇课文包含了多个语言功能，全书以培养学生交际能力为主，培养学习者围绕同一话题表达不同语言功能的能力。

　　在语言实用性上，充分考虑社会发展现状和教学环境，适用于教材的目标使用群体。《德国人学中文1》和《Lóng 龙——初级汉语课本》出版时间相差20余年，两本教材都体现了教材编写时期的时代特色，反映出了当时的社会现状。前者在德国汉学研究的影响下，语法翻译法的教学观与教学法贯穿整本教材，课文内容和对话语言适用于德国大学中文专业课学生，与学生的学习生活联系紧密；后者的教学目标明确，语言内容根据德国人在中国生活期间先后接触到的生活场景展开，整本教材以培养学习者语言交际能力为目标，课文语言涉及各类生活交际用语，实用性较强。

　　在师生互动性上，教材在课程实施和教学实践中表现出了显著的工具特征。由于两本教材在不同的理论背景下编制，《德国人学中文1》在课文内容和练习设计方面更突出语言的结构性，以及语法翻译的重要性，整本教材的练习形式固定，多以中德互译的方式进行，教材侧重从教师教学的视角出发，师生互动的可操作空间较小；《Lóng 龙——初级汉语课本》则突出交际功能，课文内容更倾向于生活实践，练习设计以培养学习者交际能力为主，目标是提高学习者在真实场景中对话的能力，因此练习形式多样，重视学习者的学习视角与教学参与度，师生互动的可能性较大。

　　在文化适应性上，具有典型的基于德国文化视角阐述中国文化的表达方式，对母语文化及目标语文化的理解与运用是跨文化能力的重要体现（苏芳、杨鲁新2021：37-42）。教材中的文化适应可以概括为"跨语言"和"跨文化"两个层面的含义，使用学习者的母语作提示语和注释语是"跨语言"在教材编制中的突出表现（李泉2011：388-399）。《德国人学中文1》只有在语法解释和生词部分采用了中德对照的混排模式，全书的课文部分全部使用中文呈现，练习根据不同题目要求采用中文单独呈现或中德对照呈现的方式；《Lóng 龙——初级汉语课本》整本教材主要使用德语作为解释语和指令语，语法解释、文化介绍和汉字部分只用德语进行说明。比较两者的编写理念，《德国人学中文1》服务于对汉字有很高要求的教学目标，《Lóng 龙——初级汉语课本》适用于训练听说能力的教学目标，两者虽然编写理念与编写背景不同，但是都符合各自的需求定位。"跨文化"从语言文化的实体要素到隐性要素，从表层特征到深层特征都体现着学习者的母语文化和中国文化的对比与融合。《德国人学中文1》教材中没有单独的文化介绍板块，全书插图采用黑白简笔画的形式，对于中国人的了解以及对中国文化的认识体现在课文对话和插图中，由于教材出版具有一定年代性，教材中的图片和对中国人性格的描述已经不完全符合当代中国国情，对于当前的学习者来说并不能很好地促进跨文化的相互理解；《Lóng 龙——初级汉语课本》注重中国文化的介绍，除了在教材的文化介绍部分以德语介绍了中国的语言文字、地理国情、生肖、吉祥数字等与中国日常生活关系紧密的文化知识，在对话课文中关注中国文化与德国思维的结合，有助于帮助学习者更好地理解和适应中文语境，此外，教材配图使用了真实拍摄的中国环境和社会习俗照片，向学习者传递了真实的场景，有利于培养跨文化交际能力。在跨文化语言教学的框架内，教材应当包含社会文化知识，为学习者提供了跨文化学习的空间，给予学习者了解文化现象和文化背景的机会，思考比较文化冲突、敏感意识，进行文化反思的空间。

科学适度的教学视角和学习视角、教材的学习者主体地位在一定程度上决定了教材的质量。《德国人学中文1》和《Lóng 龙——初级汉语课本》两本教材都重视语言知识内容的逻辑顺序，关注德国学习者的认知结构和心理特征，但在跨文化适应方面两本教材具有不同的表现。

2.2　教材的体例

教材的编写体例在教材编制和流程构建中具有重要地位，是教材的整体序列、册间结构和单元之间结构的设计与调配（郑旺全、王世友 2023：141）。下文分别从"单元结构的组织呈现"形式和"课内结构的组织呈现"形式两个方面说明《德国人学中文1》和《Lóng 龙——初级汉语课本》的编写体例。

《德国人学中文1》共60课，本册不分单元，每课包含两至三篇课文。课文内容涉及日常生活中的常用情景，例如：介绍家人、谈论天气、校园生活等。每课按编排顺序包括语法解释、课文对话、生词、汉字、练习五个部分，语句结构替换练习和中德翻译是使用最多的练习方式。

表1　《德国人学中文1》课内结构

语法解释	对话课文	生词	汉字	练习
共205个语法点，每课2—5个。通过德语解释语法，例句由中文在先、德语在后的形式组成	共131篇，课文只有汉字，没有拼音和德语翻译	共1279个，已知词汇平均覆盖率88%。中德对照	总量1784个，每课要求识记的汉字数8—23个	机械性练习为主，中德提示语交替出现
表中部分数据来源：朱伟佳 2017：8-17				

《Lóng 龙——初级汉语课本》共 16 课，全书不分单元，除第 1 课和第
10 课有 A、B 两段课文外，其余每课均有三段学习材料，大多数课文以对话
体形式出现。教材人物主线围绕几位在中国工作的德国人展开，课文话题与
在中国的日常生活密切相关，包括：问候、自我介绍、国籍与语言、外出就
餐、询问时间、旅游住宿、家庭情况、咨询路线、购物、出行、邀请与祝贺
等 16 个话题 69 个交际功能。正文之前设有课堂用语等信息，附录部分包括
汉字笔画基本规则、汉字部首讲解、中文拼音音节表、课文德语翻译、拼音
声母韵母讲解、课文录音文本和词汇表，作为对教材和教学的补充。

表 2　《Lóng 龙——初级汉语课本》课内结构

热身环节	课文＋练习	语法点	生词	常用句	文化知识
图片、短语导入	共 46 段课文，65 段课文听力练习	共 51 个语法点，语法内容通过德语解释，例句由汉字–拼音–德语解释组成	生词表中出现词汇 628 个，扩充词汇 340 个	共 85 个常用句	共 16 段

表中部分数据来源：陈惠雯 2018：27-38

《Lóng 龙——初级汉语课本》的语音讲解部分在正文开始前，教材专设
了"入门"环节，该部分列出汉语语音概念的解释、声母韵母表、语音知识
和拼读规则，拼音作为话题学习的辅助环节出现（陈惠雯 2018：9）。课文主
要呈现生词和语言点等内容，每课后有与本课主题相关的文化介绍。全套教
材配有汉字本、练习册、练习答案册和听力光盘。

《德国人学中文 1》和《Lóng 龙——初级汉语课本》根据语法结构的难
易程度和词语的分布编排教学内容的先后顺序，语法知识根据语法点的难易
程度相应地调整每课语法点的数量。杨德峰（2001）将国际中文教学语法编
排模式分为"大系统化-非系统化、非系统化-非系统化、非系统化-小系统化"
三类。"大系统化-非系统化"是指教材在确定语法时注重汉语语法的系统性，
但在编写教材时不注重相关语法的系统性；"非系统化-非系统化"是指选择
语法点时不注重中文语法的系统性，而是根据实际的教学需求而选择相应的
语法；"非系统化-小系统化"是指在编排语法内容时，比起语法的系统性，教
材更注重相关语法点或复杂语法点不同用法的系统性，将相关的语法尽量编排
在一起。两本教材属于"非系统化-小系统化"模式（朱伟佳 2017：20），教材
在语法点的编排上关注中文语法的系统性与相关性，教材中的汉字没有按照从
简单到复杂的原则，基本按照汉字的使用频率和构词能力设计。

《Lóng 龙——初级汉语课本》根据话题项目的常用程度编排教学内容的先后顺序，每个话题内部功能的表达难度呈螺旋上升趋势，《德国人学中文1》在话题先后顺序的基础上更重视话题的螺旋上升排序，在不同学习时期话题表达的难度跟随语法内容变化。值得关注的是，《Lóng 龙——初级汉语课本》的课文与练习关联性强，通过完成以学习者为主导的协作任务实现学习语言知识的目标。

3   德国本土中文教材的特点

每种文化和语言都受到特定历史、心理背景和人文地理的影响，不同语言之间，尤其是分属不同语系的语言之间在其结构、语言背景、思维方式和表达方式上存在着较大差异。语言是文化的载体，是表达思想的主要手段，也是重要的交际工具（马冬虹 2009：26）。透过语言可以窥见一个文化的形态，而文化形态上的差异也呈现在语言系统的不同层面。黄俊杰（2012）认为，中国文化本身是开放的，中国文化由于脱离了原来的情境和脉络，在新的语境中往往会有意想不到的新的阐释和理解。海外学者按照自己的方式，根据他所处的时代，所受教育，以及生活的环境，对源自中国的文本进行重新解读，经过文化思想的交流，对原本陌生的文本、概念或人物赋予了新意义。德国本土中文教材作为德国人编写的中文教材，蕴含着鲜明的德国汉学家或是德国学者的特征，中文在这里属于语言教学的目的语，使用本土中文教材的场景发生在非目的语国家，教材在语言表达、文化诠释上的独特性，是否符合中国人的交际习惯，是衡量本土中文教材质量的重要因素。《德国人学中文1》和《Lóng 龙——初级汉语课本》两本教材在解释语言、文化内容和学习难点三个方面具有本土中文教材的典型特征。

语言解释具有本土化特征。在讲解中文语法规则时，本土教材采用学习者熟悉的参照系统，两本教材都使用了德语解释语法规则以帮助学习者理解语法知识。

文化内容具有相关性特征。教材中涉及文化知识或在对话中包含的文化因素与学习者所在地的文化特点具有相关性，教材对话表达了德国文化元素与德国人的思习惯，同时，在文化知识的选取上力图具象化中国日常生活，以帮助学习者理解中文和中国文化的多样性。

学习难点具有针对性特征。两本教材根据学习者的母语特点，重点解决了特定的学习难点。《德国人学中文1》面向中文专业学习者聚焦汉字书写，《Lóng龙——初级汉语课本》则面向在中国生活的德国人聚焦听说交际。

除上述特点外，两本教材在词汇、语篇和练习等具体方面也有不同表现。

3.1　语言知识要素的处理

词汇处理。词汇由词语和熟语组成，是语言的重要组成部分，反映着社会生活，很多文化凝聚在词汇之中。词汇所承载的文化信息形成了其文化附加义，在词语指称义的基础上产生的主观认识和思想感情，在跨文化交流中，经常会出现特殊的文化附加义或两种语言不同的文化附加义引起的误解（马冬虹2009：35）。本文不将词汇本体作为分析的关键，将从词汇的适用性、词汇所包含的隐性文化因素等方面作分析。

一般词汇学和语义学的观点认为，词义是人们对外部世界的客观事物或现象进行主观感知、认识并加以概括而在意识中所形成的一种反映。对一个词的掌握程度取决于学习者对该词词义系统各方面的把握，如何给学习者解释好词义，是教学中的重要教学技能，也是教材设计的重要部分（郑旺全、王世友2023：186）。《德国人学中文1》和《Lóng龙——初级汉语课本》两本教材对生词的处理都采用了"词语、拼音、德语释义"的方式，对于描写客观事物的词语，此种释义方法能够让学习者建立中文和德语的直接联系，快速地掌握中文表达，但是当词语的概念意义和内涵意义在另一种语言中没有对应词或是对应词无法准确表达意义时，这种中德互译的语言缺项局限性会造成学习者在语言学习过程中对"文化空缺词"的理解偏误。

例如，《Lóng龙——初级汉语课本》在第1课出现了词语"马马虎虎"，对于刚接触中文的学习者来说，掌握"马"和"虎"的含义是容易的，但是当两个词语结合在一起蕴含了特有的文化信息时，就要求教师在教学过程中补充文化背景知识和词语使用场景以帮助学习者恰当使用词语。《德国人学中文1》教材第48课出现了"兑换外币""支票""小票子""海关"等实用词语，这里的"小票子"指票面价值小的纸质货币，词语本身体现出德国人使用货币时的文化习惯，结合上下文语境词语易于理解，脱离语境时词语难免会对学习者的习得产生负荷，该词语在中国语言环境内的使用频率不高。此外，《Lóng龙——初级汉语课本》在教材课文中编入了德国地名、德国企业品牌以及德国传统节日等词语，如：法兰克福、宝马、圣灵降临节等。这类词语的编写为中文学习者提供了使用中文表达德国文化的途径，有利于提高学习者对中文的学习兴趣，填补两种语言在互译过程中的交流缺位现象。《德国人学中文1》第2课出现"太太"、第58课出现"夫人"等称谓词语；第59课出现"汉朝""夏朝"等介绍中国历史的词语，全书更注重通过课文表达中国的历史文化和娱乐方式。从教材整体观看，《德国人学中文1》的词语为了解中国历史文化和国情打下基础，内容更适用于专业学习者；《Lóng 龙——初级汉语课本》的词语偏向于日常生活，内容更适用于生活口语表达。

　　语篇设计。语篇在中文教材中作为语言教学载体的独立完整的语言材料，包括口语语体材料和书面语语体材料，是表达意义的语言单位，也是语言学习的主要载体。中文作为意合型语言，结构特征并不明显，表达和理解多依赖文章上下文语境（郑旺全、王世友2023：213）。教材的主题范畴、话题项目、交际场景关系到教材语篇类型的选择，而语篇的设计和处理在一定程度上影响了教学的方式。

　　《德国人学中文1》和《Lóng 龙——初级汉语课本》两本教材都以初级语言水平的综合课为设计目标，课文以对话体为主，语篇编选以话题为中心，侧重生词、句法和语法的教学过程，涉及语篇中语体、文体等方面的知识和内容呈现相对零散。两本教材编写的语料力图真实，由于编者来自德国且课文中融入了教材必需的生词内容，课文语料的"翻译"痕迹较重。例如，《Lóng 龙——初级汉语课本》第5课"在宾馆"课文C出现了语句"您好！我想付钱，房间是603号"，该句子语法规范，符合交际功能的表达特点，在语言交流过程中不会产生障碍，但是从目的语适用性视角来看，在宾馆退房的语境语篇中，"付钱"一词很少被使用。《德国人学中文1》编写团队由德国汉学家组成，语法和词语使用规范，但是语篇内容能够明显感受到德国人的逻辑思维，部分课文的场景与目的语的真实语境不符。例如，第43课《你马上爬下来》课文给出的语句是"树那么高……你马上爬下来！"该语法点在语篇中的适用性不强，并未实现有效的语言交际功能。

　　两本教材的语篇结构上，《Lóng 龙——初级汉语课本》每课设置一个核心话题，每课中的各篇课文围绕核心话题组织微话题，整体采用"大类相同，螺旋上升，各有侧重"的语篇设计理念；《德国人学中文1》每课中各篇课文相对独立，但是整本教材可以发现话题设计的相关性，语篇在难度和长度上存在正向关联，语篇内容从德国人视角对中德日常生活、社会现象等多有讨论。

练习设计。 练习是完成语言学习目标的重要手段，练习设计的关键是学习者因素。学界目前对练习的研究通常从练习形式和课型两个角度出发，考察练习的指向性、操作性和有效性。练习的指向性包括目标指向和学习者指向两方面，目标指向要求教材完成语言教学的分段目标和终端目标，学习者指向主要包括学习者的自然特点和社会特点、目标和需求、学习环境和条件三个方面（郑旺全、王世友 2023：239-242）。练习需要考虑是否结合了学习者感兴趣的主题，是否满足语言学习的目的，能否在学习者所处的课堂和社会环境中操作。不同的教学法影响下，练习在课堂教学中扮演着不同角色，是学习者与语言知识、个人经验、环境发生关联的过程，学习者通过练习完成学习过程的闭环。

《德国人学中文 1》主要采用"中德句子互译""根据例句画线部分的句子结构回答问题""翻译词语并完成句子""根据所给词语造句""汉字偏旁认读"等练习形式，每课平均 3—5 道练习题，多为机械性练习，全书基本没有涉及真实生活场景的语言交际练习题目。针对在非目的语环境下学习中文专业的学习者而言，通过类似练习巩固了语法知识，训练了中德对应词语和句子的翻译能力，但是在真实语境受限的条件下，不利于学习者训练恰当表达的能力。教材中练习只提供汉字文本，没有配备相应的拼音辅助理解，德语指令语相对简单，这些因素一方面有利于学习者提高汉字认读能力，另一方面制约了学习者的有效理解。

《Lóng 龙——初级汉语课本》通常采用"听后朗读、听后书写、听后回答、听后判断对错、听后填空""小组活动""分角色练习""学写偏旁"等练习形式，练习环节与课文较好地结合为一个整体，特别是每课的第一段课文通常以练习形式展开，每段学习材料包含听力练习和口语表达，在听、读练习中学习语法知识，练习与课文相辅相成，对于语言习得具有良好的促进作用。练习的指令语使用中德双语进行说明，不同难度的汉字题型说明之后配有相应的拼音，辅助学习者理解题目含义。

构建合理且充分的语境及练习，有利于学习者理解语言知识的内在表意逻辑，有些体量大、复杂的练习，甚至可能成为独立的教学环节。《德国人学中文 1》的课文充分地表达出了德国思维，练习环节相较于课文内容，过于强调句法结构的训练，较多地使用机械性练习巩固语法知识，没有体现语言练习的交际性，练习缺乏内在逻辑和外在语境支撑。《Lóng 龙——初级汉语课本》的课文与练习的长度合适、结合形式新颖，整本教材缺乏对句法结构的重复训练，练习侧重互动性交际训练，通过课文学习和巩固练习能否形成一定长度的、连贯的语篇表达是值得关注的问题。

3.2 跨文化能力因素的表现

第二语言教学目标经历了从"语言能力"到"交际能力"到"跨文化交际能力"的发展，语言教学和文化教学密不可分，语言教学的根本目标是培养学习者的跨文化交际能力。跨文化能力不仅包括知识、技能、态度和文化意识等外在综合能力，更包括学习者内在的情感和态度，不仅包括学习者对于自我文化和他者文化的知识、技能、态度，还应包括对一般性文化现象、特点及其之间关系的理解和评价。

跨文化因素在中文教材中的影响广泛且内隐，从可见的表层文化特征到不可见的隐性文化精神，影响无处不在。在本土中文教材中，教材编者描述文化要素的过程，是对目的语文化内容进行适应跨文化交流和交际能力培养的加工和解读的过程，在这个过程中教材编写者将自己对于目的语文化的理解融入了教材文本，通过文字界定出文化因素（存在于语言形式中的语言的文化要素）和文化知识（存在形态大于语言形式的文化要素），有助于探索与文化因素和文化知识相适应的文化呈现方式和教学方式，明确它们在培养跨文化交际能力中应起的作用（张英 2006：59-65）。

本土中文教材要在课文内容中体现出他者文化和自我文化对于彼此价值观的互相理解。文化因素通常隐含在语言教学中，开放的文化态度是培养跨文化交际能力的基本前提，只有具备了开放的文化态度，才具备了解和准备接受其他文化的心态。多元文化的社会中，学习者首先要具备开放的文化态度，同时也要保持对自我文化的理解和反思，坚持文化平等的观念，不以自我文化的参考框架和行为准则衡量他者文化，用批判性思维思考他者文化和自我文化的差异，促进学习者的跨文化交际能力。

本土中文教材在特定情境下通过不同的交流方式体现出两种文化社交过程的差异。《德国人学中文1》的课文内容表现了德国人的幽默态度，提高了教材的趣味性，但是在真实的目的语语境中若使用类似表达，容易造成两种文化的冲突。例如，《德国人学中文1》第49课"她被汽车撞伤了"课文3《我的报纸被你的狗拿走了》，课文通过漫画呈现，形式新颖、语言风趣，文中A说"你订的报纸每天都被你家的狗拿走。"B回答："等一会儿，我去拿！"再见面时，A问："报纸呢？"B答："对不起，我家的狗还没看完。"这样的课文内容，虽然简短、幽默，但是并不符合中国人的表达习惯，如果在真实的生活场景中使用，难免会被理解为"不礼貌"，因无效的语言交际产生冲突。

　　第 25 课课文 1《你怎么到北京去？》课文描写了两个人正在讨论怎么去北京，其中一位回答坐飞机，之后的对话两人谈论到了坐火车、开汽车去北京需要多长时间，课文最后，一人问"骑自行车去呢？""我不知道！谁骑自行车到北京去？！"在中文教材中，有关搭乘交通工具去某地的课文通常会涉及坐飞机、坐火车、开汽车、骑自行车等短语表达，内容都符合能够使用某种交通工具到达某地的实际，在《德国人学中文 1》教材中，教材设计者试图通过不符合现实的行为引起学习者的学习兴趣，如果在教材中增加学习者反思问题，引导其比较中德不同的国家使用交通工具的异同，能够在比较本国文化的基础上促进理解对方的文化行为。教材《Lóng 龙——初级汉语课本》含有类似话题的内容有：第 13 课"在火车站和机场"课文 B，在描述交通工具和行程的对话中，教材结合了中国的发展特点，对话中包含了"高铁""二等座""动车"等词汇，对话内容更符合在中国生活场景下的真实交际，语言逻辑更贴近中国人的表达习惯。《德国人学中文 1》的目标对象是在德国学习中文专业的大学生，《Lóng 龙——初级汉语课本》的目标对象是在中国工作生活的短期居住者，两本教材的不同背景决定了教材课文的编写内容与风格。

　　本土中文教材要在解读文化的过程中关注自我与他者的文化视角与理解角度。站在自我或他者角度编写教材，选择与处理文化要素决定了学习者文化理解的程度，学习地理环境、物质生活、经济制度、文化生活、风俗习惯和认识方式等文化要素，能够帮助学习者理解和运用目标语言。天气是与日常生活息息相关的话题，《德国人学中文 1》第 19 课"天气冷了，冬天快到了"课文 1 描述了"下雨天房间很冷，冬天快到了"等信息，表现了德国多雨，雨和冬天相关的文化特点，符合在德国的地理环境特征。《Lóng 龙——初级汉语课本》第 14 课"天气和季节"课文 C 描述了北京和海南两地的气温差距、季节变化，通过对两个地点的天气描述体现了中国的地理环境，内容设计更符合目的语表达习惯。

　　结合他者与自我视角的文化表达在本土教材编写中具有同样的实用价值。《德国人学中文 1》第 51 课"他没叫我慢用"描写了两名学生和两位老师在校园相遇的冲突事件。这段课文故事性强、冲突点多，通过他者视角表现了中国人对外国人的印象，从自我视角表达了对"礼貌"的价值判断。

4　结语

随着国际中文教育体系的逐步建立健全，配套国际中文教育资源探索与研究受到更高关注，在资源体系建设中本土中文教材占据研究的主体。基于上述分析，我们不难看出，本土中文教材承载着文化理解、跨文化交际和语言知识学习的责任，透过本土中文教材这面镜子，我们可以理解他者文化背后的精神，也能够照见自我文化的现实，对构建语言与文化相结合的中文教材起到借鉴作用。因此，在编写教材时，根据教材的编写理念、体例和特点等，我们可以围绕以下内容，提出创新教材编写设计的建议：

在语言-结构-功能的教材编写整体观下，将文化内容融入语言和功能。文化元素不应被孤立在结构之外单独介绍，应将其与课文语言、练习等内容紧密结合，实现内容与语言融合的教材模式，突出文化内容的实用性和交际性，以提高学习者在真实语境中的跨文化交际能力。

在教材人物角色设计、文化内容选取方面，应避免文化偏好的局限性。人物形象设计可以更丰富，结合中国各地域、各民族的特点，展现当地优秀的传统文化风俗等内容。将文化教学贯穿在语言教学中，在呈现中华优秀传统文化的同时，展示当代中国生活、科技、娱乐等文化内容，通过实例比较中外文化异同点等，以促进学习者对当代中国的理解。

在教材内容的编排上，语言知识以螺旋结构由易到难，文化内容也可前后衔接，由浅至深。文化内容从浅层表征现象到深层的内涵精神，可以随语言知识的难度逐级递增，引导学习者透过现象观察文化本质，通过批判性思维原则开展语言教学，以增强学习者对中文和中国文化的兴趣。

参考文献

陈惠雯，2018，通用汉语教材与本土教材语言要素编写对比研究——以《新实用汉语课本》（德语版）和《龙》（德国本土教材）为例。硕士学位论文。北京：北京外国语大学。

戴曼纯、王祖嫘，2023，《国际中文教育发展报告 2022》。北京：外语教学与研究出版社。

黄俊杰，2012，东亚文化交流史中的"去脉络化"与"再脉络化"现象及其研究方法论问题，《东亚观念史集刊》（02）。台北：政大出版社。

李诺恩、梁宇，2022，国际中文教材研究的文献计量分析（1980～2020），《云南师范大学学报（对外汉语教学与研究版）》20（05）：24-33。

李泉，2011，文化内容呈现方式与呈现心态，《世界汉语教学》25（03）：388-399。

吕必松，1993，对外汉语教学概论（讲义）（续五）第四章教学过程和教学活动，《世界汉语教学》（03）：206-219。

马冬虹，2009，外语教学中文化因素研究。博士学位论文。上海：上海外国语大学。

苏芳、杨鲁新，2021，语言社会化理论视角下的外语课堂研究，《外语教学》42（05）：37-42。

杨德峰，2001，初级汉语教材语法点确定、编排中存在的问题——兼议语法点确定、编排的原则，《世界汉语教学》（02）：82。

王邵飞，2011，德国汉学传统背景下的汉语教材研究——以五部德国汉语教材为例。硕士学位论文。北京：北京大学。

吴思娜、荀佳月、余求真，2023，德国中文教育发展状况。载戴曼纯、王祖嫘（编），《国际中文教育发展报告2022》。北京：外语教学与研究出版社。

张英，2006，对外汉语文化因素与文化知识教学研究，《汉语学习》（06）：59-65。

郑旺全、王世友，2023，《国际中文教材论》。北京：人民教育出版社。

朱伟佳，2017，德国本土汉语教材《Chinesisch für Deutsche》分析研究。硕士学位论文。上海：上海外国语大学。

9 德国本土中文教材中的文化呈现
——以中学教材《同道》为例

荀佳月

1 引言

中文纳入各国国民教育体系是中文国际传播本土化高质量发展的重要标志，能够加速推进中文教育的本土化进程。德国已将中文作为高考可选科目之一。本章选取《同道》进行分析，该教材是德国中文教育两大"重镇"——北莱茵-威斯特法伦州（Nordrhein-Westfalen）和巴伐利亚州（Bayern）把中文作为高考可选科目的指定教材，对该教材的分析旨在了解德国国民教育体系框架下的中国文化呈现内容和呈现方式。

本章对《同道》教材的文化呈现研究采用内容分析法。在确定分析框架时主要参考国内近年来关于教材文化呈现分析的论文，并参考德国中学中文教学大纲进行补充，在分析时主要聚焦四个问题，分别是：文化呈现的内容、文化呈现的方式、区分独现文化和共现文化以及突出培养学生思辨能力的文化呈现内容和方式。

本章依据《国际中文教育用中国文化和国情教学参考框架》（2022）中的内容框架记录教材中的文化呈现内容并分类。在分析文化呈现方式时，主要依据周小兵、罗晓亚（2019）提出的显性及隐性分类法。除此之外，本章参考欧阳芳晖、周小兵（2016）对国别文化的区分方法，记录教材中独现文化和共现文化的内容，并对独现文化和共现文化的呈现方式进行分类。最后，根据孙有中（2019）的观点、葛囡囡（2022）的研究发现以及德国中学中文教学大纲的要求，本章将对突出培养学生思辨能力的文化呈现内容和方式进行记录和分析。

本章的最后对《同道》教材文化呈现的总体特点进行提炼，并以此为基础对面向德语区的国际中文教材编写提出建议。

2　教材概况

2.1　基本信息

该教材由成立于 1832 年的布赫那出版社（C. C. Buchner）出版，该出版社历史悠久、教材种类广泛且与教育系统合作紧密。《同道》（旧版）于 2015 年出版，包括一本学生用书、一张 CD、两本练习册、一本教师用书和一本词汇书。2021 年新版面世，2022 年进行第二次印刷，新版同样包括一本学生用书、一张 CD、两本练习册和一本词汇书，但纸质版的教师用书变更为教师电子教学资源包。本章以 2021 年的新版教材为分析对象。

教材编写团队共 12 人，由慕尼黑州立学校质量与教育研究所（Staatsinstitut für Schulqualität und Bildungsforschung München）的芭芭拉·古博-朵士博士（Dr. Barbara Guber-Dorsch）领衔。

《同道》适用于时长 3—4 年的中文课程设置，学完可达到"欧框"A2 水平。

2.2　教材体例

该教材共 10 单元，主题分别为"初次见面""在一个新的国度""在学校""休闲和周末""在中国家庭做客""在家和在城市穿行""在购物中心和在地铁上""在饭馆和在医院""节假日"和"跨文化旅行"。每单元分为两课，每课由课文、汉字讲解、文化知识点介绍和练习四部分组成。

2.3　研究对象的选择

2.3.1　中文纳入各国国民教育体系的意义

提升中文传播效能，必须高度重视海外各国国民教育体系内的中文教育发展，中文纳入各国国民教育体系是中文国际传播本土化高质量发展的重要标志，根据教育部发布的《中国语言生活状况报告 2023》，全球开展中文教学的国家和地区为 180 多个，其中 81 个国家将中文纳入国民教育体系。李宝贵、吴晓文（2022）提出，中文纳入对象国国民教育体系，成为一门得到法律认可的外语科目，在中文教师、教材、教法和教学标准方面形成本土特色，能够加速推进中文教育的本土化进程。

德国将中文纳入国民教育体系的表征是将中文作为高考可选科目之一。选取一本中文作为高考可选科目的指定教材进行分析，可以了解德国国民教育体系框架下的中国文化呈现特点。

2.3.2 中文作为德国高考可选科目的背景信息

根据德语区汉语教学协会（Fachverband Chinesisch e.V）2024 年 1 月的统计结果 [1]（2024 年 9 月 2 日读取），2023—2024 学年，德国 16 个联邦州中，14 个联邦州有提供中文作为选修课程的中学。部分州允许学生在高中毕业考试时将中文选为口试科目，部分中学还同时提供书面考试形式。其中，北莱茵-威斯特法伦和巴伐利亚两个州中文可选作高考科目的中学数量在德国 16 个州中分别位列第一（20 所）和第三（12 所）。

根据布赫那出版社（C.C.Buchner）官网公布的信息 [2]（2024 年 9 月 2 日读取），结合各州教育部门官网提供的信息，《同道》在北莱茵-威斯特法伦州和巴伐利亚州被明确列为指定教材。具体情况为：在北莱茵-威斯特法伦州的综合中学（Gesamtschule）8—10 年级，文理中学（Gymnasium）9—10 年级，该教材是中文作为第三外语的指定教材。在巴伐利亚州，该教材是文理中学 8—11 年级中文作为第三外语科目，以及 11—13 年级中文作为晚开语言科目（spät beginnende Fremdsprache）的指定教材。

综上所述，本章选取了中文作为高考可选科目覆盖面最广的两个州的指定教材《同道》进行分析。

3 研究方法

本章对《同道》教材的文化呈现研究采用内容分析法。本章在确定分析框架时主要参考国内近年来关于教材文化呈现分析的论文，并参考德国中学中文教学大纲进行补充。

3.1 国内近年来关于教材文化呈现分析的论文

欧阳芳晖、周小兵（2016）选取了北美大学广泛使用的四套综合性中文教材为考察对象，对中美中文教材文化呈现进行比较。两位作者把对国别文

---

1 https://www.fachverband-chinesisch.de/fileadmin/user_upload/Chinesisch_als_Fremdsprache/Chinesisch_an_Schulen/2023_Sekundarschulen_AF_final_korr2.pdf

2 https://www.ccbuchner.de/reihe/tongdao-neu-506

化的研究聚焦在国别属性、呈现方式与呈现角度上，其中呈现方式分为"独现中国文化""独现英语母语国家文化""共现中国文化与英语母语国家文化"及"其他"。

周小兵、罗晓亚（2019）对中美两套中文综合教材从三个方面进行了考察：（1）课文中文化知识数量及编排；（2）课文文化知识词汇编排特点；（3）文化对比内容编排特点。两位作者指出文化呈现方式主要分为显性和隐性两种，其中显性呈现方式包括教材中的文化知识介绍板块或明显以中国文化为主题的课文或阅读材料，隐性呈现方式主要指通过练习来呈现文化内容。

张虹、李晓楠（2022）在构建英语教材文化呈现分析框架时主要从文化呈现内容和文化呈现方式两个维度出发，并在这个维度的基础上进行分类。其中，文化内容从地域上分为四类，从类型上分为五类；呈现方式则在显性和隐性方面各分为十项，并对各项赋予不同的权重。

葛囡囡（2022）在对中国德语教材中的文化呈现进行研究时，围绕以下问题展开：（1）教材呈现了哪些文化；（2）教材如何呈现德语国家文化和中国文化；（3）教材呈现中国文化时具有什么特点。第（2）个问题呈现方式主要包括文化语篇、文化知识板块、图片/引言、背景文化信息和活动/练习五种。与此同时，作者在研究发现中指出了教材基于文化内容引导学生进行文化思辨的重要性。

李加军（2023）认为采用内容分析法研究教材中的（跨）文化元素，关键是确立文化分析框架。确立文化分析框架，即确立编码框架，主要涉及文化国别分类、文化层面分类、确定文化主题、确定呈现路径四个维度。

3.2　德国中学中文教学大纲

北莱茵-威斯特法伦州和巴伐利亚州的中文教学大纲对学生的文化能力作出了规定。值得注意的是，大纲除了要求学生不断加深对中国文化的了解外，还要求学生对中德文化进行对比。另外，大纲将培养学生的思辨能力放在重要位置，包括对问题的洞察能力、以史明今的探究能力、同理心、批判性思考能力、反思能力等等。例如，巴伐利亚州12年级教学大纲的规定"学生将扩展和加深他们对中国社会、经济和文化现象的了解，并从比较的视角考察当前的发展情况。深入了解不同时期的历史、中国的文化和思想史以及中德关系的发展和当前状况，使学生认识到自己的历史和文化立场的局限性，并帮助其建立对不同生活及思维方式的开放态度。"

3.3　确定分析框架

结合国内专家学者在分析教材及构建分析框架时的维度与分类，参考德国中学中文教学大纲中对文化能力的要求，本章在分析《同道》教材时主要聚焦以下问题：

（1）文化呈现的内容

该部分依据《国际中文教育用中国文化和国情教学参考框架》（2022）中的内容框架记录文化内容并将其分类：

表1　《国际中文教育用中国文化和国情教学参考框架》（2022）文化项目

一级文化项目	二级文化项目
社会生活	饮食、居住、衣着、出行、家庭、节庆、休闲、购物、就业、语言交际、非语言交际、人际关系、语言与文化
传统文化	历史、文化遗产、文学、艺术、哲学、宗教、发明、中外文化交流
当代中国	地理、人口与民族、政治、经济、社会保障、教育、语言文字、文学艺术、科技、传媒、对外交流

（2）文化呈现的方式

依据周小兵、罗晓亚（2019）提出的显性及隐性分类法，显性呈现方式包括文化知识介绍板块或明显以中国文化为主题的课文及阅读材料，隐性呈现方式主要指练习。因《同道》教材每单元的不同板块中均含有丰富图片，因此将图片归为显性呈现方式。

（3）区分独现文化和共现文化

欧阳芳晖、周小兵（2016）在对中美中文教材文化呈现进行比较时，将国别文化的呈现方式分为"独现中国文化""独现英语母语国家文化""共现中国文化与英语母语国家文化"及"其他"。以此为依据，本章将区分独现文化和共现文化，具体如下：

　　　a. 独现文化和共现文化的内容

　　　b. 独现文化和共现文化的呈现方式

（4）突出培养学生思辨能力的文化呈现内容和方式

孙有中（2019）认为，语言不仅是人际交流的媒介，更是认识世界、探索新知和解决问题的工具。葛囡囡（2022）研究发现教材基于文化内容引导学生进行文化思辨的重要性。北莱茵-威斯特法伦州以及和巴伐利亚州的中文教学大纲将培养学生的思辨能力放在重要位置。因此，本章将分析突出培养学生思辨能力的文化呈现内容和方式。

4　分析

4.1　文化呈现的内容分布情况

对照《国际中文教育用中国文化和国情教学参考框架》（2022）中设定的一级和二级文化项目，《同道》教材中的文化内容分布如下：

表 2　《同道》教材中的文化内容分布

一级文化项目	二级文化项目
社会生活（113）	饮食（19）、居住（12）、衣着外貌（2）、出行（11）、家庭（6）、节庆（8）、休闲（29）、购物（4）、就业、语言交际（3）、非语言交际（1）、人际关系（6）、语言与文化（12）
传统文化（29）	历史（2）、文化遗产（13）、文学（4）、艺术、哲学（3）、宗教、发明、中外文化交流、中医（6）民俗（1）
当代中国（83）	地理（14）、人口与民族（14）、政治（3）、经济（10）、社会保障（3）、教育（18）、语言文字（6）、文学艺术、科技（1）、传媒（10）、对外交流（3）环境（1）

4.1.1　一级文化项目

统计结果显示，文化内容的一级项目分布比例由高到低分别是"社会生活"（占比 50.2%）、"当代中国"（占比 36.9%）和"传统文化"（占比 12.9%）。

4.1.2　二级文化项目

根据教材实际情况，对《国际中文教育用中国文化和国情教学参考框架》（2022）二级文化项目进行补充："社会生活"下的二级项目"衣着"补充为"衣着外貌"，"传统文化"下的二级项目增加"中医"和"民俗"，"当代中国"下的二级项目增加"环境"。

三个一级项目下的二级项目分布统计结果如下：

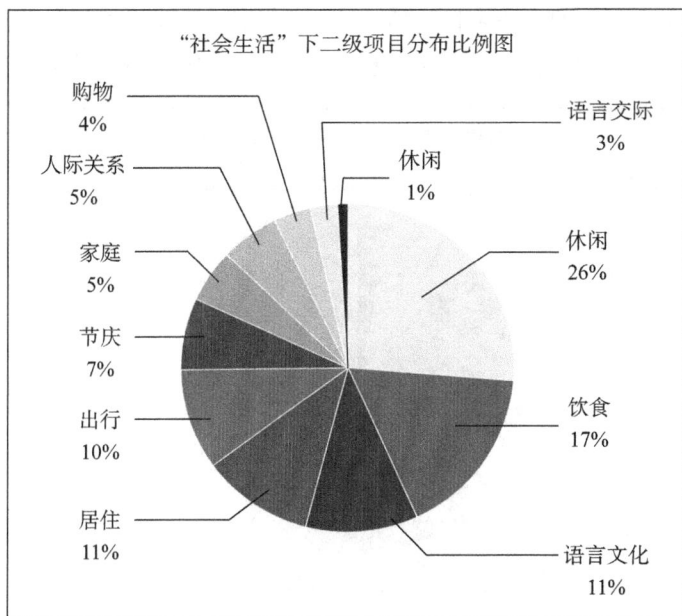

图 1 "社会生活"下二级项目分布比例图

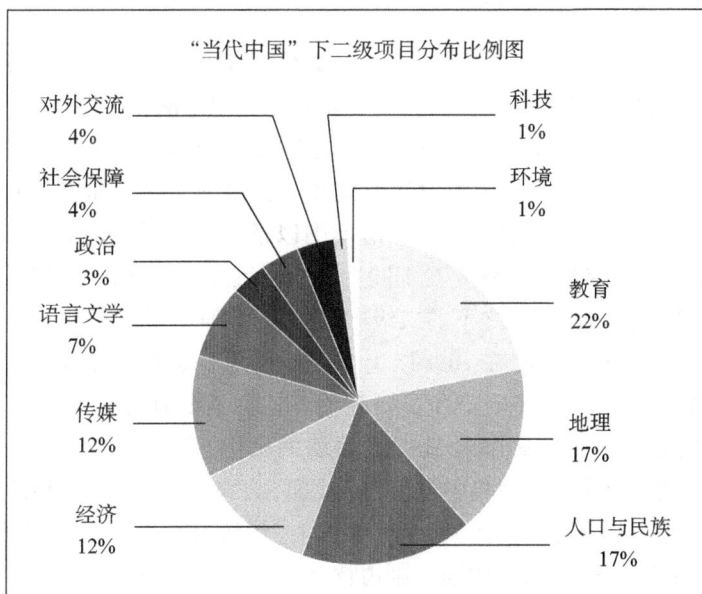

图 2 "当代中国"下二级项目分布比例图

教材中未呈现的二级条目包括："社会生活"下的"就业"，当代中国下的"文学艺术"，"传统文化"下的"艺术""宗教""发明"和"中外文化交流"。

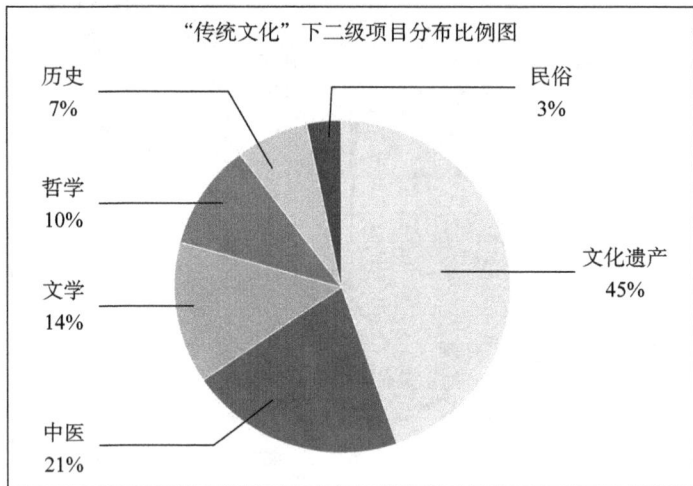

图 3 "传统文化"下二级项目分布比例图

4.1.3 文化呈现内容的特点

从统计结果中可以看出，相较于经典传统文化，教材更加注重现当代中国主题，特别是社会文化生活相关。在社会文化生活相关话题中，"休闲""饮食""语言文化""出行""居住"的占比都在 10% 以上，可见生活日常是重中之重，这也体现了德国中学中文教学大纲的要求，如巴伐利亚州 10年级大纲强调学生应"学会在日常情境中以适当和礼貌的方式行事"以及12年级大纲中要求学生"建立对不同生活及思维方式的开放态度"。

在一级项目当代中国之下的二级项目中，"教育""地理""人口与民族""经济"和"传媒"占比在 10% 以上，由此可见，教材对中文教学大纲中"学生对中文区域的地理概览和重要政治、社会情况有总体的认识和洞察""学生更加深入地了解影响今日中国面貌的历史、政治、社会、文化发展要素。"这两个要求的体现集中在教育、地理、人口与民族、经济和传媒领域。

在三个一级项目中占比只有 12.9% 的"传统文化"下，二级项目"文化遗产"占比高达 45%，"中医"则占比 21%，"文学"和"哲学"分别占比14% 和 10%，这四项已经达到 90%。值得注意的是，教材不单独强调历史知识，而是将其融合在"文化遗产"中，特别是作为旅行景点的文化遗产。

4.2　文化呈现的方式

该部分主要依据周小兵、罗晓亚（2019）提出的显性和隐性分类法，显性呈现方式包括文化知识介绍板块或明显以中国文化为主题的课文及阅读材料，隐性呈现方式主要指练习。因《同道》教材每单元的不同板块中均含有丰富图片，因此将图片归为显性呈现方式。

表 3　《同道》教材中文化呈现方式的分布

	具体方式	数量
显性呈现方式	课文	31
	知识点	20
	图片	95
隐性呈现方式	练习：话题讨论、主题介绍，创作海报、脑图、宣传册、模拟真实情境等。	72

4.2.1　课文

文化内容主要出现在第三篇课文中，这也符合教材体例中的介绍"课文三包括生词、文本和练习。该部分为选学内容，旨在为实施课堂内的差异化教学（Binnendifferenzierung）提供可能性。该部分以跨文化内容为主，以听力、书写能力为主要训练目标。"教材每一课的课文三中出现或涉及的文化内容见下表：

表 4　课文中出现或涉及的文化内容

第 1 课	无
第 2 课	中国和德国的首都：北京和柏林
第 3 课	中国家庭，如计划生育政策、重男轻女等的变化
第 4 课	中国的重要城市和河流位置
第 5 课	中国的学制
第 6 课	中国学校的考试
第 7 课	中国人吃饭的习惯
第 8 课	中国学生的爱好
第 9 课	在中国家庭做客、中国和德国人对肤色的偏好
第 10 课	租房和买房，土地使用权

（待续）

（续表）

第 11 课	家中的摆设、脸面、唐诗
第 12 课	北京的街道
第 13 课	中国制造
第 14 课	中国的环境问题
第 15 课	中餐：八大菜系和做法等
第 16 课	中医：阴阳、五行等
第 17 课	中国中学生的假期安排
第 18 课	中国的传统节日、法定假期、农历和十二生肖等
第 19 课	中国人和旅游：国内旅游胜地，在欧洲，特别是德国的旅行
第 20 课	中国和德国的对比及外交关系

　　课文在展现文化内容时选取了尽可能丰富的要点，并且注重德国人感兴趣的内容，同时强调中德文化对比，以第 7 课课文三"中国人吃饭"为例，课文中出现的文化要点包括：（1）餐具："中国人用筷子吃饭。"（2）学生食堂的饭菜："在中国学生食堂，主食一般是米饭、面条、馒头，副食有鸡肉、猪肉、牛肉、鱼、豆腐和青菜，还有汤。"（3）素食文化："中国现在吃素的人也非常多。一些人因为信佛教，所以不吃肉；一些人觉得吃肉对身体不好。"

　　素食文化是德国人，特别是德国青少年关注的内容，"中国人用筷子吃饭，德国人用刀叉吃饭""在中国吃饭的时候和吃饭以后喝汤"则体现了文化对比。

4.2.2　知识点

　　知识点在每一课的"你知道吗？"环节单独列出并使用德文进行详细阐述，每课知识点主题见下表：

表 5　"你知道吗？"环节文化内容主题

第 1 课	姓名和问候
第 2 课	年龄和国家
第 3 课	中国家庭
第 4 课	中国过去和现在的居住情况
第 5 课	中国的教育体制
第 6 课	中国的学校生活（一）
第 7 课	中国的学校生活（二）

（待续）

（续表）

第 8 课	休闲活动
第 9 课	在中国家庭做客
第 10 课	风水
第 11 课	唐诗三百首
第 12 课	问路
第 13 课	在中国买东西和"中国制造"
第 14 课	环境污染-环境保护：一个大挑战
第 15 课	在家吃还是出去吃
第 16 课	中医
第 17 课	假期：中国旅游胜地
第 18 课	过年好
第 19 课	中国游客
第 20 课	沟通、交流和换位思考

4.2.3　图片

教材在每个环节都使用了丰富的图片。图片除了辅助体现教学内容外，还对教学内容进行了拓展和延伸，有些图片所展现的文化知识甚至与教学内容关系并不紧密。与课文内容并无直接关联的图片举例如下：

第 1 单元"初次见面"：（1）德国驻中国大使馆（北京）和中国驻德国大使馆（柏林）照片；（2）昆明石林前游客自拍，图注介绍了石林的位置，并说明石林在 2017 年纳入世界非物质文化遗产名录；（3）身着传统服装的新婚夫妇，图注中介绍了红色、龙凤图案的吉祥寓意。

第 3 单元"在学校"：（1）桂林机场的手机充电处；（2）徐汇悦读亭，图注介绍了悦读亭的功能；（3）四川一所小学的五年级课堂，图注为"四川省阿宾洛古乌瓦小学五年级的一瞥。曲碧石谷不仅是学校唯一的老师，同时也是所有足球队的教练。体育活动为学生们提供了一个与其他村庄的同龄人接触的机会。"

第 4 单元"休闲和周末"中出现西安回民街的图片，图注简要介绍古丝绸之路。

第 5 单元"在中国家庭做客"中出现丽江古城的图片，图注简要介绍喜马拉雅山脉支脉及少数民族纳西族。

　　此外，大部分图注使用德文提供丰富的文化信息。以第 8 课"你有什么爱好"为例，该课中出现的一张图片是正在打纸牌的老人们，图注为"云南省的四名牌手。纸牌游戏在中国南部非常流行，类似于拉米牌。无论是牌的形状还是收集牌的方式，一直都是中国纸牌游戏的典型特征。"在这个详细的图注中，不仅介绍了中国的纸牌游戏，同时与德国人熟悉的拉米牌进行了对比。另外，第 18 课"今年春节去谁家"中展示了黄鹤楼的照片，在图注中可以了解到黄鹤楼的建造历史、发展以及现状。

4.2.4　练习

　　教材中与文化相关的练习以话题讨论、主题介绍，创作海报、脑图、宣传册、模拟真实情境设计对话等为主要形式，突出特点是以培养学生思辨能力为导向。

4.3　区分独现文化和共现文化

4.3.1　德国的独现文化内容和呈现方式

　　德国的独现文化内容为社会生活，以课文、图片或练习形式出现，如：德国男孩拿着德国国旗在勃兰登堡门前拍照的漫画，介绍慕尼黑的典型美食，为中国游客设计一条当地旅行线路，以及在自己学校附近拍摄一段介绍建筑和方位的视频。

4.3.2　中国的独现文化内容和呈现方式

　　中国的独现文化内容在一级项目"社会生活""传统文化""当代中国"下均有呈现，课文、知识点、图片、练习等方式均有使用。以第 5 单元"在中国家庭做客"为例，中国的独现文化内容和呈现方式如下（按出现的顺序）：

表 6　第 5 单元中国独现文化内容和呈现方式

内容	呈现方式
拜访中国家庭	图片
参加婚礼的客人去新娘家送礼	图片
在中国家庭做客的礼节	课文

（待续）

（续表）

内容	呈现方式
去中国家庭送礼的习俗和禁忌	知识点、练习
风水	课文中国
中国香港地区高楼群中间的龙洞（风水）	图片
丽江古城俯瞰图	图片
中国住房的特点，如老人与子女同住、商品房和土地所有权等	课文
风水	知识点、练习

4.3.3　中国和德国共现文化内容和呈现方式

中国和德国的共现文化集中在一级项目"社会生活"下，主要的呈现方式是课文和练习。依旧以第 5 单元"在中国家庭做客"为例，中国和德国的共现文化内容和呈现方式如下（按出现的顺序）：

表 7　第 5 单元中国和德国共现文化内容和呈现方式

内容	呈现方式
中德对肤色的不同偏好	练习
中德做客的不同习惯	练习

4.3.4　中国和德国之外的国家文化

除中国和德国的文化外，教材还呈现了其他国家的文化，例如：（1）几个不同国家的国旗和代表建筑；（2）在网上找教材中没有出现过的国家和首都的中文名称；（3）哈尔滨大街的中文、英文、俄文街牌名称。呈现方式则以图片和练习为主。

4.3.5　独现和共现文化特点

教材中的文化内容以中国独现文化为主，社会生活、传统文化、当代中国均有呈现，课文、知识点、图片、练习等方式均有使用。德国独现文化出现较少。中德共现文化则以社会生活内容为主，以对比练习为主要呈现方式。这符合德国中学中文教学大纲要求"学生对中文区域的地理概览和重要政治、社会情况有总体的认识和洞察，"（巴伐利亚州 10 年级）"学生更加深入地了解影响今日中国面貌的历史、政治、社会、文化发展要素。"（巴伐利亚州十一年级）"学生将扩展和加深他们对中国社会、经济和文化现象的了解，并从比较的视角考察当前的发展情况。"（巴伐利亚州 12 年级）。除中德两国文化外，教材也涉及了其他国家的文化。

4.4　突出培养学生思辨能力的文化呈现内容和方式

学生思辨能力主要在练习部分得到训练，以对比讨论、主题汇报为主要形式，练习的指令描述中会提醒学生注意对比、时间和发展，从中可以看出教材对多视角看问题、逻辑推理、发展构建以及反思能力的重视。多视角看问题能力的练习如"讨论中国的 Apps 带来的机遇和风险"，逻辑推理能力的练习如"比较德国和中国的数字构成逻辑"等。

在所有能力中，发展构建和反思能力的针对性训练尤为突出。发展构建能力较为典型的练习包括：查找中国计划生育政策的发展历程，并绘制思维导图；查找一个中国城市的建造和发展过程，并进行小组汇报；描述中国的环境变化，并说明中国在可持续发展以及环境保护方面作出了怎样的努力；你对德中关系有什么看法？未来的德中关系会如何发展？

这四个典型练习既涵盖对具体问题的发展梳理，例如"计划生育政策""城市建造和发展""环境变化"，又包括对宏观问题的讨论，如"德中关系"。由此可见，教材对学生发展构建能力的训练较为全面，兼顾大局观念和具体事务的处理能力，以引导学生在认识问题复杂性的基础上进行深度探索。

反思能力较为典型的练习包括"比较中德两国教育价值观，两个国家应该如何通过彼此学习构建出更加理想的学校体系？""2020 年的新冠疫情对中德经济贸易和两国交流造成了影响，也给全世界带来了巨大挑战。人类会从这次危机中吸取教训吗？"

这两个典型练习反映出教材对学生反思能力的训练集中在宏观问题上，既强调彼此学习的重要性，又强调思考问题时要具备全球视野。

5　基于分析的总结

5.1　《同道》教材文化呈现的总体特点

根据文化呈现内容、呈现方式、独现和共现文化的区分、突出培养学生思辨能力的文化呈现内容和方式四个方面的分析及举例，教材在文化呈现上体现出如下特点：

（1）文化内容偏重社会生活和当代中国，且尽量覆盖中国不同地区。

教材的文化内容中，社会生活和当代中国相关主题内容占比高达87.1%，传统文化主题内容占比不足13%，而且教材在选取传统文化内容时，偏重选取对当代中国产生影响的部分，除此之外，教材选取传统文化的重要目的是通过对比展现出中国的发展变化。

（2）使用信息量丰富的图片以充分呈现多样的文化知识。

教材在每一个单元的导入环节，在每一课的课文、知识点介绍、练习等环节，都使用了大量的图片，这些图片首先是真实和原汁原味的，其次图片主题从德国学生的兴趣点出发，例如足球、饮食、学校生活，最后教材通过图注对文化知识进行了有效扩展。

（3）重视对学生思辨能力的训练

教材在设计与文化内容相关的练习时注重学生思辨能力的培养，特别是多视角看问题、逻辑推理、发展构建以及反思能力。通过对比帮助学生更加深入地了解本国文化和中国文化，反思和认识到自身的局限性，以开放的态度不断探索中国文化。

5.2　对面向德语区国际中文教材编写的借鉴意义

（1）加强对当地中文教学大纲的研究

撰写面向德语区的国际中文教材时，应加强研究当地中文教学大纲以及其他关于中文教学的标准和要求。了解学习者的语言培养背景以及培养目标，以使教材真正有机地融入当地的语言教学体系。

（2）加强文化呈现内容和方式的多样化和丰富性

参照《国际中文教育用中国文化和国情教学参考框架》（2022）中的文化项目，增加文化内容的多样化和丰富性，同时更加有效地处理语言水平和文化内容丰富度之间的关系。在初级教材中，也可以通过图片或母语解释等方式为学生建构尽可能广泛的文化图景。另外，还需要不断提升文化内容融入教材的有效性和多元性，特别是在单独板块的文化知识点介绍外，如何通过课文中的语句体现文化内容，如何通过设置课后练习让文化内容的呈现更加灵活多样，这些问题都需要在未来不断地探索。

（3）加强提升学生思辨能力的内容设置

以深度参与、进入当地国民教育体系为目标，国际中文教育同样承担着通过语言和文化教学培养学生思辨能力的责任，通过设置更多元的文化内容和练习提高学生的分析判断能力，有效应对复杂问题的能力，以及多角度审视问题和创新解决方案的能力。由此，国际中文教育亦可以为培养具有全球意识和社会责任感的"世界公民"作出贡献。

参考文献

国家语言文字工作委员会，2023，《中国语言生活状况报告 2023》。北京：商务印书馆。

葛囡囡，2022，中国德语教材文化呈现研究——以《当代大学德语》为例，《外语教育研究前沿》5（04）：61-68+93。

李宝贵、吴晓文，2022，中文纳入海外各国国民教育体系：价值、演进与表征，《云南师范大学学报（对外汉语教学与研究版）》20（04）：1-8。

李加军，2023，大学通用英语教材的（跨）文化呈现研究，《外语界》（01）：66-75

孙有中，2019，思辨英语教学原则，《外语教学与研究》51（06）：825-837+959。

欧阳芳晖、周小兵，2016，跨文化视角下的中美汉语教材文化呈现比较，《华文教学与研究》（01）：78-84。

张虹、李晓楠，2022，英语教材文化呈现分析框架研制，《中国外语》（02）：78-84。

周小兵、罗晓亚，2019，《新实用汉语课本》与《通向中国》文化点和相关词汇考察，《国际汉语教育（中英文）》4（01）：76-85。

祖晓梅，2023，文化教学的新理念和新思路——《国际中文教育用中国文化国情教学参考框架》解读，《语言教学与研究》（03）：26-35。

第四部分
法国本土中文教材研究

10　法国本土中文教材概况

刘田丰　周　倩

1　引言

习近平总书记于 2013 年首次提出"一带一路"倡议和构想。十多年来，随着各国合作逐步深化、文化日渐融合，此倡议得到不断发展，成为连接亚欧大陆、拓展同中东及非洲地区国家合作的重要平台之一。2016 年，教育部印发了《推进共建"一带一路"教育行动》的通知，旨在促进共建"一带一路"国家语言互通，推进共建"一带一路"国家教育共同繁荣。"语言是了解一个国家最好的钥匙，也是'一带一路'共建国家教育互联的前提、民心相通的桥梁"（中华人民共和国教育部 2016）。由此，中文的国际传播有利于中国国家软实力的提升（晏丽 2022）。"一带一路"共建国家已然掀起一股"中文热"，中文学习在世界范围内蔚然成风。在某些"一带一路"共建国家，如厄立特里亚，当地孔子学院在中国教育部和中方合作院校的资助下开始编写厄立特里亚本土化中文教材（刘权 2022）；在欧洲，中文已成为各国学生首选的语言之一，其中法国的中文教学发展尤其迅速，市面上中文教材众多。在此大背景下，学者们着手对国际中文教育的研究，指出该领域中存在师资力量缺乏和中文教材"水土不服"等问题（安亚伦、段世飞 2018；周瑶 2020）。在后续章节深入探讨如何解决中文教材"水土不服"、如何增强其实用性等问题之前，本章节旨在先介绍中文教学在法国的发展、阐述法国本土中文教材概况及其编写特点。

2　中文教学在法国的发展

回顾法国的中文教学发展历史，可以看出，随着中国综合国力的增强和文化软实力的提升，中文的地位也在不断上升。作为最早与中国建立外交关系的欧洲国家，法国的汉学教育史可追溯至 19 世纪初：1814 年[1]，法兰西

---

[1] 驻法大使馆教育处官网发布 2021 "法国中文教学简介"显示为 1813 年；白乐桑"法国中文教育的起源与发展"中显示为 1814 年；Zhang (Collin) "Le chinois dans l'enseignement français, la construction d'une discipline. Une approche historico-épistémologique"中显示为 1814 年。

学院（Collège de France）创设汉文教授席位，任命 Jean Pierre Abel Rémusat 为首个汉文教授。随后的 1840 年，国立东方语言文化学院（Institut National des Langues et Civilisations Orientales）开设了第一堂中文教学课。而首次中学阶段的中文教学则出现在 1958 年的蒙日虹高中（Lycée Montgeron）。1964 年，法国与中国建立了外交关系，自此越来越多的法国学生相继赴华留学，使中文教学得到了蓬勃发展（Zhang 2016）。得益于此，世界最大的中文外语辞典《利氏汉法辞典》于 2002 年在法国问世。在随后的 2006 年，法国教育部任命彼时的中国驻法大使赵进军为第一位中文教学督学。同年 1 月，法国第一所孔子学院在普瓦提埃（Poitiers）市建立。而随着 2019 年 10 月 28 日波城孔子学院的成功设立，法国全境已拥有 18 所孔子学院。数据显示，截至 2017 年，法国的中文学习者人数已超过 6 万（白乐桑 2018：20-21）。本世纪以来，中文教学在法国基础教育阶段和高等教育阶段均蓬勃发展，对该阶段中文教学的研究也因此成为国际中文教学研究的重要关注点。下文将详细探讨此阶段发展情况。

2.1　基础教育阶段的中文教学发展

法国教育部规定，中小学生可将中文作为第二外语或第三外语进行学习。在此阶段，中文教学在法国的发展具有学习人数增长快、中文教学点分布广和中文地位提升迅速等特点。

人数多：在法国，目前已有 24 所小学开设了中文课程，其中仅 2013 年就开设了 15 个中文国际班，以中文作为第一外语进行授课，讲授中国语言文化和数学。开设中文课程的中学数量则从 1998 年的 111 所增加至 2013 年的 600 余所。开设中文课程的中小学数量的增加从侧面反映了中文学习人数的快速增长。仅在 2013 年，中文学习人数的增长率就达到了 10%，截至 2016 至 2017 学年，学习中文的中学生人数到达了 48 万余人，从 2004 年到 2016 年，中文学习者人数增加了 600%，增长速度惊人。

分布广：随着 2013 年科西嘉学区中文教学点的设立，法国实现了本土 26 个大区中文课程的开设。此外，在其海外领土如法属留尼汪等地也设有中文教学机构（崔欢、杨金成 2021：55-64）。

地位高：得益于中文学习者人数和开设中文课程的学校数量的增长，中文在法国基础教育阶段的地位也日益提高。在中学所教授的所有外语中，中文的排名已从第九名跃升至第五名，且中文作为第二外语甚至是第一外语的教学占比已达到了 40% 以上。2007 年，中文开始正式成为法国高中生毕业会考（Baccalauréat）的外语科目之一。2013 年起，第一或第二外语（可为中文）口语考试成为普通高中和技术高中的必考科目（戴冬梅 2014）。

2.2 高等教育阶段的中文教学发展

在法国的高等教育阶段，中文教学的发展分为三个阶段。第一阶段为整个 19 世纪，彼时，巴黎一直是中文教学和研究的中心，或者说法国的中文教学和研究被巴黎的大学所垄断。直到 20 世纪初，对于中文的教学和研究才在法国外省的大学发展起来，此为中文教学在高等教育领域发展的第二阶段：1900 年，在印度支那政府总督 Paul Doumer 先生的资助下，里昂商会首次在外省开设了中文课程；1903 年，里昂大学与此商会签订协议，决定将中文教学和研究纳入其课程设置范围，并设立了中文教学和研究的大学文凭；随后在 1913 年，中国语言与文化研究的大学教职首次在外省设立（Zhang 2016：198）。2019 年法国阿尔图尔大学（Université d'Artois）开设了中文远程硕士课程（见学校官网），为想成为中文教师的法国人或者国际学生提供相关专业培训课程，课程的开设意味着法国高等教育阶段的中文教学发展迈入了第三阶段，即本土培养中文教师教授本土学生。

法国公立大学里的中文教学分为两大方向：中文专业学习和中文非专业（LANSAD: Langues pour les Spécialistes d'Autres Disciplines）学习。目前大约有 28 所大学长期设置与中文专业学习相关的本科和 / 或硕士专业，区分为应用外语专业下的英语中文方向（Langues Étrangères Appliquées Anglais-Chinois）和外国与地区语言文学文化专业下的汉语语言文学与文化方向（另称"汉学研究"）（Langues, Littératures et Civilisations Étrangères et Régionales Études chinoises）。

应用外语专业（LEA）： 顾名思义，即以法语为母语，以英语和另外一到两门外语的应用为研究对象的学科。目的是培养学生对两到三门外语的认知及实际的运用，包括经济、法律、旅游、谈判等各个方面，具体如国际贸易、传媒或国际文化项目管理方面，要求学生们熟练掌握法语，英语和中文三门语言及专业相关知识。开设此类专业的法国公立大学有巴黎第三大学（又称巴黎新索邦大学）、巴黎西岱大学、格勒诺布尔阿尔卑斯大学、波尔多蒙太田大学、图卢兹第二大学、蒙彼利埃第三大学等。但各大学所设置的专业方向有些许不同，如蒙彼利埃第三大学主要为国际关系方向，波尔多蒙太田大学偏向国际文化项目策划与管理或葡萄酒管理或葡萄酒旅游方向，巴黎第三大学主要为经济和法律领域的三语翻译或国际贸易方向。

汉学研究专业（LLCER）：如果说应用外语讲究的是对所学多门外语的应用，汉学研究专业则专注于研究中国历史与文化，为学生从事历史或外国文学研究以及文学翻译或教学工作做准备。该专业本科三年课程设置各有侧重：第一年主要为中文口语与书写的学习，使得学生熟练掌握足够的中文基础知识；第二年继续中文的学习，并开始涉及进行对中国古代、近代和当代的历史、地理和政治等的学习；第三年则是中文强化课程，并开设中国文学研究课程。开设此专业的大学有国立东方语言文化学院、雷恩第二大学、艾克斯马赛大学、斯特拉斯堡大学等。

第二类中文非专业学习则意味着大学生们可选择中文作为第三外语进行学习，可分为中文校选课（service des langues ou langues transversales）、中文短期学习和中文大学文凭（Diplôme Universitaire）三大类，一般专门向非中文专业类的学生开放。前两者大多值 2 个学分且多安排在平日下午或者晚上上课，报名此课程的学生须进行等级测试以进入相对应等级的班级进行语言学习；而中文的大学文凭多为预科课程，旨在为进入应用外语或汉学研究专业做准备。开设此类中文教学的公立大学众多，除上述所提到的几所外，还有萨瓦勃朗峰大学、南特大学、巴黎萨克雷大学与里昂第二大学等。另外，几乎所有的"精英学校"如巴黎高等师范学院、巴黎综合理工学院、巴黎高等商学院、巴黎政治学院和国家行政学院等均开设了中文课程。面对中文国际教学快速发展这一趋势，另考虑到国际中文教师师资力量欠缺、师资队伍流动性大等问题，中文教师的培养、中文教材的本土化及其出版与使用，成为了中国国际中文教育发展亟须重视的研究课题。

3　法国本土中文教材概况

随着中文的受欢迎程度越来越高，法国国内对中文教材内容编写与质量上的需求开始变化。2014 年，教育部中外语言交流合作中心制定了《国际汉语教材编写指南》，对中文教材的编写具有指导意义。目前，法国共有 18

所孔子学院，均采用教育部中外语言交流合作中心所提倡使用的《跟我学汉语》和《快乐汉语》等教材，但这类教材为普适性教材，有时会出现"水土不服"的问题，因此，法国市面上开始出现一系列本土的中文教材。

3.1　法国本土中文教材

此处所谓的本土中文教材聚焦于狭义的本土教材，即编写者为外国人或留法工作的华人华侨或华裔，且由本土出版社出版的中文教材。本文不讨论原创为中国中文教材，而后经法语翻译的教材。参考"欧框"的语言等级划分（CECRL 2001），一些法国本土的汉学家和在法任职的中文教师们共同编著了一系列中文教材，均由法国或欧洲本土出版社出版。以下表 1 为法国本土中文教材一览：

表 1　法国本土中文教材

教材名称	编者	出版年份	出版社	备注
《汉语双轨教程》（*C'est du chinois – 2 volumes*）	*Monique Hoa*	2000 年 1 月 1 日	*Editions You Feng*	教材分为"听说本"和"读写本"
《汉语入门》（*méthode de chinois premier niveau*）	*Isabelle Rabut/Wu Yongyi*	2003 年 11 月 3 日	*L'Asiathèque*	《汉语入门》于 2022 年 10 月再版且此书某一编者任职于华东师范大学
《中级汉语（上）》（*méthode de chinois deuxième niveau*）	*Zhitang Drocourt/ Liu Hong/Fan Jian Min/Isabelle Rabut*	2017 年 7 月 25 日		
《中级汉语（下）》（*méthode de chinois troisième niveau*）	*Arnaud Arslangul/ Guo Jing/Christine Lamarre/Li Jing*	2019 年 10 月 9 日		
《汉语语言文字启蒙》（*Méthode d'initiation à la langue et à l'écriture chinoises*）	*Joël Bellassen*	2008 年 5 月 1 日	*Les Éditions La Compagnie*	

（待续）

（续表）

教材名称	编者	出版年份	出版社	备注
《学中文》（*Le chinois... comme en Chine*）	*Bernard Allanic*	2009 年 5 月 2 日	*PUR*	《学中文》于 2023 年 5 月 4 日再版
《学中文 2》（*Le chinois... comme en Chine 2*）		2016 年 5 月 2 日		
《传说故事》（*Le chinois... comme en Chine 3*）		2022 年 6 月 2 日		
《你说呢?》	*Isabelle Pillet/ Arnaud Arslangul/ Claude Lamouroux*	2009 年 5 月 20 日	*Didier*	《你说呀!》为《你说呢?》再版。
《你说吧!》	*Isabelle Pillet/ Arnaud Arslangul/Claude Lamouroux/Yezhi Jin*	2013 年 5 月 8 日		
《你说呀!》	*Isabelle Pillet/Claude Lamouroux/Arnaud Arslangul/Yezhi Jin*	2016 年 4 月 13 日		
Le chinois	*Hélène Arthus / Mei Mercier*	2016 年 1 月	*Assimil*	
15 minutes par jour pour se mettre au chinois	*Liao Min*	2016 年 3 月 23 日	*Larousse*	

（待续）

（续表）

教材名称	编者	出版年份	出版社	备注
《来吧 1》	Isabelle Pillet/Claude Lamouroux/ Isabelle Darotchetche-Yue/ Yezhi Jin/Maxime Ermeneg	2020 年 4 月 2 日	Didier	
《来吧 2》	Isabelle Pillet/ Maxime Ermeneg/ Jean-Paul Goarzin/ Yi Lan/Lina Mazzoni/Cedric Quennesson/Yaping Tian/Li-Jo Wu	2022 年 4 月 27 日		
《来吧 3》	Isabelle Pillet/ Maxime Ermeneg/ Lan Yi/Sophie Atimi/Patrick Chenoux/Yezhi Jin/Claude Lamouroux/ Dandan Liu/Varua Moua/Weiyan Wang	2023 年 5 月 10 日		
Méthode de chinois B1-B2 - Consolider et perfectionner son chinois mandarin	Liu Jian	2020 年 12 月 15 日	Ellipses	
Bescherelle Le chinois pour tous	Arnaud Arslangul/ Joël Bellassen	2022 年 6 月 15 日	Hatier	

3.2　本土中文教材详细介绍

接下来将按照系列教材出版年份分别对上述表格所提到的法国本土中文教材的编写对象、编写原则和教材目标等方面进行详细介绍。

法国较早出版的本土中文教材为 2000 年 1 月由 You Feng 出版社出版的 *C'est du chinois*，译作《汉语双轨教程》，该本教材的编写早于"欧框"的制定，因此，编写理念不属于"欧框"。编者将中文的口语学习和书写学习分开，将教材分为"听说本"和"读写本"，前者教授如何在不被汉字阻碍的情况下开口说话，后者指导学习者按照中文书写特有的结构逻辑学习写作。这种并行性也为教师和自学者提供了极大的灵活性便利，使其灵活把握在不同领域的教学或学习进度。

历史上首次开设中文教学课堂的国立东方语言文化学院编著了《汉语入门》《中级汉语（上）》和《中级汉语（下）》，此三本教材由 L'Asiathèque 出版社分别于 2003 年、2017 年和 2019 年出版。秉持"交际教学法"的原则，此系列教材分别面向"欧框"的初学者、B1 和 B2 等级（或 HSK4 级水平）的法语母语学生编写，同时免费提供课文音频下载路径以供学生练习发音和熟悉现代中文口语表达，旨在培养学生的中文听说表达能力。其中《汉语入门》一共有 14 课且配套了《汉字书写练习册》和《汉语词汇》两本课后练习材料。《中级汉语》分为上下两册，分别有 14 课和 12 课均配套了口语练习答案、课文汉语拼音标注和翻译答案，此两册教材开始深入介绍中文语法、书写系统和中国文化。最终，使用该系列教材的学生将学会书写近 1500 个汉字和掌握 3200 个中文词汇。

2008 年 5 月，法国前汉学督查白乐桑根据"欧框"对 A2 等级的要求，编写了教材《汉语语言文字启蒙》（*Méthode d'initiation à la langue et à l'écriture chinoises*）。该教材课文对话均在北京录制和拍摄，教材封面既然有"启蒙"一词，其内容也就注重初学者汉字书写能力的培养，整体难度较低。教材提供每个汉字的读音音频、笔画描画顺序、拼音转写、翻译及两个复合词示例。该教材被法国中文学习者评级为"must have"（必备）的一本教材。

2009 年，雷恩第二大学中文讲师及中文教学专家 Bernard Allanic 编著了《学中文》（*Le chinois... comme en Chine*）一书，由雷恩大学出版社出版（Presse Universitaire de Rennes），并于 2023 年再版。随后的 2016 年第二册教材《学中文 2》（*Le chinois... comme en Chine 2*）出版，2022 年第三册《传说故事》

（*Le chinois… comme en Chine 3*）出版。这三册教材均在"欧框"所对应的语言等级要求下编写，分别适用于"欧框"A1 到 A2、B1 和 B2 的学习中文的学生。其中第一册主要偏重口语能力培养，介绍了将近 1000 个日常生活中经常使用的中文词汇，适用于即将赴华留学或旅游的人群。第二册则侧重于读写能力，也可视作一本为中文水平等级考试第三等级（HSK3）和第四等级（HSK4）作准备的练习册和资料书。第三册教材则由数十个中国古代传说故事组成，可视作一本故事集，其中标题和短篇故事均只有中文版本，长篇文章则配套了法语译文，因此比较适合中文水平高的学生，用于培养学生的阅读理解能力。使用前两册教材的学生将会书写 350 个汉字和掌握 600 个常用词汇，而继续使用第三册教材的学生将额外学习 300 个汉字和 1000 个中文新词。

同样在 2009 年，法国大型出版社 Didier（迪迪耶）推出了受大众欢迎、使用比较广泛的中文教材《你说呢？》，2013 年《你说吧！》问世。随后的几年内，编者们对《你说呢！》的内容进行修改后，于 2016 年再次出版并改名为《你说呀！》。作为早期中文学习的必备教材，其编写对象分别为"欧框"A1 到 A2 以及 A2 到 B1 的初高中学生，但在大学里也被师生们广泛使用。该系列教材采用"欧框"的"approche actionnelle"教学法（译作"实践任务教学法"或"交际行动教学法"）进行编写，使学生处于整个教学过程的中心。该系列教材初期注重对学生听说能力的培养，后期则侧重读写能力；此外，每当完成两课内容的学习后，学生会被要求用所学知识完成一个共同任务，这也是"实践任务教学法"的核心内容之一。《你说呀！》分为12 课，每一课分 3 个小标题对同一文化主题进行介绍，主题贴近日常生活；而中等级别的教材《你说吧！》分为 8 课，主要介绍中国乃至中文使用国家和地区的文化，如中医药文化、针灸文化、中国古代建筑和设计及华人华侨等。

随后的 2016 年，任职于国立东方语言文化学院的中文教师 Liao Min 与法国当地拉鲁斯（Larousse）出版社合作出版了一本名为《每日 15 分钟学中文》（*15 minutes par jour pour se mettre au chinois*）的中文教材，其受众为"欧框"A1 到 A2 的法国学生。此本教材一共有 20 课，均配有音频，课标题大部分为问句形式，如"你好吗？"或者"多少钱？"。教材所选主题贴近日常生活，如"如何在中国旅游时购买交通票和预订酒店""如何去医院看病"和"如何庆祝中国传统节日"等。此教材主要通过介绍语法、日常对话及其对应的练习题来培养学生的中文听说能力，书末有所学语法点汇总章节和法语中文对照单词表。

　　2020 年 4 月至 2023 年 5 月，Didier（迪迪耶）陆续推出其最新的系列中文教材，名为《来吧》，是目前市面上最新的本土化中文系列教材之一。本系列教材遵循"欧框"的"实践任务教学法"（approche actionnelle）原则，编写对象为初高中阶段学习中文的学生。此套教材侧重学生听说能力的培养，也详细介绍了中文书书写方面的相关知识点，如汉字的起源与演变和汉字书写顺序等。《来吧 1》共有 6 课而《来吧 2》和《来吧 3》均只有 5 课。在后两本教材里，编者开始向学生介绍中文语言及中文文化圈（具体指广泛使用中文的国家和地区）、中国地理及社会等较为新颖和现代的文化知识，如中国"双十一"的发展史等。

　　同样在 2020 年，巴黎高等师范学院中文系系主任兼中文教师 Liu Jian 与 Ellipses 出版社合作出版了 *Méthode de chinois B1-B2 - Consolider et perfectionner son chinois mandarin* 一书，面向"欧框"B1 到 B2 甚至是 C1 等级的学生。教材的受众为中文语言水平较高的学生，此本教材更注重于培养学生的语言应用能力。与其他中文教材不同的是，这本教材可被视为中文语法工具书：编者用总共 14 章来介绍中文语言的特殊点和详细解释中文语法点，每一章的标题便为一个中文语法点，如第一章标题为"'在'的用法"。每一章并无课文，而是总结和解释此语法点及其易错点，并搭配例句进行更详细的解释和阐述，最终学生将学会一系列现代中文句法和书写将近 420 个汉字。

　　由 INALCO 中文教师 Arnaud Arslangul 和法国原汉学教学督学白乐桑教授（Joël Bellassen）共同编写、在最近的 2022 年由 Hatier 出版社出版的 *Bescherelle Le chinois pour tous* 也是最新的本土化的中文教材之一，其目标群体为"欧框"A2 到 B1 的法国学生。此本教材从书写、语法、词汇和翻译四个角度来详细介绍中文，以便于使用该教材者能熟练掌握一系列中文词汇和语法。书写部分详细介绍将近 125 个汉字偏旁部首以便学生记忆汉字的组成。语法部分则分为三大类共 36 章："名词及相关""动词及相关"和"句子相关"，从这三大类来介绍现代中文语法。词汇部分则对将近 3000 个词汇分主题进行介绍，如"身体部位""情感""旅游"和"教育"等，学生可找到法语相对应的中文词汇。最后的翻译部分则直接列出 105 句中文例句，并配有相对应的法语译文。

　　通过上述一系列本土中文教材的介绍，可大致了解到：目前法国市面上的本土教材基本由大型出版社出版，编写者为中文老师或者中文教学研究者，大部分教材的编写对象为初高中学生，且都处于"欧框"初学（A1 和 A2）或中等级别（B1 和 B2），很少有提供给高水平级别（C1 和 C2）的教材。此外，可发现很少有提供给法国公立大学的学生们所使用的教材，为此笔者进行了一次调研。

3.3 本土教材使用情况调研

为了对中文教材的使用情况有更详细的了解，从 2023 年 9 月至 12 月，通过官网信息查询、电话与邮件咨询等方式，笔者在将近 25 所开设有中文教学课程的法国公立大学进行了调研，其中大部分学校的授课教师们对此调研进行了回复。该调研结果将分为单本本土教材使用、多本本土教材搭配使用和其他教材使用三部分来介绍。

目前使用单本本土教材或单一系列本土教材的大学众多，例如，法国目前仅存在两套给大学生使用的中文教材，分别为国立东方语言文化学院和雷恩第二大学的中文教师编写，因此，上述两所大学均在本科中文教学中使用各自自行编写的教材。前者使用的系列教材为《汉语入门》《中级汉语（上）》和《中级汉语（下）》，其中《汉语入门》的主要使用者为该校中文预科文凭（Diplôme Universitaire Initiation au chinois）的学生，而《中级汉语（上）（下）》这两本则供"汉学研究"的本科一二年级的学生们使用。而后者雷恩第二大学则是使用其大学教师 Bernard Allanic 所编写的系列中文教材《学中文》（Le chinois... comme en Chine）、《学中文 2》（Le chinois... comme en Chine 2）、《传说故事》（Le chinois... comme en Chine 3）。鉴于《汉语入门》系列教材专为中文专业的大学生编写，斯特拉斯堡大学和巴黎第三大学的应用外语和汉学研究等专业的学生们也使用该系列教材。除这两套之外，巴黎第十大学则使用由 Hatier 出版的 *Bescherelle le chinois pour tous* 这一教材。

法国也存在多本本土教材搭配使用的公立大学，如格勒诺布尔阿尔卑斯大学和萨瓦勃朗峰大学，这两所大学对非中文专业（LANSAD）的学生们使用的教材为拉鲁斯出版社出版的《每日 15 分钟学中文》（*15 minutes par jour pour se mettre au chinois*）和迪迪耶出版的《你说呀！》《你说吧！》这两套中文教材，在教学中中文教师将两者搭配使用。此外，图卢兹第二大学也搭配使用多本教材，除了使用由 Hatier 出版的 *Bescherelle le chinois pour tous* 之外，还混合使用国立东方语言文化学院和雷恩第二大学所使用的两套教材。

其他教材的使用可分为国际中文教材的使用和内部教材或教案的使用。在国际中文教材的使用方面，如对于应用外语中文专业的学生们，格勒诺布尔阿尔卑斯大学的教师们使用的是由北京语言大学出版社分别于 2014 年和 2011 年出版的两套教材：《HSK 标准教程》和《发展汉语》。对于此类专业的大学生，艾克斯马赛大学使用的则是由台湾师范大学"国语"教学中心编著，联经出版公司于 2015 年出版的六册《当代中文课程》和远东图书公司于 2009 年出版，叶德明教授主编的《生活华语》系列教材。而巴黎西岱大学则有些许特殊，因教育部中外语言交流合作中心在此大学里开设有孔子学院，其所使用的教材为中国出版的对外汉语教材，名为《速成汉语基础课程》，及由北京大学出版社于 2012 年出版且由孔子学院提倡使用的《快乐汉语》。

由此可见，尽管法国教育部颁布了相关的中文教学大纲，却未规定统一使用的中文教材。本次调研发现，除了个别大学使用国内出版的国际中文教材外，其他大学主要偏向于使用本土的中文教材，且大部分大学不强制使用某单一教材，而主要取决于中文授课老师的个人选择。另外，各大学选择不一且均结合几本教材搭配使用以便达到教学目的。除上述几所大学外，也存在一些大学使用的教材为授课教师所准备的内部教材或教案，故此无法详细介绍。

3.4　法国本土化中文教材特点

中文教育中的"本土化"的核心是所在国家或地区语言教育的自主化、学习者的主动化和教学工作实施主体的本地化（王海峰 2021）。而本土教材则属于教学工作实施主体本土化的具体依据，其编写者应熟悉本土教育体制和教学方式，了解所在地区学生的学习特点。若更详细地探讨教材的本土化编写，可从几个大方面来回答，如教材的编写对象、编写理念或原则、编写目标和教材内容的设计等。回顾对法国本土化中文教材的介绍可发现，此类教材的编写对象多为初高中阶段、中文水平等级不高的学生，且"欧框"初级阶段到中级阶段均侧重培养学生的"听说"能力，"读写"尤其是"书写"能力则主要在高等阶段后期培养。法国本土的中文教材的编写理念较为特殊，须详细阐述，通过介绍《你说呀！》此本中文教材的编写内容可窥探法国本土化教材的内容设计与编写特点。

4 本土化教材编写理念

法国当地基本上采用"欧框"和"法纲"的教学理念和原则，中文教材是否符合这两项规则是衡量教材本土化程度的标准之一，下文将讨论上述法国本土中文教材的编写理念。

4.1 遵循"欧框"大原则

本土教材须采纳符合当地教育制度与文化的编写理念或原则，而欧洲则有其共同的参考原则。通过观察大部分的法国本土化中文教材的封面，可知其均在"欧框"这一共同原则框架下进行编写，目标是让使用者能够达到此框架下规定的各语言等级标准。且通过观察这些教材的编者寄语，可知大部分教材遵循"欧框"所提倡的"实践任务教学法"或"交际教学法"，这也是欧洲各国本土教育制度里所提倡的两大语言教学法。与其他国家不同的是，在法国，在原汉学督学白乐桑教授的指导下编订了"法纲"，这成为了法国本土中文教材的主要编写纲领。潘泰等（2021：48-54）就在其探讨法国中文教学现状的文中介绍了"法纲"这一概念：在语言本体方面，"法纲"是参照印欧语语法体系尤其是法语作为参考而建立，侧重"字本位"，同时也强调语言的交际能力培养，另外重语法教学，关于语法点的解释远超语音和词汇的篇幅。

4.2 采用"法纲"为指导理念

作为"法纲"所提倡的重要理念之一，"字本位"这一理念被目前法国大部分本土中文教材所采用。该理念强调中文学习中存在"字"和"词"两个单位，教学须以遵循中文此特征为前提（史亿莎 2012：8）。孟洁（2021：74-75）在其探讨法国本土化教材特点的文章中提出且举例补充说明了"字本位"的特点，她指出，以《汉语入门》这一教材为例，该教材中存在多个关于汉字演变书写及解析的部分，甚至每一课存在专门的中文生词介绍，以便于让学生从一开始就入手汉字的学习。此外，也补充说法国本土中文教材编写时将"语"和"文"分进，如《汉语入门》教材将中文学习分为"听说"和"读写"两部分，前者全部是拼音无汉字，后者则侧重于汉字而无拼音。最近出版的 *Bescherelle Le chinois pour tous* 一书更是专门单独一章来介绍汉字的 125 个常用偏旁部首。

4.3　培养"能做"能力

语言交际能力的培养也是"法纲"大力推崇的一点，着力培养"能做"（savoir-faire）的语言能力，这也是"欧框"和"法纲"的核心精神（潘泰等2021：49-54）。迪迪耶出版的《来吧》系列教材正体现了这一点，此系列教材在原有的"说"的基础上加入了另一个带循环箭头的"说"，意味着在此部分，学生们须互相交流、相互问问题并回答，而不是独自发言。如在《来吧2》第1课第二小节"我的学校"中就可找到这个特殊的"说"：在此部分，学生需要对同班同学进行调查，询问喜欢学校的哪一些地方以及哪一些地方需要改进，并阐述理由。这不仅符合第1课的主题，同时也培养了学生调查询问以及表达观点的语言交际能力。

另外，"法纲"重视语法，每本教材设立了专门的语法板块（Points grammaire ou grammaire），普遍采用对比和举例的方法对语法点进行分析和解释。大部分教材注重法语和中文之间的对比，在相关中文语法点后用法语进行注释。出版社甚至推出了专门的一本中文语法点解释的教材，即上文中所介绍的 *Méthode de chinois B1-B2 - Consolider et perfectionner son chinois mandarin* 一书。与此同时，大部分教材的中文例句后会给出相对应的法语例句，以便让学生们理解和了解此语法点或相关词汇所适用的范围和语境 Arslangu & Bellassen 2022：38；杨佳瑜 2015）。

5　《你说呀！》的编写特点

《你说呀！》作为较早出版的法国本土化中文教材之一，一经出版就受到法国中文教师的关注并在教学活动中被广泛使用，在国内也已有诸多学者对此教材进行了较为深入研究与探讨。由于该书将作为本书第十一篇论文和第十二篇论文的主要研究对象，其编写独具特色，所以，笔者选择将该教材的使用情况和编写特点单独介绍如下：

5.1　编写遵循"法纲"

首先，在编写理念或原则方面，马永芬（2021）在研究此本教材后确认"法纲"这一编写原则贯穿于整本教材。在汉字学习方面，如上文所述侧重

"字本位"，汉字贯穿整本教材，具体表现为在词汇和语法板块中，单词和句型均由汉字呈现。而在读写板块，教材专门介绍了汉字的起源和演变过程，且为了迎合青少年学生的学习心理，编写者在讲述汉字知识时注重趣味性，如借助动画来展示汉字演变顺序。

此外，《你说呀！》这本教材注重"法纲"所提倡的语言的交际使用和"能做"能力的培养。每章所选的话题贴近学生的现实生活，涉及中文基本交际用语，如家庭、个人信息、爱好、校园生活、旅游等话题。在这些话题中也会插入如数字、时间、日期、货币、交通网络等内容的设计，以便于使用对象能快速地掌握日常生活中使用的中文词汇和句型。而每篇章主题的呈现均由对话实现，对话内容囊括语音、词汇、语法、汉字和文化等知识，学生可直接将对话中的词汇和表达用于日常生活中。

5.2 使用情况反馈

研究者们细致地分析了本土化教材的使用及反馈情况。其中，刘耀楠（2020）调研并分析了《你说呀！》这本教材在法国的使用情况和使用反馈，他通过分发调查问卷对教材的不同使用者进行了调查。受调查的 72.34% 的已学一年的初高中生们认为此本教材难度一般且 53.19% 的学生偏爱此本教材的课文、对话与词汇，这表明了《你说呀！》此本教材受其目标学生的喜爱。刘耀楠也对使用该本教材的 19 名中文教师进行了调查，同样地，超过 60% 的教师们认为此本教材难易程度一般，适合初学者。关于教材内容选择的看法，受访者均表示《你说呀！》比较注重实用性和真实性，贴近真实的中国社会生活习惯。其中，他们比较喜爱 "Liées étroitement à la vie quotidienne"（与日常生活紧密相关）这一部分，认为此部分比较贴近生活，甚为实用。

教材内容设计和衔接度也是另一个值得探究的点，此前，克里斯（2017）在其《你说呀！》的练习设计研究中详细介绍分析了此本教材包括其学生练习册的编写方式，如课题名称、课堂内容材料与课后练习题。通过对 52 名学习中文的学生进行问卷调研发现学生们对此本教材的评价颇高，觉得课程内容有趣有意义，但需要添加更多的拼音注释和插入一个"法汉词汇对照表"。练习册的编写则完全满足了学生的学习需求，且学生可边学边练，课后可通过练习册独立自主地进行学习与巩固。随后，马永芬（2021）提到在中文语音教学上，该教材在整体上并未系统性地介绍中文语音知识，而是将之贯穿于整本教材课堂内容中，例如，不详细介绍中文音素，而是根据音素在课文中的出现顺序来介绍且注重建立此音素与法语发音之间的联系。至于中文语法方面，编者侧重于让学生直观地感受中文语法与法语语法之间的异同，因此讲解语法内容时通常会将两种语言的语法点进行对比。

5.3 教材文化呈现

若采用对教材本土化方式进行分级研究（周小兵等 2014：73-77），教材本土化的实现方式是要符合当地的社会文化习俗，考虑教材使用者的母语特点。《你说呀！》在对中国当代文化如中国高铁、城市发展等进行介绍的同时，兼顾介绍中国传统文化如中国传统文化节日、传统建筑与传统服装等。此外，该教材重视对中法文化差异的介绍以减少中法文化冲突，如在自我介绍的篇章中，提出与法国姓名不同的是中国人的姓在前名在后。在中国文化形象方面，王陈欣（2021：49-55）提出了法国本土化中文教材设计中存在不平衡现象的这一观点，如侧重中国人文科学与社会科学，轻视自然科学，重古代中国历史，轻近代与当代。此外在中国形象构建上，法国中文教材对古代中国文化的呈现多为正面形象，而对近代与当代则偏向于负面，她分析认为是该现象与教师对中国文化教学的元认知有关，并在最后建议加强中文教材的设计创新，使教材中的文化呈现与时俱进。

综上所述，法国目前比较常使用的中文教材编写均符合"欧框"下的等级要求且均受"法纲"编写原则中的"字本位"理念的影响，比较注重汉字的学习与理解，且将"听读"与"书写"分进。而随着时代的进步，教材内容也逐步得以改善，开始出现对当代中国社会的自然科学发展情况的介绍，且逐渐贴近中国真实的社会生活，具有非常高的实用性。由此，其他教材是否也符合这一编写特点、其他本土化教材的使用情况和反馈如何以及其他教材如何设计教材内容和如何呈现中国文化，是将要探讨的几个重要问题，这些问题将在下两章节做仔细分析，对它们的回答或许会给日后我国编写国际中文教材提供思路和启发。

参考文献

Arslangu, A. & Bellassen, J. 2022. *Bescherelle Le chinois pour tous*. Paris: Hatier.

Bellassen, J. 2008. *Méthode à la langue et à l'écriture chinoises*. Paris: Éditions La Compagnie.

Bernard, A. 2023. *Le chinois… comme en Chine*. Rennes: Presse Universitaire de Rennes.

Conseil de l'Europe. 2001. *Cadre européen commun de référence pour les langues: apprendre, enseigner, évaluer*. Paris: Didier.

Hoa, M. 2000. *C'est du chinois – 2 volumes*. Paris: Éditions You Feng.

Liao, M. 2016. *15 minutes par jour pour se mettre au chinois*. Paris: Larousse.

Liu, J. 2020. *Méthode de chinois B1-B2 - Consolider et perfectionner son chinois mandarin*. Paris: Ellipses.

Ministère de l'Éducation nationale et de la Jeunesse. 2014. Épreuves de langues vivantes applicables aux baccalauréats général et technologique (hors séries L, TMD, STAV et hôtellerie). https://www.education.gouv.fr/bo/14/Hebdo4/MENE1400244N.htm (accessed 12/09/2024).

Pillet, I., Ermeneg, M. & Lamouroux, C. 2023. *Lai Ba!*. Paris: Didier.

Rabut, I., Drocourt, Z. & Arslangu, A. 2019. *Méthode de chinois*. Paris: L'Asiathèque.

Université d'Artois. Master Chinois Langue Étrangère à Distance. https://www.univ-artois.fr/formations/formations-distance/master-distance-chinois-langue-etrangere/chinois-langue-seconde-en (accessed 20/04/2024).

Zhang, Y. 2016. Le chinois dans l'enseignement français, la construction d'une discipline. Une approche historico-épistémologique. Thèse de doctorat. Grenoble: Université Grenoble Alpes.

安亚伦、段世飞，2018，"一带一路"倡议下的汉语国际教育：现状、问题及对策，《湖南师范大学教育科学学报》17（6）：45-52。

白乐桑，2018，法国汉语教育的起源与发展，《国际汉语》（00）：20-21。

崔欢、杨金成，2021，论法国中小学汉语教学的体系化构建，《国际中文教育》6（02）：55-64。

戴冬梅，2014，法国学校外语教育的特点与启示，《解放军外国语学院学报》（5）：1-9。

法国孔子学院，2019，法国开设的孔子学院，https://www.institutconfucius.fr/cn/qui-sommes-nous/instituts/（2024 年 4 月 20 日读取）。

克里斯，2017，法国本土汉语教材《你说呢？》的练习设计研究。硕士学位论文。北京：中央民族大学。

刘权，2022，"一带一路"背景下厄立特里亚本土化初级汉语教材编写理念与实践，《汉语文教学》（21）：121-125。

刘耀楠，2020，浅析法国中文教材《你说呀！》及其在法国使用情况。硕士学位论文。广州：广东外语外贸大学。

马永芬，2021，面向青少年的法国本土化汉语教材《你说呀！》研究。硕士学位论文。北京：北京外国语大学。

孟洁，2021，法国本土化汉语教材特点，《汉字文化》（02）：74-75。

潘泰、白乐桑、曲抒浩，2021，法国基础教育汉语教学大纲及其对汉语国际教育本土化的启示，《华文教学与研究》（01）：48-54。

史亿莎，2012，试论白乐桑的"法式字本位"教学法。硕士学位论文。江苏：南京大学。

王陈欣，2021，法国中文教材对中国形象构建的研究，《云南师范大学学报（对外汉语教学与研究版）》19（06）：49-55。

王海峰，2021，国际中文教育的国际化与本土化，《汉字文化》（09）：1-6。

晏丽，2022，"一带一路"沿线国家的汉语教育与中国文化软实力的建构，《普洱学院学报》38（2）：102-105。

杨佳瑜，2015，法国中学汉语教材《你说呢？》的分析研究——以阿拉斯市中学的使用情况为例。硕士学位论文。天津：天津师范大学。

周小兵、陈楠、梁珊珊，2014，汉语教材本土化方式及分级研究，《华南师范大学学报（社会科学版）》（05）：73-78。

周瑶，2020，"一带一路"背景下汉语国际教育与传播对策研究，《文化学刊》（09）：122-124。

中华人民共和国教育部，2016，教育部关于印发《推进共建"一带一路"教育行动》的通知，http://www.moe.gov.cn/srcsite/A20/s7068/201608/t20160811_274679.html（2024 年 4 月 22 日读取）

11 法国中文教材本土化编写特点

刘田丰　周　倩

1 引言

随着中文走向国际化，市面出现各类中文教材，既有海外通用的普适性中文教材，也不乏针对单一国家或地区编写的本土化中文教材。由于各国当地教育制度不同、学习者需求不同，而普适性的中文教材缺乏语言对比，针对性不强，忽略各国社会文化的多样性和差异性（吴应辉 2013），或不能满足各国学习者的需求，本土化教材的重要性因此被凸显出来。本章将以两本法国本土化中文教材为研究对象，结合教材相关使用的采访调研结果，综合分析教材的本土化编写特点，并探讨为今后我国国际中文教材的本土化编写所带来的启示和思考。

2 中文教材的本土化研究

2.1 关于本土化的讨论

目前，学术界普遍提到国际中文教育的国别化、本土化和当地化，但对这三个层面（尤其是后两者）的概念界定比较模糊，易造成思想混乱。"本土化"一词翻译来源于英语 "localisation"，学者们对该词的界定与理解不一。赵金铭（2014）指出中文教师及中文教学法应本土化，即大量培养母语非中文的本土中文教师，使其成为当地中文教学的主体；同时根据当地教学实际情况相结合，加以改造，利于满足当地学习者中文学习的特殊需求；但作者认为中文的语言要素和文化内容层面不可本土化，须教规范的中文，写规范的汉字。王海峰（2021）则认为本土化核心即所在国或地区语言教育的自主化、学习者的主动化和教学工作实施主体的本地化。周小兵（2014）指出中文教材应本土化，而教材的本土化编写则应考虑学习者所在国家的国情和学习者的特点，如阿拉伯语区的初级中文教材中出现"猪肉""酒"等与当地习俗相冲突的词汇这一现象，正说明此教材并未真正做到本土化。

　　那何为教材本土化？狄国伟（2013）认为本土化教材应不与目标国价值观起冲突、符合当地教学内容的组织安排且符合当地学习者思维特点。而吴应辉（2013）指出本土化的语言教材编写应符合当地学习者的学习习惯和需求，并提出本土化教材应符合以下五个特征：名称本土化（如《泰国人学汉语》）、内容本土化、部分词汇本土化、注释语言母语化和语言难点对比化。"内容本土化"如法国中文教材中应出现埃菲尔铁塔、卢浮宫、爱丽舍宫这一类内容；"词汇本土化"则意味着如泰国中文教材中应出现泰国地名、食物、社会习俗和节日等方面的词汇；"注释语言母语化"则是用学习者母语进行解释，如西班牙中文教材应用西班牙语解释；最后的"语言难点对比化"涉及目标语言（中文）和学习者母语（如韩语）对比的内容，如语法、语音等的对比。周小兵等（2014）提到语言教材本土化体现在是否符合当地的教育制度与内容、是否符合当地文化习俗和是否考虑学习者的特点。

2.2　中文教材的本土化相关研究

　　中文教材的本土化是国际中文教育须讨论和解决的重点问题，本土化教材使用情况调查和本土化中文教材的编写成为众多学者的探讨和研究的主题。

　　在关于本土化中文教学的研究中，李雪梅（2010）编写意大利本土化中文教材《你好，中国》和《速成汉语》发现中文的部分发音与意大利语里的发音相似，便采用比较法，将相似的发音进行简短介绍，对与意大利语发音差别较大的中文拼音则进行详细解释与介绍。在语法方面则遵循教育部中外语言交流合作中心制定的语法等级大纲，但也可以适当调整大纲的顺序，将部分中文语法点提前介绍给使用意大利语中文学习者。因此，意大利本土化中文教材编写时应进行适当修改介绍顺序，将中文语法和语音合理地分布在整本教材中。黄金英（2012）在《缅甸语小学本土化汉语教材建设探讨》中提出缅甸语本土化中文教材内容上应加入缅甸本土文化，注重中缅语言要素对比并吸收缅甸本土词汇；另外学时上也应该符合缅甸当地的学时设置大纲。随后，杨晓霭（2012）对土耳其中文教学"本土化"情况进行调研后发现，以土耳其大学教学为例，土耳其使用自编的本土中文教材如《汉语阅读教程》和《简明中国文学史读本》，上课时使用母语（土耳其语）与媒介语（英语）教学，学生们容易采用土耳其语或英语注释，放弃中文拼音和汉字书写，导致出现学生们"不知字"的现象。此外,土耳其语教学虽能使学生快速理解所学知识内容,但学生缺乏相对应的中文练习,容易造成"哑巴中文"现象。作者最后提出应当建立能用本土语言(土耳其语)进行中文教学的中国教师队伍。

在中文教材内容本土化分析方面,周小兵、陈楠(2013)在其《"一版多本"和海外教材的本土化研究》文中探讨"一版"和"多本"的异同以及"一版多本"跟海外教材的异同,并从语音、语法、词汇和文化四个方面来分析教材中的本土化特征。分析得出海外教材本土文化分布广、呈现方式多样和类型丰富等特点,而"一版多本"文化改编隐入课文、方式单一、范围小。后者还存在部分改编不全面的情况,如为尊重伊斯兰教,《当代》印尼语与阿拉伯语版的教材删除了"啤酒"和"醉"等相关词汇,但印尼语版保留了英语版本中"昨天晚上我们喝了一个多小时酒"的表述。同年,周小兵等(2014)选取了美、韩、日三国出版的三本本土化中文教材,从是否符合当地的社会文化习俗和是否考虑学习者母语特点两方面对此三本教材内容进行分析。得出在社会文化习俗方面,三本教材均选择了一定数量的本土词汇,但在数量上存在差异;在本土文化方面,美国出版的中文教材涉及了本土文化而日韩出版的中文教材却很少涉及此类文化;而在学习者母语特点方面,美国和韩国的中文教材在语音、语法和词汇上注重采用本土化注释方式而日本的则较少使用。由此可见这三本教材的本土化方式存在较大差异,作者继而表示应将本土化方式进行分级("一般重要""重要"和"非常重要")(周小兵等 2014:73)并对本土化中文教材的编写提出了一些建议。白迪迪、张洁(2020)将菲律宾本土化中文教材《菲律宾话语课本》1—12 册作为研究对象,综合分析其话题内容、呈现方式、编排情况等。发现该套教材话题内容丰富多元,紧密围绕学生日常生活,满足学生生活、交际和兴趣爱好方面的需求。话题呈现方式上,从第九册开始会话形式内容减少、叙述体内容增多,教材遵循循序渐进的编写原则,但在话题编排上缺少整体规划。随后提出应增加实用性本土化内容,培养学生的跨文化能力。孟洁(2021)则通过对法国三本本土化中文教材《汉语语言文字启蒙》(*Méthode d'Initiation à la langue et à l'Écriture chinoises*)、《汉语双轨教程》(*C'est du chinois*)及《汉语入门》(*Méthode de Chinois*)的分析,发现法国中文教材的本土化特点可归纳为:以"字本位"为主,语文分进,利用母语正迁移学习中文——如在讲解中文某一发音时,通过举例与其发音相似的学生的母语

（法语）或第二外语（德语 / 英语）单词，来帮助学生迅速了解和掌握该发音知识。

张洁（2019）和韩秀娟（2020）分别对本土化中文教材的研究现状和近十年国际中文教材本土化和国别化研究综述进行总结，认为目前关于本土化中文教材的研究，在理论和实践上都取得了较大的进步。其中，韩秀娟认为本土化中文教材是国别化中文教材的借鉴典范，而国别化教材的本土化则将会是国际中文教材研发的新方向。但两位学者指出该类研究还存在一些不足之处：学术界对"国别化"和"本土化"概念的界定和区分持有不同观点，尚未做到统一；对本土化中文教材的分析和编写并无统一的大纲和原则，此类研究还大部分停留在理论层面，较少涉及教材的具体使用情况评估。

教材的主题选择、词汇、语音和语法的选择和呈现方式以及是否符合当地教育制度等是考量教材本土化程度的因素 / 标准，但目前对教材本土化的研究尚缺乏具体实践经验反馈及本土化教材的具体使用情况评估，对法国的中文教材本土化的研究则更显匮乏。因此，本文将综合上述研究中所使用的研究理论和研究办法，对法国出版的中文教材的具体使用情况反馈和本土化程度进行研究分析。

3　法国中文教材本土化研究方法

中文教材本土化的研究众多，但对法国中文教材本土化的研究不多，本文对法国本土化中文教材的各使用者进行采访调研，来选定进行分析的法国本土化中文教材并探讨其本土化的编写特点。

3.1　半结构式采访

本团队于 2023 年 2 月—4 月对法国奥弗涅-罗纳河-阿尔卑斯大区（Région Auvergne-Rhône-Alpes）两所大学的 5 位中文教师和 4 位中文学习者进行了线下采访调查。之所以同时选择中文教师和学习者，是为了探讨在教材使用视角不同的情况下，其对所使用的本土化中文教材的看法有何差异。本次采访的 9 位受访者均有在大学中文教学经验或学习经验，其中 4 位中文学习者均为法国籍，5 位中文老师中 4 位为中国籍、1 位为法国籍，本文所有采访已进行匿名化处理。受访者信息汇总见表 1：

表 1　受访者信息汇总

编号	性别	职业	所在院校	课程性质	班级/水平
P1	女	中文教师	格勒诺布尔阿尔卑斯大学语言中心	非专业课	A1&A2
P2	女	中文教师	格勒诺布尔阿尔卑斯大学语言中心	非专业课	A1&A2
P3	女	中文教师	萨瓦勃朗峰大学外国语学院	非专业课	A2
P4	女	中文教师	格勒诺布尔阿尔卑斯大学外国语学院	专业课	A1—C1
P5	男	中文教师	格勒诺布尔阿尔卑斯大学语言中心	非专业课	A1—B2
P6	女	学生	格勒诺布尔阿尔卑斯大学外国语学院	专业课	B2
P7	女	学生	格勒诺布尔阿尔卑斯大学数学与计算机学院	非专业课	A2
P8	女	学生	萨瓦勃朗峰大学外国语学院	非专业课	A1
P9	女	学生	萨瓦勃朗峰大学外国语学院	非专业课	A2

本次采访形式为半结构式采访，采访语言为中文或法语，采访平均时长60分钟以上，所有采访均录音并转录进行分析。采访内容主要涉及以下三个方面：第一，法国本土化中文教材的使用情况和范围；第二，不同使用者对同本法国本土化中文教材的编写内容如词汇、语法、语音、文化和插图等方面的看法和评价；第三，受访者对教材所呈现的中国文化的看法和对教材编写改进的建议与看法。在访谈期间，鼓励受访者对其亲身中文教学或学习经历进行分享，并要求在评论所使用的本土化中文教材编写内容时能给出相关的示例进行个人观点证明。

随后，所有采访均在转录后进行质性分析，其中，因部分采访所使用的语言为学习者母语即法语，故所有法语采访转录后再须将其内容进行文本翻译。本文对转录或翻译后采访的所有语句进行理解、比较和筛选，选列出符合以下特征的采访内容并进行整合编码分类或分级：所选教材、词汇内容评价、语法内容评价、语音内容评价、插图评价、中国文化呈现内容、教师角色及改进意见或看法。随后使用 Iramuteq 软件（Iramuteq 官网），对所分类的编码表格进行分级分析，如将受访者主要观点列为一级编码，其对应的示例为二级编码，受访者的对该观点的补充信息为三级编码。通过罗列编码和摘取其中频繁出现的关键词等，本文得以归纳和总结受访者对教材的统一看法和不同观点，便于随后结合教材文本内容进行概括分析。

3.2　教材本土化分析方法

　　周小兵、陈楠（2013）提出的中文教材本土化方式和分级研究方法立足于学者们对本土化中文教材的划分原则，对教材的词汇、语音、语法和文化等方面进行了全面、细致的分析，因此，本文采用该研究方法来对所选两本法国中文教材的本土化编写特点进行分析。

　　周小兵等认为教材本土化实现程度，主要体现为是否考虑学习者母语特点、是否符合当地教育制度和当地社会文化习俗等，本节就将从符合学习者母语特点和符合社会文化习俗两方面展开探讨。

　　考虑到学习者的母语特点，本土化教材应对学习者难习得的语音、词汇和语法点进行针对性训练。首先，语音方面，本土化教材应采用学习者母语或第二语言相似音进行解释。词汇方面则须采用学习者母语进行注释，以此利用语言的正迁移促进中文教学。最后，语法知识点的选择、排序和解释也应符合学习者的学习特点，如中文和法语相近的语法点，应用法语进行解释；对于不同的语法点，则应明确指出两者区别或展示学习者偏误。

　　为达到符合当地社会文化习俗的效果，本土化教材须采用相关词汇如人名、地名、食物、节日、货币、运动等；此外，教材所呈现的文化也应体现当地文化即国情、交际文化或日常生活习俗等；最后则涉及教材背景设置和话题选择，宜将部分课文的背景设置为当地。

3.3　本土化中文教材的选定

　　本次采访发现受访者并非使用单一中文教材，而是将多本教材混搭使用。其中，主要使用中国出版的国际中文教材，如《HSK》和《发展汉语》，而本土中文教材的使用方面，由上文表1受访者信息可知，本次受访者的中文水平或中文教学班级水平均处于"欧框"初级阶段，因此，主要使用《每日十五分钟学中文》（15 minutes par jour pour se mettre au chinois），以下称《十五分钟》和《你说呀！》，此两本教材的选定是由学校老师（负责人）推荐或授课老师自行选择。

　　《十五分钟》和《你说呀！》均针对"欧框"初学阶段（A1&A2）的学生，其中《十五分钟》一共20课，一课即为一主题，《你说呀！》则为12课，每课下设2到3个小主题。此外，教材配备网上数字资源，学生或老师可自行去网站下载视频、课文录音、生词发音等学习资源。受访者普遍认为《十五分钟》内容比较简单，比较适合中文初学者（A1），而《你说呀！》的内容比前者要难，更适合水平稍高的学生（A2）。两本教材侧重点也有所不同，《十五分钟》重视口语表达，课文内容均由对话呈现，而《你说呀！》则重视听力理解能力的培养，每章节小主题均由听力题或视频题引入。而且，受访者们认为此两本教材比较符合学校的课程学时设置，即每周课时为 2 小时，一学期中文课程为 12 周，一年时间可学完此本教材的大部分内容。

　　《十五分钟》和《你说呀！》的编者均为经验丰富的中文教师或者汉学专家，教材内容富有逻辑性、生动性和趣味性。其中，《十五分钟》为成年中文自学者编写，入门简单，而《你说呀！》为法国初高中的毕业使用教材，同时也是法国流行的教学材料。同时，也因受访者普遍使用此两本教材，本文将此两本教材作为研究对象来分析其本土化编写特点。

4　法国本土化中文教材的编写特点分析

　　基于上述调研采访结果，同时依据周小兵等（2014）所提到的中文教材本土化方式和分级研究方法（即社会文化习俗和学习者母语特点），本文选取调研中所提到的两本法国中文教材进行分析，主要通过分析两本教材的词汇、语法和语音方面来探讨其本土化编写特点。

4.1　贴近日常生活，注重"能做"能力的培养

　　首先，教材内容是否贴近日常生活，须对教材中词汇、文化、课文主题或课文内容的选择进行分析，针对上述几点对教材的各使用者进行采访调查。受访者（P1—9）均表示两本教材无论是词汇、文化、课文主题还是课文内容的选择都贴近学习者日常生活。两本教材所选择的词汇能让学习者描述或介绍身边的事物，提供关于如食物、购物和看病等的词汇，具体词汇的选择将在以下内容进行分析。此外，观察两本教材课文主题或课文内容可得出教材内容贴近日常生活，涵盖衣食住行各方面。其中《十五分钟》主要涉及的主题有：自我介绍、询问时间、去别人家做客、职业、购物、旅游、吃饭、看病、询问天气和庆祝生日等。《你说呀！》与《十五分钟》在主题选择上重合度较高，与此不同的主题则有：一天的活动、介绍城市、介绍房间、朋友最重要、家务 / 家庭问题和高三生活。而两本教材的文化方面主要介绍目

标语国家文化，内容重合度高，基本涉及中国地铁、休闲活动、下馆子、送礼、喝茶等文化知识点，将在本书下一篇论文进行详细介绍。

其次，两本教材尤其是《你说呀！》注重培养学习者"savoir faire（能做）"能力的培养。在每一课课文／视频介绍后提供多个练习题或每一课后设置"Testons-nous（测试一下）"板块，要求学习者小组内练习或模仿课文内容介绍相关内容。如图 1 所示为看图说话题，要求学习者询问另一学习者展示的图片中的人物的年纪和正在做的活动。

Posez des questions sur cette image à votre voisin, qui devra répondre en donnant un âge aux personnages et en énonçant les occupations de chacun.

图 1　《你说呀！》课后习题示例

在这一板块，教材设置听说读写各类练习题，便于学习者课后巩固上课所学知识，这符合教材编写原则"approche actionnelle（实践任务教学法）"的要求，即通过设置相关任务让学习者完成，掌握相关知识点。

4.2　充分考虑学习者母语／第二语言特点

教材进行本土化编写时应充分考虑学习者母语／第二语言的特点，词汇、语法和语音等方面，尤其是后两者是否采用学习者母语特点进行选择、排序以及注释是探讨本土化教材编写特点时须考虑的重点。

首先，词汇本土化编写方面，两本教材均采用学习者母语进行注释，并配以拼音注音，在词汇理解过程中，学习者可根据教材给出的词汇和母语注释，建立起母语和中文词汇之间的联系。受采访的学习者们（即 P6—9）均表示此类注释能使其迅速理解含义，如中文的"给"相当于法语中的"donner"，产生多语言间的"正迁移"。此外，两本教材末尾存在总生词表，按拼音首字母排序，汉字呈现，拼音注音，法语注释，功能类似小词典，方便学习者快速查询所需单词含义。但两本教材中课文生词表位置存在差异，《十五分钟》在每课每一对话内容下方插入其对应的生词表，将该对话内容中出现的生词按照出现顺序进行注释，而《你说呀！》则设置专门的"Lexique"板块，汇总介绍本章节出现的全部生词，按照出现顺序排序并注释（如图 2）。关于本土化词汇的选择分析见 P182。

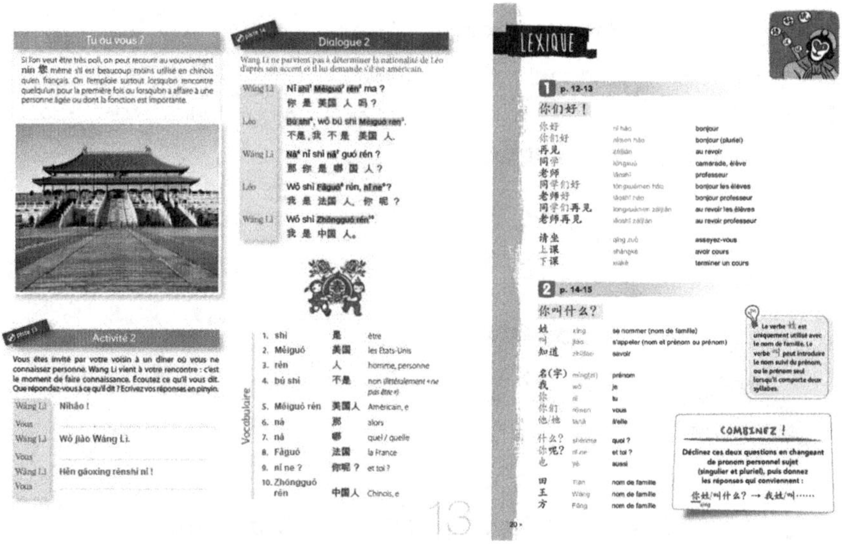

图 2 《十五分钟》和《你说呀！》词汇板块示例

其次，在语法本土化编写方面，总体来看，《十五分钟》和《你说呀！》均采用学习者母语即法语进行解释，并配以中文例句和拼音。受访的学习者（P6—9）表示法语注释使其能迅速理解此语法点与法语的异同，并通过观察中文例句，快速掌握其用法。然而，两本教材在语法点呈现方式和位置上存在不同，《十五分钟》将对话中每一个语法点放入小窗口，并置于生词表之后，而《你说呀！》则将本章节出现的所有语法点进行汇总放入每一章节末尾的"Grammaire（语法）"板块，并标注每一语法点出现的页码（如图 3）。对两本教材语法点放置位置的不同，受访者们存在不同的看法：P2、P3、P7、P8 认为将对话中的语法点立即放在对话后面，有利于学习者快速理解课文对话内容，也有利于学习者通过上下文联系和例句快速掌握该语法点；而 P1、P4、P5、P6 和 P9 则认为将语法点进行汇总介绍并配有所在页面，方便学习者特别是课后复习时直接快速查询。另外，两本语法点基本按照从易到难的顺序进行排序，第 1 课涉及的语法点为姓名、年龄或国籍，而越往后则越复杂，开始介绍中文的因果关系、条件式或让步等较难的表达，如《你说呀！》最后一课（第12课）涉及的语法点有"除了""虽然……但是……""……之一"，《十五分钟》则是"不但……而且……"和"如果……就……"等表达。

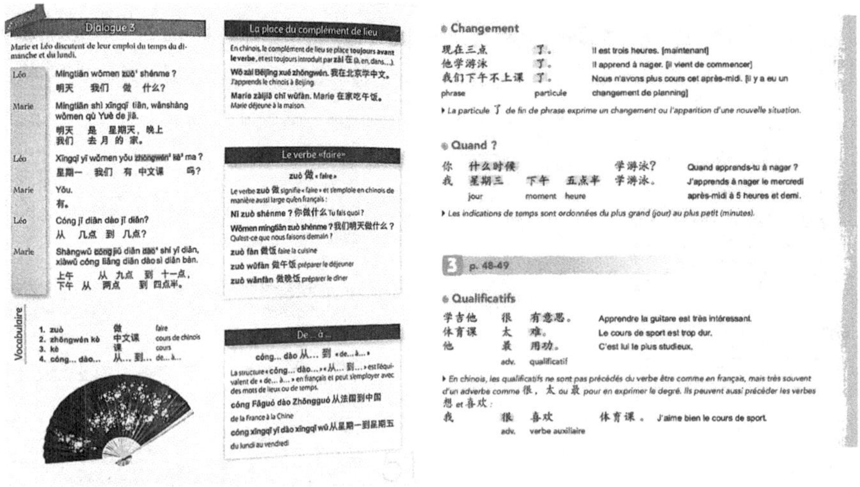

图 3　《十五分钟》和《你说呀！》语法示例

根据周小兵、陈楠（2014）本土化分级研究方法，本土化教材的语法注释方式可分为以下三类，笔者基于此分类，对本文涉及的两本教材中的语法注释方式进行了汇总（如表2）：

表 2　各教材语法注释本土化示例与数量汇总（单位：个）

	《十五分钟》		《你说呀！》	
（1）对于两种语言相同的语法点，用学习者母语进行注释	*La structure* 从 …… 到 …… *est l'équivalent de «de...à...» en français et peut s'employer avec des mots de lieux ou de temps.*（"从……到……"表达如同法语中《de...à...》，与地点或时间类词汇搭配使用），P51	64	*Tous, tout : l'adverbe* 都 *reprend une totalité, ici l'ensemble des personnes et des moments de la journée.*（副词"都"指整体，这里指所有的人和一天中的所有的时间段），P56	59

（待续）

（续表）

	《十五分钟》		《你说呀！》	
（2）明确指出两种语言的区别	*En chinois, ces deux mots (oui / non) n'existent pas. On répond donc aux questions en reprenant le verbes (et les adverbes s'il y en a) à la forme affirmative ou négative.* 中文不存在 "*oui/non*" 两个词。因此在回答问题时须重新使用动词（如"有"，和副词），用肯定或否定形式来回答。P32	10	*En chinois, les qualificatifs ne sont pas précédés du verbe comme en français, mais très souvent d'un adverbe comme* 很，太 *ou* 最 *pour en exprimer le degré. Ils peuvent aussi précéder les verbes* 想 *et* 喜欢. 中文里的修饰语不同于法语中的放在动词前，而是经常放在副词前，如"很""太"或"最"，以表示程度。也可放在动词"想"和"喜欢"之前。P57	5
（3）展示学习者偏误	/	0	/	0
总计（占总语法比例）	/	72 (75.79%)	/	64 (71.91%)

由表 2 和受访者所提供的信息可见：

（1）《十五分钟》和《你说呀！》两本教材的语法部分均侧重本土化注释，本土化语法注释在教材总语法中所占比例超三分之二，其中《十五分钟》甚至占比 75% 以上。

（2）在类型上，两本教材均大篇幅采用"对于两种语言相同的语法点，用学习者母语介绍进行注释"的解释方法，"明确指出两种语言间语法点不同点"的方式也略有涉及，但第三类"展示学习者偏误"尚未在此两本教材中体现。相同语法点的介绍有利于学习者快速理解语法内容，促进语言的正迁移，而语法不同点的明确指出能防止语言的负迁移，避免学习者将母语中的语法点习惯性带入目的语中使用，如按照法语语序组织中文句子。

（3）教材中并未展示学习者"偏误"，但此类注释较多出现在教师课堂上额外补充介绍中，受访者 P1、P2、P4、P7 和 P8 均表示在教学或学习过程中，（老师）对此分类进行了补充解释：询问年龄时，教材只介绍面对此问题，可回答如"我十七岁（了）"，实际上另需要中文教师解释无须加入像法语或英语中"avoir"或"be"这类动词。

最后，在语音本土化编写方面，两本教材均采用学习者母语即法语对发音规则进行解释，其中对部分学习者难以习得的发音着重进行了介绍或解释，受访者表示对初学阶段的学习者来说，全部法语注释有益于快速掌握基础语音知识。若翻阅教材，可发现两本教材的中文语音知识所呈现的方式和位置不同:《十五分钟》并未将语音知识点融入教材每一课中，而是在类似“Leçon 0”（“第 0 课”）中对中文语音进行了系统性介绍，将中文声调、所有声母和重要韵母列入表格进行介绍。而《你说呀！》则是将语音难点如声调和部分声韵母融入第 1 课到第 5 课“écoutez et répétez”(“听并重复”)内容中进行介绍和解释。对于此类设置，某些受访者认为《十五分钟》的语音部分介绍过于简短，鉴于中文发音是中文学习的一大难点，不准确的发音会导致表达不清、理解混乱等问题，而教材却未详细介绍中文发音知识，就需要中文教师自行额外补充。如 P3 和 P4 受访者就表示中文学习者常对于中文中存在的变音现象感到疑惑，例如“不是”发音时须将第四声“不”变为第二声，但教材只说明了在此种情况下须变音，是须记住的发音规则之一。而 P3 和 P4 得益于自身语言学毕业的背景，在教学中，搭配教材的解释和相关语言学知识，对此类 *sandhi*（变音）现象进行解释并让学习者进行实际练习实践，深刻体验变音存在的合理性。

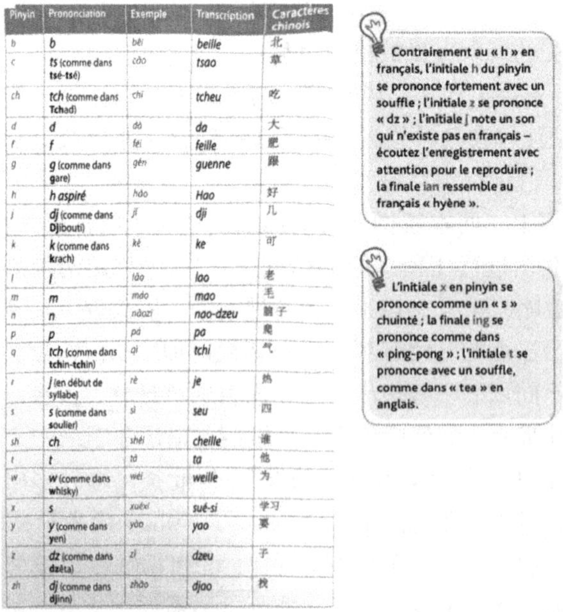

Pinyin	Prononciation	Exemple	Transcription	Caractères chinois
b	b	běi	beille	北
c	ts (comme dans tsé-tsé)	cǎo	tsao	草
ch	tch (comme dans Tchad)	chī	tcheu	吃
d	d	dà	da	大
f	f	féi	feille	肥
g	g (comme dans gare)	gēn	guenne	跟
h	h aspiré	hǎo	Hao	好
j	dj (comme dans Djibouti)	jǐ	dji	几
k	k (comme dans krach)	kě	ke	可
l	l	lǎo	lao	老
m	m	máo	mao	毛
n	n	nǎozi	nao-dzeu	脑子
p	p	pá	pa	爬
q	tch (comme dans tchin-tchin)	qì	tchi	气
r	j (en début de syllabe)	rè	je	热
s	s (comme dans soulier)	sì	seu	四
sh	ch	shéi	cheille	谁
t	t	tā	ta	他
w	w (comme dans whisky)	wéi	weille	为
x	s	xuéxí	sué-si	学习
y	y (comme dans yen)	yào	yao	要
z	dz (comme dans dzêta)	zi	dzeu	子
zh	dj (comme dans djinn)	zhǎo	djao	找

Contrairement au « h » en français, l'initiale h du pinyin se prononce fortement avec un souffle ; l'initiale z se prononce « dz » ; l'initiale j note un son qui n'existe pas en français – écoutez l'enregistrement avec attention pour le reproduire ; la finale ian ressemble au français « hyène ».

L'initiale x en pinyin se prononce comme un « s » chuinté ; la finale ing se prononce comme dans « ping-pong » ; l'initiale t se prononce avec un souffle, comme dans « tea » en anglais.

图 4 《十五分钟》和《你说呀！》语音注释示例

另外，细致分析查看两本教材的语音知识点时，发现语音的注释可分为以下三类，笔者基于此分类，对本文涉及的两本教材中的语音注释方式进行了汇总（如表3）：

表 3　各教材语音注释本土化示例与数量汇总（单位：个）

	《十五分钟》		《你说呀！》	
（1）用学习者母语 / 第二语言的相近音注释（以下为相近音）	*La consonne h se prononce comme pour la jota en espagnol.*（辅音 h 的发音如同西班牙语中"jota"的发音），P8	25	*La finale « i » dans « yi » se prononce comme la voyelle de « lit » en français.*（yi 里的元音 i 发音如同法语单词"lit"中的元音），P32	20
（2）用母语 / 第二语言相近音注释，并解释两语言相近音的区别（以下为相近音和区别）	/	0	*L'initiale « sh » se prononce un peu comme l'initiale de « chien » du français, écoutez l'enregistrement avec attention.*（辅音 sh 发音如同法语词汇"chien"，请认真仔细听录音发音），P17	2
（3）用母语 / 第二语言相近音注释，同时说明发音方法（以下为相近音和发音办法）	*Les Chinois distinguent les consonnes prononcées avec une expiration et celles prononcées sans souffle d'air. Chaque consonne non aspirée a son équivalent aspiré : p/b, t/d, k/g, q/j, c/z et ch/zh.*（中国人将辅音分为送气音和不送气音。每个不送气音均有对应的送气音：p/b、t/d、k/g、q/j、c/z et ch/zh），P8	1	*La finale « e » dans « ge », il s'agit d'un « e » proche du français, mais prononcé plus en arrière.*（ge 中的元音 e，与法语中的 e 接近，但发音位置较为靠后），P33	10
总计		26		32

由表3可知：

（1）两本教材均注重语音本土化注释方式，这种方式有利于使初级阶段的学习者能更直观地学习和对比其母语和目标语语音系统的区别，从而有效地建立此两种语言中之间的联系，便于快速理解和掌握。

（2）从注释方式来看，两本教材均注重采用学习者母语 / 第二语言相近音对中文语音知识进行介绍和解释，其中《十五分钟》基本只采用此种方式。

而《你说呀！》除采用相近音外，也注重采用相近音并解释其发音方法的方式对中文语音难点进行介绍。

（3）相近音＋解释区别的方式则未出现在《十五分钟》这一教材中，是因为该教材在此类发音上直接选择采用国际音标标注，如中文声母"q"被标注为"tch"，简单易懂，无须更多解释。此外，也因《十五分钟》语音系统介绍篇幅有限，故省略此类方式介绍。而此类方式在《你说呀！》中出现频率也仅有两次，对于两种语言间相近但却有区别的发音，教材应对其区别进行适当的解释，以便于学习者能迅速了解存在的区别，快速掌握发音难点。

4.3　符合当地社会文化习俗

教材内容选择是否符合当地社会文化习俗是研究教材本土化编写关注的重点，而社会文化习俗则由词汇选择、课文背景设置和文化点选择等方面所体现。

中文教材的词汇的选择至关重要，使学习者能够用教材中的词汇描绘身边的事物是教材本土化编写的要求之一。周小兵等（2014）将教材中常见的本土化词汇分为以下 7 类：人名、地名、机关团体名、食物、节日、货币、运动和其他，本文将《十五分钟》和《你说呀！》中所选择的词汇按照以上 7 类进行归纳整理后，结果见表 4：

表 4　各教材本土化词汇汇总

	《十五分钟》	《你说呀！》
人名	路易、玛丽	玛丽、凯文
地名	巴黎、美国、比利时、英国、法国、日本、瑞士、面包店	美国、瑞士、德国、法国、巴黎、意大利、英国、咖啡馆、欧洲
机关团体名	/	/
食物	巧克力、红酒、开胃菜、三明治、沙拉	汉堡包、比萨饼、薯条、巧克力、冰激凌、甜点
节日	复活节、圣诞节	圣诞节
货币	/	/
运动	滑雪	骑马
其他	《二十四小时》、天主教、奥运会、香水	香水、吉他

由表 4 可见，两本教材均选取了适量本土化词汇，激发学习者兴趣，也便于学习者能直接在日常生活中使用。

（1）在类型上，两本教材在地名和食物这两大类型上所选择呈现的词汇较多，且两本教材所选词汇内容基本一致，即欧洲各国名称、法国首都巴黎、和法国相关食物。其次则是在其他类型上选择了"香水""吉他""天主教"等与法国社会经济文化有关的词汇。另外，两本教材对节日类型的本土化词汇的选择也一致，均选用"圣诞节"这一词汇。最后两本教材在运动类型上仅选用"滑雪"和"骑马"。

（2）与周小兵等（2014）所研究的韩国或日本本土化中文教材中出现"韩元""大手町车站"不同，法国所选两本教材均未介绍当地货币和当地相关机关团体名。

（3）本土化词汇的选择在采访中也被提及，受访者 P6 和 P7 表示课文中词汇的选择，特别是食物章节的词汇介绍并不足以用来描述和介绍平日所吃的食物。如 P6 所说：

> 教材中对我们日常吃的食物的单词介绍是比萨饼、红酒、开胃菜和沙拉等，但是没有对我最爱的各种奶酪比如 emmental（埃曼塔尔干酪）、chèvre（山羊奶酪）进行介绍，也没有提到炸鸡、kebab、可颂、法棍和各种法国传统甜点。我感觉我们在法国和中国朋友们说中文的话，经常使用的会是这种词汇。啊！对了，最近想学"bubble tea"中文怎么说，我问了老师说：中文是"珍珠奶茶"。我会跟我的中国朋友说'去市中心喝珍珠奶茶吧！"（P6，女，受访时间 2024 年 3 月 5 日）

两位受访者表示此类词汇是由中文教师上课时补充介绍。由此可见，两本教材虽存在本土化词汇选择，但重视程度不够。

符合当地社会文化习俗的第二要点则为教材中的课文背景设置，一般来说，通用中文教材会将背景设置在中国一个或多个城市，而本土化教材应将部分课文背景设置为当地。在考察《十五分钟》和《你说呀！》两本教材的课文内容后，发现两本教材的课文内容设置主要在中国，其中《十五分钟》主要设置在北京和西安等北方城市，而《你说呀！》则设置在教材合作伙伴学校所在地山东省济南市，同时也涉及北京和上海两大城市。对于法国本土城市则仅涉及首都巴黎，如讨论巴黎和北京的天气等。由此可见，两本教材的课文内容设置并未完全实现背景本土化，而是大篇幅设置在中国，且多为北方大城市。

文化现象的选择是考察是否符合当地社会文化习俗的第三大要点。其中，主要涉及日常生活、交际文化、国情和成就文化等。本文对《十五分钟》和《你说呀！》中的文化内容进行分析整理的结果见表 5。

表5　各教材本土化文化内容选择汇总

	《十五分钟》	《你说呀！》
日常生活	不同于法国的前菜-主菜-甜点的上菜顺序，中国餐厅里所有的菜都是同时端上桌。（P77）	在巴黎旅游时可以购物，有很多东西可以买。（P142）
交际文化	中国人的姓总是在名之前，中国人的姓通常只有一个汉字……（P14）	（不同于法国）在中国，不论年纪大小，打招呼时都不会拥抱和亲吻脸颊。（P22）
国情	/	/
成就文化	/	/

由表5可见：

（1）两本教材对当地文化内容的选择不多，仅限于日常生活和交际文化，且在日常生活和交际文化的内容选择上，多侧重两国间的文化对比，如两国间姓名位置的不同、上菜顺序不同等，这种对比有利于学习者了解两国文化差异，减少文化冲突，培养学习者跨文化能力。

（2）不同于韩国出版的中文教材《多乐园掌握汉语》STEP1、2中介绍济州岛和中国本土化汉语教材《新编实用汉语课本》中介绍中国茶的产量（周小兵2014：74），此两本法国中文教材介绍当地国情和成就内容缺失，且主要侧重目的语国家的文化介绍，忽视母语国家文化介绍。

综上所述，《十五分钟》和《你说呀！》在词汇选择上涵盖大部分本土化词汇类型，部分课文内容设置位于法国首都巴黎或欧洲，教材文化介绍涉及当地日常生活和交际文化，在一定程度上符合当地社会文化习俗。但两本教材关于当地文化内容的介绍和相关本土化词汇所占比重较小，须进一步增加这部分内容，提高教材本土化程度，便于学习者快速学习目的语国家文化，了解两国文化差异，提升跨文化能力。

4　国际中文教材本土化编写的启示

4.1　教材应明确受众，符合学习者需求

虽然本文的研究对象有着明确的受众即母语为法语或说法语的学习者，但通过对教材使用者们的采访，笔者认为在明确大方向的受众后，应继续将其受众划分至更细分的等级/更具体的人群类别。法国目前市面上的本土化

教材的受众可分为初高中生和成人学习者。受访者 P7、P8 和 P9 均表示教材内容多涉及初高中的学习生活，但对大学生活并未进行有效的介绍，应加入此类内容，进而激发成人学习者的学习兴趣。正如 P7 和 P9 所说：

> 我翻看了《你说呀！》整本教材，发现对初高中生活，尤其是高中生活的介绍很多。比如我看到有一整章叫"高三，高三……"，里面介绍了"高三暑假真苦""早恋"和"考上了"等主题。但是对大学生活却没有进行介绍，我觉得非常可惜，我觉得需要加入这类话题。（P7，女，访谈时间：2024 年 3 月 13 日）

> 我发现各教材基本都是为了（法国）高考选择中文为外语考试科目的高中生编写，并未出现专门给非专业学习的大学生编写的中文教材，对此感到遗憾和可惜。因为我对中国的年轻大学生们的日常学习生活非常感兴趣，我听说和法国有相似但也有很多不同。（P9，女，访谈时间：2024 年 3 月 28 日）

因此，后续的教材编写可将成人学习者中的大学生群体单独拿出来作为新的受众群体，也应注意将大学生这一受众细分为中文非专业学习和中文专业学习两大类，前者的教材内容可注重社会经济文化的介绍，而后者所使用的教材应侧重中文语言知识点和汉字书写等方面。对此，受访者 P4 认为目前适用于大学生专业学习的中文教材选择较少，她使用的是国内出版的国际中文教材《HSK》，该教材使用的媒介语为英语，属于普适性教材，无法满足本土化要求。

另外，受访的教师们（P1—5）认为作为成年人的大学生们的学习特点与初高中生的不太一致，由于已经学习过几门外语，在学习中文这一新的语言时，大学生们往往会在已习得的语言中去寻找与中文的联系，甚至运用已习得语言的知识来回答中文问题，这一现象或习惯是初高中生教材中较少提及或在编写时未经考虑的。因此，在未来的中文教材编写中，应将教材受众进行仔细划分，并充分考虑各阶段学习者的学习特点与需求，运用学习者母语/第二语言为媒介语，选取适当本土化词汇和文化点来全面介绍中文，激发学习者兴趣。

4.2 教材内容选择应符合新时代，突出实用性

教材内容的选择至关重要，这关系到教材使用者是否能正确使用教材中的语言和文化知识点对周边事物或所学国家文化进行详细的介绍与描述。在不断进步的科学技术推动下，社会文化发展日新月异，教材内容的选择应首

先符合新时代特色，然而受访的中文教师和学习者均表示本文所选定的两本教材部分词汇或文化点选择未跟随时代发展。例如受访教师 P1 在其教学过程中搭配使用本文选定的两本教材，发现在介绍购物或结账买单这一主题时，所选择关于支付方式的词汇还停留在"刷卡"和"现金"支付，对如今社会普遍使用的数字支付方式如"apple pay""支付宝"或"微信支付"均未提及。此外，法国刷卡支付时还存在"payer en sans contact"（无接触支付）这一类型，但本土化教材却均未对此类词汇或文化点未进行选择和介绍。受访的学习者（P7 和 P8）还表示在学习过程中对中文的网络词汇很感兴趣，如 P8 提到：

> 我在 tiktok 上搜索中文单词学习，给我推送了一个很有意思的视频，内容为是否知道中国数字的特殊含义，视频里除了介绍 4 和 8 两个数字背后的文化点外，还出现了"666"和"99"等数字。我发现这是年轻人所使用的或是网络语言，这就与我们的反语（verlan）和口头用语一样，我觉得很有意思，也希望能在教材或者教师能在中文教学时介绍此类用语，毕竟这类用语还是蛮多且在社交媒体上经常使用，不是吗？我觉得这也是外语学习时需介绍的，那就是书面语和口头用语都涉及，以方便区分。（P8，女，访谈时间：2024 年 3 月 20 日）

正如 P8 所说，现如今，在日常交流中出现各类年轻人用语或网络用语，若想与同龄人日常交流无困难，应学习该类用语。当然，对于是否在中文教材中插入符合当代年轻人用法的网络词汇是编写时须斟酌的要点之一。

此外，作为一本教材，应遵循实用性原则，实用性强的教材能激发学习者兴趣，提高教师教学效率（李泉 2007）。《十五分钟》和《你说呀！》两本教材实用性较高，但部分内容须进一步改进。受访者 P6 和 P8 均提及两本教材所选词汇或表达所使用场合均为正式场合，但教材课文内容却以口语对话的形式呈现，提出应加入一些比较口头化的中文词汇，便于学习者能在抵达中国后无障碍迅速融入当地人的日常对话中去。另外，课文话题选择也应具有实用性，方便学习者能直接使用课文对话中的句子与中国人正常交流，如 P2 提到：

> 就拿《十五分钟》中关于买衣服这一单元来说吧，教材关于这个的对话有三个，第一个介绍衣服尺码和颜色，第二是教怎么问价格，第三个就是第一和第二个的融合版本：问衣服尺码、讨论颜色和问价格。要是我编写，我觉得第三个对话可以讨论衣服合不合适，大了？小了？

还是刚刚好？以及这个衣服适不适合我，穿着好看吗？显瘦吗？但是这本教材没这一类介绍，我觉得有点儿逻辑问题。因为正常看好了衣服，问好了价格，就是问朋友或者售货员说衣服合不合适，怎么样，然后才是决定买不买，买就去付款。哪有直接拿了合适的尺码，问了价格，没有别人看你试完衣服的评价就直接说要买的。反正我给我的学生们上这一课的时候，会自己编一个对话，教他们如何评价衣服合不合适什么的。（P2，女，访谈时间：2024 年 2 月 5 日）

因此，在日后国际中文教材本土化编写时，在词汇和文化内容的选择上应将时代性和实用性相结合，激发学习者兴趣，提高学习者"能做"的能力，从而使其能迅速融入目的语所在地的日常生活和交流。

4.3 须进行充分的前期调研，组织合作编写

为避免编写的中文教材出现"水土不服"的现象，在编写本土化中文教材时，应进行充分的前期调研工作，须深入了解当地的教育制度、教学理念和教学大纲。如需要编写针对法国学习者的对外中文教材，那编写者须对法国当地的学制（即小学、初高中和大学学制）、所采用的教学方法和理念（即"approche actionnelle"或"approche communicative"）、教学大纲（即"法纲"）以及学校的课时设置（即每节课时长和每周课时时长）进行充分的了解，才能在此基础上编写出符合当地教育制度的本土化教材。此外，还可借鉴当地优秀的外语教材的编写，编者可从已被当地教学机构和学生广泛采纳的教材的板块设置、内容选择和设置以及教材出版容量等方面获得经验，从而获得日后我国国际中文教材的本土化编写的有益思路。

同时，日后教材的编写应邀请外方编者共同编写。首先，国内编者单独编写国际中文教材，难以得到当地的认可。其次，外方编者受益于其丰富的教学经验，对当地国家的教育制度、教学理念和大纲有着充分的了解，其加入能使教材编写更加本土化。例如，外方的加入能对教材中的词汇、语法和文化内容进行高效准确的翻译，有利于提高教材的学习者母语注释质量，提高学习者学习效率。此外，外方编者对当地文化的了解程度更深，将本土化相关文化与中国文化进行深度对比，也有利于丰富教材的跨文化内容，有益于培养学习者的跨文化能力，推动中国文化和当地文化的相互交流和有效传播。

参考文献

白迪迪、张洁，2020，本土化汉语教材的话题研究——以《菲律宾话语课本》为例，《世界华文教学》（02）：29-49。

狄国伟，2013，国际汉语教材本土化：问题、成因及实现策略，《课程教材教法》33（5）：80-83。

韩秀娟，2020，近十年来国际汉语教材的本土化与国别化研究综述，《汉语学习》（06）：97-105。

黄金英，2012，缅甸小学本土化汉语教材建设探讨——基于五套汉语教材自建语料库。博士学位论文。北京：中央民族大学。

李泉，2007，论对外汉语教材的实用性，《语言教学与研究》（03）：28-35。

李雪梅，2010，对编写意大利本土化汉语教材的思考，《国际汉语学报》1（00）：224-231。

孟洁，2021，法国本土化汉语教材特点，《汉字文化》（02）：74-75。

王海峰，2021，国际中文教育的国际化与本土化，《汉字文化》（09）：1-6。

吴应辉，2013，关于国际汉语教学"本土化"与"普适性"教材的理论探讨，《语言文字应用》（03）：117-125。

杨晓霭，2012，汉语"本土化"教学与汉语国际教育专业硕士的培养：以土耳其汉语教学为个案，《中国大学教学》（06）：36-38。

张洁，2019，本土化汉语教材的研究现状，《教育教学论坛》（18）：79-80。

赵金铭，2014，何为国际汉语教育"国际化""本土化"，《云南师范大学学报（对外汉语教学与研究版）》12（02）：24-31。

周小兵，2014，汉语教材需要本土化吗，《国际汉语教学研究》（01）：10-11。

周小兵、陈楠，2013，"一版多本"与海外教材的本土化研究，《世界汉语教学》（02）：268-277。

周小兵、陈楠、梁珊珊，2014，汉语教材本土化方式及分级研究，《华南师范大学学报（社会科学版）》（05）：73-78。

12 法国本土中文教材中的
中国文化呈现研究

刘田丰　周　倩　中英伦葩

1 引言

随着时代的发展，中文教材的本土化进程也在加速，截至 2020 年，国际上本土化的中文教材数量达到 3466 本（马箭飞等 2021）。本土化中文教材作为中文学习者初步接触中文的基本工具，是其了解中国文化的重要媒介，同时也是"中国文化"走出去的重要载体。教材中的文化呈现和表征影响着学习者对目标语国家文化的认知，影响其对自身 / 他人的身份认同等（Harwood 2014）。从 20 世纪 80 年代到如今，国际中文教育发展迅速，我国陆续出版了多本国际中文教材。为了更好地在中文教材中介绍中国文化、介绍更多具有中国特色和展现中国精神的优秀文化，本文将对现有的本土化中文教材的中国文化呈现进行分析，以获得对今后的对外中文教材中中国文化部分编写的借鉴和启发。

2 教材中的文化呈现分析

2.1 文化呈现分析

文化内容是语言学习中非常重要的一部分，是外语教学中不可或缺的内容（文秋芳 2016），而外语教材中文化内容的呈现也是衡量该教材优秀与否的标准之一（Tagliante 1994），教材中的文化呈现分析故此显得尤为重要。

为了对外语教材中的文化呈现进行分析，Risager（1991）提出了宏观和微观两极分析法。该方法于 2018 年发展为五个维度（国家、文化、跨国、后殖民和公民教育）的多角度外语教材文化呈现分析理论。随后，Sterns（1992）提出了六个主题，即地点、人物生活、社会生活、历史、机构和文化艺术，涵盖了典型语言学习者似乎需要的大部分文化教学内容。不久，Boyer（1995）建议将民族-社会-文化现象分为两大类：一类以遗产为主，另一类主要关注社会文化层面。而 Moran（2009）在 Sterns 理论的基础上提出二分法的概念是不完整的，并在文化维度中增加了"社区"和"人物"作为其他因素。在确定了产品、实践、观点、社群和人物这五个文化维度之后，他给出了文化的定义：文化应被视为一种从人类群体中发展起来的生活方式，是一种与产品和观点相联系并在特定社会背景下组织起来的共同实践。

而近年来在我国，张虹、李晓楠（2022）总结国内外关于文化呈现的研究结果，并在二外 / 外语教学的理论（与实践）基础上，构建出《英语教材文化呈现分析框架》，此框架不仅用于研究英语教材中的文化呈现，也广泛用于其他外语教材的文化呈现研究。《英语教材文化呈现分析框架》主要从文化呈现内容和文化呈现方式两个维度来对教材中的文化呈现进行分析。

首先，在文化呈现内容的地域区别上，该框架将其分为四类：学习者母语文化、目标语国家文化、国际文化和共有文化。若所要研究的教材为法国本土化中文教材，那学习者母语文化指法国以及说法语的国家的文化，而目标语国家文化则主要为中国文化，国际文化则是除去前面所提到的其他国家的文化，如英语国家文化等，最后的共有文化则是地域差异不明显的文化。《英语教材文化呈现分析框架》根据 Moran（2009）的方法，将文化内容呈现分类为文化产品、文化实践、文化观念、文化社群和文化人物。其中文化产品包括物质产品和艺术形态等，而文化实践则是人们的生活习惯和方式。观念涉及价值、态度和信仰等，文化社群是指不同的社会身份或群体如民族、宗教等划分的人群，而文化人物是某一文化群体的知名人物。

另外，《英语教材文化呈现分析框架》借鉴周小兵等（2019）在其开发的中国文化呈现项目表中提到文化呈现分析方式，将文化呈现方式分为显性呈现和隐性呈现。周小兵等对教材中的文化的显性呈现进行界定，将其分为两种情况：一是教材中的文化板块，如"文化小知识"等窗口介绍；二是明显以文化为主题的篇章或者课文。须注意的是，此界定的范围为教材中的语料篇章，如课文、对话、听力与视频语篇等语义贯通的篇章。与此相反，隐性方式则是指文化出现在课后练习题或者教材配备的练习册中。

同样在 2022 年，教育部中外语言交流合作中心出版了《国际中文教育用中国文化和国情教学参考框架》（以下简称《框架》），此框架立足于我国实际情况和国家政策要求，参考其他国家文化国情教育的优秀经验，对国际中文教学尤其是中国文化教学提供参考和依据。《框架》从体现文化内容的系统性、中国文化的独特性、与国际中文教育的相关性和教学可行性等原则出发，将中国文化内容分为传统文化、当代中国和社会生活 3 个一级文化项目，随后又将其细分为 31 个二级文化项目如语言与文化、交往、饮食、休闲等。该《框架》中的 3 个一级文化和 31 个二级文化项目涵盖社会学和人文学所定义的基本文化概念，具有系统性和完整性，且从传统文化、当代中国和社会生活三大类来划分中国文化，体现了中国文化的独特性，三大板块既独立又互相呼应，体现了传统与现代、国家和群众个体的互动。有助于中文学习者充分理解中国文化的多样性，理解传统文化与当代社会生活的联系，理解文化制度或行为所体现的中国文化内涵和观念。选取此《框架》进行中国文化呈现分析，将对中文教材尤其是中国编写的国际中文教材中的中国文化呈现研究起到指导性作用。

2.2　外语教材的中国文化呈现研究

基于相关的文化呈现分析理论和框架，国内许多学者开始对中国本土外语教材和其他国家本土化中文教材中的中国文化呈现进行分析与研究。

英语是我国第一大外语，学界对英语教材中的中国文化呈现分析因此较多，且基本依据《英语教材文化呈现分析框架》这一理论框架进行分析。张虹、于睿（2020）对四套大学英语教材内容进行研究发现，中国文化方面的呈现以现代文化为主，对传统文化和革命文化的关注则较少。在文化呈现方式方面，教材以隐性呈现为主，主要运用翻译或选词填空等出题方式来呈现中国文化。作者最后提出，大学英语教材中文化内容的呈现比例如何在中国文化、目的语文化和世界多元文化之间达到合理的平衡，以及哪一种中国文化呈现方式更有助于培养学生的跨文化能力，应成为日后的研究和讨论重点。朱神海等（2023）也基于此《英语教材文化呈现分析框架》对新课标高中英语教材中的中国文化呈现进行研究，结果表明该系列教材重视中国文化的呈现，尤其是中国传统文化；文化产品和文化实践强度占比高；文化语篇形式以显性呈现为主。作者建议日后教材中文化呈现的编写应丰富文化内容与形式，将优秀传统文化的输出与输入并重。高丰、赵殊慧（2023）根据同样的框架对沪教牛津版初中英语教材七年级上下册的中国文化内容进行分析得出如下结果：中国文化内容总体占比小，以现代文化为主；文化呈现方式以隐性呈现为主，主要通过写作、口语表达、选词填空和阅读理解等方式呈现。

法语和德语作为比较受欢迎的外语，有学者对此两门外语的中国本土化教材进行研究。葛囡囡（2022）选择了中国本土的德语教材《当代大学德语》进行分析，此本教材由外语教学与研究出版社出版，是中国德语专业基础德语课程所广泛使用的一本教材。作者依据张虹团队所提出的《英语教材文化呈现分析框架》对该教材中的文化内容和文化呈现方式进行分析后，得出文化内容多以传统文化和现代文化为主，现代文化方面多围绕中国大学生的日常生活和社会生活设置内容，传统文化方面则介绍了中国传统节日和传统艺术。中国文化呈现主要以隐性呈现为主，大部分位于课后练习题如口语练习、翻译练习等产出型练习中，不利于教师和学习者发现其中隐藏的文化点。

在法语教材的中国文化呈现研究中，马小彦、潘鸣威（2023）则根据Risager（2018）外语教材文化呈现理论框架，通过研究上海外语教育出版社所出版的中学法语教材《法语》后发现，中国文化内容在此系列教材中只占据25%，且主要涉及中国当代社会生活如北京奥运会、中国年轻人买房观和中国教育等方面。在文化呈现方式上以隐性为主，中国文化点基本出现在课后练习中或通过插图呈现，且主要出现在中法文化对比中，单独篇幅介绍较少。以上两本教材均为中国本土化的外语教材，而中国文化作为学习者的母语文化，因此大部分以隐性方式呈现。

目前，国内对国际中文教材中的中国文化呈现研究较少，而大多仅关注教材中是否融入中国文化内容这一问题。如王巍（2022）将国际上的一些中文教材分为三大类：以语言教学为主、文化教学为辅的中文教材、文化教学与语言教学并重的中文教材和专门讲解中国文化的教材。作者总结出中文教材中的中国文化呈现内容比重近年来有所增加，内容呈现方面比较注意规避"重古轻今"，开始更多地介绍中国社会生活，但须注意"古今系联不足"的问题。另外，黄士慧（2023）分析研究一系列国际中文教材如《跟我学汉语1&2》《HSK标准教程》和《发展汉语》等后发现，此类教材在中国文化内容呈现上以当代中国社会生活为主，主要涉及中国国情、风俗习惯、饮食与服饰、人物事件、科技与思想、文学与艺术、文化禁忌、隐私交际观念等，而文化呈现主要以文字和图片形式出现在教材中各个板块。

在本土化中文教材研究方面，励智、阿尔瓦雷斯（2023）将西班牙本土化中文教材《汉语之路》作为研究对象，基于教育部提倡的《框架》，通过定量研究与定性研究相结合的方法，将该教材中的中国文化呈现内容进行编码后发现中国文化内容以社会生活和当代中国为主，主要文化点有汉字演变和讲解、交往、饮食、休闲和节庆等，传统文化则出现较少，符合"以今为主"的取向。在中国文化呈现方面，显性呈现多于隐性，中国社会生活的文化内容主要用学习者母语即西班牙语，通过单元板块或课文主题等显性方式呈现；传统文化则在课后以汉字解释、练习和拼音练习题等隐性方式呈现。

在文化呈现研究中，可看出主要涉及的是中国本土的外语教材中的中国文化呈现分析，其中对各教育阶段的英语教材中的中国文化呈现研究较多，对中国编写的国际中文教材或其他国家本土化的中文教材中的中国文化呈现研究相对较少，对法国本土化中文教材的中国文化呈现研究更是无从可查，因此，本文将尝试对法国出版社出版的中文教材中的中国文化呈现内容进行分析研究。

3　法国本土化中文教材中国文化呈现

3.1　研究问题

本文主要研究以下三个问题：（1）法国本土中文教材呈现了哪些中国文化？（2）这些教材如何呈现（包括教材中的插图）这些中国文化？（3）为今后中国国际中文教材的中国文化内容编写带来哪些启示？

3.2　教材信息

本文选取两本法国本土化中文教材《每日十五分钟学中文》（*15 minutes par jour pour se mettre au chinois*，以下称《十五分钟》）及《你说呀！》作为研究对象。《十五分钟》由拉鲁斯出版社出版，《你说呀！》则为法国大型出版社迪迪耶出版，两者的编写对象均为"欧框"初学者，即 A1 到 A2 的学习者。前者以其内容简单、适合初学者、非常贴近日常生活、实用性较强等特点为众多中文老师和中文学习者所使用，也是格勒诺布尔阿尔卑斯大学和萨瓦勃朗峰大学非中文专业学习（LANSAD）的指定教材。后者作为法国本土较早出版的中文教材，对中文这一外语进行了系统性介绍，并配备相关练习册，具有代表性、典型性，教学效果良好。

3.3　研究过程

针对上述三个研究问题，本文将依据 2022 年教育部所提倡的《框架》并采用定量研究与定性研究相结合的研究办法，结合教材文本对中国文化呈现内容和方式进行分级分析与编码。

　　首先，须初步对教材中的中国文化内容的编码范围进行界定，两本教材中对文化内容的展现形式有两种：一是文字材料，二是图片材料即插图。本文将主要分析教材中的文字材料，但也会涉及图片材料中中国文化的呈现内容和方式分析。

　　随后，本文将对编码单位进行界定，即对语篇作为编码单位，教材中出现的对话、课文、介绍板块等都属于语篇，因为语篇是指不论长度，不论形式但语义连贯的语言段落（Halliday & Hasan 1976）。如一个语篇中呈现一种文化内容，则在相对应的呈现内容下进行一次编码，呈现方式同理。

　　接下来介绍中国文化呈现内容的编码，本文基于 2022 年的《框架》，将中国文化呈现内容进行三级编码。一级编码内容最详细，如中国人的姓名、北京烤鸭、中国地铁和高铁等。而二级编码则范围更大，如任何关于中文这门语言的介绍均属于二级编码"语言与文化"，孔子与论语、西游记等均属于二级编码"文学"。按此逻辑顺序，三级编码范围最大，对应《框架》中的一级文化项目，分别为"社会生活""传统文化"和"当代中国"。"社会生活"顾名思义，主要包括中国人的衣食住行、休闲消费及家庭观念等。"传统文化"则是涉及中国文学、艺术、历史等方面，如古诗词、古代传统服饰和历史文化遗产等。最后的"当代中国"主要内容为中国人文地理、政治经济、教育与科技等，如中国高铁或中国高考等文化点。

　　最后则是中国文化的呈现方式编码，根据周小兵等（2019）的分类研究理论，文化呈现方式可分为显性和隐性两种方式。教材中的单元文化介绍板块，如《你说呀！》第 11 章"中国的节日"以及《十五分钟》第 15 课"春节快到了"属于显性呈现，课文词汇、语法等板块中的文化介绍窗口也属于显性呈现。不属以上两种情况的则被归为隐性呈现。

4　中国文化内容以社会生活为主、以显性呈现方式为主

　　根据教育部中外语言交流合作中心研制的《框架》的标准，本文将从三个方面来分析讨论所选定的两本法国本土化中文教材中的中国文化呈现，一为中国文化呈现的内容，二为呈现方式，此二者都注重于教材中语料篇章的文化呈现分析，而第三方面则针对教材中的插图的文化呈现。

4.1　中国文化呈现内容以社会生活为主

在整理两本选定的本土化中文教材中的中国文化呈现编码数量后，由以下表 1 可见，《十五分钟》中中国文化呈现的一级编码数量为 69 个，二级编码 14 个，三级编码 3 个。而《你说呀！》此本教材中中国文化呈现的一级编码数量为 64 个，二级编码为 17 个，三级编码为 3 个。因两本教材中中国文化呈现的三级编码数量一致，内容均为"社会生活""当代中国"和"传统文化"，故将两个表格汇总（表 2 和表 3），从这三个三级编码内容来进行分析。

表 1　各教材中国文化编码数量

	一级编码	二级编码	三级编码
《十五分钟》	69	14	3
《你说呀！》	64	17	3

表 2　《每日十五分钟学中文》中国文化呈现内容编码汇总

一级编码	二级编码	三级编码
中国人作息安排、送礼与收礼	非语言交际	社会生活
中国人姓名、中国数字手势比画、方言与普通话、中国颜色的不同含义	语言与文化	
中国人打招呼方式、"您吃了吗"	交往	
中国人的三餐时间、中国餐饮文化（公筷、上菜顺序）、吃饭买单、茶文化、北京烤鸭、白酒	饮食	
中国人的属相、春节与饺子	节庆	
中国人注重家庭	家庭	
高铁及购票、北京地铁	出行	
中国货币：元、讲价/砍价	消费	
中国人日常爱好	休闲	
中国武术、书法	艺术	传统文化
中医针灸	发明	
汉语介绍、汉字笔画名称、"先生"一词多义、儿化音	语言文字	当代中国
中国时区设置、中国省份划分、中国气候、北京景点、西安旅游、四川省介绍	地理	
计划生育政策	政治	

表 3　《你说呀！》中国文化呈现内容编码汇总

一级编码	二级编码	三级编码
中国人姓名	语言与文化	社会生活
中国打招呼方式	交往	
家庭观念、家庭关系与称呼、中国家庭教育问题、做家务、周末全家活动	家庭	
中国地铁与公交车	出行	
中国人的日常爱好、中国传统游戏（围棋、象棋、麻将）	休闲	
零用钱文化	消费	
中国菜肴（含南北差异）	饮食	
中国节日：春节、中秋节、端午节、教师节、清明节和国庆节	节庆	
孔子与论语、西游记人物、中国传说故事：年兽、嫦娥、屈原、孟姜女哭长城	文学	传统文化
中国北方与南方房子建筑对比、中国家具（炕、竹子家具）	建筑	
中医	发明	
古代传统服饰	艺术	
古代科考制度	历史	
汉字演变	语言文字	当代中国
旅游城市（西安、桂林、东北、海南、杭州）、中国人旅游观念、中国省份或城市介绍：北京、上海、哈尔滨、西藏、西安、香港、四川和新疆	地理	
中国课堂、中国学生的一天（含早操和升旗仪式）、中国课程、中国学制、中国校服、高考、高三与初恋	教育	
独生子女政策	政治	

　　细看两本教材中中国文化呈现的内容，可发现均以社会生活内容为主。《十五分钟》中属于社会生活的二级编码数量为 9 个，占据了大量篇幅，其中涉及语言与文化、饮食文化、休闲、出行、节庆等内容的文化点出现频率高，内容与日常生活密切相关，如中国人三餐时间、白酒、"您吃了吗"、春节与饺子等。另一本教材《你说呀！》关于社会生活的中国文化呈现二级编码数量为 8 个，关于饮食、家庭、消费等文化内容也是教材所侧重介绍的点。此本教材还介绍了中国人的日常爱好如传统游戏象棋、围棋与麻将，中国的几个重要的节假日如春节、中秋节、端午节和国庆节。

当代中国也是两本教材中中国文化呈现的主要内容,主要涉及语言文字、地理、教育和政治等文化点。如两本教材均详细介绍中文的历史以及汉字的演变过程和书写方式,且与汉字相关的文化点出现次数较多,这主要是由于两本教材每单元或每课均设置了专门的汉字书写讲解与练习。《十五分钟》甚至详细地介绍"儿化音"和"先生"的一词多义,以便教材使用者了解不同地区口音差异和单一词汇在不同语境下含义的变化。地理方面,两本教材都介绍几个中国省份或旅游城市,《你说呀!》还补充介绍中国人对"一日游"和"深度游"的看法。《十五分钟》另介绍了中国的气候和行政区划分及时区设置等文化点。此外,两本教材均在"我的家庭"这一主题中解释中国的计划生育或独生子女政策。与《十五分钟》不同,《你说呀!》甚至详细描述中国的教育制度、高考制度和中国学生的一天,并通过视频内容展示中国学生每周一的中国国旗升旗仪式和课间操或早操等文化内容,十分贴近该教材目标对象的日常生活。

传统文化这一中国文化内容在两本教材中的呈现比例不太一致,在《十五分钟》中所占篇幅较少,在《你说呀!》所占篇幅较多且集中在后半部分。《十五分钟》只涉及中国武术、书法及中医这三大文化点介绍,属于传统艺术及发明领域,且均用教材使用者的母语即法语来介绍,只有关键词出现汉字。而《你说呀!》则从文学、艺术、发明、建筑及历史等领域来介绍中国传统文化,具体内容为孔子与论语、西游记人物、中国古代传说故事、古代传统服饰、古代科举制度等。其中,古代传说故事主要涉及中国传统节日由来,如"年兽"的故事、屈原投江、嫦娥奔月等,均由中文介绍,少数关键词配以法语翻译,而不是通篇法语解释,既能使教材使用者了解中国传统节日,也锻炼了其阅读理解能力。

最后,两本法国本土化中文教材的文化介绍内容大部分为法语编写,且篇幅普遍短小,可视作延伸阅读,具有科普性质,对文化内容是否掌握并不作要求。细看教材中的中国文化呈现内容可发现,以社会生活为主,当代中国为辅,传统文化内容则呈现较少,这一偏重反映了如今中文教材整体上"以今为主"的文化内容取向(李泉 2011:14-19+113)。其次也从侧面反映了目前法国中文教材整体上还是遵循"欧框"框架和"法纲"的编写理念,注重交际化教学或通过实践任务进行教学,文化内容比较贴近现代日常生活,便于中文学习者能快速了解中国文化,尤其是中国的社会生活文化。

4.2　中国文化呈现方式以显性呈现为主

在研究法国本土化中文教材中的中国文化呈现方式方面，将采用周小兵（2019）等人所提供的研究方法进行标注，即将文化呈现方式分为显性和隐性两种。其中显性的界定可分为两种情况：教材中专门的文化知识介绍板块，常被称为"文化窗口"等；明显以中国文化为主题的课文或课文材料。而以上两种情况外的则属于隐性呈现。通过对两本教材的语料篇章进行分析，结果如下：

表4　各教材中国文化呈现方式汇总

《每日十五分钟学中文》中国文化呈现方式		
呈现方式	次数	占比
显性	65	94.2%
隐性	4	5.8%
《你说呀！》中国文化呈现方式		
显性	59	90.8%
隐性	6	9.2%

由上表可知，两本教材的中国文化呈现均以显性为主，占比90%以上，远高于隐性方式。以显性方式呈现的文化元素多出现在课文对话、视频，以及专门的"文化介绍窗口"中。

首先，在中国文化以课文主题显性呈现上，《十五分钟》的呈现次数为2次，其对应的课文主题为"春节快到了"和"参观西安"，《你说呀！》则为7次，包括"飞到北京""飞到上海""春节""别的节日""高三暑假真苦""去中国旅行"和"校服好不好"。而以生词、语法、练习、活动等"文化窗口"方式呈现的，《十五分钟》共计63次，《你说呀！》共计52次。尤其是通过文化窗口介绍文化点时，所使用标题简单直接，如"中国气候""武术""饺子"等。从呈现次数上来看，两本教材中的显隐性呈现方式比例均失衡，且大部分的文化点主要通过文化介绍"窗口"来呈现。

另外，两本教材在中国文化显性呈现方面所使用的语言也不一致，《十五分钟》除了课文对话内容为中文呈现外，其他大部分的中国文化点均由教材使用者母语即法语来介绍和解释，而《你说呀！》在后期则大篇幅用目标语即中文来进行介绍，少数关键词配备拼音注音和法语解释。早期大篇幅的法语介绍能使学生们迅速理解该文化点，并与本国相关文化点进行对比，非常适合初级水平的学生，这种用母语介绍的方式不会给学生造成如"迅速掌握所有汉字"的心理压力。但随着学生后期中文水平的不断提高，认识的汉字数量不断增加，教材后期相关文化点用中文介绍则能巩固学生所学汉字与中文语言知识，更能培养学生的文字理解与表达能力，达到"能做（savoir-faire）"的水平。

2 📖 💬 Lisez cette légende, puis racontez-la à votre tour.

原来嫦娥和她的丈夫¹在地上生活。
天上的神仙²送给³了他们一些长生不老
药⁴。嫦娥的丈夫很忙，不关心她，他们
常常吵架。有一次，他们吵完架以后，
嫦娥吃了所有的长生不老药。然后，她
觉得身体变轻了，飞起来了。她不知道
飞到哪儿去，就往⁵月亮飞去。从那以
后，她就一个人住在月亮上。

1. 丈夫 zhàngfu : époux ; 2. 神仙 shénxiān : génie ; 3. 送给 sòng gěi : offrir à ; 4. 长生不老药 yào : pillule d'immortalité ; 5. 往 wǎng : vers

Les hóngbāo du Nouvel An chinois

Comme nous l'avons évoqué dans le chapitre 10, le rouge est un symbole de chance et de bonheur dans la culture chinoise, et les Chinois ont pour coutume de faire des dons en espèces dans des enveloppes rouges, les fameuses **hóngbāo** 红包, lors d'événements particuliers. Cette tradition est née il y a environ 2 000 ans, lorsque les personnes âgées ont commencé à donner de l'argent aux jeunes enfants en guise de bonne fortune pour l'année à venir. Au fil du temps, cette tradition a évolué en un moyen commun, mais toujours apprécié, d'exprimer ses vœux à ses amis et à sa famille lors d'occasions diverses comme les mariages, les pendaisons de crémaillère, les naissances, les anniversaires ou encore le lancement de magasins. Mais c'est encore à l'occasion du Nouvel An que cette coutume reste la plus populaire, et vous entendrez partout : **Gōngxǐfācái, hóngbāo nálái !** 恭喜发财，红包拿来！(« Bonne année ! Tendez les enveloppes ! »). Il existe même aujourd'hui des applications pour envoyer des **hóngbāo** 红包 en version numérique !

图 1　各教材中国文化显性呈现示例

　　两本教材均较少采用隐性呈现方式。其中《十五分钟》中国文化的隐性呈现次数为 4 次，而《你说呀！》为 6 次，且在课后练习题或课后任务中呈现。如《十五分钟》第 103 页的练习题要求用课文中所学的方位词如"西""北"等来描述中国各省份的位置；在《你说呀！》第 201 页，学生们须阅读两篇中文短文来猜所描述的中国传统节日，第 222 页的练习题五（如下图）则要求须看图文猜所描述的中国城市。上述类型均属于中国文化的隐性呈现，即学习者须掌握一定语言知识进行阅读来猜测所对应的文化知识点，而这类隐性呈现包含多个领域的文化点，如下图可知，在这一练习题里介绍了中国的地理、历史等文化点，即西安和香港的地理位置和发展历史。

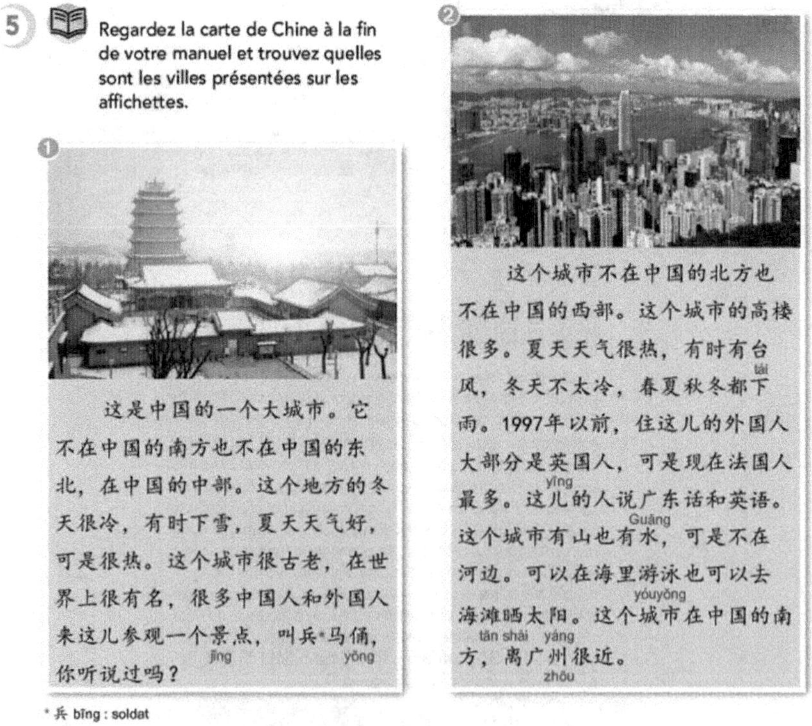

5　Regardez la carte de Chine à la fin de votre manuel et trouvez quelles sont les villes présentées sur les affichettes.

①这是中国的一个大城市。它不在中国的南方也不在中国的东北，在中国的中部。这个地方的冬天很冷，有时下雪，夏天天气好，可是很热。这个城市很古老，在世界上很有名，很多中国人和外国人来这儿参观一个景点，叫兵*马俑，你听说过吗？
jīng　　　　yǒng

* 兵 bīng : soldat

②这个城市不在中国的北方也不在中国的西部。这个城市的高楼很多。夏天天气很热，有时有台风，冬天不太冷，春夏秋冬都下雨。1997年以前，住这儿的外国人大部分是英国人，可是现在法国人最多。这儿的人说广东话和英语。这个城市有山也有水，可是不在河边。可以在海里游泳也可以去海滩晒太阳。这个城市在中国的南方，离广州很近。
tái　yīng　Guǎng　yóuyǒng　tān shài yáng　zhōu

图 2 《你说呀！》中国文化隐性呈现示例

　　在这两本教材的语料篇章中，中国文化显性呈现重于隐性呈现，究其原因可归结于此两本教材的目标对象均为"欧框"的初学等级学习者。考虑到其中文水平不高且学习时间短，不熟悉中国文化，因此多选择显性呈现方式。

初期主要用学习者母语进行介绍，到《你说呀！》后期则开始用目的语进行介绍，但也还配以注音和母语翻译解释。两本教材中的中国文化的隐性呈现较少，主要存在于教材后半部分课程或练习题或更高等级的语言教材中，须学习者具有相关语言文化水平方能理解该隐性呈现的文化点内容。由此可见，显性的文化板块设置有益于初级阶段水平的学生能在教材中迅速查找文化点知识，而文化的隐性呈现因需要掌握相对应的文化知识点，则更适合中文水平更高的学生。

4.3　插图中的中国文化呈现略有不同

以上两点为语料篇章的中国文化呈现内容与方式分析，除了语料外，两本教材中也存在不少的插图，这类插图也可呈现一些中国文化知识点，故值得研究分析。插图的选择在一定程度上也表现出文化内容和文化呈现方式方面的不同。

我们将从地域和时间两个维度分析插图中的中国文化内容。从地域维度上来讲，《十五分钟》的插图着重展示了如北京、西安等地的著名建筑景点，而《你说呀！》因与山东济南外国语学校合作，教材中的实景插图多为该学校或该学校所在地景色。此外，两本教材均通过插图介绍了北方过年吃饺子这一知识点，但并未提及南方是否有相同的习俗。当然，两本教材的插图也展示了南方部分城市风景人情如云南梯田、桂林山水和上海城市景观。但从插图比例上看，两本教材特别是《十五分钟》重点展示了中国北方的人文地貌，而南方文化的呈现则相对匮乏。而在时间维度上，《十五分钟》的插图主要呈现了中国古代传统文化艺术，如中国传统建筑、剪纸、脸谱、兵马俑、中国结、清朝服饰以及古汉字等；《你说呀！》则呈现了中国古代神话或文学人物如孔子、嫦娥、屈原等。当代中国文化点在两本教材插图中也有所体现，如《十五分钟》插图介绍北京地铁、中国高铁、当代服饰等，《你说呀！》则介绍了学校环境、现代建筑、公交车等。纵观两个维度可知两本教材插图的中国文化呈现内容时间上以古代传统文化为主，当代中国其次，而地域维度上北方文化内容丰富，南方文化则较为匮乏。

在中国文化呈现方式上，主要为显性呈现。两本教材大部分插图均贴切课文主题，如介绍春节时，两本教材的插图均为中国结、红灯笼、红包等。另外，在"文化介绍窗口"中，插图与所介绍文化点息息相关，如介绍中国武术时插图展示少林寺僧人练功，介绍中国高铁则插入"和谐号"的图片等。

但《十五分钟》的插图还以隐性方式展现了中国文化：每一课大标题处插入五星红旗，随后插入一张富有中国特色的图片如北京天坛、北京胡同等；在部分课文对话与生词表或课后练习之间也插入了中华特色图片如中国龙、双鱼图、剪纸、石狮子、喜字、折扇、中国结、十二星宿图等。此类插图与课文内容并无太大关联，也无任何言语解释，但代表着一些中国传统文化点，故可视作中国文化的隐性呈现。

　　由上可知，在插图方面，两本教材均大篇幅采用真实照片，少数配以动画人物，且均选择了以显性的方式呈现以北方文化和中国传统文化为主的中国文化。《十五分钟》也存在部分隐性呈现插图来介绍中国传统文化知识点，或因此类文化点可直接通过插图来呈现，无须特殊加注解。

5　法国本土化中文教材优劣分析与国际中文教材编写的启示

　　根据中国文化呈现的分析结果以及上一章节对教材使用者的采访内容，本节探讨法国本土化汉中文教材中中国文化呈现的优势和不足以及其对我国国际中文教材的中国文化呈现编写部分的启示。

5.1　本土化中文教材中文化呈现的优势与不足

　　本土化中文教材的优势比较明显。首先，本土化中文教材根据目标对象目标语语言水平来选择中国文化的呈现方式。本文所研究的两本教材的编写对象均为中文初学者，语言水平不高，对汉字的认识甚少，因此两本教材都选择显性大于隐性的呈现方式，在相关的文化介绍板块中直接用学习者母语进行文化点的介绍和解释，并随着学习者水平的提高，在教材后半部分开始使用目标语进行文化点介绍，如《你说呀！》后半部分对中国传统节日的介绍大部分用中文来介绍，只对少数关键词进行相应法语翻译。其次，对于中国文化内容的呈现也有所选择，所选内容均涉及社会生活和当代中国，非常符合法国本土对于外语学习的要求，即侧重口语，着重培养学生的"能做"能力，如《十五分钟》介绍中国高铁文化和购票方式，使这类教材使用者能直接在日常生活中使用课文中的例句或者语法点去"外国人购票窗口"购票。最后，两本教材的插图也以显性呈现为主，内容多与课文内容相关，且部分为真实照片，方便学生对该文化点进行联想和场景构建，例如介绍中国高铁时，配图"和谐号"列车，以便于学生在脑海中将法国 TGV 列车与中国高铁列车进行对比;《十五分钟》部分插图以隐性方式呈现中国文化,如剪纸文化、脸谱文化等,尽管无任何文字信息与解释且与课文内容无关,但显得生动形象,简单易懂。

但本土化中文教材也存在不足。首先,从中国文化呈现内容的时间维度来看,传统文化内容较少,《十五分钟》整本教材仅介绍中国艺术和发明两大传统文化点,《你说呀!》也是在课程内容快结束时才开始增加中国传统文化介绍的篇幅,例如中国传说故事介绍就位于该教材最后两章;地域分布上则偏重以北京为主的北方文化圈,较为忽略南方文化,如两本教材均提到过春节时全家人要一起包饺子和吃饺子,这显然与南方文化不太相符,南方某些地方可能是吃年糕而不是饺子。其次,教材中部分文化内容并未随时代发展进行更新,如教材中对中国独生子女政策的介绍板块(教材均为2016年出版)并未对中国现在所推行的生育政策进行更新补充,可能某种程度上会导致文化误解甚至文化偏见。此外,从呈现方式分析,本土化中文教材以显性为主,比例高达90%以上,缺乏中国文化的隐性呈现,难以满足学习者课后巩固复习相关文化点的需求。最后,课文中些许插图未进行更新或缺乏真实性,如《十五分钟》课后习题中介绍“女人”这一词汇时,以漫画形式画出一位穿清朝服饰的女性,或许带有些许文化偏见。一位中文老师也对此类插图提出了自己的感受,如在介绍“la famille chinoise”(中国家庭)时,《你说呀!》此本教材所采用的插图为一张民国或新中国初期的照片,与教材出版年代显然不符,采访者认为是因为介绍中国家庭多为大家族,因此附上了这张插图,但该老师并不认同这张插图的使用,因为现代中国也存在大家族。

5.2　对中国国际中文教材中的中国文化呈现编写的启发

基于上文的分析结果,本节将从三个方面来探讨其对中国国际中文教材中中国文化呈现部分的编写的启发。

5.2.1　南北兼顾,呈现文化多样性

首先,在中国文化呈现内容上须南北文化兼顾,全面介绍中国文化。因南北文化差异大,有时在介绍同一文化点时,南北方可能会呈现不同的现象,例如在采访中文教师对这两本教材的中国文化呈现内容的看法时,有几位教师就提到课文中介绍春节与饺子这一文化点时说“中国人在春节都吃饺子”,

这一说法实则忽视了南北方的文化差异，在南方部分地区春节并没有吃饺子的习俗。因此，在介绍这一类文化点时就须提示教材使用者：中国南北方存在差异，可能因地而异。此外，介绍中国人文地貌时须兼顾南方省份和城市，目前法国本土化中文教材主要侧重北京为主的北方文化圈，而对于南方的介绍仅限于上海这一大城市。建议适当加入北方和南方其他一线城市的介绍，让教材编写对象对中国有一个整体的大概的认识和了解，例如可介绍深圳的发展史、云南的民族风情、西北敦煌文化、东北冬天旅游以及海南等沿海省份的地区文化等。

5.2.2　古今兼顾，跟上新时代发展

其次，教材中的文化呈现的内容的选择须古今兼顾，跟上新时代发展。因时代发展迅速，先前教材中呈现的一些文化内容需要进行更新。如上文提到的中国生育政策不再是所谓的"一个家庭只生一个"，根据国情变化，国家调整了相关政策，对于这一调整，最新编写的教材须进行介绍，避免导致文化认知错误。同样地，受访的老师也提到在讲解"购物""去餐馆"这类主题时，课文中所提到的付款方式还停留在现金支付或者刷卡支付，实际情况却是在我国现阶段基本以数字支付为主，因此，教材需要对中国的主流移动数字支付进行内容更新。另外，在采访相关中文教师时，他们提到在询问学生想要了解的中国文化主题时，学生均赞成对中国当代文化进行介绍，方便其赴华留学或旅游时可直接理解或使用相关文化点；还有老师提到因其学生大部分来自理工科学院，学生们反馈想了解现代中国的科技发展与进步。对于传统文化，则更偏向艺术类历史类而非文学类，如更想了解古代服饰而非古代诗歌词，这可能是因其中文语言水平不高，无法更加深入地了解中国古代文学。

5.2.3　更新换代，确保插图真实

此外，编写国际中文教材时应注重插图的选择，且须显性与隐性呈现方式相结合，使教材中国文化呈现内容生动形象。选择插图时须检查插图内容是否符合真实情况、是否符合时代发展、是否能代表某些中国文化知识点。介绍中国家庭时使用的民国或新中国初期插图需要更新，或也可加入不同时代发展阶段下中国家庭的图像。再如介绍中国传统服饰时，可增加其他少数民族传统服饰图片，这样在介绍传统服饰的同时，还展现了中国的民族多样

性。此外，除在相关文化窗口插入相关图片，也可在本章节其他地方区域插入相关图片以丰富教材内容，使其既具有生动性，又以隐性方式呈现出博大精深的中国文化。

5.2.4　通力合作，完善文化点介绍

最后，中文教材的编写须两国编者共同完成，以便于全面完善相关文化知识点。通过对法国本土化中文教材的介绍可知，大部分教材均由法国中文学者和中国中文教师共同编著完成，少数则由中国中文教师编著。通过上述对比及采访可发现，两国编者共同参与编著的教材文化内容相对全面且客观，教材中设置的中法跨文化对比更是便利了学生认识和了解中国文化。而当编者为单一中文教师时，文化呈现内容上难免会有偏重，导致介绍不全面的问题，如大篇幅介绍北方文化而忽视南方文化等。因此，两国学者合作进行中文教材的编写才是比较合理的。

参考文献

Boyer, H. 1995. De la compétence ethnossocioculturelle. *Le français dans le monde* (272): 41-44.

Halliday, M. A. K. & R. Hasan. 1976. *Cohesion in English*. London: Longman.

Harwood, N. 2014. Content, Consumption, and Production: Three Levels of Textbook Research. In Harwood, N. (ed.). *English Language Teaching Textbooks: Content, Consumption, Production*. London: Palgrave Macmillan. 1-41.

Moran, P. R. 2001. *Teaching Culture: Perspectives in Practice*. Boston: Heinle & Heinle.

Moran, P. R. 2009. *Teaching Culture: Perspectives in Practice*. Beijing: Foreign Language Teaching and Research Press.

Risager, K. 1991. Cultural Studies and Foreign Language Teaching after World War II : The International Debate as Received in the Scandinavian Countries. In D. Buttjes & M. Byram (eds.). *Mediating Languages and Cultures: Towards an Intercultural Theory of Foreign Language Education*. Bristol: Multilingual Matters. 33-46.

Risager, K. 2018. *Representations of the World in Language Textbooks*. Bristol: Multilingual Matters.

Sterns, H. 1992. *Issues and options in language teaching.* Oxford: Oxford University Press.

Tagliante, C. 1994. *La Classe de Langue.* Paris: CLE International.

高丰、赵殊慧，2023，初中英语教材中国文化呈现研究——以沪教牛津为例，《英语教师》23（16）：8-11。

葛囡囡，2022，中国德语教材文化呈现研究——以《当代大学德语》为例，《外语教育研究前沿》5（04）：61-68+93。

黄士慧，2023，跨文化交际视角下对外汉语初级阶段教材中文化因素探析，《国际公关》（20）：134-136。

教育部中外语言交流合作中心，2022，《国际中文教育用中国文化和国情教学参考框架》。北京：华语教育出版社。

李泉，2011，文化教学定位与教学内容取向，《国际汉语》（01）：14-19+113。

励智、奥斯卡·费尔南德斯·阿尔瓦雷斯，2023，西班牙本土中文教材中的文化呈现研究——以《汉语之路》为例，《国际汉语教学研究》（02）：22-29+64。

马箭飞、梁宇、吴应辉、马佳楠，2021，国际中文教育教学资源建设 70 年：成就与展望，《天津师范大学学报（社会科学版）》（06）：15-22。

马小彦、潘鸣威，2023，新课标新教材背景下我国中学法语教材文化呈现研究，《西安外国语大学学报》31（01）：66-70。

王巍，2022，国际汉语教材中的中国文化因素研究，《首都师范大学学报（社会科学版）》（03）：90-97。

文秋芳，2016，在英语通用语背景下重新认识语言与文化的关系，《外语教学理论与实践》（02）：1-7。

张虹、李晓楠，2022，英语教材文化呈现分析框架研制，《中国外语》（02）：78-84。

张虹、于睿，2020，大学英语教材中国文化呈现研究，《外语教育研究前沿》（03）：42-48。

周小兵、谢爽、徐霄鹰，2019，基于国际汉语教材语料库的中国文化项目表开发，《华文教学与研究》（01）：50-58+73。

朱神海、潘炜杰、黄剑清，2023，新课标视角下高中英语教材中国文化呈现研究，《文化创新比较研究》（36）：128-143。

祖晓梅，2023，文化教学的新理念和新思路——《国际中文教育用中国文化国情教学参考框架》解读，《语言教学与研究》（03）：26-35。

第五部分
意大利本土中文教材研究

13　意大利本土中文教材概况

朱旻文

1　引言

随着中文在意大利的发展，越来越多当地学校开设了中文课程。作为教学的指南针，中文教材的编写需求引发了诸多学者的关注和研究兴趣。在中文教学中，教材是教师教学和学生学习所依据的材料，是学习内容的主要载体，与教学计划和教学大纲构成学校教学内容中的有机组成部分，在教学活动的四大环节中占有很重要的地位（刘珣 2000：301）。我们据此对意大利本土中文教材进行研究，从意大利本土中文教材概况、教材本土化特点和使用评价等三方面进行梳理、调查和分析，以期对意大利中文教材编写和中国中文教材的编写提出启示。

2　本土中文教材的定义和发展

2.1　"本土化"的重要性

中文教材"本土化"的观念产生于 20 世纪末的海外中文教学实践。1998 年，国际中文教学领导小组召开"语言教育问题座谈会"，会上吕必松指出当时专门针对国外中文教学特点编写的教材很少，大部分教材对国外的教学环境并不适用（《世界汉语教学》编辑部 1998）。2009 年在厦门召开的"汉语国别化教材国际研讨会"正式提出了本土化中文教材的建设。沈艳艳、刘洁（2022）的研究表明，从 2000 到 2021 年本土化中文教材的研究文献明显增多，且呈上升趋势，研究可以分为宏观和微观两类，宏观研究关注总体发展情况，微观研究则主要关注教材的编写原则、理念和具体方式。

对于实际需求，胡晓慧、金秀景（2009）发现韩国本土化中文教材市场上，中国的教材存在水土不服现象，导致一些国家的中文学校宁愿使用自编教材。罗春英、张燕军（2012）指出，中国出版的中文教材在文化内容、国别特色和难度方面针对性不强，难以满足美国的中文教学需求。金志刚等（2018）表示，意大利本土化中文教材存在数量不足、种类单一、使用局限大的问题。

吴应辉（2013）认为，在追求普适性教材的同时，应立足于本土化教材的巨大需求。学者们的研究普遍认为本土化教材应符合学习者的母语特点，并贴近当地社会环境，包括制度、思维和文化等方面。

2.2　中文教材的本土化方式

周小兵、陈楠（2013）指出，中文教材本土化的编写方式有两种，一本多版和中外合编。一版多本指将中国通用型中文教材改编为本土教材，这是国外本土化中文教材建设的基本路径（韩秀娟 2020），但这种改编存在很多不足，主要是不能针对当地的文化习惯和学习者特点。中外合编指的是教材的编写者则包括当地国的教师和中国教师，这样的教材更能适应不同国家的本土生活。中外合编的方式受到很多学者的肯定，赵金铭（2009）明确提出应大力提倡中外合作编写的供海外教学使用的中文教材。

对于本土化的具体方式，吴应辉（2013）认为，本土化教材在内容上应具有国别和区域文化特色；在词汇方面须纳入本土特色词汇；注释应使用学生的母语；在语言点方面须突出重点和难点。周小兵等（2014）通过研究美、日、韩三国本土化中文教材，归纳出本土化的方式：社会文化习俗和母语特点。社会文化习俗包括反映当地社会文化的词汇、风俗和国情等方面；母语特点则包括语音、词汇选取与释义、语法编写的本土化。王凤玲（2018）研究了通用中文教材的国别化改编过程，认为改编应充分考虑本土学习者中文习得的特点，在语音、词汇、语法、汉字和文化方面加强针对性。

在这些研究中，周小兵等（2014）的本土化方式及分级研究为观察中文教材本土化路径提供了清晰的视角，是本研究主要参考的标准。同时周小兵也强调，除却社会文化习俗和母语特点，教材还应符合当地教育制度，因此本研究应将编写理念与当地政策的契合程度也纳入本土化的考察范围。

3　意大利中文教学及教材的发展

3.1　意大利中文教学的发展

意大利中文教学的发展是一个综合性的进程，涉及历史文化交流、教育政策、教学资源、师资培养等多个方面。意大利地处欧洲南部，历史上是文化交流的交汇点，对外语学习持开放态度（意杰作 2018）。意大利是开展中文教学较早的国家。1732 年，意大利神父马国贤（Matteo Ripa）在那波里（Napoli）创立了"中文学院"，是西方第一所汉语学校（马西尼2009）。意大利中文材料的编写有传统、有基础、有发展。从罗明坚（Michele Ruggieri）、利玛窦（Matteo Ricci）以罗马字母书写的系统的汉语语音方案（1583—1588）、《西字奇迹》（1605），到卫匡国（Martino Martini）完成第一部汉语语法书（1653），再到叶尊孝（Basilio Brollo da Gemona）出版两部中文 - 拉丁文词典（其中一部使用部首顺序编写）（1694—1698），意大利的中文学习资源一直在不断发展（转引自马西尼2009）。

意大利重视年轻一代对未来世界的认知与作用，努力推进国际交流，为中文教学发展提供了政策支持和社会基础。

意大利的孔子学院在欧洲乃至全球中文推广体系中具有代表性，发展稳定，成绩显著。2006 年 9 月，由中国北京外国语大学与意大利罗马智慧大学建立的意大利第一所孔子学院——罗马大学孔子学院在罗马挂牌运行，之后另外四所孔子学院在比萨、那波里、都灵和米兰相继成立，随后迅速增长至 12 所孔子学院和 3 所孔子课堂，以及数十个中文教学点。其中，罗马大学孔子学院、米兰国立大学孔子学院等多家孔子学院被多次评为示范孔子学院。意大利的孔子学院不仅数量领先，而且教学质量高，成为中国文化的重要传播平台，吸引了众多对中国文化感兴趣的人，树立了良好的口碑。如在每年举办的中学生"汉语桥"中，意大利参赛学生的中文水平逐年提高，2017 年获得第 10 届"汉语桥"世界中学生中文比赛团体优胜奖，2019 年意大利高中生获得第 12 届"汉语桥"比赛全球总冠军（意杰作2018）。

意大利中文教学的快速发展还得益于政策方面的支持。2016 年意大利教育局发布《意大利国家中小学汉语教学大纲》，将中文正式纳入国民教育体系，并将中文考试纳入部分中学毕业考试。这一政策的实施，不仅推动了中文教学在中小学的规范化发展，也为中文教师的培养和职业发展提供了制度保障。意大利教育部决定将中文师资纳入国家师资招聘体系，为中文教师提供了成为国家公务员的机会。2016 即招聘了国家首批拥有永久编制的高中中文教师 15 名（意杰作2018）。据马西尼（Federico Masini）统计[1]，2022—2023 学年，意大利已有 177 所公立高中开设了中文必修课，一共有 17 088名学生在校学习中文，国际中文教育在意大利国民教育中蓬勃发展。

1　该统计数据来自马西尼 2024 年 1 月 18 日在北京外国语大学关于"本土中文教材的编写"的讲座。

在中文教育和中文需求迅速发展的同时，意大利的师资队伍和教育资源出现短缺。根据马西尼（2009）调查，中文在2009年已是意大利除英语外最受大学生欢迎的外语课程，选修中文的人数逐年增加，有近百所高中开设了初级中文课，但意大利中文教育面临着师资短缺的问题，部分地区自行开设的中文课程质量不高。意大利教育部通过招聘拥有永久编制的高中中文教师，稳定教师队伍，并激励更多优秀的本土中文人才加入（意杰作2018）。此外，孔子学院的教师和志愿者已成为中文教学的主力军，他们大多来自国际中文教育专业、外语专业，经过严格的培训和考核，保证了教学质量。龚漫（2022）聚焦于教学资源，统计了截至2020年意大利共239种本土教学资源，指出意大利在基础教育阶段的中文教学资源建设起步虽晚，但发展迅速。高等教育阶段的中文教学资源建设则更为完备，资源选用更为灵活。但尽管意大利中文教育在欧洲处于领先水平，教学资源建设取得了一定的成果，但教学资源还存在"一多四少"的问题，即教材种类多，但高质量的教材、专业的教师、系统的课程和有效的教学方法相对较少（龚漫2022）。

因此，本文聚焦高质量的意大利中文教材，特别是本土中文教材，以期为意大利中文教育和教材发展提供启示。

3.2　意大利中文教材的发展

意大利中文教学使用的教材主要有以下几种：

3.2.1　通用中文教材

通用中文教材一般是中国国内出版的中文教材，为各类背景和需求的学习者设计的中文教学材料。这类教材通常涵盖了中文的基础语言技能，如听、说、读、写，以及语言知识，例如词汇、语法和汉字等。通用中文教材的内容通常比较广泛，适合不同国家和地区的学习者使用，不局限于特定的文化或专业背景。意大利使用的主要通用教材有以下三类。

（1）综合课教材。如《新实用汉语课本》1—4册（刘珣，北京语言大学出版社，2003）、《汉语教程》1—6册（杨寄洲，北京语言大学出版社，2009）等，是针对不同水平的中文学习者，从初级到高级，满足不同阶段学生的需求综合性中文教材。教材内容包含语言教学（从语音、词汇、语法到复杂的语言结构和表达），并融入中国的文化元素，帮助学习者了解中国的文化背景，帮助学生提高综合性的语言技能。

（2）HSK 教材。如《HSK 标准教程》1—6 级（姜丽萍等，北京语言大学出版社，2015）是一套针对中文水平考试（HSK）的教材，以考教结合为原则，引导学生不断提高中文能力，通过 HSK 考试。全套教程对应 HSK 考试分为 6 个级别，1—3 级每级 1 册、4—6 级每级 2 册，共 9 册。每册包括课本、练习册、教师用书 3 本，共 27 本。教材内容侧重于 HSK 考试的技巧和策略，适合长期备考使用。随着 HSK 考试在国际上的普及，这类教材的需求可能会持续增长。

（3）通用中文教材翻译版，也叫"一版多本"教材，即以此课本的一个翻译版为依据（通常是英语），针对当地国的语言特点和文化特点，研发出的供当地人使用的中文教材。如《轻松学中文（意大利文版）》1—8 册（马亚敏等，北京语言大学出版社，2018），是一套为海外非华裔零起点中学生设计的中文教材，特别考虑学习者对 IB（国际文凭）和 AP（美国大学预修课程）中文考试的需求。通过意大利文的翻译，该版教材已成为面向母语为意大利文的青少年中文学习者的教材。教材内容包含实用对话和简短文章，以及彩色插图，包含课文和练习册。

3.2.2　本土中文教材

本土中文教材主要从不同学习层级来划分，主要包括高校使用、中小学使用和孔子学院使用等。

（1）高校中文教材

《意大利人学汉语》（全三册）由罗马智慧大学马西尼教授主编，HOEPLI 出版社出版，是一套意大利大学本土系列的综合教材，适用于意大利大学中文专业的学生，曾在 2010 年被评为"世界优秀本土中文教材奖"。教材内容覆盖率高，发行量大，反映了意大利学习者对中国文化学习的重视。该系列教材共三册。

《我会说汉语》由罗马智慧大学马西尼教授主编，HOEPLI 出版社出版，是一套意大利本土系列中文综合教材，适用于大学中文专业学生，主要针对意大利及圣马力诺的大学中文专业学生。教材内容包含中国地图、传统节日、历史纪年等，强调文化交流互鉴的理念。《我会说汉语》共三册，第一册于 2021 年发行，为意大利及圣马力诺的近 50 所大学中文专业新生提供了最新的本土教材，并配套了数字化教学资源。作为本土教材，它的发行和使用有助于推动意大利中文教育的发展，并可能随着教育需求的增加而不断更新和扩展。

（2）高中中文教材

《我们说汉语》由罗马智慧大学马西尼教授主编，HOEPLI 出版社出版，是一部专为意大利高中学生编写的中文综合教材，也是《意大利高中汉语教学大纲》的配套教材。这本教材由中外教师合作编写，适用于意大利文科、理科和语言类高中生。《我们说汉语》共 3 册，涵盖了中国汉语水平考试一级到五级（HSK1—5 级）的内容，包括生词和语法结构，以及文学和文化内容，也配套了数字化教学资源，旨在满足意大利高中中文教学的要求。

《慢慢来》由都灵大学孔子学院乐洋教授（Barbara Leonesi）主编，华东师范大学吴勇毅教授为学术顾问，由中意两国中文教师合作编写，意大利 Il Capitello 出版社出版的本土中文教材。该套教材的主要使用对象为意大利中学生，于 2016 年正式投入使用。《慢慢来》一共分为三册，分别对应 HSK1、HSK2、HSK3 三级，涵盖"欧框"的 A1 至 B1。教材以交际法为核心，从日常生活交际中提炼出常用词汇、句子、语法融入课文中，每单元都有具体的交流沟通目标，旨在使中文成为学习者日常生活中自然交流的基本工具（张燕阳 2019）。

（3）孔子学院教材

《说汉语，写汉字》由米兰国立大学孔子学院的本土中文教师合作编写，由意大利 ZANICHELLI 出版社出版，是针对意大利中学生、大学生和社会人士的中文教材（管静莉 2019）。教材专注于口语和书写技能的教材，希望学生提高口语交流和汉字书写。教材每册包含 8 个单元，共 24 课。每课包含课文、生词、语法、语音、写汉字、课堂活动六个板块。全书彩印，每个板块配以精美图画，增强教材的生动性和趣味性。在培养学生中文听、说、读、写能力的基础上，加入中国文化元素。教材特色之一是结合汉字从甲骨文到楷体的发展历程，生动形象地展示汉字的源起，帮助学习者领悟汉字的意义和内涵，提升学习兴趣，降低学习难度。

3.2.3　华人中文教材

意大利华裔的教材数量较少，且并不通行。专为意大利华裔学生设计的中文教材需要结合华裔学生的特定需求和背景来设计教材内容。目前，华人中文教材主要使用的是中国的语文教材，但随着意大利华裔社群的增长，这类教材的需求可能会增加，需要更多的研发和推广。

　　从以上意大利主要使用的中文教材来看，意大利中文教材的发展经历了从起步到逐步成熟的过程，从通用中文教材逐渐开发出本土中文教材的过程。意大利中文教材内容丰富，涵盖了从基础到高级的各个层次，为不同水平的学习者提供了相应的学习材料。教材的发展呈现出多元化和系统化的趋势，不仅满足了不同学习者的需求，也促进了中意文化交流与合作。随着教育政策的支持和教学资源的不断完善，意大利中文教材的发展将为两国文化交流和人才培养提供更加坚实的基础。

4　意大利主要的本土中文教材

4.1　意大利本土中文教材的发展

　　从上节可以看到，意大利中文教材种类丰富，发展快速。这里我们着重梳理意大利本土中文教材的发展。意大利的中文教学较欧洲其他国家，如法国、英国、德国等起步较晚，但发展速度不容忽视，目前已处于欧洲领先地位（李宝贵、庄瑶瑶 2021）。中文教材相比中文教学的发展则更为缓慢，成为制约意大利汉语教学发展的瓶颈之一（金志刚等 2018）。意大利近十年"本土汉语教材"的出版量有所增加，出现了适用范围广、使用频率高且受师生欢迎的优秀教材，如经典的意大利本土教材《意大利人学汉语》，以及 2016 年出版的《我们说汉语》等。目前已出版的意大利"本土汉语教材"达二十余种。除了基础、中级、高级中文教材外，还包括报刊汉语、科技汉语、导游汉语等专业中文教材。表 1 整理了目前意大利各大学、高中使用的主要教材情况。

表 1　意大利本土汉语教材出版情况

序号	教材名称	出版时间	出版社	中文水平等级
1	《我会说中文 1》	2021	HOEPLI	中级四等[1]
2	《我会说中文 2》	2022	HOEPLI	初等二级、三级
3	《我会说中文 3》	2023	HOEPLI	初等一级
4	《意大利人学汉语》初级篇	2006/2010	HOEPLI	HSK1—2
5	《意大利人学汉语》中级篇	2006/2010	HOEPLI	HSK3—4

（待续）

1　"初级"和"中级"的中文水平等级出自《国际中文教育中文水平等级标准》，中华人民共和国教育部国家语言文字工作委员会 2021 年发布。

（续表）

序号	教材名称	出版时间	出版社	中文水平等级
6	《意大利人学汉语》提高篇	2008/2014	HOEPLI	HSK5—6
7	《我们说汉语1》	2020	HOEPLI	HSK1—2
8	《我们说汉语2》	2017	HOEPLI	HSK3
9	《我们说汉语3》	2018	HOEPLI	HSK4—5
10	《我们学汉语》基础篇	2016	HOEPLI	HSK1—2
11	《说汉语，写汉字》	2016	ZANICHELLI	HSK1—2
12	《慢慢来》	2016	IL Capitello	HSK1
13	《基础汉语教程》	2014	CUEM	HSK3
14	《中级汉语教程》	2007	CUEM	HSK3—4
15	《报刊汉语》	2013	HOEPLI	HSK5—6
16	《科技汉语》	2014	HOEPLI	HSK3—4
17	《导游汉语》	2017	HOEPLI	HSK4—5

　　根据上表，《我会说中文》和《意大利人学汉语》主要在高校使用，《我们说汉语》《说汉语，写汉字》主要在高中阶段使用。《慢慢来》最早在孔子学院使用，后来进入周围学校。《报刊汉语》《科技汉语》《导游汉语》主要是专门用途中文教材。

　　龚漫（2022）指出意大利中文教育目前在欧洲处于领先水平，本土中文教学资源建设已初见成效。据其统计，截至2020年12月，意大利共有239种本土中文教学资源，其中教材占95种，这反映出意大利教材的多样性和编写发展的良好趋势。

　　金志刚等（2018）认为当前意大利本土化中文教材存在一些问题。第一，数量不足。据了解，目前意大利各大学、高中主要使用的教材是《意大利人学汉语》，虽然陆续出版了一些新的本土教材，但这些教材使用的局限性较大。此外，中、高级中文教材短缺，以2013年出版的《报刊汉语》为例，该教材目前为米兰国立大学研究生专业使用的中文教材，虽然词汇均为报刊汉语专业词汇，但是课文内容陈旧。该教材共十课，内容涉及中国两会、胡锦涛主席与意大利总理会谈、胡锦涛主席出席奥巴马总统举行的欢迎晚宴、温家宝总理答美国记者问等话题。由于内容缺乏时效性，未考虑长期使用的稳定性，因此很难真正引起学生的学习兴趣。

第二，种类单一。意大利的高中分为语言高中、文科高中、科技高中等。现有本土化教材能够基本满足语言高中、文科高中的初、中级中文学习者的需求，但缺少科技高中或语言高中商务班的相应中文教材。以米兰国立大学孔子学院下设曼佐尼高中为例，该高中属于语言高中，但其中四年级两个班的学生学习经济，他们提出希望能够开设商务汉语课程，但商务类中文教材多为英文注释，且不适用于该校的中文课程设置，在开课初始就因教材问题遇到了不小的阻力。

第三，使用局限性较大。首先，由孔子学院主导编写的本土教材主要应用于其自办的晚课、下设的孔子课堂和教学点的中文课程，推广到全意范围内有较大的局限性。其原因在于意大利各学校汉语课程的类型、课时、学生人数、师资力量等不尽相同，且在中文教材的选择上受本土教师主观因素的影响较大。其次，这些教材的教学对象针对性强，如《意大利人学汉语》主要适用对象是大学生，《我们说汉语》《说汉语，写汉字》的主要适用对象是高中生。最后，大多数本土教材比较适合学校正规授课，对于普通意大利中文学习者所参加的非学历教育课程并不十分合适。

综上所述，本文认为本土化中文教材研发和编写仍然是意大利中文教育中面临的重要的问题，而国内对于中文本土化教材的研究主要集中在英语国家和日韩等东亚国家，缺少对意大利本土化教材的系统研究。因此聚焦于本领域的研究有助于进一步认识意大利本土化教材的经验和特色，同时也能为国际中文教材的编写提供一些借鉴。本文认为意大利本土化中文教材的研究存在可创新的空间如下：（1）目前主要是对教材进行横向对比研究，而缺少纵向的发展研究；（2）研究局限于某套教材中的某一册，对教材的梳理并不全面；（3）对近年来新出版的教材关注不够。针对这三个问题，本文以经典教材《意大利人学汉语》和最新出版的本土化中文教材《我会说中文》为研究对象，每套按初级、中级、高级纵向梳理本土化特点，再横向比对两套之间异同，根据两套教材时间的继起，进一步探究意大利本土中文教材的发展特点。

4.2 两套经典意大利本土中文教材——《意大利人学汉语》和《我会说中文》

意大利本土中文教材《意大利人学汉语》和《我会说中文》，每套书各三册，出版信息见表2。

表 2　《意大利人学汉语》和《我会说中文》的出版信息

教材名称	出版时间	出版社	等级
《意大利人学汉语》基础篇	2008/2014	HOEPLI	"欧框" A1—A2
《意大利人学汉语》中级篇	2006/2010	HOEPLI	"欧框" B1—B2
《意大利人学汉语》提高篇	2006/2010	HOEPLI	"欧框" C
《我会说中文》1	2021	HOEPLI	《等级标准》[1]1
《我会说中文》2	2022	HOEPLI	《等级标准》2—3
《我会说中文》3	2023	HOEPLI	《等级标准》4

　　《意大利人学汉语》是意大利第一套本土化中文教材，采用了"三方合作"的中外合编模式，即由意大利有声望的汉学家马西尼教授担任主编，由在意大利当地教授中文的老师和在中国教授中文的老师共同完成。该套教材由意大利出版社 HOEPLI 发行。第一册（基础篇）和第二册（中级篇）原合一卷首版发行于 2006 年，后于 2010 年再版修订并一分为二；第三册（提高篇）首版发行于 2008 年，于 2014 年进行再版修订。本文以修订版为研究对象，下文所提《意大利人学汉语》皆指修订版。该套教材主要参照汉语水平考试（Hanyu Shuiping Kaoshi, 简称 HSK）新认证体系和"欧框"，第一册对应了 A1—A2 级别，第二册对应了 B1—B2 级别，第三册对应 C 级水平。《意大利人学汉语》是旨在服务于大学中文教学的综合型教材，曾在 2010 年孔子学院大会被评为"优秀国际汉语教材"。自 2006 首版发行至 2021 年，其广泛适用于意大利及圣马力诺大学中文专业，覆盖率超过 80%，发行总数超过 10 万册[2]。

　　《我会说中文》是目前意大利最新出版的本土化综合型中文教材，它同样采用了"三方合作"的中外合编模式，同样由马西尼教授主编、意大利出版社 HOEPLI 发行。第一、二、三册相继于 2021、2022、2023 年出版。该套教材主要参照中国教育部于 2021 年 3 月颁布并于同年 7 月生效的《国际中文教育中文水平等级标准》，学习者通过学习第一册能够达到等级 1 的水平，学习第二册后能达到等级 2—3 的水平，学习第三册后能达到等级 4 的水平。《我会说中文》系列教材首先于罗马大学试点，意在替换《意

1　《国际中文教育中文水平等级标准》，中华人民共和国教育部国家语言文字工作委员会 2021年发布。

2　北京外国语大学孔子学院工作处新闻资讯，罗马大学孔子学院意方院长马西尼主编《我会说汉语》出版，https://oci.bfsu.edu.cn/info/1129/6894.htm/（2024.5.30 读取）

大利人学汉语》成为意大利及圣马力诺大学最新的中文教材。编者马西尼指出，教材需要与时俱进，应基于意大利目前中文教育的情况做出相应的调整。

两套教材具有高度的相似性，首先二者都是旨在服务于大学中文教学的综合型教材，采用的编写模式都是外方为主-中外合作的"三方合作"方式，且都由同一个汉学家担任主编。同时，虽然两套教材参照的标准框架不同，但二者分别能达到的词汇量及能力水平基本一致。相比于《意大利人学汉语》，《我会说中文》是目前最新的本土中文教材，二者在时间和目的上存在接续替换的关系，因此两套教材具有可比性，也可探究意大利本土中文教材的发展变化。

本书下一篇论文将对两套教材进行梳理和分析，总结在各模块下二者所体现的本土特点，同时将两套教材进行横向比较，归纳异同，探究发展特点，以此发现意大利本土化教材编写中的成功经验和发展趋势。这将有助于意大利中文教材的本土化建设，有利于进一步在当地推广中文，同时也能为更好地编写中文教材提供借鉴和参考。

参考文献

《世界汉语教学》编辑部，1998，语言教育问题座谈会纪要，《世界汉语教学》(01)：3-10。

龚漫，2022，意大利本土中文教学资源发展现状、影响因素和未来建设，《国际中文教育（中英文）》7 (01)：100-110。

管静莉，2019，意大利中文教材《进级汉语一级》与《说汉语，写汉字》对比研究。硕士学位论文。重庆：重庆大学。

韩秀娟，2020，近十年来国际汉语教材的本土化与国别化研究综述，《汉语学习》(06)：97-105。

胡晓慧，金秀景，2009，从韩国汉语教材市场看汉语教材"走出去"，《中国出版》(Z1)：45-48。

金志刚、王莉、尚笑可，2018，意大利汉语本土教材研究——以《我们说汉语》和《意大利人学汉语》中级篇为例，《海外华文教育》(06)：5-20。

李宝贵、庄瑶瑶，2021，中文纳入意大利国民教育体系的现状、特点及启示，《国际中文教育（中英文）》6 (03)：75-84。

刘珣，2000，《对外汉语教育学引论》。北京：北京语言大学出版社。

罗春英、张燕军，2012，美国本土大学汉语教材的特点及其启示，《浙江外国语学院
　　学报》（04）：75-79。

马西尼，2009，意大利汉语教学与研究概况，《世界汉语教学学会通讯》（02）：6-7。

沈艳艳、刘洁，2022，21世纪国内本土化汉语教材的研究综述。劳动保障研究会议
　　论文集（十五）。116-120。

王凤玲，2018，从韩国版《汉语教程》看汉语教材的本土化改编。硕士学位论文。上
　　海：上海外国语大学。

吴应辉，2013，关于国际汉语教学"本土化"与"普适性"教材的理论探讨，《语言
　　文字应用》（03）：117-125。

意杰作，2018，意大利汉语教学的历史和现状考察。硕士学位论文。上海：上海外
　　国语大学。

张燕阳，2019，意大利本土化汉语教材的本土特点及适用性研究——以《意大利人
　　学汉语》和《慢慢来》为例。硕士学位论文。上海：华东师范大学。

赵金铭，2009，教学环境与汉语教材，《世界汉语教学》（02）：210-223。

周小兵、陈楠，2013，"一版多本"与海外教材的本土化研究，《世界汉语教学》（02）：
　　268-277。

周小兵、陈楠、梁珊珊，2014，汉语教材本土化方式及分级研究，《华南师范大学学
　　报（社会科学版）》（05）：73-78。

14　意大利本土中文教材特色

朱旻文　陶怡涵

1　引言

本章的目标在于发现和归纳《意大利人学汉语》和《我会说中文》两套书共六册意大利本土化中文教材的本土特点，并在此基础上进一步探究从《意大利人学汉语》到《我会说中文》的本土教材发展趋势。具体研究两个问题：一是有针对性地研究教材中的"本土特点"，主要考察针对性和实用性，重点关注教材实现"本土化"的路径；二是探究"发展特点"，除本土化发展特点外，还关注时代特点、理念更新等其他方面的特点，全面梳理本土化教材的发展趋向。

本章采用的研究方法主要为归纳法和比较法。采取归纳法对两套意大利本土化中文教材在编写理念、结构框架、社会文化、语言要素等方面进行分析，总结其本土化特点。采用比较法对两套教材做横向比较，发现它们的共性与差异，探究意大利本土中文教材的发展特点。

2　编写理念与结构框架的本土化特点

教材编写理念是编者对教材的主要构想，体现着整套教材的思想核心并进一步影响教材的基本结构，探究和分析本土化中文教材的编写理念及结构框架特点有助于我们发现中文教材适应外语教学环境的策略和方式。本节将对《意大利人学汉语》和《我会说中文》两套教材进行考察，主要分析二者的编写背景、编写原则、整体结构和课文结构，归纳编写理念与教材结构的本土特点，并在对比中探究教材的发展。

2.1　编写理念：与当地教育制度的接轨

2.1.1　编写背景

为适应海外教学环境，本土化中文教材的编写需要充分考虑当地教育制度及教学情况。《意大利人学汉语》和《我会说中文》主要在意大利及圣马力诺地区的大学中使用，下文结合意大利教育制度和当地大学中文教学情况，总结出两套本土中文教材遵循的编写背景有以下三点：

（1）中文教材与意大利外语等级标准相一致。意大利作为欧盟的成员国，对外语的等级评判遵从"欧框"。《意大利人学汉语》的编写主要遵从了"欧框"，同时也兼顾参照了中国汉语水平考试（简称 HSK）等级要求。学习者学完该套教材后，能达到"欧框"C 级水平，具备通过 HSK 中级考试的能力。《我会说中文》是第一部完全与《国际中文教育中文水平等级标准》（简称《标准》）挂钩的本土教材。学习者学完该套教材，能达到"欧框"C 级、《标准》中级 4 等的水平。

（2）本土教材与当地教学要求和课时相匹配。意大利大学本科的学制为3 年，研究生学制为 2 年，且本科阶段学生注册报到后可自行调节考试及毕业时间，因而每个学生的学习进度有很大的自主性，一个班级里的学生也并不固定。除了部分大学如罗马大学、那不勒斯大学、威尼斯大学把中文作为一门外语专业外，多数大学都把中文作为一门第二或第三语言的选修课，学分要求使得当地学生需要选择除了英语外的第二语言课程（梁冬梅 2008；张利 2013；张燕阳 2019；龚漫 2022）。在课时方面，意大利大学的一学年有 20个教学周，每周有 4 至 8 课时的中文课，由意大利籍教师和母语为中文的教师共同承担，其中意大利籍教师负责语法和课文，中文母语教师负责口语和会话。基于以上教学特点，两套教材都以三册成套，每册课文数量都在 20课及以内，学生一个学年学一册书。这一课文数量远少于中国编写的通用型综合教材，如《博雅汉语》分为四个级别共九本书，适用于国内本科的四年学制。可见，《意大利人学汉语》和《我会说中文》的教学进度都大大慢于《博雅汉语》，这和本土教育环境息息相关。

（3）本土教材与中文学习者特点和要求相匹配。《意大利人学汉语》是意大利第一套本土中文教材，由罗马大学东方学院研发和使用。教材编者基于当时的教学实践认为很多大一的学生仍需要进行大量的零起点教学，因此将教材与意大利学习者的特点和需求相匹配，研发的本土教材有大量的零基础内容的介绍和学习，以帮助当地学习者更好地了解和掌握中文的重难点。无论是该教材的首版（2006；2008），还是再版（2010；2014），都围绕这一主旨进行。随着中文进入意大利国民教育体系，部分高中开设了中文课，很多学生进入大学前已经有一定的中文基础，这对大学的中文教材提出了更高的要求。最新发行的意大利本土化中文教材《我会说中文》（2021；2022；

2023）基于目前一年级大学生的中文基础，对零起点的教学内容（特别是语音教学）进行了一定压缩，同时提供了更全面的当代中国内容，强调“跨文化”的理解能力，以满足高水平学习者对中文学习的要求。该套教材从2021年起在罗马大学进行试点，推广之后将逐渐完成对《意大利人学汉语》教材的替换。

2.1.2　编写原则

（1）《意大利人学汉语》的编写原则

《意大利人学汉语》的三册书每册20课，采取了不同的编写原则。前两册“基础篇”和“中级篇”采取“结构-功能型”的编写原则，即以结构为基础，语法点和句型讲解基本遵循难易程度次序，同时又考虑到结构所表达的功能，每课以对话文本为主，且有明确的话题和使用情景，使结构应用于一定的功能。所涉及的中国文化知识教学较少，主要随课文内容出现或以阅读形式附加于练习部分。第三册“提高篇”则采取“文化型”的编写原则，即以文化知识为纲、结合语言教学。第三册将课文分为6个部分，每个部分有统一的主题（如传统文化、当代社会等），向学习者介绍从传统到当代的中国文化，同时通过实用的词汇和语句帮助学生提高会话水平和阅读不同主题文章的能力。《意》的三册目录样式如下图。

日常用语
Espressioni di uso comune 1
第一课　语音—汉字1
Lezione 1 Pronuncia e caratteri 1 3
第二课　语音—汉字2
Lezione 2 Pronuncia e caratteri 2 11
第三课　语音—汉字3
Lezione 3 Pronuncia e caratteri 3 19
第四课　语音—汉字4
Lezione 4 Pronuncia e caratteri 4 27
第五课　我是马可
Lezione 5 Io sono Marco 37
第六课　我们都是罗马人
Lezione 6 Noi siamo tutti romani 47
第七课　你叫什么名字
Lezione 7 Come ti chiami? 59
第八课　你喜欢看电影吗
Lezione 8 Ti piace guardare i film? 73

图1　《意大利人学汉语》基础篇目录示例

图 2 《意大利人学汉语》中级篇目录示例

图 3 《意大利人学汉语》提高篇目录示例

（2）《我会说中文》的编写原则

《我会说中文》三册均遵循了“结构、功能、文化相结合”的原则，皆以分课方式编排，第一册18课、第二册16课、第三册10课，每课有明确的主题和功能项目。编写以功能为纲，每课开头都设有“介绍性练习 / 图像”，帮助学生明确语言能力目标及课程交际功能，同时练习量增多、分布更加均衡。注重功能的同时也兼顾结构，语法点和句型讲解次序总体符合等级框架。此外，文化教学十分突出，前两册以城市地点为课文线索，使学生在一定情景下体会中国不同地区的风景人文。第三册将中国文化融入不同的体裁文本中，并以注释方式详细讲解文本的语言特点，充分体现了结构、功能、文化的融合。《我》的三册目录样式如下图。

北京 Pechino

第一课 你好! 9
Lezione 1 Ciao!
■ Esprimere i saluti: 你好! 再见! ■ Interessarsi di qualcuno: 你好吗?

Parte 1

Dialogo 1 10
■ Nomi propri ■ Parole nuove
Lessico 10
Cognome in cinese ■ Pronome 您 ■ Saluti (你好, 再见)
■ Segni di punteggiatura
I suoni del cinese 10
I toni sulle sillabe 11
Aspirate e non aspirate 11
Suoni nasali 12
Vocali semplici 12
Iniziali e finali 12
I suoni di questa Lezione (1) 13
Vocali complesse 13
Regole di scrittura del pinyin 14
Esercizi 14
Ascoltare 14
Parlare 15

Parte 2

Dialogo 2 16
■ Nomi propri ■ Parole nuove
I suoni di questa Lezione (2) 16
Grammatica 17
Frase a predicato aggettivale ■ Ordine modificatore + modificato ■ Frase interrogativa con 吗, 呢
Esercizi 18
Ascoltare 18
Scrivere 19
Scrittura 19
Caratteri semplici e caratteri complessi 20
I radicali 21
Esercizi 22
Scrivere 22

北京 Pechino

第二课 你叫什么名字? 23
Lezione 2 Come ti chiami?
■ Presentarsi: 我叫和平，我是马老师的学生。■ Chiedere il nome di altri: 你叫什么名字?

Parte 1

Dialogo 1 23
■ Nomi propri ■ Parole nuove
I suoni di questa Lezione (1) 24
Vocali complesse 24
Lessico 24
Saluti (嗨); 请问 + domanda ■ Nome proprio cinese, cognome + nome

图4 《我会说中文》第一册目录示例

图 5 《我会说中文》第二册目录示例

图 6 《我会说中文》第三册目录示例

2.2　结构框架

2.2.1　整体结构

　　两套教材的整体结构相似，都有前文、正文和辅文三大部分。课文及练习内容为"正文"，在此之前的序言及内容提要等为"前文"，在此之后的附录之类等为"辅文"。两套教材三大部分具体包含的内容见下表。

表 1　《意大利人学汉语》整体结构

	基础篇	中级篇	提高篇
前文	目录、前言、汉语基础知识介绍、日常问候及课堂用语	目录、前言	目录、前言、编者说明
正文	1—20 课、翻译练习（5—20 课）、测验	1—10 课、测验 1 11—20 课、测验 2	传统文化（1—5 课）、当代社会（6—10 课）、热门话题（11—15 课）、汉语趣谈（16—17 课）、汉语应用文（18 课）、中国地理与中国文学（19—20 课）、听力练习（1—20 课）
辅文	附录[1]、注释和语法、生词表、CD 检索	听力练习答案、注释和语法、生词表、CD 检索	生词表、CD 检索

表 2　《我会说中文》整体结构

	第一册	第二册	第二册
前文	目录、前言、使用指南、汉语基础知识介绍、课堂用语	目录、前言、使用指南	目录、前言、使用指南
正文	1—5 课、复习练习 6—10 课、复习练习 11—14 课、复习练习 15—18 课、复习练习	1—16 课	1—10 课
辅文	生词表、附录[2]、索引	生词表、索引	生词表、索引

1　《意大利人学汉语》基础篇的附录中有听力练习答案、普通话声韵表、214 个部首表、中华人民共和国地图、中国历代年表。

2　《我会说中文》第一册的附录中有普通话声韵表、214 个部首表、中华人民共和国地图、中国历史纪年简表、中国与意大利节日表、量词使用表。

两套教材整体结构的共同点是都在第一册的"前文"部分集中介绍了中文基础知识，且在介绍语法特点时都进行了中意对比；每册不超过20课，主要以分课方式编排。

下不同之处在于，在测试方面，《意》的"基础篇"和"中级篇"有单独的"测验"板块，"基础篇"在所有课完成后有一个大测验，"中级篇"在此基础上增加了期中测验；而《我》第一册在每5课后设有单独的"复习练习"板块，不再设大测验。在课文数量方面，《意》三册均为20课，而《我》的课数依次为18课、16课、10课，三册中呈现出逐渐减少的趋势。在课文编排上，《意》先凸显语言的功能，再凸显文化功能，而《我》第一至三册都贯穿相同的编写原则，始终凸显功能项目。

特别需要注意的是两套教材的"辅文"部分。在"附录"板块，《我》额外增加了"中国与意大利节日表"和"量词使用表"，更凸显中意文化的对比和中文的特点。在"生词表"板块，《意》提供的是"中意词表[1]"，而《我》同时提供了"中意词表"和"意中词表[2]"，查找生词更为方便。

2.2.2 课文结构

《意大利人学汉语》和《我会说中文》每课内容的编排都遵循"课文-词汇-语法-练习"的基本结构，但又有所不同。具体细节如下。

表3 《意大利人学汉语》课文结构

基础篇20课	1—4课：语音-汉字-生词-练习 5—20课：课文（对话）-生词-词汇注释-语法-汉字部首知识-练习
中级篇20课	课文（对话+独白）-生词-词汇注释-语法-练习
提高篇20课	课文（独白+对话）-生词-注释（词语用法+文化知识）-练习

表4 《我会说中文》课文结构

第一册18课	介绍性练习-课文1（-语音知识1-4课）-词汇注释-语法-练习 介绍性练习-课文2（-语音知识1-4课）-词汇注释-语法-练习-汉字知识（-汉字练习1—4课）
第二册16课	介绍性图像-课文1-词汇注释-语法-练习 介绍性图像-课文2-词汇注释-语法-练习 介绍性图像-课文3-词汇注释-语法-练习-词汇练习

（待续）

1　生词按照汉语拼音首字母排序。
2　单词按照所对应的意大利语首字母排序。

（续表）

第三册10课	介绍性练习／图像–课文1–课文的特点–词汇注释–练习 介绍性练习／图像–课文2–课文的特点–词汇注释–练习

对比两套教材的课文结构，《我》在文本之前增加了"介绍性练习／图像"部分，明确语言能力目标及交际功能，也更好地引导学生进入课文。在每课的内部模式上，《意》为线性模式，先集中学习课文再做相关练习；而《我》为循环模式，每课包含多篇课文，每篇课文有独立的生词、注释和练习。

在课文数量上，《我》的课数减少，但实际课文数多于《意》，例如《我》第一册每课有两篇课文，而《意》只有一篇，《我》第二册每课有三篇课文，而《意》只有两篇，因此二者在学习总量上基本持衡。

练习部分，《意》整体放在课文的最后，而《我》因循环模式，练习会在每课中部，有时还会增添专门性板块，如第一册的"汉字练习"和第二册的"词汇练习"。

2.3 编写理念及教材结构的本土化特点归纳

《意大利人学汉语》和《我会说中文》在编写理念及教材结构两方面所具有的本土特点的共性及发展变化如下表所示。

表5 总体编写上的共性与发展变化

	编写理念	教材结构
共性	·语言水平对应的HSK等级和"欧框"一致 ·编写适应当地教学和学生的需求	·整体结构一致，有前文、正文和辅文 ·课文结构一致，课文–词汇–语法–练习 ·先集中介绍汉语基础知识 ·附有中国地图、纪年表等
变化	·从"结构–功能"+"文化"到全三册都遵循"结构–功能–文化"相结合 ·从"结构"为主到"功能"为主	·课文内部由线性模式转向循环模式 ·总体课数减少，但实际课文数量增多 ·练习增多，"大测验"减少 ·附录生词表增加"意中词典"

两套教材在总体编写和结构上继承发展了本土化方式，编写理念充分适应意大利教育制度和中文教学情况，考虑了当地的语言等级标准、教学课时、学生需求等。在教材结构上，两套教材充分考虑了非目的语的教学环境，选择在"前文"部分集中介绍中文基础知识（中文的历史和现状、语音、语法

和中文书写系统），在"辅文"部分展示中国地图和纪年表等，这是本土化教材在非目的语环境下使用为增加学习者对目的语国家和语言基本情况的了解而做的努力。

与此同时，《我会说中文》与《意大利人学汉语》相比，也呈现出很多发展变化，如教材编写理念的转向、课文内部模式的转向、练习的增加、细节上的完善（如同时提供"中意词典"和"意中词典"，在"附录"板块增加"中国与意大利节日表"和"量词使用表"、生词随课文标注等），观照了中意差异的同时，也凸显了汉语言文化的特点，使得本土教材更具有针对性和实用性。

3　社会文化呈现的本土化特点

中文教材中的文化因素是指蕴含在中文语言系统中并能反映中华民族的环境地理、当代社会、历史文艺、运动健康、社会交际、生活方式、风俗习惯和价值观念等方面特点的文化信息，是中文学习者在学习中文和运用中文时要掌握的那部分文化（王巍 2022）。作为供外国学习者在本国环境中使用的材料，本土化教材天然会利用学习者实际的生活环境进行教学，因此本土化中文教材将一定程度上体现学习者所在国的社会环境，包括制度、文化、习俗等，拉近外国学习者的心理距离，缓冲不同文化之间的碰撞。本节将探究《意大利人学汉语》和《我会说中文》两套教材在背景、话题、词汇和课文内容四个方面的本土文化体现，并归纳异同探析发展趋势。本节对社会文化习俗的本土化特点考察主要依据周小兵等（2014）在"中文教材本土化方式及分级研究"中提出的本土化具体方式及重要程度分级标准。

3.1　背景设置

背景设置，即课文是基于哪个国家而产生的。将一部分课文的背景设置在当地，有助于拉近教材与学习者之间的距离，也有助于本土化词汇和文化点的介绍（周小兵、陈楠 2013）。

《意大利人学汉语》的课文围绕三个意大利学生、一个中国学生、一个法国留学生展开。基础篇和中级篇第 1—10 课介绍他们在罗马的学习生活，背景设置为意大利；中级篇第 11—20 课介绍他们在北京的留学生活，背景设置为中国；提高篇通过归类的主题向学习者介绍从传统到当代的中国文化，背景设置为中国。因此，在《意大利人学汉语》总60课中，以意大利为背景和以中国为背景的课文各占一半。

　　《我会说中文》第一册和第二册的课文发生背景以城市地点为线索[1]，第一册的城市地点在中国和意大利交叉展开，涉及9个中国城市，包括北京、天津、西安、成都、南京、上海、杭州、广州、台北，还有8个意大利城市，分别是罗马、佛罗伦萨、锡耶纳、威尼斯、博洛尼亚、米兰、那不勒斯、巴勒莫。第二册则全部为中国城市，一课一个城市，共16个，如桂林、重庆、澳门、香港、三亚、拉萨等中国著名城市。第三册的课文是来自平台，如网络、社交媒体、书籍等的真实文本，文本背景设置无定论，故此处不讨论。在《我会说中文》前两册总34课中，以意大利为背景有8课，约占25%。

3.2　话题选择

　　话题选择，指课文所讨论的话题能够体现所在国的特点。《意大利人学汉语》有两篇课文的话题具有本土文化特点，分别是基础篇第13课的"爱情"话题和第15课的"足球"话题。意大利作为一个以浪漫著称的国家，其文化中的爱情元素是不可忽视的一部分。教材将"爱情"作为话题，巧妙地将意大利的浪漫文化融入语言学习中。通过这一话题，学生不仅学习到与爱情相关的中文词汇和表达，还能深入理解意大利人对爱情的独到见解和浪漫情怀。足球在意大利社会中占据着举足轻重的地位，是意大利文化的重要组成部分。教材中"足球"话题，通过讨论足球运动和相关文化，让学生在学习中文的同时，也感受到意大利人对足球的热爱以及足球文化在意大利社会中的重要地位。

　　《我会说中文》也有两篇课文的话题体现了本土文化特点，分别是第一册第13课的"米兰旅游"话题和第17课的"巴勒莫旅游"话题，二者都和意大利旅游有关。米兰作为意大利的时尚之都，是经济和文化的重要中心。巴勒莫位于西西里岛，以其丰富的历史遗迹和独特的地中海风情而闻名。作为两个重要的城市，将旅游和语言学习结合起来，不仅可以教授与旅游相关的词汇和表达，还介绍了城市的历史文化和现代面貌，使学生在学习语言的同时，感受城市魅力，同样这些熟悉的文化话题，也会帮助学生关注和学习更实用的语言材料。

1　城市名称会在"介绍性图像／练习"部分明确标识，电子版教材还附有相关城市人文地理的图文介绍。

　　教材通过具有本土特点的话题选择，不仅教授语言知识，还提供了文化背景，有效地促进了语言学习与文化体验的结合。这些本土文化的话题还能和中国文化的话题进行比照，不仅凸显了意大利的文化特色，也有助于激发学生的学习兴趣，增进跨文化交流，培养学生的全球视野和跨文化交际能力。

3.3　本土文化词汇

　　词汇是语言传递信息的基石，关乎学习者能够表达和指涉的事物。在意大利本土学习中文的学生缺乏目的语环境，在日常生活中接触的都是当地社会环境，因此在教材中补充一定的本土词汇能够帮助学习者在实际生活中运用中文。《意大利人学汉语》和《我会说中文》都收录了一些体现本土的词汇，大都和当地社会文化有关。本文参照周小兵等（2014）的教材本土化分类办法对其进行整理，具体内容如下表。

表 6　本土词汇分类表

		人名	地名	食物	节日	货币	运动	其他	总数
《意》	基础篇	4	4	5	—	1	3	8	25
	中级篇	1	6	3	—	—	—	4	14
	提高篇	—	—	1	—	—	—	1	2
《我》	第一册	10	12	3	1	1	1	4	32
	第二册	5	3	4	—	—	—	3	15
	第三册	2	—	—	—	—	—	—	2

　　一些难以分类的词汇归为"其他"，具体内容如下。

表 7　"其他"类详细内容

《意》	基础篇	意大利语、意大利文、意汉词典、米兰人、罗马人、中华酒家、俄文、德文
	中级篇	AA 制、迟到、教堂、同居
	提高篇	亲吻
《我》	第一册	意汉词典、酒吧、教堂、华人
	第二册	传教士、社交平台、基督教
	第三册	—

《意》基础篇出现的其他类词较多，诸如"米兰人""罗马人"等，以及"中华酒家"等在意大利生活中经常说的词语。在介绍词典时，也选用"意汉词典"这个词语。介绍语言时，也结合欧洲多语言的特点，出现"意大利文""俄文""德文"等词汇。这些都是为意大利学生所熟知的，非常容易理解。

观察两表，可以发现两套教材在词汇选择上呈现的共性。（1）两套教材都注重在词汇教学中融入本土文化元素，如人名、地名和食物等，这些词汇与学生的日常生活和工作密切相关，有助于提高学习者使用中文的实用性和兴趣。（2）本土词汇数量的递减趋势。从教材的编排来看，无论是《意大利人学汉语》还是《我会说中文》，随着教材级别的提高，本土文化词汇的数量呈现递减趋势。这可能是因为随着学习者中文水平的提高，教材更注重语言结构和复杂度的深入，而非文化词汇的广度。

对比两套教材，二者有着以下不同。（1）《我》的本土文化词汇数量要多于《意》，主要体现在"人名"和"地名"。这与《我》的人物角色设计和课文背景有关。《意》的人物角色固定，而《我》的人物角色不固定，这导致《我》常有新人物出现，在人名词汇上更为丰富。《我》第一册的课文背景在中意两国城市交替展开，因此涉及更多的意大利地名。（2）《意》"其他"类词汇更为丰富。涉及了更多与意大利文化相关的词汇，如 AA 制、迟到、教堂等，这些词汇有助于学生了解和适应中国与意大利文化之间的差异。而《我》则更关注中国的新词语，如"微信、支付宝、高铁"等，这可能和不同时期学习者的不同需求有关。

3.4 课文内容中的本土文化点

课文内容的本土文化体现，主要表现在课文所涉及的当地本土文化点上。周小兵等（2014）将本土文化分为日常生活习俗、交际文化、国情、成就文化等四类。本文参照这一分类标准，对两套教材所涉及的本土文化点进行整理，详细内容如表 8，分类和数量统计如表 9。

表 8 教材中的本土文化内容

	基础篇	电话号码格式、咖啡和啤酒、足球、饭后甜点
《意》	中级篇	考核方式、时间观念、罗马城市介绍、广场的休闲娱乐、意大利的中文学习情况、未婚同居、中意文化对比、酒文化、生活作息、罗马的气候、饮食习惯

（待续）

（续表）

《意》	提高篇	口味和饮食方式、咖啡、西方礼仪、亲属称谓、失业问题、罗马交通、婚礼习俗、AA制度、移民情况
《我》	第一册	意大利人对中国的态度、意大利人的性格、赛马节、生活在意大利的中国人现状、博洛尼亚大学、米兰风情、威尼斯的气候、那不勒斯咖啡、生活作息习惯、意大利菜、西西里人、旅游交通
	第二册	意大利大学城、喝咖啡的习惯、意大利建筑、时尚设计、马可·波罗、中国品牌在意大利的知名度、巧克力、交通规则、罗马城市介绍、意大利方言、意大利的浙江人、葡萄酒、意大利人对中国人的刻板印象、意大利文学与歌剧、"黑色星期五"
	第三册	绘画作品《最后的晚餐》

表9　课文本土文化点分类及数量

		日常生活	交际文化	国情	成就文化	总数
《意》	基础篇	4	—	—	—	4
	中级篇	8	1	2	—	11
	提高篇	2	4	3	—	9
《我》	第一册	7	2	2	1	12
	第二册	7	1	3	4	15
	第三册	—	—	—	1	1

　　观察两表，可以发现两套教材都涵盖了一定数量的本土文化点，《意大利人学汉语》共涉及24个文化点，而《我会说中文》则有28个。在这些文化类别中，"日常生活"是最主要的体现方式，这表明教材编写者认为日常生活是文化教学中最为贴近学生生活、最易于理解和接受的部分。这一共性表现出教材编者认为本土文化在本土中文学习中的重要性是不言而喻的。

　　两套教材，二者的不同之处在于：（1）文化内容的差异。尽管两套教材在文化点的总体数量上相差不大，但在具体文化类别上存在差异，《我》的文化类别中新增加了一类"成就文化"。成就文化指的是鼓励个体或集体实现目标和取得成功的价值观和行为模式。在成就文化中，人们注重培养和发展个体的才能和潜力，重视努力和创新，认为成就和成功是一种对人们努力和付出的认可和奖励，如"意大利大学城""马可·波罗""意大利文学与歌剧"等都体现出意大利成就的文化价值观，并在《我》中数量达到了6个，反映出教材编写者对于文化展示的更新和不同侧重点。（2）文化内容的编排，与《意》相比，《我》三册的本土文化点数量不均衡，前两册较多，第三册偏少，这可能与教材编写设计的变化有关。《我》第三册的课文内容主要来自各平台的文章，且主要选取的是和中国有关的文章，因此对意大利的文化涉及就比较少。对意大利文化的设计主要集中在前两册。

另外，在文化呈现方式上，两套教材都没有单独设立文化板块，而是选择将文化内容自然地融入课文中，用一种非常自然的方式向学习者传达。文化内容呈现在课文、注释和练习中，例如会适当选取意大利和中国为主题的文章，又如如果课文是有关中国文化的，那么练习中就会出现意大利相关的阅读文本。这种设计有助于学生在语言学习的同时，更自然地接触和理解两国文化，更好地体会文化的共性和差异。文化是不能教授的，要通过同情或模仿，在体验中学习。

3.5 社会文化呈现的本土化特点归纳

《意大利人学汉语》和《我会说中文》所体现呈现的社会文化本土特点共性和发展变化如下表。

表 10 社会文化的本土化特点

	词汇	课文
共性	·都选取了一定数量的本土词汇； ·本土词汇量在系列教材的一至三册呈递减趋势； ·所选本土词汇中占比最多的为"人名、地名、食物"。	·一定数量课文的背景设置为意大利 ·部分课文的话题体现意大利本土特点 ·课文内容都涉及一定数量的本土文化点
变化	·本土词汇数量增加	·意大利背景设置的占比稍有下降 ·课文内容的本土文化点数量增多 ·文化体系中新增"成就文化"类别

本土文化的体现是本土化中文教材的重要本土化方式，词汇的选择、背景设置与话题选择、课文内容是主要呈现途径。从上表可以看到《意大利人学汉语》和《我会说中文》在时间和目的上存在接续替换的关系，（1）本土词汇量从《意》到《我》呈上升趋势；（2）《我》仍保留背景设置和话题选择的本土化方式，虽然背景设置的占比稍有下降，但话题选择数持平；（3）课文内容的本土文化点数量从《意》到《我》呈上升趋势，并且《我》还增添了"成就文化"类别。可见，本土社会文化的体现是编写本土教材的重要特点，这一趋势正在延续，并呈现出新的发展。

4　语言要素的本土化特点

本土教材的编写应考虑学生者的母语特点，这主要体现在语言要素上。本章将从语音、词汇、语法、汉字四个方面入手，分析《意大利人学汉语》和《我会说中文》在语言要素编写上所呈现出的本土特点，并在归纳对比中探究发展特点。

4.1　语音编写

语言本质上是口头性的，对于中文学习者来说，语音是首先接触并学习的语言要素。本土化教材的语音编写，应当基于学习者母语的语音特点和学习重难点，在选择、排序、注释和练习方面有所体现（周小兵等 2014）。本节主要探讨两套教材在语音知识介绍和讲解上的针对性特点。

语音上，意大利语与中文有相似之处也有不同之处，例如：（1）一些元音发音基本一致，如"a、i、u"；一些元音在意大利语中没有对应的音，如"e、ü"。（2）一些辅音发音基本一致，如"m、f、n、l、s"；一些辅音的发音并不一致，如"j、q、x、z、c、r、ng"；一些辅音在意大利语中完全没有，如"zh、ch、sh"。（3）意大利语有清浊之分，而没有送气不送气之分，而中文主要以送气不送气区分声母。（4）意大利语是非声调语言，而中文是声调语言。

4.1.1　语音的选择和排序

《意大利人学汉语》和《我会说中文》都在各自的第一册第 1—4 课集中进行普通话声、韵、调的讲解，其中《意》"基础篇"的 1—4 课为专门的语音教学课，只讲语音不讲课文；而《我》第一册的 1—4 课有课文（对话）和词汇，语音知识的讲解放在课文之后。两套教材关于汉语声韵调的选择和讲解次序如下表：

表 11　语音的选择和排序

	《意大利人学汉语》	《我会说中文》
第1课	b p m f d t n l a o e i u ü 本课声韵拼合表、拼音书写规则、声调	b p d t g k j q z c zh ch n ng a o e i u ü ao ai ia uo iao 音节的构成、声调、上声变调、送气与不送气、鼻音、普通话声韵表、拼音书写规则

（待续）

（续表）

	《意大利人学汉语》	《我会说中文》
第2课	g k h ai ei ao ou an en in ang eng ing ong 本课声韵拼合表、上声变调、半三声、轻声	üe ei ui ua
第3课	j q x z c s ian iao iang iong ia ie iu üan ün üe 本课声韵拼合表、"一、不"变调	uai ue iu
第4课	zh ch sh r er ua uo uai ui uan un uang ueng 本课声韵拼合表、儿化音	ou iou

　　对比两套教材，我们可以发现二者在语音"选择"和"排序"上都有着很大的不同。在"选择"方面：（1）《意》讲解了21个辅音声母和35个韵母（除了ê、-i前、-i后），基本覆盖全部普通话声韵母。而《我》只讲解了12个有送气与否之分的辅音、鼻音n和ng，以及20个韵母，并不全面。（2）除了声母、韵母、四声和上声的变调，《意》还讲解了半三声、轻声和儿化的语音现象，而《我》只选择了送气与不送气、鼻音的讲解。

　　在"排序"方面：（1）《意》前4课没有课文，只讲语音，讲解顺序按照普通话声韵表的次序，而《我》从第1课开始就有课文，语音讲解以"本课的声音"为依托，依赖课文内容的出现而排序。（2）《意》的语音讲解分布均匀，每课附有该课所涉及声韵母的拼合表；而《我》的讲解更集中，在第1课就讲解了中文主要的声韵母、音节构成、拼合规则、变调现象等，剩下的三课就只涉及韵母的讲解。

　　两套教材的语音的选择和排序差异可能有两个原因。第一，学习者语言熟练程度不同。《意》的学习者基本是零起点学生，此前没有学过中文，因此对语音的介绍也是几近详细。而《我》在2021年首用时，中文已经进入意大利国民教育，很多高中生在进入大学前都有了一定的中文水平，因此大学的中文新教材在零起点阶段会过渡得更快一些，以适应当前学习者的需求。第二，语音教学的理念更新。语音的学习早前主要是听辨练习，注意区分发音之间的音素差异。近年的语言学研究发现，音位对语音的学习有很重要的影响，当发音和意义结合起来时（音位是最小的音义结合体），学习者会更注意区分意义的发音差异。鉴于《我》的语音讲解是和课文结合起来的，可以推测编者关注到音位对语言学习的影响，并在教材中有所体现。

4.1.2　语音注释

周小兵等（2014）将语音注释的本土化方式分为三种：（1）相近音，即以学习者母语的相近音注释；（2）相近音 + 区别，即以母语相近音注释的同时描述目的语与母语相近音的区别；（3）相近音 + 方法，即以母语相近音注释的同时说明发音方法。本文采取以上分类方式，对《意大利人学汉语》和《我会说中文》的语音注释进行观察，结果如下表。

表 12　语音注释

语音注释方式	《意大利人学汉语》	《我会说中文》
相近音[1]	韵母：a o i u 声母：g j q x z c s zh ch sh 音素：a-ian/üan；i-ji/qi/xi/ei 辅音：ng	韵母：ai ei en uo ia ü（法语） 声母：f j z sh 音素：e-ie 元音：er（英语） 音节：ni nin mi ma bu
相近音 + 区别[2]	韵母：e ü 声母：x c	韵母：ao 声母：p t k q c 音素：e-ke/me 音节：me si
相近音 + 方法[3]	声母：b p d t g k j q z c	

对比两套教材，可以发现二者在语音注释呈现出的共性：（1）都注重中意对比，语音本土注释的数量占所讲解全部语音的比例都超过了 40%。（2）都主要采用"相似音"的本土化语音注释方法，如"j"类似"ginnasta"中的"g"/dʒ/ 的发音（《意》）、"sh"类似那不勒斯方言中的"s"/ʃ/ 的发音（《我》）。（3）都注重对汉语送气与不送气辅音"b p d t g k j q z c zh ch"的讲解。

1　用意大利语的相近音注释汉语。
2　用意大利语相近音注释的同时，描述意大利语与汉语相近音的区别。
3　用意大利语相近音注释的同时，说明具体的发音方法。

两套教材在语言注释中的不同点在于，（1）《意》只用意大利语相近音注释；而《我》还引入了其他语言，例如用法语相近音注释"ü"，用英语相近音注释"er"。（2）《意》的语音本土注释对象涉及了声母、韵母、音素；而《我》在此基础上还涉及音节，如"ma、bu、si"。（3）《我》更多地采用了"相似音＋区别"的方法。

此外，在讲解汉语声调时，《意》引入了意大利语中"No"的不同语气表达（升调表示惊讶、疑问义，降调表示明确的否定义）来突出汉语声调在区分意义上的重要性，而《我》没有涉及这一点。

可见在语音编写上，《意大利人学汉语》和《我会说中文》都重视突出意大利学习者的重难点，并在语音注释体现中意对比。但在语音知识点的选择和排序方面，《意》更加全面和系统，《我》具有一定的选择性。在本土化语音注释方法方面，《我》体现出更多的灵活性。

4.2 词汇编写

词汇是句子结构的基本单位，学习者信息的传递和意义的理解的基础。同时词汇也是概念义和色彩义的统一体，词汇意义的理解会受到学习者社会文化背景的影响。本土化的词汇编写往往在词汇选择、注释和数量三个方面具有针对性，词汇的选择在上一节已讨论过，本节主要探讨词汇的数量、释义和注释。

4.2.1 词汇数量

李如龙、吴茗（2005）提出两条对外中文词汇教学的原则，区分频度和语素分析，为提高词汇教学效率提供了切实可行的道路。同时，教材的词汇数量还受到适用地教育环境和学情的影响，这是本土化教材词汇编写必须纳入考虑的重要因素之一。

《意大利人学汉语》的词汇分为"生词""补充生词""专名"三类，其中生词和专名在课文中直接出现，补充生词并未在课文中直接出现但和课文内容相关。《我会说中文》的词汇分为"生词""专名""成语"三类，都在课文中直接出现。本节统计的词汇数量包括生词、补充生词、专名、成语。两套教材的各册词汇量及总词数如表 13 所示。

表 13　词汇数量总计（单位：个）

	第一册	第二册	第三册	总词数
《意大利人学汉语》	613	860	1270	2743
《我会说中文》	537	935	733	2205

　　《意》的总词数比《我会说中文》多 493 个，尤其体现在最后一册，《意》提高篇比《我》第三册多了 537 个。总词汇量的较大差值和两套教材的课文数量有关，《意》系列每册各 20 课，而《我》系列第一册至第三册的课文数量分别为 18、16、10，《我》的课文数量，特别是第三册明显少于《意》，是影响总词汇量主要原因。下面我们统计了每课的词汇量，以观察平均词汇量。

　　两套教材各册每课词汇数量及平均值如下图 7 至 9 所示。

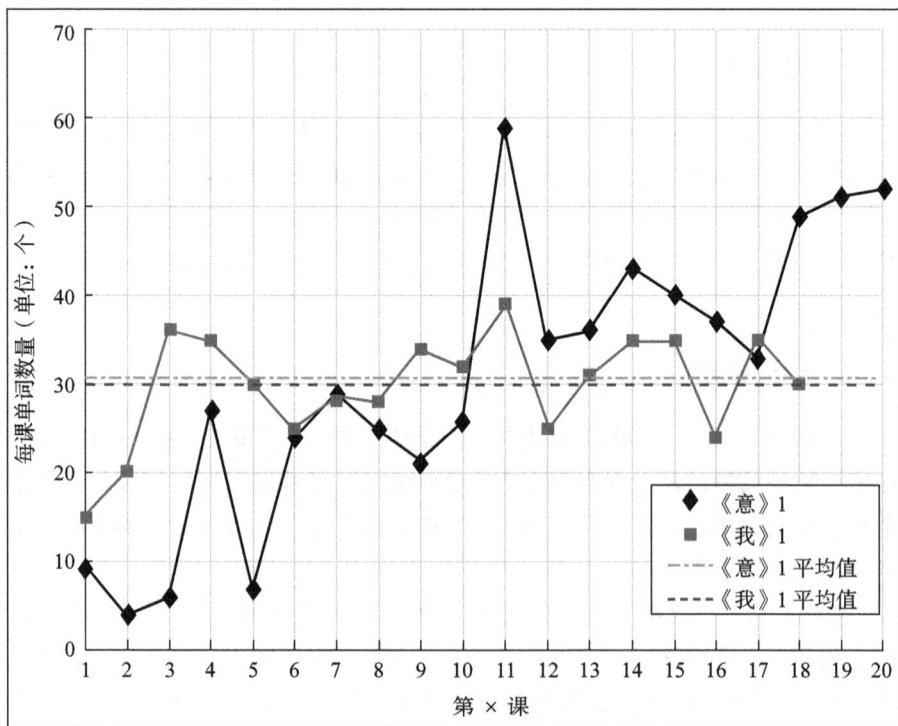

图 7　两套教材第一册每课词汇量及平均值

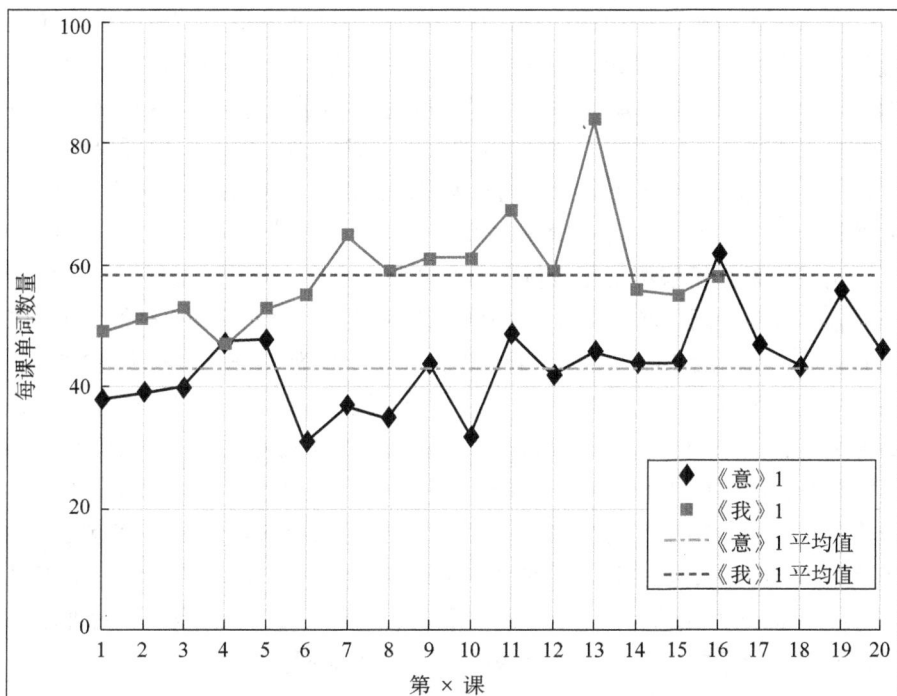

图 8　两套教材第二册每课词汇量及平均值

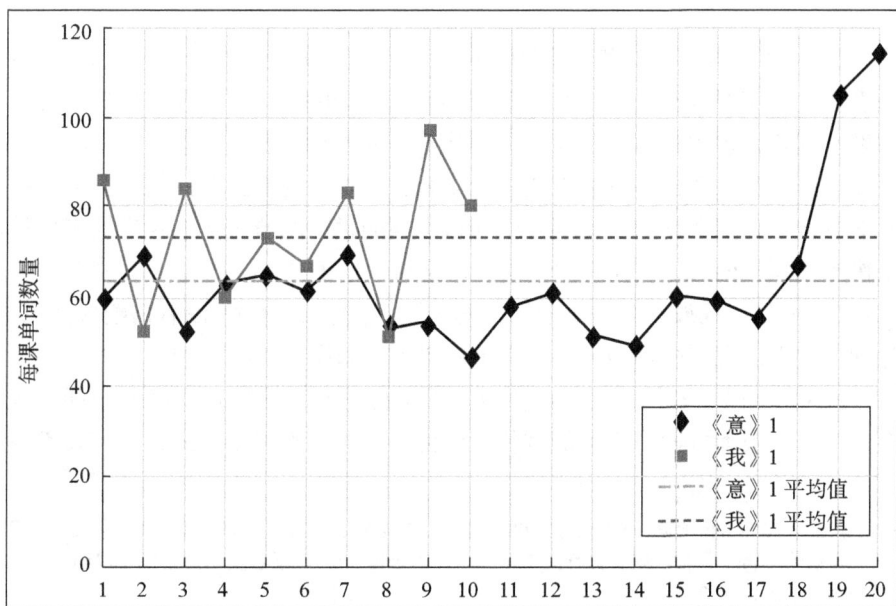

图 9　两套教材第三册每课词汇量及平均值

观察两套教材的平均词汇量，我们发现：（1）第一册，二者的平均词汇量基本一致。《意》每课词汇量呈逐步上升的趋势，《我》每课词汇量分布更加均匀稳定。（2）第二册，《我》每课词汇量均高于《意》。这和每课内部的文本数量有关，《我》第二册每课 3 篇文本，而《意》中级篇每课是 2 篇文本。（3）第三册，前十课《我》的每课平均词汇量多于《意》，但由于《我》的课数少于《意》，故该册词数相对少。

为了更好地了解本土化教材的词汇量特点，我们引入通用型中文教材进行比较。据车晓雨（2024）统计，中国国内使用的《博雅汉语》（第二版）初级起步篇、准中加速篇、中级冲刺篇的词汇量分别为 1496、1303 和 1852 个，每课平均词汇为 30、45 和 111 个。《意》和《我》系列在总词汇量和第三册每课词汇量（62/76）上均显著低于《博雅汉语》中级篇（111），而前两册与《博雅汉语》初级和准中级基本一致。这种差异主要源于：一是本土化教材设定的学习目标较低（完成《意》《我》系列约为 HSK4-5，而《博雅汉语》中级为 HSK6）；二是各国教育制度与课时安排不同，意大利大学一学年仅20 周，中国则为 32 周。相关研究（周小兵、张鹏 2018）也发现，国外教材词汇量普遍低于国内教材，且每课词汇量更为均衡稳定。可见，词汇量少是本土中文教材的一大特点。

4.2.2 词汇释义

《意大利人学汉语》和《我会说中文》都采取"媒介语释义法[1]"的生词释义模式，即用意大利语作为媒介语解释中文生词的意义。《意》每篇课文后单设生词表，包含拼音、释义，同时还会展示词组，搭配或例句，如图 10。每课生词表按拼音首字母的方式进行排列，这种排列方法有待商榷。初级中文学习者在碰到生词时，特别是不知道生词的拼音的情况下，在生词表里很难快速找到该词语，从而对生词的学习造成一定困难。

《我》的生词放在同一页的课文的旁边，有拼音、释义，没有搭配或例句。生词按课文出现顺序排列，并在文中标出生词和序号，如图 11。

相对《意》来说，《我》的生词有明显的更新，按出现顺序和与课文放在同一页，极大方便了生词的查找。但由于采用同页展示方式，受到页面空

1　王汉卫（2009）将生词释义模式分为非语言式、交互式、语言式三类。其中"语言式"指用语言解释语言，包括"媒介语释义法"和"目的语释义法"，前者指用外语解释汉语，后者指用汉语解释汉语。

二、生词 *Shēngcí* — Vocabolario

pīnyīn	carattere	classe gramm. e trad. italiana	esempi di uso
bàoqiàn	抱歉	(agg.) dispiaciuto	很抱歉　非常抱歉
cānjiā	参加	(v.) partecipare	参加活动　参加晚会
chá	查	(v.) consultare	查资料　查词典
chàbuduō	差不多	quasi, più o meno	差不多一点了　差不多都学了
chū	出	(v.) uscire	出图书馆　出去　出来
chū//mén	出门	(v.) uscire; andare fuori	出门去买东西　出门的时候
cuò	错	(agg.) sbagliato	看错了　写错了
dào	到	(v.) arrivare	我到家了　没拿到
dǒng	懂	(v.) capire	听懂了他的话　看懂了这本书

图 10 《意大利人学汉语》生词列表示例

(在昆明一家餐厅的同学聚会)

同学甲：干杯！我们一起欢迎茅洛再次回到昆明！

茅洛：谢谢大家！四季如春的昆明已经变成了我的第二个家乡了。

同学乙：你这次会待多长时间？跟上次一样只是短期的交换吗？

茅洛：不，这次是长期的，而且我也计划在云南大学继续上硕士。

同学甲：如果我没记错的话，你在意大利是学植物保护的，对吗？

茅洛：你记得很清楚！但是现在在云大我学习自然环境保护。

1 昆明 Kūnmíng Kunming, capoluogo dello Yúnnán 云南
2 茅洛 Máoluò Mauro
1 聚会 jùhuì n. festa
2 季/季节 jì/jìjié n. stagione
3 交换 jiāohuàn v. scambiare
4 保护 bǎohù v. proteggere
5 推广 tuīguǎng v. diffondere
6 环保 huánbǎo n. protezione ambientale
7 浪费 làngfèi v. sprecare
8 报告 bàogào n. documento, rapporto (篇、份)
9 丢脸 diū//liǎn v. perdere la faccia
10 文明 wénmíng agg. civile
11 社会 shèhuì n. società (个)
12 公民 gōngmín n. cittadino (位)
13 积极 jījí agg. attivo
14 概念 gàiniàn n. concetto (个)

图 11 《我会说中文》生词列表示例

间的限制，《我》舍去了生词扩展一栏，在实用方面又有所降低，更有赖于教师课堂的讲解。

4.2.3　词汇注释

　　除了对生词的解释，两套教材在每篇课文后都设有"注释"的板块，这是《博雅汉语》等大部分通用型教材并不涉及的。该注释同样采用"媒介语

释义法",用意大利语解释汉语词汇。注释内容包括词汇意义、词语用法、词汇文化含义等,注释的对象包括生词列表中的词、课文中出现的语言表达及文化现象。具体如下图 12 和 13 所示。

三、注释 *Zhùshì*　→ **Note**

Kàn 看: il primo significato di *kàn* 看 è 'guardare', ma esso ha una serie di significati derivati, quali 'leggere mentalmente', 'fare visita a...', 'pensare qualcosa su una determinata questione', ecc.

Yāo 一: nei numeri di telefono, di stanza, ecc., per non confonderlo con il numero sette (*qī* 七), 一 si pronuncia *yāo*.

Hěn shǎo 很少: si tratta di una locuzione avverbiale che significa 'raramente'; si tratta di un uso particolare.

Hé 和 è impiegata anche per unire, in rapporto non gerarchico, due verbi bisillabici: es: *wǒ xǐhuan tiàowǔ hé chànggē* 我喜欢跳舞和唱歌 'Mi piace ballare e cantare', ma non *wǒ xǐhuan kànshū hé tīng yīnyuè* 我喜欢看书和听音乐 'Mi piace leggere e ascoltare musica', perché il verbo non è bisillabico.

图 12　《意大利人学汉语》词汇注释示例

Lessico

- Il verbo **gàn** 干 è usato soprattutto nell'espressione colloquiale *gàn shènme* 干什么, "che fare?".
- Quando si vuole cambiare argomento nella conversazione, si può utilizzare il sintagma **duìle** 对了, "giusto".
- Alla fine del Dialogo, **nà** 那 ha la funzione di collegare l'enunciato alla battuta precedente e può essere reso come "allora".
- Il verbo **xíng** 行, che letteralmente vuol dire "muoversi", significa anche "andar bene" e si usa per esprimere una proposta o fornire assenso; si differenzia da **hǎo** 好, impiegato per chiedere o affermare che una situazione "è buona".

图 13　《我会说中文》词汇注释示例

　　用意大利语进行注释时,关注中文词特有的意义,如中文"那"在对话结束时,用于连接前一句话与前一句话,并可以翻译"那么"(对应意大利语的 allora)。也关注中文和意大利语的对比,如"看"的第一个意思是意大利语的"guardere(看)",但它有一系列引申义,如"默读""拜访""思考某个特定问题"等,这是 guardere 所没有的。注释还会关注意大利学生的中文偏误,如"* 我喜欢看书和听音乐",意大利语可以这样表达,但中文不行,中文要说"我喜欢唱歌和跳舞",并给出了解释"'和'两边的动词要是双音节的"。

　　可见,"词汇注释"板块是编者对于个别词语的关注和重点说明,使用"中意对比"来进一步辨析某个词语在两种语言中的差别,体现出词汇教学的针对性。本节统计了两套教材中"词汇注释"涉及的词数及其在本册总词数中的比例，对"中意对比"的条目也进行了统计。具体数据如下表所示。

表 14　词汇注释量统计

	《意大利人学汉语》			《我会说中文》		
	基础篇	中级篇	提高篇	第一册	第二册	第三册
注释量 [1]	58	52	77	116	137	33
比例 [2]	9.46%	6.05%	6.06%	21.60%	14.65%	4.50%
中意对比 [3]	7	5	——	10	5	1

对比两套教材可以发现，《我》的总注释量远多于《意》，《我》第一册和第二册的注释量几乎是《意》前两册的两倍，比例上也远大于《意》，对词汇的理解和教学更为重视。《意》的注释量三册基本维持稳定，而《我》的注释主要集中在前两册。

两套教材在词汇注释中体现了中意对比意识，但中意对比的注释都只占一小部分，数量没有随着注释的比例增多而上升。

综合本节分析，我们发现在词汇编写上《意大利人学汉语》和《我会说中文》作为本土中文教材，相比于通用型教材，词汇总量偏少，并重视词汇注释，体现出中意对比的意识。相对来说，《我》的生词更少一些，查找更为方便，词汇注释也更丰富，是新教材的发展方向。

4.3　语法编写

语法教学一直处于国际中文教学的中心，中文教材如何编排语法项目是教学的关键问题。吕文华（2002）认为"语言自身的规律是制约语言点排序的最直接、最根本因素"，教材语法编排应循序语法自身的难度差异。然而第二语学习者的语法学习受到母语背景的影响，除了考虑中文的结构规律

1　两套教材各册"词汇注释"板块所涉及的条目数量。

2　该册"总注释量"所占"总词数"的比例。

3　"词汇注释"中体现"中意对比"的条目数量。例如：《意》基础篇在注释"咱们"时，说明虽然"我们"和"咱们"在意大利语中都翻译为"noi"，但"咱们"包括说话者和听话者；《我》第二册在注释"理论"时，提及该词与意大利语含义类似，既可以指特定的理论"teoria"，也可以指按道理应该发生的事。

外，本土教材的语法编写也要考虑学习者的认知规律和习得规律。本文从语法项目的排序和注释两个方面对《意大利人学汉语》和《我会说中文》进行考察。

4.3.1　语法排序

《意大利人学汉语》的语法项目教学从基础篇第 4 课开始，《我会说中文》从第一册第 1 课开始。需要说明的是，《意》提高篇和《我》第三册都取消了单独的语法板块，《意》提高篇将语法与词汇注释融合在一起，《我》第三册则是用"文本的特点"替代，内容包括各类体裁文本的语言特点介绍和说明。我们认为这并不符合传统意义上的语言项目教学，因而仅选取教材的前两册观察，将单独列出的语法项目进行统计，具体分布如下表。

表 15　系列教材第一册语法项目

课文	《意大利人学汉语》基础篇	《我会说中文》第一册
1	—	程度副词"很" 形容词谓语句 1 修饰语与中心语的位置 语气词"吗""呢"
2	—	助词"的" 1 主谓宾的语序 否定副词"不"【对比】[1] 疑问代词"什么""谁"
3	—	语气词"吧" 疑问代词"哪" 介词和动词"在"【对比】 介词短语的位置 助词"的" 2 疑问代词"多""几"（询问年龄） 名词谓语句
4	—	连词"还是""或者" 动词"来""去" 离合词

（待续）

1　对比：在解释某个汉语语法项目时，明确指出其与意大利语的不同。

（续表）

课文	《意大利人学汉语》基础篇	《我会说中文》第一册
5	动词"是"【对比】 疑问句1【对比】 语气词"吗" 疑问代词"谁"【对比】	名量词 动词"有" 连词"和" 副词"还""也" 动量词 指示代词"这""那"
6	助词"的"1 副词"也、都"【对比】 疑问句2 连词"和"【对比】	形容词谓语句2【对比】 副词"又"
7	动词谓语句【对比】	时间状语及位置 疑问代词"什么时候" 日期的表述 动词的重叠 介词"给" 双宾语动词"问、送" 情态动词"可以"
8	数词【对比】 助词"的"2 离合词 副词"也、还"【对比】	时间名词和时量词【相似】[1] 疑问代词"几"（询问时间）
9	动词的连用 时间定语【对比】	方位表达 动词"有"和"是" 语气词"了" 介词"和、从、离" 否定副词"别"
10	动词"有"【对比】 动词"在"【相似】 比较"有"和"在" "来、去、在"＋指示代词【对比】 动词的重叠【对比】	动词"坐" 介词"跟" 情态动词"想、要"
11	量词【对比】	副词"在" 省略数词"一" 助词"的"3 概数

（待续）

1　相似：在解释某个汉语语法项目时，利用汉语与意大利语的相似性来说明。

（续表）

课文	《意大利人学汉语》基础篇	《我会说中文》第一册
12	情态动词"想、要、能、会、可以" 连词的位置	情态动词"会、能、可以" "不是……吗"的疑问格式 "要……了"
13	形容词谓语句【对比】	兼语句"请、让" 时间顺序副词"先、然后" 情态动词"会"2
14	名词谓语句【对比】 日期的表达【对比】 动词"在"和介词"在"【对比】 语气词"了"1【对比】	"比"字句1 情态动词"应该" 助词"着" "比"字句2
15	介词"跟、对" 动词"坐、骑"【对比】 动词"用" 连词"要是"	情态补语1 "跟……一样/不一样" 形容词的重叠式 情态补语2
16	时间的表达【相似】	动态助词"了"1 否定副词"不"和"没"的区别 副词"已经" 动态助词"了"2 "一边……一边"
17	双宾动词"教、给、借、问、送"【对比】 介词"给"	副词"就"和"才" 连词"如果" "一点儿"和"有点儿"的区别 副词"又"和"再" 连词"只要" 形容词作状语及补语 时间副词"以后"
18	副词"正、在、正在"【对比】	强调句式"是……的" 动态助词"过" 数量短语的重叠式
19	方位词【对比】	—
20	兼语句及"请、让、叫"	—
总数	38	76

表 16　系列教材第二册语法项目

课文	《意大利人学汉语》中级篇	《我会说中文》第二册
1	程度补语【对比】 动宾词组作定语【对比】	连词"不过""但是" "如果……的话" "虽然……但是……" "不但……而且……" "一……就" 语气词"的"
2	语气词"了"2【对比】 副词"又""再"【对比】	结果补语1 结果补语2
3	动态助词"了" 副词"就""才"	"越……越……" 连词"而" 情态补语3 "比"字句3 连词"不管" 介词"为、为了"
4	"是……的" 助词"过"	比较句"没有""不如" 介词"连""除了" 介词"在" "不必"与"没有"的区别
5	助词"着" 存现句	简单趋向补语
6	结果补语1	结果补语3 处所的位置 "A不AB"的提问形式
7	结果补语2 "一v就v" 助词"地"【相似】	时间名词及时量词2 时量补语1
8	时量补语 动量词【对比】	复合趋向补语
9	"把"字句【对比】	动量补语 时量补语2 "比"字句4 "了"3
10	简单趋向补语【对比】	宾语前置 "把"字句1 "把"字句2

（待续）

（续表）

课文	《意大利人学汉语》中级篇	《我会说中文》第二册
11	近将来语式的表达"快、快要" "只要……就……" "只有……才……"	可能补语1 可能补语2 可能补语3
12	复合趋向补语	程度补语1 程度补语2 副词"难怪、原来" 语气词"着呢"
13	可能补语	"被"字句1 "被"字句2
14	"被"字句	复合趋向补语引申用法
15	比较句（1）"比""不如"	疑问代词的泛指及虚指
16	比较句（2）"跟""和""一样""越……越……"	"一点儿也不" "难道……吗" 强调副词"是"
17	复合趋向补语的引申用法	—
18	疑问代词的活用 "连……都/也" "是……的"	—
19	反问句【相似】 双重否定	—
20	—	—
总数	33	46

　　《意》基础篇和《我》第一册的语法项目数量分别为38、76个；《意》中级篇和《我》第二册的语法项目数量分别为33、46个。参考《国际中文教育中文水平等级标准》的语法等级大纲，可以发现两套教材前两册的语法项目基本都处于《标准》三级语法点的范围内，这也与二者期望达到的语言水平相一致。

　　两套教材语法的不同之处：（1）在语法项目数量上，《我》的总数量和每课数量都远多于《意》，并且《我》还增添了一些新的语法点，如情态补语、数量短语的重叠式及更多的连词等。（2）从语法项目的排序上看，《我》的教学进度要快于《意》，如《我》第一册就进行动态助词"的""比"字句的语法教学，而《意》在中级篇才涉及。

　　探究语法项目排序的本土化特点，还需结合意大利学生的习得重难点。卫雅（2019）指出，意大利学习者常见的语法偏误为：（1）介词"在"有关的时地状语；（2）结构助词"的"；（3）形容词谓语句；（4）动态助词"了""过"。两套教材都在初期讲解"在"，并辨析其作为动词与介词的用法，《我》还增加了时间状语与位置句的讲解，是《意》没有涉及的。助词"的"的教学上，两者均分阶段呈现。形容词谓语句方面，《意》在第 9 课出现，而《我》则第 1 课就介绍了，早于其他句式。动态助词"了"出现在《意》的中级篇，而《我》则安排在第一册末。

总体来看，两套教材的语法排序积极考虑了意大利学习者母语背景的影响。与张伟平（2007）总结的七套通用教材初级阶段语法项目排序相比，意大利本土教材呈现出更重视介词"在"结构的讲解，对形容词谓语和"了"的关注。此外，《我》的语法排序发生了调整，语法难度要高于《意》，是受到学生基础提高和编写理念发展的影响。

4.3.2　语法注释

周小兵等（2014）认为，中文教材中的本土化语法注释方法主要有三种：（1）用母语注释两种语言中相同或相似的语法点，简称"相似"；（2）明确指出母语和目的语的不同，简称"对比"；（3）展示学习者的偏误。《意大利人学汉语》和《我会说中文》都用意大利语对语法项目进行解释说明，主要采取"对比"和"相似"这两种本土化注释方式，详细内容参上面两表中用"【　】"标记的部分。本文研究了两套教材的语言注释，涉及系列中的前两册，二者的本土化语法注释具体内容如下表所示。

表 17　两套教材的本土化语法注释数量

		对比 [1]	相似 [2]	总数
《意大利人学汉语》	基础篇	22	2	24
	中级篇	8	2	10
《我会说中文》	第一册	3	1	4
	第二册	—	—	—

观察上表数据，可以发现两套教材在语法注释上的共性：（1）体现出一定的中意对比意识，并较多地采用"对比"这种本土化注释方式。（2）从数量上看，系列教材的本土注释量从第一本到第二本逐渐减少。

1　在某个汉语语法项目的注释中，明确指出其与意大利语的不同。
2　在某个汉语语法项目的注释中，利用意大利语与其的相似性进行说明。

同时，对比两套教材，可以发现它们有明显的不同：《意》的本土注释量显著多于《我》，前者的总数几乎是后者的九倍，并且《我》第二册中没有本土化语法注释。

为了进一步探究两套教材在注释量上的显著差异，本文对《我》中保留的 4 个本土化语法注释进行了分析。该 4 个语法项目及其注释方式为：（1）否定副词"不"【对比】；（2）介词和动词"在"【对比】；（3）形容词谓语句【对比】；（4）时间词【相似】。对比《意》中这 4 个语法点的注释，可以发现除了否定副词"不"之外，《意》对其余 3 个语言点也进行了本土化注释，且注释方式与《我》一致。本文推测这是编者基于意大利语学习者表现和《意》使用效果而有意删减。原因可能如下：一方面，有关"在"的表达和形容词谓语句是意大利学生的常见偏误，故而保留；另一方面，两套教材在第一册的"汉语基础知识介绍"部分已进行了中意语法对比，每课过多的语言对比会使目的语语法知识介绍过于繁复，删减部分内容可以减少重复、减轻负担。

综合本节分析，我们发现《意大利人学汉语》和《我会说中文》在语法编写上都遵循汉语结构规律和难易程度的排序，同时在排序和注释两方面对意大利中文学习者的语法重难点进行了适当关注。此外，相比《意大利人学汉语》，《我会说中文》的语法项目数量更多、本土化注释数量更少，这反映了意大利中文教育的发展和编者理念的更新。

4.4　汉字编写

汉字具有难记、难认、难写的特点，尤其对使用拼音文字的学习者来说，汉字是学习的难点。已有调查显示，意大利对汉字教学的重视程度较高，且意大利中文学习者的汉字水平普遍高于一般欧美国家的学生，这与中意文化交流历史密切相关（张利 2013；张燕阳 2019）。本节将从汉字知识的介绍和练习两个方面，观察《意大利人学汉语》和《我会说中文》的汉字编写特点。

4.4.1　汉字知识

《意大利人学汉语》和《我会说中文》的汉字知识介绍都集中在系列教材的第一本，位于课文文本之后并贯穿全册。其中，《意大利人学汉语》每课的汉字知识介绍内容为部首和笔顺，如图 14 和 15 所示；《我会说中文》在第 1 课讲解了汉字基本笔画、笔顺书写规则、独体字和合体字，其余每课的汉字知识介绍内容为本课出现的部首及其含义，如图 16 和 17 所示。

（一）部首　**Radicali 1 – 14**

一画部首　**Radicali di un tratto**

	Radicale	Significato del radicale	Significato (se carattere)	Pīnyīn	Esempi
1.	一		uno	yī	不 且
2.	丨 (tratto verticale)				丰 中
3.	丶 (punto)				主 为
4.	丿 (tratto obliquo a sinistra)				久 乃
5.	乙 (乚) (angolo aperto a destra con gancio)				也 电
6.	亅 (uncino)				了 司

图 14　《意大利人学汉语》汉字部首介绍示例

（二）本课汉字笔顺　**Ordine dei tratti dei caratteri studiati**

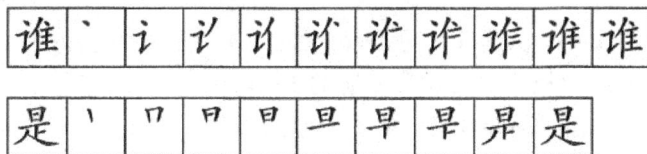

谁	丶	讠	讧	计	讦	许	诈	诈	谁	谁

是	丨	口	曰	日	旦	早	早	昰	是	

图 15　《意大利人学汉语》汉字笔顺介绍示例

Scrittura

La tabella di seguito illustra i nuovi radicali dei caratteri presenti nei Dialoghi della Lezione.

Numero di tratti del radicale	Numero del radicale nella tavola in Appendice	Radicale (con eventuale variante e forma tradizionale)	Significato del radicale	Carattere in cui è presente
2	149	讠 (言)	parola	请、谁、认、识、谢
	10	儿	uomo	先
3	85	氵 (水)	acqua	没
	39	子	figlio	学、字
	169	门 (門)	porta	问
	120	纟 (系、糸)	filo di seta	经、系
	41	寸	pollice	对

图 16　《我会说中文》汉字部首介绍示例

Annotazioni su alcuni radicali

■ Il radicale 讠 *parola*, semplificazione della forma 言, è il radicale che segnala i caratteri attinenti con la lingua, scritta o orale.

■ Il radicale 纟 *filo di seta*, nella forma non semplificata 糸 o 系, segnala ogni genere di filato; infatti la seta è il tessuto culturalmente specifico della civiltà cinese e 丝 sī *seta* è l'unica parola cinese entrata in latino e in greco e da queste transitata in tutte le lingue europee, come *seta, serico*.

图 17　《我会说中文》汉字部首的含义示例

对比发现两套教材在汉字知识介绍方面都包括汉字的部首和笔顺，不同之处：（1）《我》比《意》更全面，增加了基本笔画、独体字与合体字以及部首的含义。（2）《意》的部首介绍按照笔画由少到多的次序排列，而《我》的部首介绍则依托于课文内容进行。了解这两套教材在汉字知识编写方面的特点和差异，有助于我们改进汉字教学的方式和方法。

4.4.2　汉字练习

《意大利人学汉语》和《我会说中文》的汉字练习同样集中在系列教材的第一册。其中，《意大利人学汉语》的汉字练习与听力、阅读等其他练习共同组成课后练习，并贯穿基础篇全册，内容包括拆分汉字的部件、写笔画数、读拼音写汉字和认读汉字写拼音，如图 18 所示；《我会说中文》的汉字练习为独立的练习板块，仅在第一册的 1—4 课设有，内容包括写汉字、数笔画、认汉字和描述部件含义，如图 19 所示。

（三）汉字　**Scrittura**

❶ 写出下列汉字偏旁部首　Individua qualcuno dei radicali studiati nei seguenti caratteri e traccialo a fianco del carattere

(1) 先＿＿＿＿　　(2) 开＿＿＿＿

(3) 仁＿＿＿＿　　(4) 主＿＿＿＿

(5) 也＿＿＿＿　　(6) 军＿＿＿＿

❷ 写出下列汉字的笔顺并标出笔画总数　Scrivi i seguenti caratteri con l'ordine dei tratti corretto e scrivi tra le parentesi il numero dei tratti che li compongono

(1) 谁 ＿＿＿＿＿＿＿＿＿＿＿＿＿＿＿（　）

(2) 吗 ＿＿＿＿＿＿＿＿＿＿＿＿＿＿＿（　）

图 18　《意大利人学汉语》汉字练习示例

可以发现，两套教材在汉字练习方面既有共性也有不同。共性方面：内容都包括写汉字、认汉字和辨别部件。不同之处：（1）《意》的汉字练习是课后练习的组成部分之一，而《我》的汉字练习是独立的练习板块；（2）《意》的汉字练习量大大多于《我》。

Esercizi

Scrivere

1 Completa le parole con i caratteri mancanti.

1. 认_____
2. 老_____
3. 小_____
4. 高_____
5. 名_____
6. 学_____

7. _____么样
8. _____么
9. _____问
10. _____错
11. _____理
12. _____识

2 Scrivi i caratteri studiati contenenti i radicali dati.

1. 心	2. 女

图 19　《我会说中文》汉字练习示例

综合本节分析，我们发现《意大利人学汉语》和《我会说中文》在汉字编写上都设有知识介绍和练习部分，并且都重视汉字部首的讲解。从《意大利人学汉语》到《我会说中文》，汉字基础知识的介绍也变得更为细致。需要注意的是，本文所研究的对象都属于综合型教材，若要探讨意大利在汉字教学上的特点，还须结合当地专门性课程的教学实践，此处暂不讨论。

4.5　语言要素本土化特点归纳及发展探究

《意大利人学汉语》和《我会说中文》两套教材在语言要素编写上的本土化特点及其发展变化归纳总结如下表所示。

表 18　语言要素编写上的共性与发展变化

语音	共性	1. 注重语音本土化注释，主要方法为"相似音"注释； 2. 都着重关注送气与不送气辅音。
	变化	1. 从介绍全部普通话声韵母到只介绍部分声韵母； 2. 从按照声韵表顺序讲解到随课文讲解； 3. 语音本土化注释方面新增用其他语音近似音的方法。
词汇	共性	1. 总体词汇量都少于一般通用型教材； 2. 都重视词汇注释并体现出一定的中意对比意识。
	变化	1. 总词汇量减少； 2. 词汇注释量显著增多。
语法	共性	1. 排序总体上符合汉语本身结构规律和难易程度； 2. 进行了一定的语法本土化注释，主要方法为"对比"。
	变化	1. 语法点数量增多，教学进度加快； 2. 语法本土化注释数量明显减少。
汉字	共性	都重视汉字教学，包括知识讲解和汉字练习。
	变化	1. 汉字知识介绍更加全面； 2. 部首讲解由按照笔画多少到随课文讲解； 3. 汉字练习量减少。

　　根据上图整理，可以发现两套教材在语言要素编写上保留和继承的本土化特点：（1）都重视意大利学习者的特点和需求，突出中文学习的重难点。例如，语音上着重讲解送气与不送气辅音，语法上注意常见偏误点，并在语音、词汇、语法的注释中体现一定的中意对比意识，这些都是通用型中文教材所不具备的本土化特点。（2）都与当地中文教学情况和教育制度相适应。例如，词汇的数量受制于教学周及课时的数量，比一般通用型教材少；语法点数量的增加和前一阶段的中文教学情况密切相关，随着部分高中开设中文课程，许多大学生并非从零起点开始学习中文，《我会说中文》的语法教学节奏因此比《意大利人学汉语》更快。同时，由于意大利的中文教学传统，教材注重汉字的学习。

　　同时，从两套教材的不同之处，可以看到本土化教材在语言要素编写方面的发展和理念的更新。具体表现如下：（1）方式更加灵活。《我会说中文》的语音教学打破了按照声韵表顺序介绍的框架，以"本课的声音"为依托，并借用其他语言的近似音进行语音注释；汉字部首教学也由按照笔画多少变为随课文讲解。（2）词汇注释更加细致。《我会说中文》的词汇注释量显著增加，是《意大利人学汉语》的 1.5 倍。（3）语法教学删繁就简。《我会说中文》的语法点数量增加，同时删去了大部分本土化注释，只保留了个别常见偏误语法点的本土注释，减轻了每课语法点介绍的负担。

通过对《意大利人学汉语》和《我会说中文》两套本土中文教材的系统分析，两套教材在编写理念、教材结构、社会文化呈现与语言要素方面都体现出明显的本土化特点。两本教材不仅紧密结合意大利教育制度和学习者需求，还有效融入意大利本土文化元素和语言学习规律，凸显出意大利中文教育的本土适应性和文化兼容性。

从发展角度看，《我会说中文》在继承《意大利人学汉语》的基本结构和理念的基础上，进一步强化了功能导向、跨文化意识以及针对性细节设计，显示出意大利本土中文教材从"初步构建"向"精细优化"的发展趋势。

参考文献

车晓雨，2024，《博雅汉语》综合系列教材新旧版本对比研究。硕士学位论文。哈尔滨：黑龙江大学。

龚漫，2022，意大利本土中文教学资源发展现状、影响因素和未来建设，《国际中文教育（中英文）》7（01）：100-110。

李如龙、吴茗，2005，略论对外汉语词汇教学的两个原则，《语言教学与研究》（02）：41-47。

梁冬梅，2008，《意大利人学汉语》对汉语国别教材编写的启示，《国际汉语教学动态与研究》（04）：69-75。

吕文华，2002，对外中文教材语法项目排序的原则及策略，《世界汉语教学》（04）：86-95。

王巍，2022，国际汉语教材中的中国文化因素研究，《首都师范大学学报（社会科学版）》（03）：90-97。

卫雅，2019，意大利汉语教学难点研究。硕士学位论文。南京：东南大学。

王汉卫，2009，论对外汉语教材生词释义模式，《语言文字应用》（01）：124-133。

张利，2013，意大利大学汉语教学现状介绍，《国际汉语教育研究》（00）：154-158。

张伟平，2007，对外汉语教材中初级阶段语法项目的选取和排序情况的考察。硕士学位论文。北京：北京语言大学。

张燕阳，2019，意大利本土化汉语教材的本土特点及适用性研究——以《意大利人学汉语》和《慢慢来》为例。硕士学位论文。上海：华东师范大学。

周小兵、陈楠，2013，"一版多本"与海外教材的本土化研究，《世界汉语教学》（02）：
　　268-277。

周小兵、陈楠、梁珊珊，2014，汉语教材本土化方式及分级研究，《华南师范大学学
　　报（社会科学版）》（05）：73-78。

周小兵、张鹏，2018，汉语二语教材词汇选取考察，《华文教学与研究》（02）：25-
　　49。

15   意大利本土中文教材的发展、评价和启示

朱旻文

本章将在前文对《意大利人学汉语》和《我会说中文》两本意大利本土中文教材本土化特点分析的基础上，进一步归纳意大利本土中文教材的发展特点，并从使用者角度出发，考察两套教材在实际教学中的使用情况。通过访谈学习者，结合教材的适用性、教学效果和反馈意见，综合评价意大利本土中文教材的实际表现，以期为未来教材的编写与完善提供启示。

1   意大利本土中文教材的发展特点

1.1   本土化的继承发展

《我会说中文》是意大利最新出版的本土中文教材，它继承并保留了许多《意大利人学汉语》的本土化方式，这被认为是意大利编写本土教材的成功经验。通过聚焦这两套教材在本土化编写方式上的共性，能够帮助我们明晰意大利本土中文教材的特点。总结两套教材的本土化特点共性如下。

（1）教材编写与当地教育制度和教学情况相适应。意大利大学学制短（三年）、中文课时少，因此《意大利人学汉语》和《我会说中文》都由三本教材构成，一学年学习一本。教材的课文数量和词汇量少于一般通用型教材，教学进度相对中国国内本科也较慢。意大利重视汉字教学，因此两套教材的汉字编写都比较详细。《我会说中文》的语法教学节奏比《意大利人学汉语》快，这与意大利部分高中开设中文课程、学生中文基础提高密切相关，体现了对意大利中文教育发展情况的适应。

（2）教材内容体现当地的社会文化习俗。《意大利人学汉语》和《我会说中文》在词汇选择、背景和话题设置、课文内容中都体现了一定的本土文化。相比于《意大利人学汉语》，《我会说中文》增加了更多本土词汇和本土文化点，强有力地证明了本土文化的体现是本土化中文教材的重要本土化方式。

（3）语言要素教学突出学习者习得的重难点，注释体现中意对比。在语音的选择与排序、词汇的注释、语法的排序与注释等方面，《意大利人学汉

语》和《我会说中文》都体现了对意大利中文学习者重难点的关注，并在语言要素的注释中进行了中意对比，充分考虑学习者的母语特点。

（4）从教材系列中的第一册到最后一册，本土化程度呈递减趋势。两套教材从第一册到第三册，本土词汇量、本土词汇注释量和本土语法注释量都呈现递减趋势，本土背景和话题的设置也主要集中于前两册。这一特点表明，本土教材并非一味地追求本土化，学习者对外语及其文化的了解和渴望程度是外语教材编写的重要依据。在学习外语的初期和中期，教材更贴近本土有助于学习者更好地理解学习语言并产生兴趣。当学习者达到一定的外语水平后，他们更向往外语世界，此时减少本土内容的比例也符合学习者的心理需求。在不同教学阶段表现出不同的本土化倾向，可以认为是本土化的另一个特点。

1.2　本土化教材的变化发展趋势

相比于《意大利人学汉语》，《我会说中文》呈现出许多发展变化。这些变化不仅反映了"本土化"编写方式的发展，也体现了时代认识的进步，如理念的更新和设计的优化。具体变化如下：

（1）教材名称从"学汉语"到"会说中文"反映了教学理念和时代的发展变化。从"学"到"会"，体现了语言习得从外显到内隐的认识转变，更加强调语言作为一种能力，以及个体在语言学习中的主动性。从"汉语"到"中文"，紧随国际中文教育内涵的发展变化。"国际中文教育"的名称几经变化，从"对外汉语教学"针对来华中文学习者，到"汉语国际教育"涵盖在他国学习中文的学生，再到"国际中文教育"进一步将华裔学生的中文学习纳入其中，中文作为第二语言的教学对象和环境认知经历了多次转变。2021年出版的《我会说中文》将"汉语"改为"中文"，体现了对中文作为第二语言教学更深的理解适应和快速反应。

（2）更注重语言的功能性和教材的实用性。《我会说中文》的教材编写理念转向以"功能"为纲，明确每篇课文的语言能力目标和交际功能，使每篇文本都有独立的注释和练习，增加了练习量。此外，《我会说中文》前两册的课文内容以"城市地点"为主线，增强学习者的体验感，第三册则采用了来自不同平台（如社交媒体、书籍报刊）的真实本文，使本土教材更具实用性。

（3）本土化方式的细节更加完善，设计上重视学习者的体验。《我会说中文》同时提供"中意词典"和"意中词典"，采用同页出现方式将生词随课文标注，方便学习者快速检索学习内容。附录部分还增加了"中国与意大利节日表"和"量词使用表"，词汇注释也更加细致，进一步观照中意文化和语言的不同。

（4）语言要素编写的本土化方式更加灵活。《我会说中文》的语音教学打破了声韵表的框架，以"本课的声音"为依托，并借用了其他语言的近似音进行语音注释。汉字部首教学也由按照笔画由少到多的次序变为随课文讲解。同时，《我会说中文》简化了语法教学，保留了常见偏误语法点的本土注释，减轻了每课语法点介绍的负担。

（5）除了上述基于前文分析提及的发展变化，《我会说中文》在学习内容中增添了当代中国或世界的新事物、新现象或新趋势，如词汇"微信""一带一路""疫情"等，话题如"工业科技、绿色环保"等，体现了紧跟时代潮流的发展特点。

2　意大利本土中文教材的使用评价

在以上内容中我们选取了意大利有代表的两套本土中文教材的本土化特点，并概括出本土化教材发展变化的趋势。中文本土化教材应当符合当地教育政策，注重语言学习与文化学习的结合，通过融入目标语言国家的文化元素，同时结合学习者母语背景和习得特点，帮助学习者更好地理解和运用中文。教材编写者还需要关注学习者的学习需求和习惯，以学习者为中心，设计出符合他们实际需求的中文教材。通过这些措施，中文教材本土化可以更加有效地推动国际中文教育的发展，满足不同国家和地区学习者的中文学习需求。

本节我们采访了使用过《意大利人学汉语》和《我会说中文》两套教材的意大利学生，收集学生对教材使用的评价，为本土化教材的特点提供佐证，为今后的教材编写提供启示。

2.1　访谈对象

本次访谈了意大利中文学习者 5 人，女生 4 人，男生 1 人。均来自意大利罗马智慧大学中文系，本科三年级（意大利本科为 3 年制，学生均在毕业年级）。5 名学生在高中选修中文为第二语言，有一定的中文基础。2021 年进入大学，一年级使用《我会说中文》第一册，二年级使用《我会说中文》第二册，三年级使用《意大利人学汉语》提高篇（《我会说中文》第三册 2023 年 12 月出版，三年级开始时尚未出版）。三年级第一学期在意大利罗马智慧大学，学习了《意大利人学汉语》提高篇 1—3 单元，第二学期到北京某高校中文学院学习中文，使用《博雅汉语》飞翔篇。受访时在北京已学习 2 个月，中文水平达到 HSK4 级以上，可以和主试进行较为流畅的中文交流。

2.2　访谈过程

　　访谈在意大利学生就读的北京高校进行，分两个小组，学生 A、B、C 一组，学生 D、E 一组，每组 2 小时左右。主试根据上文得到的本土教材特点，准备访谈大纲，从学习情况、教材本土化特点的使用感受和教材比较三个方面和受访者进行了交流（问题详见下节），记录学生的反馈，并录音。后转写成文字，共计 4 小时，近 1 万字。在访谈结果整理中，如果学生的反馈较为一致，不再区分不同的被访者，以总结表述出现。如果有不同看法，将标注被访者编号。

2.3　访谈结果

2.3.1　教材的使用概况

　　（1）在罗马智慧大学的时候，你们如何使用这两套教材？

　　一年级使用《我会说中文》第 1 册，上完了 1—16 课（共 18 课）。二年级使用《我会说中文》第 2 册，完成 1—16 课（共 16 课）。三年级由于《我会说中文》第三册还没有出版，使用的是《意大利人学汉语》提高篇，三年级第一学期完成了第一个单元，第二学期来到中国学习，使用的是《博雅汉语》飞翔篇。

　　这几位学生于 2021 年 9 月进入大学，是首批使用《我会说中文》的学生。同时，他们在三年级时使用过《意大利人学汉语》教材，因此能够较好地比较这两套教材。此外，他们还有在中国留学的经历，可以将意大利的教材与中国的教材进行比较，是非常宝贵的受访者。

（2）教材和教学课时安排、教师的匹配度如何？

罗马智慧大学中文系的中文课，每学年20周，每周6小时，每次课2小时。一年级和二年级由一位意大利老师和一位中国老师（中文为母语）合作教授同一本教材。大一大二每周2小时由意大利老师上课，是马西尼教授（教材的主编），主要讲解语法和翻译。另外4小时由中国老师上课，主要为口语和练习课。大三中文课有两本教材，中国老师上课4小时，用《意大利人学汉语》，意大利老师上2小时，用《报刊汉语》。这和马西尼（2009）提到的意大利高校中文专业教学模式基本一致，十多年来变化不大。

学生认为所用教材和课时安排、教学进度都比较合适，一个学年学习一册，因为这套教材就是对照着罗马智慧大学中文系的中文课安排编写的。教师的分工也比较合适，意大利老师可以使用意大利语讲解重难点，侧重翻译，而翻译法是意大利外语教学的传统教学方法。他们也很喜欢中国老师的口语课，认为非常实用，中国老师会补充很多教材中没有的练习，也弥补了教材练习不足的缺点。

这几位学生表示在高中学过中文（教材为《我们说汉语》），因此大学一年级的课本内容他们基本都已学过。这也验证了《我会说中文》第一册进度快于《意大利人学汉语》基础篇，是受到教育政策和学生学习需求的影响。

图1 受访学生高中时期学习的《我们说汉语》

2.3.2　对教材本土化特点的使用感受

（1）语音

语音部分的学习主要集中在初级阶段，学生使用的是《我会说中文》第一册，该教材在语音选择上减少了全面的讲解，突出了送气与不送气（如 b、p、d、t、g、k）、鼻音（ng）和部分韵母（ai、ei、ao、ou）等汉语特色的发音。在排序上《我》的语音讲解伴随课文涉及的字词出现，在注释上主要使用意大利语的"相似音"和"相近音＋区别"的方式。

学生普遍认为《意大利人学汉语》在语音教学上提供了系统的讲解（在采访中给他们介绍了《意大利人学汉语》第一册和第二册），尤其在前几课中，语音知识的介绍和练习非常详细，能帮助零基础的学生打下坚实的发音基础。然而，因为他们已经在高中学过了基础的中文，语音对他们来说相对简单。相比之下，《我会说中文》在语音教学上更加灵活，每课都有一定的语音练习，帮助学生在不同阶段巩固发音。学生认为这种循序渐进的语音教学方式更符合他们的学习节奏，有助于保持正确的发音。

在语音部分讲解的明晰程度上，学生认为语音的讲解对他们的学习是有帮助的，但不及老师讲得清楚，即使有意大利语的解释，仅靠自己看懂教材还是比较难。

（2）词汇

在词汇量上，虽然本土教材的每课生词数已比通用教材少很多，但是学生反映每课的词汇量仍较大，尤其在初期学习阶段记忆负担较重，因为在意大利许多生词在实际生活中使用频率不高，实用性较低，记住这些生词会更难一些。此外，教学进度基本一周一课，比较快，练习生词的机会更少了，就感觉生词更多了。

在词汇释义方面，学生对《意大利人学汉语》的生词释义评价较高，认为每课的生词讲解详细，注释清晰，还有扩充和搭配，有助于理解和记忆。但《意》的每课生词排列音序排列，查找不便。《我会说中文》在词汇选择方面注重实用性，每课的词汇紧密结合主题和功能项目，学生反馈这些词汇在实际交流中使用频率较高，学习起来更有动力。此外，该教材课文随文标注生词，方便学生即时查阅和记忆，减少了翻阅词汇表的麻烦，也很受学生喜爱。

在词汇注释方面，学生觉得通过中意对比的方法让他们更好地理解词义和用法，很有用。

（3）语法

在语法排序方面，学生都认为语法是随着课文内容的编排而出现的，因此语言点出现的时间和排序都比较合适。例如《我》第一册中形容词谓语句较早出现，形容词谓语句虽然和意大利语表述差异较大，但由于有课文语境，也不是很难理解。

在语法注释中，用意大利语注释和中意对比一直被认为是意大利本土教材的特点和优势（金志刚等 2018；张燕阳 2019；刘歆 2021）。学生们认为意大利语注释的确有助于他们了解中文语法，但对比较简单的语法更有效，如果是较难的语法，如趋向补语、了等，即使有意大利语的解释，仍然很难理解，需要通过老师的讲解和例子才能更好地学习。这可能是《我》的语法项目数量增多，但本土化注释数量减少的一个原因。

学生们认为《意大利人学汉语》的语法讲解系统且详细，每课都有固定的语法讲解板块，帮助学生逐步掌握中文的语法结构。然而，学生 E 认为语法讲解过于理论化，缺乏实用的例句和练习，导致在实际应用中难以灵活运用所学语法。相较之下，《我会说中文》在语法教学方面采用了"结构-功能-文化相结合"的原则，每课的语法讲解紧密结合功能项目，学生在实际交流中能够更好地运用所学语法。学生反馈这种教学方式更贴近实际应用，有助于提高语言运用能力，同时也更易于理解和记忆。

（4）汉字

在汉字学习方面，学生反馈课堂的汉字讲授比较少（课时紧张），主要是通过自学完成，如抄写记忆、自学课文等。对课文中汉字部分的评价，学生认为《意大利人学汉语》在汉字教学方面提供了基础的汉字知识，包括笔画、部首和基本的书写规则。但一些学生反映，汉字学习内容相对零散，不够系统性。此外，部分学生觉得《意》的汉字练习不足，难以形成牢固的记忆和掌握汉字的书写技巧。

《我会说中文》的汉字部分更适合自学，教材中每课都设置了专门的汉字板块，详细介绍该课中涉及的新汉字的结构、笔顺和书写方法，配有丰富的练习。学生反馈认为这种系统的汉字教学方式，有助于他们更好地掌握汉字，结合课文内容形成牢固的记忆，并能在实际书写中运用。

（5）练习

学生对这两套教材的练习部分都觉得比较有意思，但是所有学生都指出教材缺乏对所学生词语法的练习。《我》这样的很少，感觉学完新的生词语法后没有巩固的机会。《意》有生词语法的练习，这一点很有帮助，但是语法练习的题型过于相似和重复，情景多样性不够，使得学生在实际交际中仍然无法灵活使用语法。

（6）文化

学生普遍认为《意大利人学汉语》在文化知识方面的内容主要通过课文和附加的专门文化板块进行介绍，整体文化信息的传达较为生硬。这种通过阅读的方式比较难深入了解中国文化，不能满足学生对文化的学习需求。《我会说中文》没有专门的文化介绍，是将文化融合到了课文、练习（阅读）中，如每课以城市作为单元，通过不同的体裁和情景介绍和对比意大利和中国的人文、地理、风俗和当代社会，文化内容的表现很生动，理解起来更容易也更深刻。学生认为《我》的文化学习方式增加了学习的趣味性，还帮助他们更好地理解和掌握中文，使得语言学习更加全面和立体。

（7）教材比较

比较《意大利人学汉语》和《我会说中文》，学生均认为《我》要好于《意》，除了上述提到的优点之外，学生觉得《我》的彩色印刷、课文内容新颖丰富、生词的设置和排版方式合理都是很重要的优点。但与此同时，学生表示更喜欢《意》的课后练习，尤其是每课后面稳定的规范的生词语法练习，对他们掌握和记忆生词语法有很大的帮助。而《我》的练习中就没有了明确的生词语法练习，都融合到了听说读写技能的练习中，虽然也很丰富实用，但对生词语法的学习不够强化。学生表示将这两套教材的优点结合起来，就更好了。

由于学生目前在北京学习，他们又被问到北京的教材和意大利的中文教材相比如何。学生表示意大利的中文学习以翻译方法为主，是意大利传统的语言教学方法。中国的中文教学目的不是翻译，教学方法完全不一样，更注重交际。因此，在中国使用的教材中虽然生词非常多（50—100 个 / 课），课文内容更长（1000—2000 字 / 篇），但是因为课上课下都有中文的使用环境，练习和使用生词和语法的机会大大增加，（即使生词很多，课文很长，）学生也不觉得难学。这进一步说明了语言环境对语言学习的巨大影响，超过了教材对学习的影响。

综合比较两套教材，结合学生的使用评价，可以发现《意大利人学汉语》在语法和结构讲解上系统详尽，生词语法练习丰富，适合零基础学习者，但在文化内容和实用性方面有所欠缺。《我会说中文》在语音、词汇、语法、汉字和文化教学方面更为出色，有一定中文基础的学生更倾向于使用《我会说中文》。这套教材在语言和文化教学上的结合更为紧密，实用性更强，练习设计也更丰富且均衡，是一套优秀的本土化中文教材。

学生对两套教材的反馈表明，《我会说中文》更能满足他们的学习需求，尤其在提高语言能力和文化理解方面表现出色。学生的积极评价为教材的进一步改进和优化提供了宝贵的参考。

3 意大利本土中文教材的编写启示

通过比较《意大利人学汉语》和《我会说中文》本土化方式的共性和差异，结合学生使用评价，可以发现意大利本土中文教材在继承本土性的特点上，更注重功能、实用和灵活多变的发展方向，其中蕴含着国际中文教材的发展趋势，为中文教材的编写提供了启示。无论是已有本土中文教材的改进，还是新教材的研发，可以借鉴的意大利本土中文教材的编写经验如下。

（1）本土中文教材可借鉴"三方合作"的编写模式，实现优势互补。编写团队的三方包括当地有声望的汉学家、在当地国教授中文的中国老师和在中国教授汉语的老师。当地国编者对本土教育环境和学习者习得特点有更充分的了解，中方编者对目的语的发展和教学规律有更准确的把握，合作避免了单独一方承担教材编写可能带来的文化缺失或者不准确、不地道的现象，最大程度上实现优势互补。此外有声望的汉学家还能起到推广教材的作用。三方合作能够取长补短，最大限度地完善本土中文教材的编写，为中文教材的编写提供启示。

（2）教材编写要与当地教育情况相适应。无论是册数、课文数量、词汇量，还是教学进度与教学侧重，本土化教材都要与当地的教育制度和教学情况相适应。不同国家、不同阶段的学制和学时不同，甚至考试要求也不同，教材应该因地制宜调整教学量和教学侧重，使之适配当地的教育教学情况。

（3）教材须体现当地的社会文化习俗，帮助学习者理解并提高教材的实用性。外国学习者缺乏使用目的语的社会环境，因此在文化理解和语言使用上存在一定的困难。本土化教材应该在一定程度上体现当地社会环境包括地名、节日、习俗等，使学习者能够在实际生活中运用课上所学，还能拉近外国学习者的心理距离。

（4）语言要素教学要有针对性，必要时在注释中进行语言对比，同时也要注意方法的灵活性。语言教学必须考虑学习者的母语特点，着重关注语音、词汇、语法等的易错点，有针对性地选择、排序、注释和练习。针对部分重难点，编者可以利用母语和目的语的对比说明，帮助学习者掌握相似与差异。方式方法不必局限于已有框架，可结合具体教学情况灵活变通。

（5）随着学习者语言水平的提高，教材的本土化程度可相应减弱。进入中高级阶段后，学习者已基本掌握目的语、基本了解目的语文化，更需要从目的语理解目的语，而不是从母语理解目的语。因此，教材可以逐步减少本土化内容，拓展更多的中国语言及文化知识。并且部分学习者此时会到中国进修，教材编写也应帮助学习者提前适应目的语环境。

（6）教材要明确语言的能力目标和交际功能。目前国际中文教材的编写以"结构、功能、文化相结合"为主流趋势，其中强调语言的功能性。外国学习者在当地国学中文缺少交际环境，本土中文教材更须明确每课的语言能力目标和交际功能，同时也应在练习设置与之相呼应的部分，提供多种情景，给学习者更多使用语言的机会。

（7）本土教材要注重语言环境的提供，增加实用性。通过比较两套意大利本土教材和中国使用的教材，发现学习者最喜欢中国教材，其次是《我会说中文》，最后是《意大利人学汉语》。这里需要注意的一点是，中国教材在中国使用，有充足的语言环境，而本土教材在本土使用缺少语言环境，语言环境的重要性超过了本土化的重要性。学生在当地国学中文时，因为没有语言环境，要记住知识点是比较难的，因此本土教材更发挥更好的作用，需要在教材中的设计更丰富的情景，给学习者提供更多的例句。尽可能给学习者创造更多的语言使用环境，无论对本土教材还是通用教材来说，都是非常重要的。

（8）教材需要不断更新，贴合学生需求。在访谈中能感受到，学生更喜欢新版的教材，新教材在教学理念和课文内容上都比老的教材更吸引人，这就启示语言教材需要更多地与时代贴合。新的教学理念和方法都是建立在对学习者最新的研究之上，更能符合学习者心理，新的材料内容也能跟社会衔接，增加学生的学习兴趣和教材的实用性。正如李雪梅（2010）通过调查选出了 20 篇深受学生们欢迎的课文，如三百六十行行行出状元（中国大学生的就业问题）、最美不过夕阳红（中国老年人问题）、巾帼不让须眉（中国妇女问题）、男大当婚女大当嫁（中国人的恋爱观）等。她认为想知道学生需要什么应该走出去调研，从学生那得知他们真正需要什么，真正喜欢什么，因为教材毕竟是为他们编写的。

（9）完善设计细节，重视学习者的感受和体验。外国学习者，特别是零起点学习者，所接触的是一门完全陌生的语言，在检索生词、阅读课文、理解词义等方面都可能存在障碍，而这一阶段的学习心理过程往往被教材编写者忽略。因此本土中文教材要更注重学习者的使用感受，如通过脚注标注、改变生词排序逻辑等方式完善设计细节。

意大利本土中文教材的编写为国际中文教材的发展提供了宝贵的启示。通过对《意大利人学汉语》和《我会说中文》的比较和学生使用评价，可以看出本土中文教材在功能性、实用性和灵活性上的发展方向。这些经验不仅适用于改进现有教材，也为新教材的研发提供了有益的参考。

参考文献

金志刚、王莉、尚笑可，2018，意大利汉语本土教材研究——以《我们说汉语》和《意大利人学汉语》中级篇为例，《海外华文教育》（06）：5-20。

李雪梅，2010，对编写意大利本土化汉语教材的思考，《国际汉语学报》1（00）：224-231

刘歆，2021，意大利本土汉语教材的考察及编写建议——以《意大利人学汉语（中级篇）》为例。硕士学位论文。上海：上海外国语大学。

马西尼，2009，意大利汉语教学与研究概况，《世界汉语教学学会通讯》（02）：6-7。

张燕阳，2019，意大利本土化汉语教材的本土特点及适用性研究——以《意大利人学汉语》和《慢慢来》为例。硕士学位论文。上海：华东师范大学。

第六部分
俄罗斯本土中文教材研究

16 俄罗斯本土中文教学资源概述

蔡 杨

1 引言

俄罗斯中文教育有长达三百余年的历史，随中俄关系发展而历经变迁，现已体系成熟、类型丰富、特色鲜明，成为俄语区中文教育的"领头羊"。2019 年两国领导人将中俄关系提升为"新时代全面战略协作伙伴关系"，巩固了两国各领域交流合作的基础，为中文教育带来新契机。就规模上而言，俄罗斯开设中文课程的大学数量从 1997 年的 18 所，增至 2024 年的 250 多所；学生人数从 2000 年 3000 人增至 2022 年的 2.2 万人，学习者人数在高校外语课程中排名第四位，落后于英语、德语和法语。

2019 年 6 月俄罗斯联邦教育部宣布将中文首次列为国家统一考试选考科目，成为继英语、德语、法语及西班牙语后的第五门外语考试科目，这代表着中文正式纳入俄罗斯基础教育体系。此后基础教育阶段的中文学习者成为新的增长点，2023—2024 学年俄罗斯有 500 多所学校开设中文课程，学习人数 63 635 人，其中 90% 将中文作为第二外语，10% 将中文作为第一外语学习，在职教师 700 余人。在中等职业教育机构，中文教育也得到初步发展，2019—2020 学年有超过 2.15 万名学生在 140 所学校学习中文，中文教师 650 人 [1]。在中俄两国的共同努力下，目前俄罗斯共有 19 所孔子学院和 4 所孔子课堂。

中文教学资源实现"本土化"并融入海外国民教育体系，是国际中文教育高度"本土化"的重要表现。俄罗斯本土中文教育资源较丰富，本土化程度较高，是助力中文教育实现高质量、可持续发展的至关重要的因素。本研究聚焦俄罗斯本土中文教学资源，梳理不同时期本土的发展特点，分析基础教育阶段和高等教育阶段教学资源类型和使用情况，同时兼顾俄罗斯教育"数字化"转型期中文教学数字资源的发展现状，提出俄罗斯本土资源建设尚存在的不足和几点对策，以期为俄罗斯中文教育本土化的跨越式发展提供一些参考。

1　数据来自俄罗斯联邦科学院社会学研究中心 Арефьев А.Л. 教授

2　俄罗斯本土中文教学资源的发展历程

本报告依据俄罗斯国家图书馆中文教材的检索结果[1]，通过自建教材数据库的方式进行教材分析。数据显示俄罗斯本土中文教学资源自 1831 年至今约有 1219 种，其中 205 种为中国引进资源。俄罗斯本土中文教学按发展阶段可被分为四个时期：萌芽期、初步发展期、激增期和高度本土化时期。

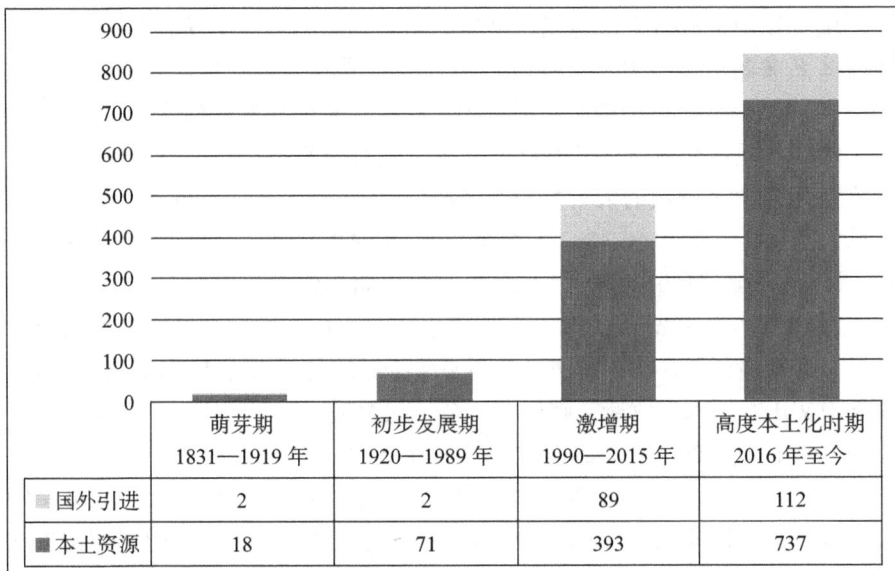

	萌芽期 1831—1919 年	初步发展期 1920—1989 年	激增期 1990—2015 年	高度本土化时期 2016 年至今
□国外引进	2	2	89	112
■本土资源	18	71	393	737

图 1　俄罗斯中文教学资源发展历程

2.1　俄罗斯本土中文教学资源萌芽期（1831 年—20 世纪 20 年代）

俄罗斯中文教育发展的初始阶段以 Бичурин.Н.Я.1835 年编写的第一本中文教科书《汉文启蒙》为代表，这本教材系统地介绍了中文和汉字的发展、书写规则和语法结构。此外 Бичурин.Н.Я. 还在《康熙字典》的基础上编写了第一部俄汉词典，作为教学资料一直沿用至 20 世纪初。

1　数据来自俄罗斯国家图书馆官方网站检索结果，https://search.rsl.ru.html/（2024 年 4 月 22 日读取）

19世纪下半叶随着俄罗斯中部的几所大学和符拉迪沃斯托克（海参崴）东方学院中文教育的开展，高等教育阶段的中文教学理论进入了形成与发展阶段。中文教师和汉学家除了翻译经典著作外，还编制课程、编写讲义和词典，并出版了各类中文教学手册，在中文教学领域实现了较大突破。其中最重要的是《汉字解析》（Анализ китайских иероглифов，1866）和《汉字笔画系统 首部汉俄词典试编》（Графическая система китайских иероглифов. Опыт первого китайско-русского словаря，1867），迈出了中文教学方法探索的第一步，也推动了中国研究和中国语言学的新发展。《汉字解析》被评价为"西方最早出版的一部汉字专门教材"（吴贺 2008）。此外，这一时期代表性的教学资源还有《用俄文字母书写的中文演讲稿如何发音》（Как выговаривать китайские речи, писанные российскими литерами，1841）、《结合汉语起源问题论汉语的词根构成》（О корневом составе китайского языка в связи с вопросом о происхождении китайцев，1888）、《反映古代中国人生活史的象形文字分析》（Анализ иероглифической письменности как отражающей в себе историю жизни древнего китайского народа，1888）、《汉俄词典》（Китайско-русский словарь，1888）、《汉语语言学导论》（Лингвистическое введение в изучение китайского языка，1900）、《汉语官话语法试编》（Опыт мандариновой грамматики，1902）、《汉语草书指南》（Руководство к изучению наиболее употребительных в общежитии начертаний китайской скорописи，1907）、《汉语公文样本》（Образцы официальных бумаг на китайском языке，1907）等。

在俄罗斯本土教学资源萌芽期，教学内容涵盖了语音、汉字、语法以及国别研究等方面，教学资源类型包括通用教科书、语言学理论著作以及词典等。然而，这些教学资源大多仅限于各自的教学单位使用，尚未形成统一的教学标准。值得注意的是，这一时期合作编写教材的模式开始发展，通常由中国作者负责语音和会话部分的撰写，代表性教材如程鸿基《自学汉语》（1915）。总体看，这一阶段的中文教学法理论和教学资源的建设实现了从无到有的跨越，中俄合作编写理念对俄罗斯后续中文教学资源的发展具有关键意义。

2.2　俄罗斯本土中文教学资源初步发展期（20 世纪 20 年代—90 年代初）

随着苏联和中国双边关系的扩大和加强，开展中文教学的高等院校数量不断增加。1966 年苏联科学院远东研究所在莫斯科的成立标志着中国研究和中文传播进入了系统发展的新阶段。这一时期涌现出了一批具有划时代意义的教学资源，共计 71 种。其中，Ошанин И.М. 编写的《汉语教科书》（Учебник китайского языка，1946）最具有代表性，该书不仅系统地介绍中文语音、汉字、语法等知识，还设计了练习与测试，以强化学习效果并进行有效评估；同时，第一本应用汉语声调理论的词典是 Исаенко Б.С. 编写的《简明汉俄词典》（Краткий китайско-русский словарь，1953）为中文学习者提供了便捷的查询工具。此外，1961 年苏联科学院亚洲民族研究所出版了一系列关于亚非语言的著作，其中 Коротков Н.Н.、Рождественский Ю.В.、Сердюченко Г.П. 和 Солнцев В.М. 合编《汉语》（Китайский язык）一书对中文语篇和句法特征进行了深入剖析，颇受学界关注。

这一时期的中文教学资源呈现出以下特点：第一，改变了以往"孤军奋战"的局面。20 世纪七八十年代，在制定中文教学大纲、课程内容和教学方法时引入了统一标准，教材和教辅资源标准化程度提升，逐步解决了过去大学、院系、中文教研室各自为政的状况。第二，教育技术发展促进了教材配套音频资源的开发。20 世纪 70 年代后半期至 80 年代，一些教科书和教学手册开始提供音频资料，如 Горелов В.И. 编写的《汉语语法》（Грамматика китайского языка，1982）和《汉语语法理论》（Теоретическая грамматика китайского языка，1989）、Задоенко Т.П. 和黄淑英合作编写《基础汉语》（Основы китайского языка，1983）。第三，延续了上一阶段合作编写教材的理念，主要编写团队有林海楼、张民胜、Молодой К.Т.（1955）；林海楼、Оксюкевич Е.Д.、Саакян А.В.（1963）和 Драгунова Е.Н.、Задоенко Т.П.、刘全利（1965）。第四，在 20 世纪 30 年代开始了编纂专门用途中文教材的尝试，并作为军事院校高年级必修教材使用，如 Барк В 编写的《俄汉军事短语手册》（Военный русско-китайский разговорник）。此外还首次出现了"速成教材"，如 Богачихина М.М 编写的《四个月学汉语》（Китайский язык за четыре месяца）。

2.3　俄罗斯本土中文教学资源激增期（20 世纪 90 年代—2015 年）

　　20 世纪 90 年代开始，随着中国经济的发展，中俄经贸合作日益密切。中文的应用领域扩大带动着就业需求的增加，中文教育在教学法与教学资源开发两方面进入了一个全新的发展阶段。俄罗斯联邦教育与科学部发布《关于在普通教育系统中学习小语种的函》（2007），强调在基础教育阶段各个地区结合自身的社会经济情况发展特定的外语教育，如俄罗斯远东地区主要学习中文、韩语、日语等亚洲语言。这一时期外语政策不仅给予了中文与其他语言同等竞争的机会，而且在国家层面强调了部分地区开展中文教育的优先性，中文教育从中心地区向其他区域辐射。2004 年以来，中俄共建孔子学院也极大地提升了中文传播活力。得益于国家、高校、中小学以及孔子学院的共同助力，中文教育在俄罗斯进入高速发展阶段，新的教学资源应运而生，20 世纪 90 年代初到 2015 年共开发 393 种本土中文教学资源，同时从中国引进 89 种中文教学资源。这一时期的资源开发总量是初步发展期的 7 倍之多，中文教学资源开发进入激增期。

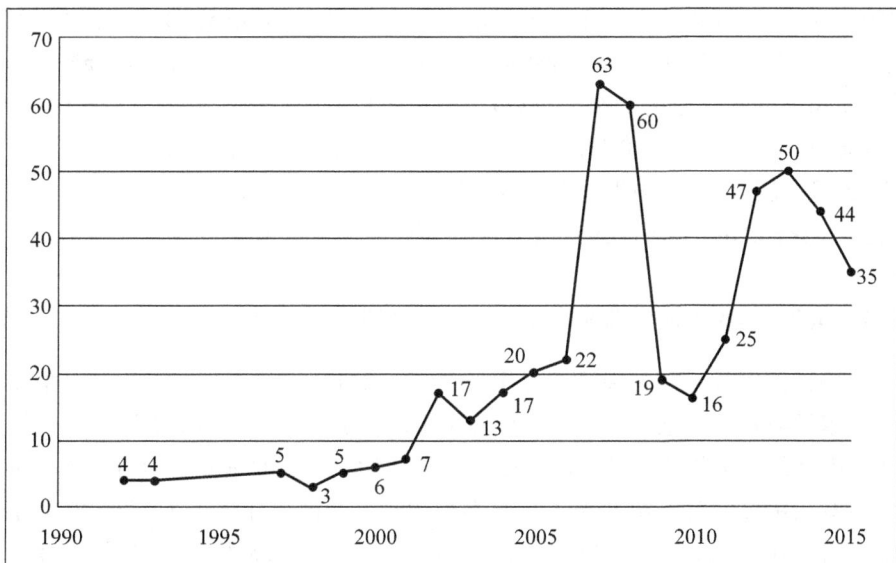

图 2　俄罗斯本土中文教学资源激增期

　　这一时期教材的主要编写特点有：第一，中文教学资源系统化水平提升。除教科书外，教辅资料、词典、教学法研究等各类型同步发展。其中学习手册 146 本，教师用书 22 本、词典 14 本、教学法理论 14 本。第二，基础教育阶段教学资源开始发展，但缺乏统一性和连续性。1992 年第一所深入研究中文和中国文化的专业型语言学校"第 1948 学校"成立，到 2015 年约有 15 所中小学开设中文课程。与此同时，中小学教材的需求也逐渐增多。仅 2011 年，汉学家与中国作者共同编写了 21 本适合中小学学习者的教科书、练习册，部分教材提供配套教学手册和音频，为中文纳入基础教育体系奠定了资源基础。但这一阶段的中小学中文教育尚未形成统一的使用标准，各学校根据教学需要选择教科书，最常用的教材有 Кондрашевский А.Ф. 的《实用汉语教科书》（Практический курс китайского языка）和《实用汉语教科书 - 汉字手册》（Практический курс китайского языка. Пособие по иероглифике）、Задоенко Тамара Т.П. 和黄淑英的《初级汉语课本》（Начальный курс китайского языка）和《基础汉语》（Основы китайского языка. Вводный курс）等。第三，专门用途类教材数量和类型增加，共 39 本，比上一时期增加 7 倍。翻译类教材为主，科技类和新闻类教材开始探索，代表教材如 Войцехович И.В.、Кондрашевский А.Ф. 的《社会政治资料翻译基础》（Общественно-политический перевод）、Кочергин И. В. 编写的《中俄科学技术翻译基础》（Основы научно-технического перевода с китайского языка на русский）、莫斯科国立师范大学出版《新闻文本听力》（Аудирование новостных текстов）。第四，开始从中国引进教材，如《汉语王国》《快乐汉语》《汉语新起点》，中小学中文教学资源尚在开发初期，大部分开设中文课程的中小学以本土通用教材为主，从中国引进的教材为辅。

2.4　俄罗斯中文教学资源高度本土化时期（2016 年至今）

中俄两国政治互信和经贸合作为中文教育注入了源源不断的动力，中文的使用领域和功能也随之扩大，呈现出由"学中文"到"用中文"的角色转变。中文的经济价值提升，成为俄罗斯民众学习中文的重要驱动力。这一阶段俄罗斯中文教育资源迎来了高度本土化时期。据统计，2016 年至 2024 年俄罗斯共开发 737 种本土教学资源，另有 112 种改编或从中国引进教学资源。特别值得一提的是，2019 年中文正式纳入俄罗斯国家统一考试体系，这一年出版的中文教材数量达到了 148 本，创历史新高。2022 年俄语注释版中文教材位列各语言注释版本排名的第二位，仅次于英语注释版中文教材。

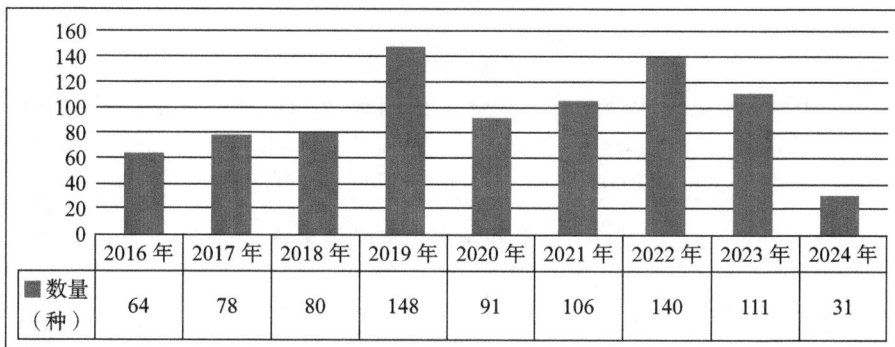

	2016 年	2017 年	2018 年	2019 年	2020 年	2021 年	2022 年	2023 年	2024 年
■数量（种）	64	78	80	148	91	106	140	111	31

图 3　俄罗斯教学资源高度本土化时期（2016 年至今）

以下从来源、语言技能、语言水平、领域、适用对象五个维度对这一阶段 849 种中文教学资源进行分类统计，并列出不同类别常用教材信息，所得数据见表 1 和表 2。基于以上数据从基础教育和高等教育阶段两个层面分析高度本土化时期中文教学资源的特点。

表 1　俄罗斯高度本土化时期中文教学资源总体情况

教学资源来源					
来源类别		本土资源		从中国引进资源	
数量		737		112	
占比		86.8%		13.2%	
教材语言技能分类					
语言技能	综合	口语	语法	汉字	阅读	翻译
数量	408	71	91	125	112	42
占比	48.0%	8.4%	10.7%	14.7%	13.2%	5.0%
教材语言水平分类					
语言水平		通用	初级	中级	高级
数量		645	176	22	6
占比		76.0%	20.7%	2.6%	0.7%
教材领域分类					
领域	通用	专门用途类					
		商务	新闻	政治	技术	军事	其他
数量	749	36	4	4	8	44	4
合计	749	100					
占比	88.2%	11.8%					

（待续）

（续表）

教材适用对象分类					
适用对象	大学	小学	中学	自学者	社会培训	通用
数量	200	61	234	87	39	228
占比	23.6%	7.2%	27.6%	10.2%	4.6%	26.8%

表 2　俄罗斯常用中文教学资源

分类	类别	书名	作者	出版社	最新出版年份
中小学教材	俄罗斯联邦教育部统一推荐教材	《东游记》（Путешествие на Восток）	Масловец О. 等	Просвещение	2019
		《该学汉语了》（Время учить китайский язык）	Сизова А.А. 等	Просвещение	2021
		《汉语》（Китайский язык）	Рукодельникова М.Б. 等	Вентана-Граф	2024
		《走遍中国》（Китайский язык Открывая Китай）	Рахимбекова Л.Ш. 等	Русское слово	2021
	其他常用教材	《汉语 第二外语》（Китайский язык. Второй иностранный язык）	Репнякова Н.Н. 等	Просвещение/Вентана-Граф	2016
		《汉语》（китайский язык）	ВанЛуся 等	Дрофа, Астрель	2019
高校综合教材	常用教材	《实用汉语教科书》（Практический курс китайского языка）	Кондрашевский А.Ф.	ВКН	2022
		《初级汉语入门》（Начальный курс китайского языка）	Задоенко Т.П. 等	ВКН	2019
		《完全汉语教程入门》（Полный курс китайского языка для начинающих）	Ивченко Т. В. 等	АСТ	2021
		《实用汉语新编》（Новый практический курс китайского языка）	Карапетьянц А.М. 等	Восточная литература	2004

（待续）

（续表）

分类	类别	书名	作者	出版社	最新出版年份
技能教材	口语类	《中文：阅读、口语、听力》（Китайский язык: читаем, говорим+аудиокурс）	Ивченко Т.В.	АСТ	2023
		《汉语言语交际实用教程》（Практический курс речевого общения на китайском языке. Учебник）	Гурулёва Т.Л. 等	ВКН	2018
	语法类	《汉语语法完整图式》Китайский язык. Полная грамматика в схемах и таблицах	Ивченко Т.В.	АСТ	2021
		《实用汉语教科书 语法翻译手册》（Пособие по переводу на закрепление и повторение грамматики к «Практическому курсу китайского языка»）	Румянцева М.В. 等	Восточная книга	2018
		《现代汉语实用语法》（Практическая грамматика современного китайского языка）	Щичко В. Ф.	ВКН	2019
	汉字类	《实用汉语教科书 汉字手册》（Пособие по иероглифике）	Кондрашевский А.Ф.	ВКН	2023
	语音类	《中文语音理论》（Теоретическая фонетика китайского языка）	Алексахин А. Н.	ВКН	2018

（待续）

（续表）

分类	类别	书名	作者	出版社	最新出版年份
专门用途教材	商务中文	《商务中文》（Китайский язык для делового общения）	Дашевская Г.Я. 等	ВКН	2019
		《商务中文》（Деловой китайский язык）	Лымаря М.П. 等	Кнорус	2021
		《经济与金融领域中文》（Китайский язык в сфере экономики и финансов. Учебное пособие）	Тюрина В.А. 等	КноРус	2020
	翻译类	《社会政治资料翻译基础》（Китайский язык. Общественно-политический перевод）	Войцехович И.В. 等	ВКН	2019
		《俄译汉文本》（Тексты для перевода с русского на китайский）	Румянцева М.В.	ВКН	2018
		《中文翻译理论与实践》（Китайский язык. Теория и практика перевода）	Щичко В.Ф.	ВКН	2018
		《中文经贸翻译基础》（Китайский язык. Основы экономического перевода）	Магдалинская Ю.В. 等	ФЛИНТА	2021
考试类用书	国家统一考试	《国家统一考试中文备考指南》（Китайский язык: готовимся к сдаче единого государственного экзамена: учебное пособие.）	Масловец О.А. 等	ВКН	2023

（待续）

（续表）

分类	类别	书名	作者	出版社	最新出版年份
考试类用书	国家统一考试	《国家统一考试中文备考：口语与书面部分》（Готовимся к ЕГЭ по китайскому языку. Говорение. Письменная речь: учебное пособие.）	Фёдоров Д.К.	ВКН	2023
	奥林匹克考试	《奥林匹克中文竞赛用书》（Школьные олимпиады СПбГУ 2020, Китайский язык）	Митькина Е.И.	СПбГУ	2020
工具书	词典	《古汉字词典》（Словарь древнекитайских иероглифов）	Никитина Т.Н. 等	КАРО	2009
		《带发音的汉俄互译词典》（Китайско-русский русско-китайский словарь с произношением）	Воропаев Н.Н. 等	АСТ	2018
		《带拼音的汉俄图解词典》（Китайско-русский визуальный словарь с транскрипцией）	Воропаев Н.Н.	АСТ	2020
		《俄汉汉俄词典》（Китайско-русский русско-китайский словарь）		АСТ	2022
		《俄汉汉俄 25000 词典》（Китайско-русский русско-китайский словарь для учащихся 25 000 слов и словосочетаний）	Горбылёва А.В.	Хит книга	2021

（待续）

2.4.1 基础教育阶段中文教学资源特点

基础教育阶段的中文教育发展进入到全新时期。俄罗斯联邦教育部和联邦教育监督局在 2015 年进行了国家统一考试中文科目的试点工作，2016 年将中文纳入到中学生奥林匹克竞赛科目，并于 2019 年成为国家统一考试外语科目可选语种，这代表着中文正式纳入俄罗斯基础教育体系。在俄罗斯自上而下制定中文教育政策的背景下，基础阶段的中文教学资源进入规范化和本土化时期，共开发 295 种教学资源，占比 35%，在同期各资源类别中占比最高，与同阶段学习者人数增长趋势成正比，中文学习低龄化趋势显著。

基础教育阶段中文教学资源呈现七大特点：

第一，重视中文教学规范，为中文纳入国民教育体系后实现稳定可持续发展提供了标准保障。2019 年中文作为俄罗斯高考中的第五门外语被正式纳入到国民教育体系中，为推进中文教育的学科化发展，俄罗斯先后编写了适用于 2—4 年级、5—9 年级、10—11 年级（基础学习和深入学习）不同级别的 9 份中文教学大纲，对课程定位与特点、学习目标、课程内容、价值取向等方面进行了详细的描述，为中文教育提供了系统化的教学指南和示范，同时为基础教育阶段中文教学资源开发提供了统一的参考标准。此外，为了保证教材的统一性和连续性，基础阶段中文教材是由俄罗斯联邦教育部发布《俄罗斯联邦普通教育阶段推荐教材目录》统一规定，教材编写须符合普通教育阶段课程标准。

表 3 俄罗斯基础教育阶段中文教学大纲

序号	年份	教学大纲
1	2017	《普通教育阶段 5—9 年级中文作为第二外语教学师范大纲》
2	2017	《普通教育机构 10—11 年级中文作为第二外语基础水平教学示范大纲》
3	2017	《普通教育机构 10—11 年级中文作为第二外语深入学习教学示范大纲》
4	2021	《普通教育机构 2—4 年级中文作为第一外语教学示范大纲》
5	2021	《普通教育机构 5—9 年级中文作为第一外语教学示范大纲》
6	2022	《普通教育机构 5—9 年级中文作为第二外语教学示范大纲》
7	2022	《普通教育机构 10—11 年级中文作为第二外语教学基础学习示范大纲》
8	2022	《普通教育机构 10—11 年级中文作为第一外语基础学习教学示范大纲》
9	2022	《普通教育机构 10—11 年级中文作为第一外语深入学习教学示范大纲》

第二，教材编写理念更新，教法精进。以《东游记》为例，这套教材采纳了"先语后文"的编写理念，巧妙运用交际型教学法，设计了与学生日常生活紧密相关的多元化主题交际任务。其配图色彩明快，特别符合低龄儿童的学习特点。在文化内容的展示上，该教材侧重于中俄文化对比，以此加深学生对两国文化差异的理解。教材提供配套的阅读资料《与孙悟空一起游中国》，不仅对课本内容进行了有益的拓展和补充，更有助于激发学生对中国文化的浓厚兴趣。

第三，传统教学资源与在线学习相结合。Просвещение 和 Вентана-Граф 出版社为学习者免费提供教材配套的音视频资源、在线测试等资源。此外，教材编写团队重视对教材使用及教学方法的指导《该学汉语了》主创会定期召开教材与教学法网络研讨会。

第四，中俄合作编写占主流。目前主要的中小学教材均采用中俄合作编写的形式，且合作编写模式较为成熟，如 Рукодельникова М.Б. 的《汉语》、王璐霞的《汉语》。Сизова А.А. 的《该学汉语了》是由俄罗斯教育出版社和中国人民教育出版社联合出版。

第五，考试类资源配套较完备，为国家统一考试中文科目的备考提供有指导性的资源。俄罗斯联邦教育和科学监督局下属联邦教学评估研究所在2019 年至 2024 年期间连续发布了 21 份考试相关文件。这些文件涵盖了俄罗斯统一考试中文科目的考试大纲、历年真题、样题、评分标准以及语言能力目标等内容。为方便学生备考复习，联邦教学评估研究所官网还开放了中文考试在线题库。此外，与国家统一考试相配套的教学资源也较完善，如国家统一考试试题的深入分析及教学建议，还有备考咨询会的视频资料，为一线教师提供了全面的数据参考和实用的教学指导。

第六，必修课教材统一，但选修课教材亟待规范。目前使用的中文教材主要适应于中文作为必修课的类型，且以中文作为第二外语的使用教材为主。《东游记》是中文作为第一外语的唯一教材，中文作为第二外语的教材选择相对多样。而中文作为选修课或兴趣班的教材却仍然缺乏统一性。部分学校选择使用教师自编的教材，这些教材虽然具有一定的灵活性和针对性，但往往缺乏统一的教学大纲和配套教学资源的支持。

第七，职业教育体系中文教材仍未被规划。在俄罗斯中等职业教育机构，教材以 Кондрашевский А.Ф. 的《实用汉语教科书》和从中国进口教材为主。这些教材虽然在一定程度上满足了中文教学的需求，但由于缺乏针对职业教育特点的定制内容，无法完全契合中等职业教育机构的教学目标和实际需求。

2.4.2　高等教育阶段中文教学资源特点

高等教育阶段的中文教育在这一时期呈现出"专业＋中文"培养模式的多元化转变。在中俄高校多领域合作的推动下，中文教育从语言学、翻译、区域学、经济、法律等传统学科拓展到物理、生物、新闻、人工智能等更多新兴学科，学习者人数从 2015—2016 学年的 1.95 万增长到 2022—2023 学年的 2.2 万人。高等教育阶段中文教学资源有五大特点：

第一，经典教材持续修订。如《实用汉语教科书》在高校普及率极高，在 2000—2010 年几乎是所有高校中文专业学生人手一本的教科书，至今仍是许多高校的主要教材。《实用汉语教科书》延续了苏联时期中文教育的传统，为历届高校学生提供了系统化、全面性的中文学习资源，其语法体系符合本土学生二语习得的特点，教学效率高。为了满足不断变化的教学需求，《实用汉语教科书》教材已经进行了多达 12 版的修订。

第二，多元开发主体各具特色，融合成中文教学资源本土化发展的健康生态。第一类为俄罗斯本土出版社，按照资源数量来排名分别是 ACT（175 种）、ВКН（114 种）、КАРО（75 种）；第二类为国际出版社，如 Шанс 出版社通过中俄合作出版的方式，积极翻译并出版中国优秀书籍，并将这些书籍销往其他俄语区国家（如白俄罗斯、吉尔吉斯斯坦、哈萨克斯坦等）。自 2010 年创办以来，Шанс 出版社已出版文史类图书 79 种、语言类图书 38 本以及 14 本儿童读物。语言类图书涵盖了 HSK 词典、补充阅读和汉字字帖等不同类别，地道的语言表达方式和语言结构、丰富的词汇量以及立体的中国文化知识成为中文学习者的有益补充。第三类为高校出版社，各高校也是中文资源开发的重要组成部分，高校教师根据课程需求自编教材，内容涵盖扩展阅读、练习实践、领域翻译，与经典教材形成了良好的互补。据统计，俄罗斯近年至少有 30 所高校发布 135 种中文教材，这些教材既体现了各高校的教学特色，也为中文学习者提供了更多的选择。如喀山联邦大学《中文阅读实践》、下诺夫哥罗德国立大学《语言区域研究：中文词汇》、图瓦国立大学《商务中文》、乌拉尔联邦大学《中文阅读》和《初级中文语音、汉字、口语》、布里亚特国立大学《中文课外阅读》和《中文文学阅读》、新西伯利亚国立技术大学《语言区域研究：中文》等。

第三，教学理念更新。大部分教材采用创新的外语教学理念，例如跨文化对比、以学生为中心、情境法、任务型教学法等。

第四，语言技能以综合教材为主，重视汉字技能训练；语言水平以通用教材为主，初级教材占比较高，中高级水平教材数量少。

第五，重视教辅类资源开发。教辅资源是教材的重要补充和延伸，二者共同提升学生的语言能力。目前俄罗斯高校教辅资源包括词典、应试词汇手册、语法参考书、书写字帖、课外阅读等多样化内容，能够提供个性化的学习内容满足不同学习需求，与课堂学习良性互动形成闭环。

3　俄罗斯数字化教学资源发展情况

数字化资源以其教学内容的个性化和碎片化，教学时空自由化，能够消弭地域资源不平衡性等特点逐渐成为俄罗斯中文资源开发的新领域。俄罗斯中文数字化资源主要有三种形式：一是出版社端将传统纸质资源实现电子化；二是民间数字资源公司开发品牌产品，如应用程序、门户网站、数字课程等；三是国家教育部门提供慕课在线课程。目前三股力量齐头并进，资源更新速度较快，体现出俄罗斯中文教育与数字技术融合的趋势。中文数字化教学资源呈现以下三大特点：

第一，传统纸质教材逐步向数字化过渡。目前俄罗斯国家图书馆能够提供 190 种中文数字资源，占比 22%，基础教育阶段数字化程度较高，教育部推荐教材基本全部实现数字化出版，配套音视频资源可在出版社官方网站上免费下载，如"Просвещение"。

第二，数字化教学资源以民间机构开发为主体。资源类型呈多元化发展，包括中文学习在线网站、在线词典等工具类平台、手机移动程序以及音视频网站等，提供的内容涉及语音、词汇、汉字、语法、文化等要素，部分平台能够提供交互性的学习体验和在线测试与评估。

表4　俄罗斯主要中文数字化资源

类别	名称	功能、特色
中文学习资源在线网站	StudyChinese	不同级别在线教程、词典、语法讲解、阅读、练习与测试、商务中文课程
	ShiBuShi	支持词汇测试、汉字学习、语法释义、情景对话、课文讲解等功能
	Hscake	提供 HSK 考试在线辅导课程，免费资源包括语法、主题词汇等
在线词典	Bkrs	词汇量丰富、释义准确，专业术语，开设论坛板块，学习者可以交流学习、工作、留学等信息
	Zhonga	除字典功能外,另设置中文学习者交流的论坛板块,用户活跃度高
	Cidian	支持拼音、手写搜索
手机应用	Лаоши	用户量最高的中文学习软件，支持离线使用、手写汉字、覆盖常见中文教材词汇，提供配套课程教材
	TrainChinese	使用界面清晰，支持俄英中互译、单词搜索、汉字展示，积累常用的主题词汇和短语
	ChineseSkill	适合初中级水平学习者，具备语音识别、手写输入功能，动画、语法讲解等可视化教学资源较丰富，支持离线使用
	PORO ZHONGWEN	适用于有一定基础的中文学习者，包含中文对话、主题文章、新闻素材等阅读和听力资源
	Hello Chinese	免费主题词汇练习，对话功能和在线教学须付费

　　第三，国家慕课平台提供中文免费课程体现出自上而下数字化转型的积极实践。主要平台有"俄罗斯电子学校""俄罗斯开放教育""Stepik 在线教育"。其中，俄罗斯"电子学校"为 1—11 年级学生提供中文课程 243 节，每节课分为五大模块，分别是教学目标、课程讲解、任务型练习、测试评估、课程大纲及相关资料 [1]。该平台在俄罗斯基础教育阶段广泛应用，同时也推广到俄语区域其他国家，2020 年 4 月至 2021 年 4 月期间有 4800 万来自乌克兰、吉尔吉斯斯坦、哈萨克斯坦、白俄罗斯、摩尔多瓦等国的访问者。可见，俄罗斯中文教育资源能够辐射到其他俄语区域国家，实现区域内资源共享。俄罗斯开放教育网站是由"国家开放教育平台协会"创建，该平台已发布圣彼得堡国立大学主讲中文课程 5 门，约 422 课时，类型涵盖通用中文、汉字、

---

[1]　数据来自"俄罗斯电子学校"官方网站，https://resh.edu.ru.html/（2024 年 4 月 22 日读取）

语音和商务中文，每门课程提供 6—12 个主题，学习者可在建议课时下完成自主学习和测试评估，通过所有测试的学员可获得所修课程的书面证明[1]。Stepik 是俄罗斯最受欢迎的在线慕课平台之一，授课教师来自俄罗斯高校教师和知名网校，其学习群体多元（中小学生、大学生、职业再培训或公司培训），课程采用交互式设计并提供测试和反馈功能，互动性较强且为教师提供自建课程服务。目前该平台发布中文课程 26 门，其中免费课程 16 门，付费课程 10 门。课程类型涵盖速成中文、初级中文、汉字和语音专项课程、奥林匹克中文竞赛培训、中国文化、《跟着抖音学中文》等，以初级阶段课程为主，约占 90%[2]。

表 5　俄罗斯中文慕课资源

平台	课程名称	适用范围	课程数量	内容
俄罗斯电子学校门户网站	《中文》	5—11 年级学生	243 课时	提供 15 个主题的教学视频、大纲和学习资料，每课时包含不少于 10 个练习题目
俄罗斯开放教育	《商务中文》基础	HSK3—4 级高校学生	30—36 课时	提供 12 个主题教学视频、测试与评估，学习商务沟通基础词汇和表达方式，了解中国商务礼仪和文化背景，熟悉商务沟通流程，熟练掌握公务信函写作
	《商务中文》中级	HSK4 级左右高校学生	30—36 课时	
	《初学者中文：语音基础》	零基础	18—50 课时	讲解中文语音基础知识、拼读和拼写规则
	《中文 五步走向成功》	所有群体	216 课时	提供词汇、汉字、语法讲解，动画情境演示，文化扩展阅读，巩固练习等内容
	《汉字基础知识》	高校学生	72—84 课时	讲解 214 个常用汉字部件和书写规则，介绍代表性的书法艺术
Stepik 在线教育平台	各类中文课程	所有群体	26 门课，800+ 课时	学习内容交互性强，免费课程为主，且教学内容灵活多元，不同群体按需选择，教师可在平台自建课程分享知识

1　数据来自"俄罗斯开放教育"官方网站，https://openedu.ru.html/（2024 年 4 月 22 日读取）
2　数据来自 Stepik 慕课平台，https://stepik.org.html/（2024 年 4 月 22 日读取）

4　俄罗斯本土中文教学资源存在的问题与对策

4.1　基础教育阶段中文教学资源

　　第一，教材连续性较弱。俄罗斯联邦教育部推荐的四套教材中，只有《该学汉语了》教材覆盖5—11年级，其他三套教材只适用于基础教育其中的一个学段，教材编写体系的差异导致缺乏知识的有效衔接，词汇的复现率较低。另外，基础教育阶段与高校中文教材也缺乏连续性，有中文学习背景的中学毕业生进入高校后很难匹配到适合这一群体的教材，往往需要从零基础学起。第二，教学资源主要以教材和汉字字帖为主，缺少其他教辅类资源的供给，尤其缺乏配套的语法练习。第三，本土教材的音频资源虽配备齐全，但质量不高，不同情境、不同性别和不同年龄的音频资料相同，缺乏辨识度和真实性。中俄合作编写教材机制应进一步完善，依据学习者需求精准补给，如中方编者团队应参与到教材配套音频资源的开发，尽量还原真实、鲜活的语境。第四，针对低龄化发展的趋势，应拓宽资源开发的类别，开发更多符合青少年认知特点的中国文化、语音、汉字的数字化产品，与课堂学习形成多模态的互动，提升学习的内驱力。第五，还要重视教辅书籍的编写，精准对接教学主题的实际需求，以确保教学重难点、语言实践、测试评估等方面实现高质量的本土化。

4.2　高等教育阶段中文教学资源

　　第一，经典教材的词汇更新速度较慢，词汇相较于语法体系来说动态性更高，现有本土教材中包含了很多与现代生活脱节的内容亟待更新。第二，语法方面注重系统规则的讲解，缺乏相应语境训练，且书面语和口语不同语体混杂，学生外语交际能力难以得到有效提升。第三，中文与俄语的语言距离远，汉字习得是重点和难点，但大部分教材初级阶段对汉字内容的处理容易操之过急，缺乏足量的基础书写训练。第四，教材与中文能力标准缺乏对应，高校教材编写原则主要以语法和功能为纲，很少关注语言能力评估标准，未来教材编写应将《国际中文教育中文水平等级标准》（2021）作为重要的参考标准，推动高校教材编写的标准化发展。

4.3 专门用途类中文教学资源

专门用途类中文教学资源研发能力不足。随着"一带一路"倡议的深入推进，俄罗斯的中资企业迫切需要当地懂中文的员工和管理者，高校开设中文的学科不断拓宽，职业教育体系的中文学习者也持续增长，而现有数量和类别不能满足多学科交叉背景下"专业+中文"人才的培养需求。需要加强对俄罗斯中资企业对中文人才需求的精准调研，了解从业人员的学习动机、难点与意愿，组建由一线中俄教师团队、专家、企业多方通力合作的编写团队，以通用语言标准和行业语言标准为重要参考，编写出能够提升学生语言技能和职业竞争力的实效性教材。

4.4 数字化中文教学资源

中文教学资源与数字技术的融合度有待提升。民间主体在资源建设方面最具活力，虽积极参与开发，但缺乏精品资源，App 平台的交互性不高。应该加强中俄中文教育企业的对接，以产学研的机制开发更优质资源。同时借助孔子学院的平台，将国内的优秀资源供给俄罗斯中文教育市场，定期开展数字化教育技术培训，提升教师在数字环境下运用数字教学工具的有效性。

4.5 区域性中文教学资源

俄语区域中文教学资源共建共用尚未实现，以俄语为语别维度的资源建设能够有效解决区域资源不均衡、数字化建设水平低的问题。要重视俄语区中文数字教学资源共享平台的构建，重点支持俄罗斯的本土资源建设，争取在实现本国自给自足的同时辐射到其他俄语国家。

参考文献

吴贺，2008，俄罗斯首例汉字科学化教学方案——19 世纪王西里的汉字识记体系分析，《世界汉语教学》(01)：134-140。

教育部中外语言交流合作中心，2023，《国际中文教学资源建设的拓展功能及其实现路径.国际中文教育教学资源发展报告.》。北京：北京语言大学出版社。

李泉、金香兰，2014，论国际汉语教学隐性资源及其开发，《语言教学与研究》(02)：6-34。

17　俄罗斯本土中文教材中的文化呈现分析——以《实用汉语教科书》和《该学汉语了》为例

谈　梦　李雲鹏

1　引言

在俄罗斯本土中文教学资源不断丰富的背景下，本章进一步聚焦于具有代表性的俄罗斯本土中文教材，以《实用汉语教科书》（Практический курс китайского языка）和《该学汉语了》（Время учить китайский язык）两套教材作为研究对象，深入分析两套教材中的中国文化呈现情况，以期为俄罗斯及俄语地区的本土中文教材建设及国外中文教学，特别是文化部分的教学提供一定借鉴参考。

本章选用这两套教材的原因有二：其一，两套教材在俄罗斯是极具有代表性的本土中文教材，其中《实用汉语教科书》是俄罗斯使用时间最长、范围最广的经典教材，而《该学汉语了》被列为俄罗斯教育部公立中小学中文学习的指定教材；其二，两套教材适用范围覆盖面较广，《实用汉语教科书》使用对象主要为大学阶段的中文学习者，《该学汉语了》的使用对象主要是基础教育阶段 5—11 年级的中文学习者。

现有文献显示，对这两套教材进行整体或词汇、语法等某一方面分析的研究较多，而专门聚焦于文化呈现的研究较少。本章以教材整体的编写理念、编写特点为基础，重点研究两套教材中的文化呈现内容、呈现方式及特点。

2　教材编写理念及特点

教材的编写理念对教材中文化的呈现方式、内容选择等有着直接的影响。通过研究教材的编写理念，可以帮助我们更好地分析教材中的文化呈现内容、方式和特点。

2.1　《实用汉语教科书》的编写理念及特点

2.1.1　《实用汉语教科书》的编写理念

《实用汉语教科书》是 А.Ф.Кондрашевский, М.В. Румянцева, М.Г. Фролова 在仿造《实用汉语课本》基础上编写而成的俄罗斯本土中文教材（周小兵、Kalinin 2019）。这套教材作为中文学习的基础教材，其使用对象较为广泛，包括语言类和非语言类的学生，以及在教师指导下或自主开展中文学习的各类人群，故而被俄罗斯大多数开设中文专业的院校广泛使用，并被视为俄罗斯本土中文教材的经典之作。截至 2024 年，该教材已经再版 12 版，本章以 2022 年印刷的第 12 版作为研究对象。

《实用汉语教科书》的编者在进行改编时，保留了《实用汉语课本》的基本结构，如课文、词汇、注释、练习、语音、语法、字的笔顺、文化知识等。教材课程的主要目的是培养学生初步的中文交际实践能力，同时为学习者接下来的中文学习奠定理论与实践基础。

教材的编写理念有以下几点。第一，注重语言的交际功能：教材文本采用标准规范化的现代汉语进行编写，优先选取日常生活交际的语言材料，以便学习者与母语为中文的人进行沟通交流。此外，希望培养学习者建立自己的中文交际体系，即通过引导学习者在掌握一定量的中文基本词汇基础上，能够在各种场合中有效地使用，达到持续巩固已学词汇的目的。第二，注重语言结构的学习：练习的设置侧重于通过一定量的发音技巧训练和语法规则的练习，帮助学习者掌握发音、语法知识和组词造句的规则。第三，注重汉字书写的重要性。教材的编者认为，掌握一定数量的基本部首与固定的部首构成规则是掌握汉字书写的重要途径，教材通过字形、笔顺的呈现，希望学习者形成汉字书写的基本系统。同时，教材配套有一本《汉字手册》。第四，注重文化在语言习得中的作用，通过"你知道吗？"板块呈现中国文化，帮助学习者了解目的语国家的文化和社会，从而更好地运用目的语进行交际。

2.1.2　《实用汉语教科书》的编写特点

第一，教材的主课文围绕三位主要人物展开——上册讲述了两位俄罗斯的中文学习者安德烈、玛莎与来自中国的留学生丁云在俄罗斯学习期间发生的故事。下册讲述了安德烈、玛莎来到中国学习中文的故事。教材以故事为主线，通过主人公在俄罗斯和中国的校园与日常生活，展开词汇、语法及习俗文化的介绍与学习，具有一定趣味性。

　　第二，教材编写具有本土化特色。例如在词汇方面融入了一定的俄罗斯元素：从人名（如安德烈、玛莎、波波夫）、地点（如圣彼得堡、莫斯科、红场）、酒水（如俄罗斯香槟酒）等、机构（如莫斯科大学、俄罗斯大使馆）等。

　　第三，根据母语为俄语的学习者学习中文的特点，在语音部分和练习设置方面进行了一定调整。例如，在语音方面，针对俄汉语音发音的不同之处，编者用俄语详细描述了发音的方式及发音位置，帮助学习者区分不同之处，从而更准确地发音，并设置了较多相应练习。对于俄汉语音相似之处，编者则列入与中文相似或一致的音，充分利用语言学习的正迁移影响，帮助学习者更快地掌握发音技巧。练习方面，加入了"跟老师一起检查"的练习，包括拼音、汉字听写练习，拼音与汉字结合短文听写。此外，增加了一定量的俄汉互译（以俄译汉为主）的翻译训练。

　　第四，突出了简体、繁体汉字的呈现方式：生字表中同时包含简体字和繁体字的书写及笔顺，附录还呈现了部分课文的繁体字版本。

　　第五，文化内容呈现的部分仿造了《实用汉语课本》中的"文化知识"部分，通过"你知道吗？"栏目介绍中国文化，并配备1—2个思考题以促进学习者参与和思考。

2.2　《该学汉语了》的编写理念及特点

2.2.1　《该学汉语了》的编写理念

　　《该学汉语了》这套教材依据俄罗斯联邦基础和中等普通教育联邦国家教育标准，由俄罗斯高等经济学院东方学教研室教师 Александра Сизова 与陈绂、朱志平等中国教师团队共同编写，由俄罗斯 Просвещение 与中国的人民教育出版社联合出版。该教材涵盖5—11年级，以每个年级为一册，共七册课本，被俄罗斯教育部列为中文学习的指定教材之一，使用对象为俄罗斯本土中小学的中文学习者。教材包含大量的国别知识，以地道的听力训练材料、课文等结合现代汉语教学方法，注重培养学习者在现实情景中的交际能力，注重中国文化的介绍，在呈现方式、内容编排上符合青少年的学习及心理特点。教材每课主要包括看图说话、生词、课文、注释、练习、汉字书写、文化探索等板块，为学习者提供了一套注重语言交际与跨文化的中文学习基础教材。本章以2019年出版的《该学汉语了》为研究对象。

2.2.2　《该学汉语了》的编写特点

第一，视觉呈现与主题引入：教材采用多样的视觉元素，如各种图片，以增强对学习者的视觉吸引力。每课伊始通过"看图说话"活动引导学习者推测课程主题，并引入相关生字词，这些词汇在后续课文中重复出现，有助于中小学学习者逐步理解和记忆。

第二，文化元素与比较教学：教材融入丰富的中国文化元素，并通过中俄文化对比进行介绍，采用绕口令、诗歌、折纸等方式呈现。文化讲解内容集中在板块"文化：俄罗斯与中国"，强调俄罗斯与中国在诸多方面的文化异同，并鼓励学习者自主查阅资料进行研究或用中文表述自己国家的文化。

第三，前言与附录的设计：前言助力学习引导，以编者对学习者寄语的形式，为学习者提供本册内容的清晰指引，如在本套教材第一册（5年级）的前言中，开篇对中文和中国背景知识予以介绍，有效帮助学习者初步构建对所学语言以及目的语国家概况的认知。附录则包括繁简体对照表、声韵拼合表、笔顺规则表、游戏活动资料等，紧密围绕基础学习需求设计，能够全面且系统地辅助中小学学习者逐步扎实地掌握中文基础知识。

3　教材中的文化呈现

本节聚焦于《实用汉语教科书》和《该学汉语了》两套教材的中国文化呈现，深入探究其文化呈现内容。通过对两套教材的文化元素分布进行细致分析，以《国际中文教育用中国文化和国情教学参考框架》（以下简称《参考框架》）（教育部中外语言交流合作中心2022）为依据，阐述其文化呈现的具体内容和呈现特点，期望为国际中文教育教材研究提供一定参考。

3.1　《实用汉语教科书》的文化呈现内容及呈现特点

《实用汉语教科书》的使用对象主要是大学阶段的中文学习者，因此，本节主要以《参考框架》中的高级（大学及成人）为依据进行梳理。《实用汉语教科书》课程设计遵循由浅入深的原则，全面引入一级文化项目作为主题，随后以单个一级文化项目为核心，逐步引入相关的二级文化项目。教材内容的编排使一级文化项目循环出现，并在课程进展中逐渐增加多个一级文化项目主题并进行介绍。

据表 1，本节依据《参考框架》对教材中的一、二级文化项目进行频次统计，结果表明"社会生活"领域的文化点呈现频次最高（26 次），其次是"当代中国"（17 次），"传统文化"最少（14 次）。从二级项目覆盖情况来看，"当代中国"覆盖了《参考框架》中 11 个二级项目中的 10 个，覆盖率最高；"社会生活"覆盖了 13 个中的 11 个；而"传统文化"仅覆盖了 8 个中的 5 个。本文对照《参考框架》视野，并统计全书一级、二级文化项目，分析《实用汉语教科书》的文化呈现内容及其与《参考框架》的对应情况。

表 1　《实用汉语教科书》文化呈现内容与《参考框架》的
对应情况及文化点呈现频次统计表

《参考框架》高级（大学及成人）文化项目分类框架				
一级文化项目（57 个）	**二级文化项目（73 个）**			
社会生活（26）	饮食（5）	居住（0）	衣着（1）	出行（3）
	休闲（8）	家庭（2）	节庆（3）	消费（1）
	语言交际（1）	非语言交际（0）	就业（2）	交往（3）
	语言与文化（1）			
当代中国（17）	地理（3）	人口与民族（1）	政治（1）	经济（1）
	语言文字（6）	社保（2）	教育（3）	传媒（0）
	对外交流（1）	文学艺术（2）	科技（1）	
传统文化（14）	历史（4）	文化遗产（5）	文学（5）	艺术（7）
	发明（1）	哲学（0）	宗教（0）	中外交流（0）

据表 2 和图 1 所示，《实用汉语教科书》涉及的一级文化项目中，"社会生活"占比最大，达到 45.61%，其次是"当代中国"（占比 29.83%）和"传统文化"（占比 24.56%）。说明本教材中文化呈现内容以"社会生活"为主。所有二级文化项目中，"休闲"出现频次最多，占比 10.96%。"休闲"属于"社会生活"文化项目，根据《参考框架》（高级），该项目的教学内容和目标主要包括"了解中国传统和现代体育活动的特点和多样性；理解中国人休闲活动新趋势所体现的生活理念；理解中国人旅游方式和行为的特点及其文化内涵。"文化点主要包括现代体育运动/健身活动/跟团游/旅游行为等"（教育部中外语言交流合作中心 2022：15）。以第 28 课为例进行剖析，在课文《我去看足球赛了》、阅读文本《看足球赛》、生词表中的"足球""滑冰""体育场""乒乓球""网球"等、语法、词汇替换练习、课后练习、情境任务、发音和语调、字的笔画、"向你的老师咨询"等部分均呈现出"休闲"文化点。

除"休闲"之外，"艺术""语言文字""文学""饮食"和"文化遗产"等二级文化项目也频繁出现，其中"语言文字"属于"当代中国"，其余归属于"传统文化"。这显示了《实用汉语教科书》在文化内容的编排上，既注重文化主题的深度挖掘，也强调与中国文化的紧密联系。

表 2 《实用汉语教科书》一级文化项目构成统计表

一级文化项目	数量	比重	总计
社会生活	26	45.61%	
当代中国	17	29.83%	57
传统文化	14	24.56%	

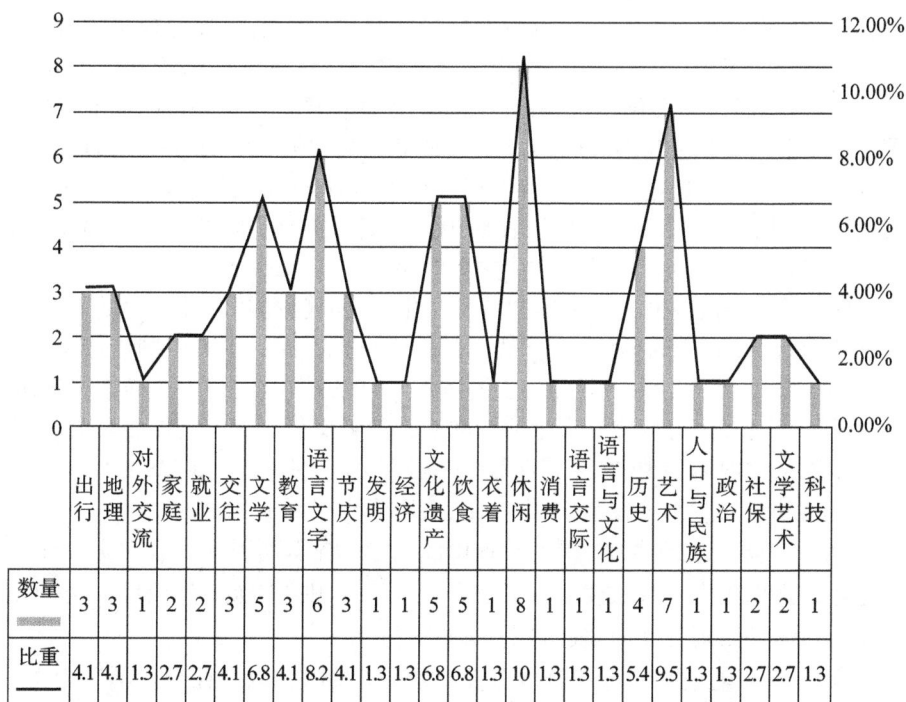

	出行	地理	对外交流	家庭	就业	交往	文学	教育	语言文字	节庆	发明	经济	文化遗产	饮食	衣着	休闲	消费	语言交际	语言与文化	历史	艺术	人口与民族	政治	社保	文学艺术	科技
数量	3	3	1	2	2	3	5	3	6	3	1	1	5	5	1	8	1	1	1	4	7	1	1	2	2	1
比重	4.1	4.1	1.3	2.7	2.7	4.1	6.8	4.1	8.2	4.1	1.3	1.3	6.8	6.8	1.3	10	1.3	1.3	1.3	5.4	9.5	1.3	1.3	2.7	2.7	1.3

图 1 《实用汉语教科书》二级文化项目结构构成簇状柱形图

《实用汉语教科书》注重传统文化方面的教学涵盖历史、文化遗产、文学、艺术等内容，并从由来、特色、影响等维度对各二级文化项目进行细分介绍，与《参考框架》"传统文化"的教学任务高度契合。以第 16 课为例，课文《这条裙子是新的》中出现了有关京剧的简短对话。例子（1）：

　　　　"玛沙，王老师给我们两张票。

　　　　什么票？

　　　　京剧票。我们晚上去看京剧。

　　　　……

　　　　我找一条裙子。我和安德烈晚上去看京剧。"

　　在本课中，京剧元素的体现不仅限于生词表中的"京剧"和"剧场"等词汇。例如，在"词汇替换练习"部分出现了京剧票的插图。在"你知道吗？"部分详细介绍了京剧的文化背景知识，包括角色名称、角色由来以及著名京剧艺术家梅兰芳等。

　　"古今兼顾，以今为主"是《参考框架》的一大内容特色（毛海莹 2024）。《实用汉语教科书》中的文化点举例广泛涉及当代中国的各种现象，"普通话""少数民族""一线城市""现当代文学艺术"等都是中国国情的重要标签。"当代中国"的文化项目得到了一定程度的体现。以第 26 课为例，该课围绕"文学艺术"主题，通过课文"我要研究中国文学"、生词表中出现的"洪湖水，浪打浪"，阅读文本"联欢"以及相关练习部分，展现了"当代中国"文化。特别是在"你知道吗？"板块中，介绍了鲁迅、郭沫若等中国作家，进一步强化了对"当代中国"文化主题的探讨。

　　《实用汉语教科书》对中国"传统文化""当代中国""社会生活"等主要文化点的介绍，符合《参考框架》的教学目标，即"了解中国传统文化、当代中国、社会与生活的概况和主要特点""理解中国文化的多样性和动态性；理解传统文化与当代社会生活的联系，理解文化产物、制度、行为所体现的中国文化内涵和观念"（教育部中外语言交流合作中心 2022：3）。

　　综上所述，教材在呈现中国文化内容时表现出以下几个特点：

　　第一，循序渐进原则：课程设计由浅入深，先全面引入一级文化项目作为主题，再以单个一级文化项目为核心逐步引入相关二级文化项目，且一级文化项目循环出现并逐渐增加多个主题并行介绍；

　　第二，文化主题侧重性及覆盖性：文化呈现内容以"社会生活"为主，其一级文化项目占比最大，且二级文化项目中"休闲"出现频次最多并在多课多环节均有体现。此外，"当代中国""社会生活""传统文化"等一级文化项目均有覆盖，其中"当代中国"二级项目覆盖率最高，"社会生活"次之，"传统文化"相对较少；

第三，文化内容关联性：注重与中国文化紧密联系，无论是在休闲主题相关课程还是其他课程，如传统文化中的京剧元素、当代中国的文学艺术主题课程等，文化点在课文、练习、阅读文本等多部分均有体现，并设置了与中国文化有关的情境任务和问题。

3.2　《该学汉语了》的文化呈现内容

根据《俄罗斯联邦教育法》，俄罗斯基础教育包括：初级基础教育（1—4 年级，相当于中国的小学）、基本基础教育（5—9 年级，相当于中国的初中）、完全基础教育（10—11 年级，相当于中国的高中），《该学汉语了》5—11 年级囊括了基本基础教育和完全基础教育，相当于我国的初中至高中阶段，可以归属于《参考框架》分级目标中的中级（中学）阶段。因此本节以《参考框架》中的中级（中学）为依据，将《该学习汉语了》这套教材的 5—11 年级共 7 册的文化呈现内容进行梳理，具体如表 3：

表 3　《该学汉语了》文化呈现内容与《参考框架》的对应情况

《参考框架》中级（中学）文化项目分类框架			
一级文化项目（128 个）	二级文化项目（73 个）		
社会生活（70）	饮食（8） 衣着（7） 出行（6） 家庭（7）		
	节庆（11） 休闲（15） 消费（2） 语言交际（6）		
	非语言交际（1） 交往（7） 语言与文化（2） 居住（1）		
传统文化（20）	历史（5） 文化遗产（7） 文学（0）		
	艺术（5） 哲学（1） 发明（0）		
当代中国（38）	地理（14） 人口与民族（3） 政治（4） 经济（1）		
	教育（11） 语言文字（1） 文学艺术（6） 科技（2）		
	传媒（0） 对外关系（0）		

《该学汉语了》在"社会生活"一级文化项目方面覆盖较为全面，但在"传统文化"中未包含"文学"和"发明"这两个二级文化项目。本节依据《参考框架》对教材中的一级和二级文化项目进行了统计分析，探讨了 5—11 年级的文化内容的呈现及其与《参考框架》的对应关系。教材全面引入一级文化项目，随后以单个一级项目为核心，逐步引入二级项目，实现一级项目的循环介绍和多主题并行展示。

据表 4,《该学汉语了》教材在文化内容呈现上以一级文化项目"社会生活"为主,占比达到 54.69%。这一比例显著高于"当代中国"(占比29.69%)和"传统文化"(占比 15.63%),表明教材的文化内容主要集中在"社会生活"方面。以 7 年级第 3 单元为例,第 3 单元所有课程均以"饮食"文化项目为主题进行讲述,该单元的所有课程均围绕"饮食"文化项目展开。具体而言,四课内容分别介绍了中俄的早餐、中国的茶文化、各种常见食物以及中国的请客和筷子文化。该单元的文化点呈现中,还穿插了谜语、青海民歌《在那遥远的地方》等文化内容,这表明,《该学汉语了》在以某一文化项目为主题时,会选择插入与该项目关联不大的其他一级文化项目的文化点,作为小知识供学习者了解。这样的安排在其他单元也有体现。

表 4 　《该学汉语了》文化结构构成统计表

一级文化项目	数量	比重	总计
社会生活	70	54.69%	
当代中国	38	29.69%	128
传统文化	20	15.62%	

据图 2,在所有二级文化项目中,"休闲"出现次数最多,占比 10.95%,其后依次是地理、教育和节庆。根据《参考框架》,"休闲"属于"社会生活"文化项目。在《该学汉语了》教材中,与"休闲"相关的文化点包括聚餐/上网/KTV/武术/中国象棋/围棋/乒乓球/5A 景区/观光度假等,这些内容体现了《参考框架》(中级)中与"休闲"相关的教学内容和目标,即"包括了解中国人休闲娱乐活动的特点,理解其休闲方式的多样性;了解中国体育活动如武术、中国象棋、围棋、乒乓球等的特点和文化含义;理解中国人观光度假的常见方式和喜爱的名胜古迹"(教育部中外语言交流合作中心 2022:7)。

图 3 来源于《该学汉语了》,分别为象形文字(引自 5 年级教材第27 页)、唐诗(引自 6 年级教材第 45 页)、文本阅读"中国人送礼的禁忌"(引自 9 年级教材第 25 页,较为直观形象地展现了中国文化元素。全书中,成语、歌曲、诗词等文化元素主要出现在练习部分,出现次数较为频繁,且大多数归属为"传统文化"文化项目主题。相比之下,"社会生活"和"当代中国"主题的文化元素出现较少,然而课文中也出现了大量与文本相对应的插图,这些插图有效地呼应并强化了文化主题的呈现。

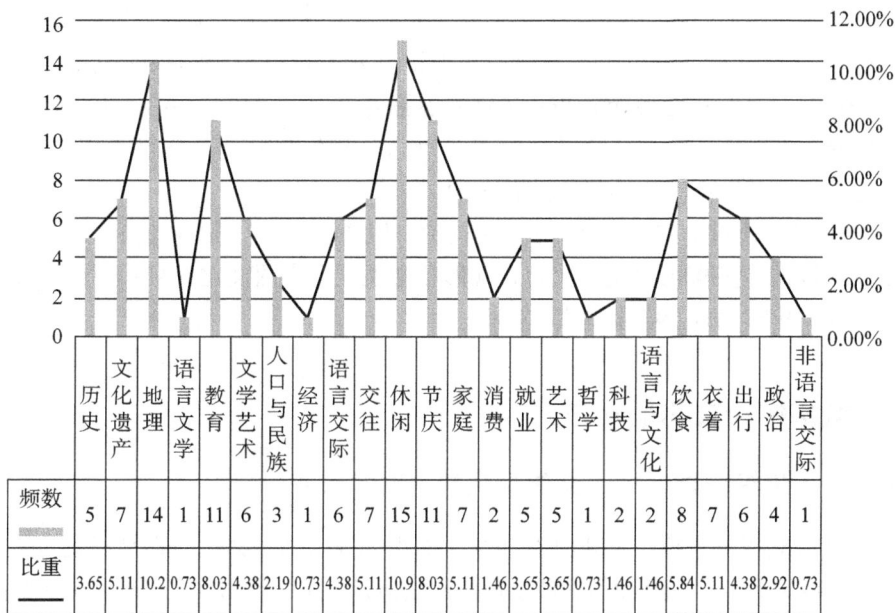

	历史	文化遗产	地理	语言文学	教育	文学艺术	人口与民族	经济	语言交际	交往	休闲	节庆	家庭	消费	就业	艺术	哲学	科技	语言与文化	饮食	衣着	出行	政治	非语言交际
频数	5	7	14	1	11	6	3	1	6	7	15	11	7	2	5	5	1	2	2	8	7	6	4	1
比重	3.65	5.11	10.2	0.73	8.03	4.38	2.19	0.73	4.38	5.11	10.9	8.03	5.11	1.46	3.65	3.65	0.73	1.46	1.46	5.84	5.11	4.38	2.92	0.73

图 2 《该学汉语了》二级文化项目结构构成簇状柱形图

图 3 《该学汉语了》课内插图

综上所述，《该学汉语了》教材在文化呈现方面呈现出如下特点：

　　第一，全面引入与逐步拓展：全面引入一级文化项目，再以单个一级项目为核心，逐步引入二级项目，实现一级项目的循环介绍以及多主题并行展示。

　　第二，文化内容侧重特点：文化内容更多聚焦于"社会生活"方面，其占比显著高于"当代中国"和"传统文化"。且教材中对"社会生活"一级文化项目下的二级文化项目覆盖较全面。

　　第三，通过多种方式呈现文化内容：以象形文字、谜语、十二生肖、歌曲、诗词等多样化的元素较为直观形象地展现了中国文化，且练习设计注重中俄文化对比以及学生的文化体验。

4　教材中的文化呈现方式

4.1　《实用汉语教科书》文化呈现的方式及特点

　　从宏观视角来说，文化具有显性层面和隐性层面。文化内容呈现就是将文化内容中的表层信息和不易被发掘的深层信息，用一定的方式展现出来（吴晓威 2015）。从研究俄罗斯本土中文教材的视角来看，即教科书编者通过文字、图片、练习设置等多种编排方式，将中文教科书中的哲学、艺术、衣着、饮食、文学、文化遗产、地理、历史、出行、休闲、非语言交际、节庆等具体文化内容显示出来。《实用汉语教科书》中板块较多，有"课文""生词""注释""替换与扩展""发音和语调""语法""语音语调""练习""图片""阅读文本""情境任务""跟老师一起检查""你知道吗？""问题""抄录""成语""绕口令""诗"等。周小兵等（2019）指出，教材中的文化知识板块介绍和以文化为主题的课文或阅读材料属于显性文化教学语篇。因此本章将课文、文化拓展、阅读文本等归属为显性文化。与之相对应，隐性方式是指在任务或练习位置呈现文化内容的方式，因此将练习、情境任务等归属为隐性文化（张虹、李晓楠 2022）。

　　表 5 呈现了《实用汉语教科书》的文化呈现方式类型统计状况。由该表可知，显性文化呈现与隐性文化呈现二者比重相对较为均衡，不过显性文化呈现比重稍低于隐性文化呈现比重。这主要归因于以下因素：其一，《实用汉语教科书》内归属于隐性文化范畴的板块数量较多且分布零散，诸如语音语调、语法等部分。尽管这些板块各自出现的频率并非极高，但累积起来却致使隐性文化呈现的频次显著增加；其二，教材里与中国文化相关的图片不仅出现次数有限，而且其呈现形式较为单一化，基本集于练习板块，其呈现内容主要聚焦于"语言交际"方面，仅偶尔会出现与成语相关的图片。而

在显性文化呈现方面，其具体方式相对匮乏，并非所有课程中的课文以及阅读文本均能体现中国文化内涵。例如，第 1 课的课文《你好》以及第 15 课的阅读文本（仅对学院情况予以简单介绍）均未有效展现中国文化元素；再者，较为关键的显性文化呈现方式"你知道吗？"在教材中的出现缺乏固定性。例如，第 3 课仅设置了"问题"板块，却未借助"你知道吗？"板块来介绍中国文化，从而导致显性文化呈现的频次有所减少。综上，显性文化呈现的频次与比重低于隐性文化呈现。

表 5 《实用汉语教科书》文化呈现方式类型

类型	频次	比重
显性	305	46.49%
隐性	351	53.51%
共计	656	100%

4.1.1 教材的显性文化呈现

《实用汉语教科书》的显性文化内容主要通过课文、生词、文化点、"你知道吗？"板块、阅读文本、图片、成语、绕口令和诗词等形式呈现。据表 6，显性文化呈现方式主要以每课的文化点为主，出现频次和比重最高，达到 22.30%，其次呈现频次最多的是图片，比重达到了 21.97%。据笔者统计，教材中各类图片总计出现 217 次，其中与中国文化相关的图片有 67 次，占比 30.88%，不足三分之一。另外，教材中"你知道吗？"板块呈现的文化内容较丰富，涉及京剧、景泰蓝等"传统文化"内容较多。阅读文本虽占比 8.20%，但形式多样，包括相声、成语典故等。

表 6 《实用汉语教科书》显性文化呈现方式及占比统计

呈现方式	具体方式	出现次数	比重
显性呈现方式	文化点	68	22.30%
	图片	67	21.97%
	生词	43	14.10%
	课文	40	13.11%
	文化拓展（你知道吗？）	31	10.16%
	成语、绕口令与诗词	31	10.16%
	小课文（阅读文本）	25	8.20%
总计		305	100%

4.1.2　教材的隐性文化呈现

　　《实用汉语教科书》的隐性文化内容呈现相对较多，主要通过练习、注释、问题、情境任务、替换与扩展等方式呈现。据表 7，替换与扩展部分的文化内容呈现频次最高，占比 19.94%，以第 32 课的替换与扩展内容为例，其中涵盖了隶属于"当代中国"（一级文化项目）之"文学艺术"（二级文化项目）范畴的《大闹天宫》、鲁迅、巴金、中国现代文学等元素；同时也包含了归属于"传统文化"（一级文化项目）之"艺术"（二级文化项目）的京剧以及属于"社会生活"（一级文化项目）之"饮食"（二级文化项目）的白酒等内容。在隐性文化呈现方式中，占比位居第二的是练习部分，其比重达到 19.09%。练习板块的显著特征是图片出现较为频繁，此外还包含谜语、分角色朗读、笑话、看图说话等多种表现形式。例如，在第 38 课的练习板块设置了基于"南辕北辙"成语典故的短文阅读与看图说话练习；第 39 课练习板块则呈现出与"当代中国"（一级文化项目）相关的"四个现代化"内容以及源自曹操《龟虽寿》中"老骥伏枥，志在千里"的成语典故，并安排了分角色朗读的任务。

　　《实用汉语教科书》中设置有"情境任务"板块，以第 31 课的情境 3 为例，要求学生构建首次抵达北京的情境假设，并向朋友问询北京的天气情况以及北京大学与首都机场之间的距离。借助此种情境创设的形式，有助于学习者深入地置身于特定文化情境之中，进而实现对中国文化的切实感悟与体验，有效增进学生对中国文化独特魅力的感知与领会，激发其对中国文化的探究热忱与兴趣倾向。

表 7　《实用汉语教科书》隐性文化呈现方式及占比统计

呈现方式	具体方式	出现次数	比重
隐性呈现方式	替换与扩展	70	19.94%
	练习	67	19.09%
	问题	52	14.81%
	发音、语调、语法	48	13.68%
	情境任务	37	10.54%
	向你的老师咨询	35	9.97%
	注释	30	8.55%
	抄录	12	3.42%
总计		351	100%

4.1.3 教材文化呈现方式的特点

《实用汉语教科书》在文化呈现方面表现出以下几个特点：

第一，显性与隐性文化呈现均衡：教材在显性文化（如课文、生词、文化点、"你知道吗？"板块、阅读文本、图片、成语、绕口令和诗词等）与隐性文化（如练习、注释、问题、情境任务、替换与扩展等）呈现上保持相对均衡，但隐性文化呈现的比重稍高。

第二，显性文化呈现的多样性和局限性：显性文化内容主要通过每课的文化点、图片和"你知道吗？"、阅读文本呈现，但与中国文化相关的图片出现次数有限且形式单一，主要集中在练习板块。此外，"你知道吗？"板块出现不固定，并非每课都有。

第三，隐性文化呈现的丰富性：隐性文化内容通过练习、注释、问题、情境任务和替换与扩展等呈现。练习板块中包括谜语、分角色朗读、笑话、看图说话等多种表现形式。替换与扩展部分的文化内容呈现频次最高，涵盖多个文化项目，实现对中国文化的多维度呈现和深入探讨。

第四，教材中对出现的诗词、绕口令、成语等以汉字、拼音、辅以俄语翻译，体现了难点讲解对比化，通过中文和该国通用语言的对比，让学生深刻领会两种语言的异同（吴应辉 2013：124）。这种对比策略有助于学习者更深入地理解中国文化。

4.2 《该学汉语了》文化呈现的方式及特点

根据前文对隐性文化和显性文化的分类，本节将每课呈现的文化点、课文、新单词、图片和"文化：俄罗斯与中国"归为显性文化，将注释、练习归为隐性文化。其中，练习部分出现的歌曲、乐谱、成语等均归为图片范畴。《该学汉语了》7 本教材中全部的文化呈现类型频次和比重统计见表 8。

据表 8，《该学汉语了》的文化呈现方式中，显性文化达到 77.12%，隐性文化仅为 22.88%。探究其内在缘由，主要在于课文的出现频率处于较高水平，并且课文之中所涉及的文化点颇为丰富，这在很大程度上增加了文化呈现的频次。其次，教材里与中国文化相关联的图片具有较高的出现频次，诸如十二生肖图、歌曲乐谱图、成语典故图等多种类型，这些图片所展现的内容具有较为丰富文化内涵。然而，在隐性文化方面，注释的呈现方式较为单一，基本上是以纯文字形式展现，上述因素综合作用致使隐性文化呈现的频次显著减少，由此导致显性文化呈现的频次与比重远远高于隐性文化呈现的相应指标。

表 8　《该学汉语了》文化呈现方式类型

类型	频次	比重
显性	728	77.12%
隐性	216	22.88%
共计	944	100%

4.2.1　教材的显性文化呈现

《该学汉语了》在文化内容的呈现上主要采用显性方式，涵盖课文、新单词、文化点以及图片等多种形式。据表 9，在显性文化呈现方式中，图片占据主导地位，与图片相关的文化内容出现频次和比重最高，达到 48.76%；课文次之，其比重为 19.65%。

从显性文化呈现维度的分布情况来看，存在不均衡的现象。具体而言，围绕特定一级文化项目展开，且全篇课文聚焦于单一文化内容介绍的单一文化主题呈现较为频繁，其中又以"社会生活"文化项目为主导，在 6 年级第 2 单元和第 3 单元、7 年级第 2—4 单元、8 年级第 3 单元、9 年级第 1 单元、10 年级第 1—2 单元以及 11 年级第 1—3 单元等共计 11 次出现，而"传统文化"与"当代中国"的出现频次相对较少，分别仅为 1 次和 2 次。尤为值得关注的是，该教材的前言部分与单元引入部分蕴含着丰富的文化内容。例如，教材中的每个单元通常都会引入与本单元主题紧密相关的中国文化知识，包括京剧、少数民族服饰、美食以及中国的行政区划等，并且多以图片形式加以展示。这种呈现方式不仅有效增添了阅读的趣味性，而且为学生阅读课文与学习知识构建了必要的背景信息框架，在一定程度上降低了阅读与学习的难度。

"文化：俄罗斯与中国"板块作为显性文化的呈现载体，其出现次数相对较少，仅占 3.85%，主要原因是该板块并非固定出现在每一课。虽然出现频次较少，但该板块文化呈现的方式较为多样，通常伴有图片解释，偶尔以歌曲或乐谱形式呈现。值得注意的是，该板块经常以中俄文化对比的形式出现，例如 5 年级第 8 课展示了中国民歌《茉莉花》与俄罗斯著名歌曲《莫斯科郊外的晚上》《喀秋莎》《乌拉尔的山楂树》，通过对比增进学习者对中俄文化异同的理解与认知，丰富其跨文化知识储备。

总体而言，该教材所呈现的显性文化内容颇为丰富，形式多样且内容翔实，具有较高的文化传播与教学价值。

表 9 《该学汉语了》显性文化呈现方式及占比统计

呈现方式	具体方式	出现次数	比重
显性呈现方式	图片	355	48.76%
	课文	143	19.65%
	文化点	112	15.38%
	新单词	90	12.36%
	文化：俄罗斯与中国	28	3.85%
总计		728	100%

4.2.2 教材的隐性文化呈现

《该学汉语了》的隐性文化内容呈现相对较少，主要通过练习、注释板块途径实现。据表 10，隐性文化呈现方式主要出现在练习部分，在出现频次与比重方面均占据首位，达到了 58.34%。练习部分在呈现文化时，主要采用图片形式，并辅以短文本阅读、现代诗、绕口令、调查问卷、辩论赛等多种形式加以补充。以 8 年级第 3 课为例，不仅对"黔驴技穷"成语典故进行了详细介绍，且设置了相关问题以供练习，同时还呈现了"两个家庭"调查表，包括地址、家庭成员、爱好等；9 年级第 7 课则出现了涉及二级文化项目"政治"的"中国的环境保护战略"短文本阅读练习。在隐性文化呈现方式中，注释部分的出现频次占比位居第二，达到 41.66%。注释的呈现方式主要以文字表述为主，仅在 5 年级第 2 课、6 年级第 7 课和 11 年级第 1 课采用了表格形式，在 5 年级第 8 课出现了图片形式。

表 10 《该学汉语了》隐性文化呈现方式及占比统计

呈现方式	具体方式	出现次数	比重
隐性呈现方式	练习	126	58.34%
	注释	90	41.66%
总计		216	100%

4.2.3 教材文化呈现方式的特点

综上所述，《该学汉语了》在文化呈现方式表现出以下几个特点：

第一，显性与隐性文化比例不均衡：显性文化与隐性文化占比近乎 8:2，显性文化占比远高于隐性文化。这种设计反映了教材编写者意图通过直观、形象的方式，让学习者在接触中文学习的早期阶段能够更多地接触和了解中国文化。教材中与文化有关的图片呈现次数较多，体现了教材利用视觉元素增强文化内容的吸引力和易理解性。

第二，显性文化内容和方式分布不均：显性文化内容以"社会生活"文化项目为主导，出现频次较高，而"传统文化"与"当代中国"的出现频次相对较少。在显性文化呈现方式中，图片呈现的方式远高于其他显性文化呈现方式。

第三，隐性文化内容呈现多元性：虽然隐性文化呈现方式主要依靠练习、注释两种途径实现。但在练习部分中，呈现的方式具有多元性，例如，采用图片形式，并辅以短文本阅读、现代诗、绕口令、调查问卷、辩论赛等，形式多样。

第四，"文化：俄罗斯与中国"板块通过比较中俄文化的方式，帮助学生更好地理解两国文化的差异性与共通性，激发学生的学习兴趣，降低文化学习的难度。

参考文献

А.Ф.Кондрашевский, М.В. Румянцева, М.Г. Фролова. 2022. Практический курс китайского языка. ВКН.

Александра Сизова, 陈绂，朱志平 . 2019. Время учить китайский язык. Просвещение.

范瑶，2024，"讲好中国故事"视角下国际中文教材中的中国元素研究——以中高级阶段《HSK 标准教程》和《博雅汉语》为例。硕士学位论文。大连：大连外国语大学。

教育部中外语言交流合作中心，2022，《国际中文教育用中国文化和国情教学参考框架》。北京：华语教学出版社。

李晗，2024，汉西语言教材中文化项目设计比较个案研究——以《新实用汉语课本 3》和《AULA INTERNACIONAL4》为例。硕士学位论文。

李泉，2011，文化内容呈现方式与呈现心态，《世界汉语教学》25（03）：388-399。

励智、奥斯卡·费尔南德斯·阿尔瓦雷斯，2023，西班牙本土中文教材中的文化呈现研究——以《汉语之路》为例，《国际汉语教学研究》（02）：22-29+64。

刘林鑫，2024，中俄初级综合教材对比研究——以《新实用汉语课本》与《走遍俄罗斯》为例。硕士学位论文。广州：广东外语外贸大学。

陆俭明，2015，汉语国际教育与中国文化国际传播，《同济大学学报（社会科学版）》26（02）：79-84。

毛海莹，2024，《参考框架》视野下国际中文教育文化教材编写研究——兼论《中国文化概况》教材的编写艺术，《天津师范大学学报（社会科学版）》（01）：11-19。

司红霞、冯淋、舒中满，2023，国际中文教材的发展与展望，《昆明学院学报》45（01）：51-63。

吴应辉，2013，关于国际汉语教学"本土化"与"普适性"教材的理论探讨，《语言文字应用》（03）：117-125。

吴晓威，2014，人教版高中英语教科书中文化内容的选择及其呈现方式研究。博士学位论文。吉林：东北师范大学。

张虹、李晓楠，2022，英语教材文化呈现分析框架研制，《中国外语》（02）：78-84。

周小兵、谢爽、徐霄鹰，2019，基于国际汉语教材语料库的中国文化项目表开发，《华文教学与研究》（01）：50-58+73。

周小兵、Vasily Kalinin，2019，俄罗斯"仿造版"汉语教材的改编研究，《云南师范大学学报（对外汉语教学与研究版）》17（01）：25-32。

18 俄罗斯本土中文教材中文化要素展示的分析和启示

谈 梦 李雲鹏

1 引言

　　本章通过对一线教师进行访谈和质性分析，探讨了这两套教材在文化呈现内容的选择、呈现方式，以及与学生需求的匹配度等方面的表现。研究采用了结构式和半结构式的访谈方法，结合 NVivo14 进行质性分析，对教师的反馈进行了编码和分析。据悉，《实用汉语教科书》在中国文化元素的选取、文化呈现内容和方式上均有一定的优势，但也存在内容过时、呈现方式单一等问题（中国文化元素的选取、文化呈现内容和方式展现了教材的特点，同时在内容更新和呈现多样性方面有待进一步探讨）。而《该学汉语了》在文化呈现方式上更为丰富多样，但在文化内容的时效性和系统性上仍有待提高。

　　在发现与启示部分，本章发现教材中呈现的中国文化元素符合"不炫不贬"原则、以中俄文化对比视角进行文化呈现、中国文化元素的选取维度不均且缺乏时代性。同时，提出五点启示，希望为今后国际中文本土教材的编写及中国文化教学提供一定参考。

2 两套教材的评价

2.1 围绕教学及教材使用进行调研、访谈

　　为了获取有价值的教材文化呈现评价，我们选取了 7 位一线教师进行访谈，对《实用汉语教科书》和《该学汉语了》呈现的中国文化进行评价，访谈采取了结构式和半结构式结合的方式，受访教师基本情况如表 1 和表 2 所示。（其中，受访者 T1/T3/T5 教学中均使用过两套教材，T2/T4 仅使用过《实用汉语教科书》，T6/T7 仅使用过《该学汉语了》。

表 1　受访者基本背景信息

访谈	评价教材	性别	最高学历	所教学生年级	从事国际中文教育的教龄
T1	《实用汉语教科书》	女	博士	6—50 岁（HSK1—5）	10 年
T2	《实用汉语教科书》	男	硕士	小学生-成年人	5 年
T3	《实用汉语教科书》	男	硕士	中学生-成年人	1 年
T4	《实用汉语教科书》	女	硕士	大学生	5 个月
T5	《实用汉语教科书》	女	博士	大学生和研究生	12 年

表 2　受访者基本背景信息

访谈	评价教材	性别	最高学历	所教学生年级	从事国际中文教育的教龄
T1	《该学汉语了》	女	博士	6—50 岁（HSK1—5）	10 年
T3	《该学汉语了》	男	硕士	中学生-成年人	1 年
T5	《该学汉语了》	女	博士	大学生和研究生	12 年
T6	《该学汉语了》	女	硕士	3—6 年级	5 年
T7	《该学汉语了》	男	硕士	高中生、大学生	1 年

2.2　两套教材中文化呈现的优势及不足

研究运用 NVivo14 质性分析软件进行处理和分析，对教师访谈内容导入软件后进行手动编码、整理，包括开放式编码、主轴式编码、选择式编码，两套教材共形成 349 个参考点，其中《实用汉语教科书》形成 5 个核心范畴，206 个参考点，《该学汉语了》形成 5 个核心范畴，143 个参考点，见表 3。

表 3　教材文化呈现核心范畴编码

所属教材	名称	文件	参考点
《实用汉语教科书》	中国文化元素的选取	5	10
	学生的水平和需求	5	19
	教材中的文化呈现	5	130
	文化教学策略	5	14
	语言教学与文化呈现的关系	5	33
总计			206

（待续）

（续表）

所属教材	名称	文件	参考点
《该学汉语了》	中国文化元素的选取	4	9
	学生因素	5	10
	教材中的文化呈现	5	96
	文化教学策略	4	6
	语言教学与文化呈现的关系	5	22
总计			143

2.2.1　《实用汉语教科书》文化呈现的优势及不足

　　对访谈原始材料中的语句进行分析、编码整理后形成了 5 个核心范畴"中国文化元素的选取""学生的水平和需求""教材中的文化呈现""文化教学策略""语言教学与文化呈现的关系"。通过编码进一步提炼出教材文化呈现的优势（共编码 51 次）：中国文化元素选取的优点（2）、文化呈现内容的优点（35）、文化呈现方式的优点（14）。受访者认为教材后附录对本册出现的成语、绕口令等进行总结的呈现方式对学生文化知识的学习有帮助；教材中"你知道吗？"板块对中国文化的介绍对学生文化学习十分有益；涉及的中国文化面很广泛、注重为学生呈现一些比较基础的中国文化知识，对其介绍不深；中国文化元素的选取丰富多样。

　　通过编码提炼出的文化呈现不足（共编码 68 次）：中国文化元素选取的不足（8）、文化呈现内容的不足（40）、文化呈现方式的不足（20）。受访者认为教材中呈现的中国文化比较过时，与真实的当代中国不太相符，介绍的部分中国文化知识对学生来说较难理解与学习；文化呈现内容有一定的滞后性，且文化呈现方式较为单一，图片呈现以黑白为主；文化知识呈现难度设置不合理。

　　综上，《实用汉语教科书》文化呈现的不足（占比 57.14%）略大于优势（占比 42.86%），文化内容的呈现具有进一步现代化和精确化的发展空间，以确保信息的时效性和客观性。

2.2.2　《该学汉语了》文化呈现的优势与不足

　　对访谈原始材料中的语句进行分析、编码整理后形成了 5 个核心范畴"中国文化元素的选取""学生因素""教材中的文化呈现""文化教学策略""语言教学与文化呈现的关系"。通过编码进一步提炼出教材文化呈现的优势（共编码 48 次）：文化选取的优点（6）、文化呈现方式的优点（22）、文化呈现内容的优点（20）。受访者认为中国文化元素选取较合理，与课文融入效果好；文化呈现方式多样灵活；呈现的文化内容以学生比较熟悉的"社会生活"为主；中俄对比的呈现形式更有助于学生理解文化内容，促进语言教学。

通过编码提炼出教材文化呈现的不足（共编码 43 次）：文化选取的不足（3）、文化呈现方式的不足（10）、文化呈现内容的不足（30）。受访者认为教材面向的学生群体对选取的部分中国文化难以理解；文化呈现内容过时，不成体系；没有呈现真实的当代中国，与中国当代发展的真实情况贴合度不高；文化呈现多分布于练习中，布局不够合理，图片与文化内容关联度不高。

综上，《该学汉语了》文化呈现的优势（占比 52.74%）较大于文化呈现的不足（占比 47.26%）。多数受访者认为其文化呈现方式丰富，文化选取比较合理等。

2.3　结构式访谈分析

访谈共设置了 10 个问题，将"非常认同"设为 5 分，"认同"设为 4 分，"不确定"设为 3 分，"不认同"设为 2 分，"非常不认同"设为 1 分。

据表 4，第一题"在汉语教学中教授中国文化知识可以帮助学生更好地学习和使用语言"和第二题"通过文化对比可加深学生对文化异同的理解，更客观、包容地看待中俄文化"的认同程度百分比分别为 100% 和 96%，平均值分别为 5 和 4.8，第二题标准差为 0.316 23。语言和文化之间密不可分的关系决定了在汉语教学中教授文化知识对学习和使用语言的重要促进作用，说明受访教师高度认同教授中国文化知识可以帮助学生语言学习以及中俄文化对比的呈现方式有助于学生对文化异同的理解。

表 4　受访教师对文化教学和文化对比的认知

题目	非常认同（%）	认同（%）	不确定（%）	不认同（%）	非常不认同（%）	平均值（%）	中位数（%）	标准差（%）
1. 在汉语教学中教授中国文化知识可以帮助学生更好地学习和使用语言	100	0	0	0	0	5	5	0
2. 通过文化对比可加深学生对文化异同的理解，更客观、包容地看待中俄文化	96	4	0	0	0	4.8	5	0.316 23

2.3.1 教材的文化呈现方式维度

据表 5，对《实用汉语教科书》和《该学汉语了》的中访谈第六题"您认为教材中的文化呈现方式丰富多样（如插图、成语典故、诗歌、绕口令等）"平均值分别为 3 和 4，标准差分别为 1.354 01 和 1.224 74，其中《实用汉语教科书》"不认同"占比 60%，大部分受访教师认为教材中的文化呈现方式较为单一枯燥，《该学汉语了》的认同程度百分比和中位数都比较高，认同教材文化呈现方式丰富多样，通过插图、歌曲、短文本阅读等方式呈现文化内容。但两套教材的标准差均大于 1，说明受访教师对呈现方式是否丰富多样的认知比较分散。

表 5　受访教师对两套教材的文化呈现方式评价

访谈教材	非常认同（%）	认同（%）	不确定（%）	不认同（%）	非常不认同（%）	平均值	中位数	标准差
《实用汉语教科书》	20	20	0	60	0	3	2	1.354 01
《该学汉语了》	40	40	0	20	0	4	4	1.224 74

据表 6，受访教师对两套教材的配套资源对文化教学有帮助的评价均为不太认同，《实用汉语教科书》的平均值为 1.8，中位数为 2，"不确定"占比 60%，"不认同"和"非常不认同"各占比 20%。《该学汉语了》平均值为 2.4，中位数为 3，不认同和非常不认同各占比 40%，其平均值和中位数略高于《实用汉语教科书》，标准差均为 0.8 左右，说明受访教师对配套资源对文化教学有帮助的评价一致性较高，认为教材的配套指导用书或者配套资源对文化教学的作用并不太大。

表 6　受访教师对两套教材配套资源的评价

题目	非常认同（%）	认同（%）	不确定（%）	不认同（%）	平均值（%）	中位数（%）	标准差（%）
教材的配套指导用书或配套资源对文化教学十分有帮助	0	0	60	20	1.8	2	0.836 66
教材的配套指导用书或配套资源对文化教学十分有帮助	0	0	20	40	2.4	3	0.894 43

2.3.2　教材的文化呈现内容维度分析

2.3.2.1　《实用汉语教科书》文化呈现内容

据表7，第三题"教材中各板块呈现的中国文化内容符合学生的年龄和认知水平"有80%的受访教师表示认同，没有受访教师表示非常认同或不认同，平均值为3.2，表明总体上受访教师认为教材内容与学生的年龄和认知水平相匹配。标准差为1.095 45，说明受访教师的意见比较集中。第四题"教材中各板块呈现的中国文化内容布局合理"有60%的受访教师认同，20%表示不确定，20%表示不认同。平均值为3.4，略高于第三题，表明受访教师认为教材的布局相对合理。标准差为0.894 43，说明受访教师的意见比较一致。第五题"教材中各板块呈现的文化内容联系紧密"中有20%非常认同，40%认同，40%不认同。平均值为3.4，标准差为1.341 64，这表明受访教师的意见分歧较大。第七题"教材中呈现的文化内容从学生熟悉的生活领域逐渐拓展到社区、社会、世界再到抽象的思想领域"中有20%非常认同，20%认同，60%不认同。平均值为3，这是所有文化呈现内容相关的题目中最低的平均值，表明总体上受访教师不太认同教材文化内容的呈现是循序渐进的，标准差为1.414 21，标准差较高说明受访教师的意见差异较大。第八题"教材中的中国文化呈现真实且客观"中有20%非常认同，40%认同，20%不确定，20%不认同。平均值为3.4，标准差为1.516 5，标准差较高表明受访教师的意见分布非常广泛。第十题"教材的文化内容基本能满足文化教学的要求"中有20%非常认同，60%认同，20%不认同。平均值为3.6，表明受访教师普遍认为教材能满足文化教学要求。标准差为1.516 58，数值较高表明受访教师的意见差异较大。

综上，受访者普遍认为教材呈现的文化内容与学生的年龄和认知水平相匹配，且基本能满足文化教学的要求。多数题目的中位数为4，说明一半以上的受访者给出了积极的评价。

表7　受访教师对《实用汉语教科书》文化呈现内容的评价

题目	非常认同（%）	认同（%）	不确定（%）	不认同（%）	非常不认同（%）	平均值	中位数	标准差
3. 教材中各板块呈现的中国文化内容符合学生的年龄和认知水平	0	80	0	20	0	3.2	4	1.095 45

（待续）

（续表）

题目	非常认同（%）	认同（%）	不确定（%）	不认同（%）	非常不认同（%）	平均值	中位数	标准差
4. 教材中各板块呈现的中国文化内容布局合理	0	60	20	20	0	3.4	4	0.894 43
5. 教材中各板块呈现的文化内容联系紧密	20	40	0	40	0	3.4	4	1.341 64
7. 教材中呈现的文化内容从学生熟悉的生活领域逐渐拓展到社区、社会、世界再到抽象的思想领域	20	20	0	60	0	3	2	1.414 21
8. 教材中的中国文化呈现真实且客观	20	40	20	0	20	3.4	4	1.516 58
10. 教材的文化内容基本能满足文化教学的要求	20	60	0	0	20	3.6	4	1.516 58

2.3.2.2 《该学汉语了》文化呈现内容

据表 8，第三题中有 60% 的受访教师认同，40% 不确定，没有受访教师表示不认同或非常不认同。平均值为 3.6，表明大多数受访教师认为教材呈现的文化内容与学生的年龄和认知水平相匹配。标准差为 0.547 72，相对较低，说明受访教师的意见相对集中。第四题中有 40% 的受访教师认同，40% 不确定，20% 不认同。平均值为 3.2，高于 3，表明受访教师对文化内容布局的合理性评价较低。中位数低于平均值，说明不认同的受访教师数量较多。标准差为 0.836 66。第五题"教材中各板块呈现的文化内容联系紧密"中有 40% 的受访教师认同，20% 不确定，40% 不认同。平均值为 3，认为文化内容之间的联系不够紧密的受访者较多。标准差为 1，表明受访教师的意见分歧较大。第七题中有 20% 的受访教师认同，40% 不确定，40% 不认同。平均值为 2.8，数值较低表明受访教师普遍认为教材在文化内容拓展方面做得不够好。第八题中有 60% 的受访教师认同，40% 不确定，没有受访教师表示不认同或非常不认同。平均值为 3.6，表明受访教师对教材中呈现的中国文化真实客观认同程度较好。标准差为 0.547 72，数值较低说明受访教师的意见相对集中。第十题中有 80% 的受访教师表示认同，20% 不确定，没有受访教师表示不认同或非常不认同。平均值为 3.8，数值较高说明大部分受访教师认为教材呈现的文化内容基本能满足教学要求。标准差为 0.447 21，是所有中最低的，表明受访教师的意见非常集中。

综上，第十题的认同程度最高，表明受访教师对教材呈现的文化内容基本能满足文化教学要求的满意度最高。第五题的平均值最低，表明受访教师对教材内容联系紧密性的满意度最低。多数题目的中位数为 3 或 4，这表明一半的受访教师给出了中等偏上的评价。各题的标准差数值均较低，表明受访教师对于《该学汉语了》文化呈现内容的评价较为一致。

表 8　受访教师对《该学汉语了》文化呈现内容的评价

题目	非常认同（%）	认同（%）	不确定（%）	不认同（%）	非常不认同（%）	平均值	中位数	标准差
3. 教材中各板块呈现的中国文化内容符合学生的年龄和认知水平	0	60	40	0	0	3.6	4	0.547 72
4. 教材中各板块呈现的中国文化内容布局合理	0	40	40	20	0	3.2	3	0.836 66
5. 教材中各板块呈现的文化内容联系紧密	0	40	20	40	0	3	3	1
7. 教材中呈现的文化内容从学生熟悉的生活领域逐渐拓展到社区、社会、世界再到抽象的思想领域	0	20	40	40	0	2.8	3	0.836 66
8. 教材中的中国文化呈现真实且客观	0	60	40	0	0	3.6	4	0.547 72
10. 教材的文化内容基本能满足文化教学的要求	0	80	20	0	0	3.8	4	0.447 21

3　发现与启示

3.1　研究发现

第一，教材呈现的中国文化元素符合"不炫不贬"原则。李泉（2011b）指出：文化内容特别是文化点的选择和呈现应遵循的原则包括不炫不贬等。"不炫不贬，要求对己方文化不炫耀、不溢美，对他方文化不贬损、不排斥，尽力以中性的立场进行客观描述"（李泉 2007：14）。例如，两套教材中均涉及了基础的中国文化元素，例如"当代中国"的中国行政区划、国内城市等，"社会生活"的中国各类节日、饺子、茶，"传统文化"的古诗词等文化。教材所选的此类中国文化内容在呈现时仅进行了介绍与解释，并未出现不客观的看法与评价。例（1）《实用汉语教科书》第 6 课在介绍中国的各种叫法时提道："'天下'是中国最古老的名字之一。然而，在现代汉语中，这个词通常指整个世界，但外国人很喜欢中国这个名字。"教材编写者对"天下"这个叫法进行了简单的介绍，客观易懂。而《该学汉语了》教材在进行中俄文化对比时也仅简单呈现和介绍中国文化内容和俄罗斯文化内容，不溢美本国文化、不贬低目的语国家文化，做到了对双方文化的客观描述。

　　第二，以中俄文化对比视角进行文化呈现。李泉（2011b）指出中外对比是文化内容选择和呈现应该遵循的原则之一。"中外对比要求不仅要说明中外在相关文化上的差异，还要尽可能说明差异的原因"（李泉 2007：14）。以《该学汉语了》为例，在课程中的"文化：俄罗斯与中国"板块会选择中俄文化对比的方式呈现中国文化，在介绍中国教育系统时会同时介绍俄罗斯的教育系统，将学习者熟知的本国教育系统对应到中国的教育系统，可以帮助学习者快速理解和认识到中国文化内容。当教学内容融入学习者所熟悉的本国社会文化元素时，可能会帮助提升学习者的学习动机，也有利于提高学习兴趣。吴应辉（2013）认为"本土化"教材应该具有重视语言对比，针对性强的优势。教材应该重视学习者母语与目标语言之间的差异，并对其进行比较和详细注释，这对于促进学习者在理解这些差异的基础上，有效地减少母语在目标语言学习过程中产生的负面影响至关重要。在《实用汉语教科书》中并未出现有关中俄文化对比的呈现方式，均以中国文化单独呈现为主，而欧阳芳晖（2020）认为，呈现中国文化的同时也呈现学习者自身文化是教材本土化的重要体现。因此适当添加俄罗斯文化内容与中国文化进行对比，可以更好地帮助学习者从俄罗斯文化的角度理解中国文化。

　　第三，中国文化元素的选取维度不均且缺乏时代性。欧阳芳晖（2020）指出：文化主题能否反映当地学习者的兴趣和偏好，是评估中文教材本土化的指标之一。根据对两套教材文化呈现内容的分析，可以发现两套教材均以呈现"社会生活"文化项目为主，"传统文化""当代中国"涉及较少，且并未完全呈现《参考框架》中出现的所有二级文化项目，中国文化元素的选取维度不均。此外，两套教材选取的中国文化元素均缺乏时代性，例如《实用汉语教科书》中出现了"四个现代化""平信""磁带"等,《该学汉语了》中出现了"自行车大国"等与当代中国真实情况不太相符的元素。正如李泉（2011a）所说，文化内容的选择不仅要贴近现实，还要考量所选内容可能带来的实际效果。缺乏时代性的中国文化元素不仅没有做到贴近现实，且带给学习者的实际效果微弱。以"平信""自行车大国"为例，如果作为文化教学的内容出现，且无当代中国的真实情况与之相对比，可能会使俄罗斯中文学习者对中国的现实情况产生误解。

3.2 启示

3.2.1 呈现内容上不炫不贬，平等对待双方文化

文化呈现内容不宜涉及褒贬，平等对待双方文化，避免将中国文化强施于学习者，立足于当代文化和主流文化。当前的文化教学内容已经从以历史为中心的取向转变为更加关注当代中国社会的现实问题，以反映当代中国的社会状况和人民的生活现状。尽管如此，呈现的文化内容中仍然包含一定比例的传统文化遗产和经典文学作品。例如，传统节日端午节和春节等，都是文化教学内容的重要组成部分。然而，这些文化内容的呈现应适度，避免过度深入细节，若对此类文化内容过度宣传，会涉及夸耀中国文化，不符合文化内容选择和呈现应遵循的原则——不炫不贬。应多与当前的中国社会现实相联系，展示其发展和变化。

3.2.2 呈现方式上突出文化对比

李泉（2011b）认为，中外对比是文化内容选择和呈现应该遵循的原则之一，"要求不仅要说明中外在相关文化上的差异，还要尽可能说明差异的原因"（李泉 2007：14）。根据对教材的分析，《实用汉语教科书》中较少呈现中外文化对比的内容，只是简单地罗列和介绍中国文化。例如第 8 课在介绍中国主要城市和河流时只介绍了"北京""上海""长江""黄河"，并未对比呈现俄罗斯主要城市和河流，若贴近学习者生活，引入俄罗斯主要城市"莫斯科"和"圣彼得堡"与中国城市相对应可以帮助其在俄罗斯文化环境下理解中国文化，激发学生学习兴趣和动力，引导学生探索中国其他城市或河流，促进中国文化内容学习和理解。而在《该学汉语了》教材中只说明了中外在文化上的差异，并未展现文化差异的原因，以 9 年级第 4 课为例，首先介绍了中

国的八大菜系，而后介绍俄罗斯菜的发展历程进行文化对比，但并未呈现俄罗斯菜与中国八大菜系文化差异的原因。在教材呈现文化对比内容时，适当呈现学习者自身文化，并鼓励与中国文化进行联系和对比，不仅可以鼓励学习者通过对比文化学习和了解目标文化，还可以通过介绍文化差异的原因，促使学习者以他人视角重新认识自身文化，从满足学习者兴趣和需求视角传播中国文化。

3.2.3　呈现维度上重视学习者需求，不绝对化呈现文化内容

根据对教材文化呈现的分析，两套教材中涉及的一级文化项目均以"社会生活"为主，教材中的文化内容的取向不宜绝对化，既可以是"传统文化"，也可以是"社会生活"和"当代中国"；既可以是主流文化，如儒家哲学思想，也可以是非主流文化。教材的文化内容要符合学习者的需求，不能绝对化地呈现中国文化。从学习者视角出发，不绝对化呈现文化内容且将中国文化置身于俄罗斯社会文化环境下有利于学习者结合对所处文化环境的认知和体验，理解文化并存、交融、混杂、冲突的复杂关系，进而帮助提升文化教学。

3.2.4　升级改变传统教学方式，利用数字资源优化文化教学

长期以来，由于传统教学理念和外部条件的限制，文化教学主要以通过教师讲授和学生听讲的方式进行。尽管这种方式具有其合理性，但它并非最有效或唯一的教学方法。在当前信息化时代背景下，有必要对这种传统教学方式进行优化。大部分受访教师提出在文化教学中体验式教学比阐述式教学更容易被学生接受、喜爱，因此在教学中多增加体验式的文化活动可以帮助中国文化内容的呈现更真实自然，例如设置自然恰当的情境任务（让学生扮演博物馆向导向参观者介绍历史文化）比纯文字展示文化内容更有助于语言教学和文化教学。举办体验文化活动可以丰富文化呈现内容和呈现方式，提升学习者学习兴趣。根据对教材的分析，《实用汉语教科书》中呈现的插图较少，且均为黑白插图，涉及文化的插图仅占教材所有图片的三分之一，且教材中只出现了插图和文字呈现这两种文化呈现方式，文化呈现方式单一。《该学汉语了》中文化呈现方式丰富多样，包括插图、歌曲、辩论赛、调查问卷等，但类似辩论赛等新颖的体验式文化呈现方式出现次数少，且教材中插图所呈现的文化内容老旧，与课程呈现的文化主题相关度不高。因此，应

多注重学生对文化精粹的吸收，适当强调"批判性思维能力"，着重帮助学生获得多元化的体验，在教材中扩展多元化的文化呈现方式。例如运用新技术，在教材中增添二维码或者相关链接，让俄罗斯学生感受中国主流文化的同时，学习新颖的文化知识，帮助学生理解教材文化内容及语言背后的文化环境。增加教学趣味性，实现纸质教材资源的多模态呈现，增强教材时代性的同时进一步激发学生了解中国文化的欲望。

3.2.5　根据学习者的认知水平进行文化分级

教材文化呈现内容和呈现方式要符合学习者的认知水平、自身情况与需求。使用《该学汉语了》教材的学习者为俄罗斯5—11年级学生，其认知水平较低，应以体验性活动等方式为主，适当调整教材课文话题的文化深入程度、提高教材呈现的文化主题与当代中国社会实际的贴近程度，对教材中出现的文化进行分级，尽量少出现哲学等对于5—11年级的学生较难理解的文化内容，多出现文化插图和情境任务、角色扮演等趣味性较强的文化呈现方式和体验式活动。减少专业化、学术化的文化教学内容。

在文化教学中不能低估学习者的语言学习能力，但也不能高估其对中国文化的了解程度。中国人熟知的成语典故"邯郸学步"等，对于在华留学的学生来说也很难完全理解其中的故事，且我们还须思考这些文化内容是否都是学习者需要的，如何让学习者理解中国文化等问题。从枯燥的文字介绍中学习者很难体会到中国文化的内涵。因此，根据学习者的认知水平进行文化分级对文化教学十分重要。《实用汉语教科书》的学习者多数为大学生，认知水平较高，但直接呈现中国的天干地支、中国作家鲁迅、郭沫若等文化内容显然超过了学习者的可理解范畴，因此《实用汉语教科书》可以选择进行文化分级，对大一、大二等低年级学习者呈现当代年轻人熟知的各种应用软件，例如微信、淘宝等以此展现中国手机支付与购物的便捷。学习者通过类比本国社会文化更容易读懂和理解所呈现的中国文化。对高年级学习者可以呈现较为简单的成语典故，例如"南辕北辙""黄粱一梦"，利用数字资源讲解成语中蕴含的故事，帮助学生了解所学习的中国文化内涵。通过文化分级，呈现与学生认知水平和需求相匹配的文化内容，可以避免文化误解，反映中国文化的特色和多样性，提高学习者学习中国文化的兴趣和效率，帮助其更全面、深入地了解中国。

参考文献

陈肯，2023，专门用途中文教材评估框架构建初探，《国际中文教育（中英文）》8
　　（03）：5-15。

李泉、孙莹，2023，中国文化教学新思路：内容当地化、方法故事化，《语言文字应
　　用》（01）：33-44。

李泉，2007，文化教学的刚性原则和柔性策略，《海外华文教育》（04）：11-16+32。

李泉，2011a，文化教学定位与教学内容取向，《国际汉语》（01）：14-19+113。

李泉，2011b，文化内容呈现方式与呈现心态，《世界汉语教学》25（03）：388-
　　399。

李晓楠、张虹、常文哲、国晶，2023，俄罗斯英语教材文化呈现研究，《山东外语教
　　学》44（1）：43-53。

梁宇、李诺恩，2023，国际中文教材评价指标体系构建——基于德尔菲法和层次分
　　析法，《贵州师范大学学报（社会科学版）》（06）：30-40。

梁宇、周沐，2023，基于一线教师访谈的国际中文教材评价指标框架研究，《沈阳师
　　范大学学报（教育科学版）》2（02）：1-9。

梁宇，2017，教师为评价者的国际汉语教材评价标准实证研究，《国际汉语教育（中
　　英文）》2（03）：48-58。

欧阳芳晖、周小兵，2016，跨文化视角下的中美汉语教材文化呈现比较，《华文教学
　　与研究》（01）：78-84。

欧阳芳晖，2020，本土化视角下的国际汉语教材文化内容对比，《辽宁教育行政学院
　　学报》37（06）：103-107。

吴应辉，2013，关于国际汉语教学"本土化"与"普适性"教材的理论探讨，《语言
　　文字应用》（03）：117-125。

徐莉，2024，基于文化呈现的高中英语教材使用研究——以外研两版教材为例。硕
　　士学位论文。汉中：陕西理工大学。

第七部分
日本本土中文教材研究

19　日本高校中文教育现状

冀媛媛　陈柯佚

1　引言

目前学界对日本中文教育的研究成果十分丰富，王顺洪（1989）分析了285年以来日本中文教育的发展历史，安藤彦太郎（1991）梳理了日本明治时代以来的中文教育历史，吴晓文（2023）分析了中日邦交正常化50年以来日本中文教育发展特点与挑战。但是并没有聚焦于现阶段日本中文教育发展现状的实证性研究，本研究将基于2023年公开的教学大纲调查了日本100多所高校的中文课程设置、师资情况以及教材使用情况，深入分析目前日本高校中文教育的发展现状，以期为推动日本中文教育的持续发展提供决策参考，为推动中日友好提供支持。

2　日本中文教育的历史

日本作为中国一衣带水的邻邦，历史上在政治、经济、文化等方面与中国有密切的交流。如日语的平假名与片假名便是日本人模仿中国汉字创造的。隋唐时期，日本派遣遣唐使和留学生前往中国，学习中国先进的文化、制度等，同时也包括中文。但那时日本人学习中文的主要目的为阅读中文书籍，并非传统意义上的语言学习。真正的中文教育是从江户时代的1639年开始的。本节将参照王顺洪（1989）把日本的中文教育分为江户时代、从明治维新到第二次世界大战结束前，以及中华人民共和国成立后三个阶段来论述其发展历史。

第一阶段为江户时代。1639年日本德川幕府宣布锁国后，长崎被指定为与中国通商的唯一口岸。为满足贸易的需求，政府设置"唐通事"一职，负责中日贸易的翻译工作及中国商船的接待工作。"唐通事"为世袭职位，在职官员的子女从小便从父辈处接受中文教育，培养其中文能力。此外，1654年，福建黄檗宗僧人隐元隆琦率弟子抵达日本，在德川幕府的支持下于京都建立万福寺，他们用中文讲经，推动了黄檗文化在日本的广泛传播，促进了唐话（当时的中文口语）的传播。第二阶段为明治维新到第二次世界大战结束。1871 年，日本与中国清政府缔结日清友好条约，导致日本迫切需要中文翻译。但是政府废除了"唐通事"，在该背景下，外务省创办了汉语学所，同时期还出现了日清社、日清贸易研究所、兴亚会支那语学校，但是这些中文学习机构之后由于各种原因停办了。1895 年日本甲午战争胜利后，日本政府意识到中文教育的重要性，恢复了多所学校的中文教学，并建立了东京外国语大学的前身"东京外国语学校"，同时中文教育机构还有东京民办学校善邻学院。这一时期的中文教育主要服务于日本的对华侵略。第三阶段为中华人民共和国成立、中日恢复邦交以后。1946 年仓石武四郎等人发起并组织了中文学研究会、1950 年日中友好协会成立，这些组织的成立促进了中日之间的友好发展，推动了中文学科的建设。随着中国在国际舞台上发挥的作用越来越重要，在日中文学习人数急剧增长，开设中文课堂的高校也在逐步增加。

2.1　日本中文教育在小初高外语教育中的定位

日本文部科学省在 2017 年、2018 年出台有关日本小初高外语教育的《学习指导要领》[1]，该《学习指导要领》是基于日本《学校教育法》《学校教育法实行规则》制定，具有法律效力。《学习指导要领》介绍了日本外语教学的目标、同时以英语[2]为例说明外语的教学内容以及教学大纲，并指出其他小语种的标准参照英语即可。从以上政府公布的资料来看，日本国内的英语教育在日本小初高外语教育中占有重要地位，深受政府重视。中文教育无法与之相提并论。

但是，社会各界始终关注着英语以外的各外语发展情况（武井由纪 2019）。如 1974 年日本的中央教育审议会报告提出为培养活跃于国际社会中的日本人而改善外语教育的具体方案，具体措施如扩大英语之外的外语教育机会。2016 年 12 月的日本中央教育审议报告提到，随着全球化的发展，为日本的儿童和年轻人提供学习多种外语的机会有助于尊重语言及其背后的文化多样性，因此有必要进一步明确英语之外的外语教育的必要性。此外，还有课程研究、培训、教材开发等措施来支持修订学习指导大纲、设定外语教育领域目标。

1　2017 年、2018 年公布的小初高外语教育的《学习指导要领》为目前最新版。
2　2011 年起，日本的小学五、六年级实施了外语活动课程。2020 年 4 月后，课程设置发生变化，小学三、四年级开始实施了外语课程，旨在让学生熟悉英语。五、六年级时，正式开设英语课程，旨在让学生进行口语交流和听力训练。

在这些政策的支持下，1997 年中文被日本文部省列为大学入学考试外语科目之一[1]，日本众多高中开设了中文等小语种外语课程。据日本文部省的调查，2021 年[2]日本有 347 所公立高中、108 所私立高中、2 所国立高中开设了中文课程，学习中文的高中学生高达 17 847 名。日本开设中文的高中学校数量以及学习中文的高中学生数量均远超其他小语种。此外，据日本大学考试中心的统计调查，2023 年[3]选择英语作为外语参加高考的人数为 466 896 人，选择中文的人数则为 741 人，占总人数的 0.16%，其占比虽小但在小语种中位居首位。综上所述，虽然英语在日本小初高外语教育中占有绝对主体地位，但中文作为日本扩大外语教育的重要组成部分，在日本小语种教育中处于核心地位。

表 1　日本高中各语种开设情况（数据来源为日本文部省）

顺序	语言名称	公立		私立		国立		合计	
		开设学校数量	选修人数	开设学校数量	选修人数	开设学校数量	选修人数	开设学校数量	选修人数
1	中文	347	10 840	108	6926	2	81	457	17 847
2	韩语	266	9239	68	3048	1	17	335	12 304
3	法语	107	2811	73	3521	2	47	182	6379
4	西班牙语	69	1801	19	673	1	59	89	2533
5	德语	47	848	34	1407	1	21	82	2276
6	俄语	17	439	2	106	0	0	19	545
7	意大利语	2	28	4	133	0	0	6	161
8	印度尼西亚语	0	0	1	74	1	45	2	119
9	葡萄牙语	5	62	0	0	0	0	5	62
10	蒙古语	0	0	1	49	0	0	1	49
11	尼泊尔语	4	22	0	0	0	0	4	22
12	菲律宾语	4	14	0	0	0	0	4	14
13	泰语	1	1	1	9	0	0	2	10
14	越南语	2	3	0	0	0	0	2	3
合计		871	26 108	311	15 946	8	270	1190	42 324
实际开设学校数量		430		174		3		607	

1　其他外语科目分别为：英语、德语、法语和韩语。
2　2021 年的调查数据为文部省公布的最新数据。
3　2023 年的调查为日本大学考试中心公布的最新数据。

表 2　2023 年日本高考外语选择情况（数据来源为日本大学考试中心）

语种	英语	德语	法语	中文	韩语	合计
高考人数	466 896	83	96	741	187	468 003
语种选择率	99.76%	0.02%	0.02%	0.16%	0.04%	

2.2　日本中文教育在高校外语教育中的定位

　　1972 年中日邦交正常化以来，日本的高校中文教育除了设置中文专业以外，还把中文作为第二外语列入大学的正规课程，打破了自明治维新以来一直沿用英语为第一外语、德语和法语为第二外语的教学体系（胡金定 2014：126）。1991 年 7 月，日本政府正式实施新的《大学设置基准》，从此日本各高校可据此制定自身的办学方针和思想，自主安排课程设置。虽然文部省对各高校"外语课程"的设置及学分等并未有明确的要求，但众多日本高校重视学生多语种能力的培养，如名古屋大学人文学院规定本科生阶段除英语外小语种的学习须修满 10 个学分，大阪大学管理学院则规定本科生阶段除英语外的小语种的学习须修满 8 个学分。据文部科学省的调查，在 2020 年，国立大学、公立大学、私立大学中开设英语课程的高校数量分别为 81 所、84 所和 564 所，开设中文课程的高校数量分别为 78 所、68 所和 456 所，总数占比为 80.2%，位居小语种首位，且远超小语种第二位的韩语（62.1%）。因此，可以推断中文教育在日本的高校外语教育中占有重要地位。

3　日本高校中文课程开设情况

　　基于中文教育在日本高校外语教育中的重要地位，本章调查了 108 所日本高校，最终收集到 89 所高校中文课程的相关信息。其中开设中文课程的高校高达 87 所，可以说是几乎所有的高校都开设了中文课程。其中未开设中文课程的两所高校分别为会津大学和带广畜产大学。会津大学是一所专注于计算机科学及技术的公立大学，带广畜产大学则是日本国立大学中唯一的兽医农畜产学系的单科大学，两所大学均注重特定学科的发展，有其特殊性。以下主要分析日本高校中文课程开设数量，师资情况以及具体的课程信息。

3.1 日本高校中文课程开设情况

基于 87 所高校的调查结果，图 1 总结了各高校的中文课程数量。中文课程数量在 50 门以内的高校为 54 所（20 门以下的高校为 21 所，21 门到 30 门为 17 所，31 门到 50 门为 16 所），占比为 62%，达到一半以上，介于 51 门到 100 门的高校为 16 所，占比为 18%，中文课程数量在 100 门以上的高校为 17 所。由此可以看出，日本高校的中文课程数量并非集中在某一范围内，而是均匀地散布在一个较大的区间内。将中文课程开设数量为 100 门及其以上的 17 所高校根据课程数量降序排列依次为：东洋大学、立命馆大学、神户大学、同志社大学、冈山大学、大阪公立大学、立教大学、名古屋外国语大学、京都外国语大学、大阪大学、京都大学、南山大学、金泽大学、关西外国语大学、九州大学、北九州市立大学、名古屋大学、东京外国语大学。由上可知，中文课程数量较多的学校，其综合实力相对较强，大阪大学、京都大学、名古屋大学、九州大学、东京外国语大学等日本著名高校均位列其中。综合日本高校中文课程数量均衡分布的这一特点可推测，中文课程数量与日本高校的办学规模以及整体办学水平有关。

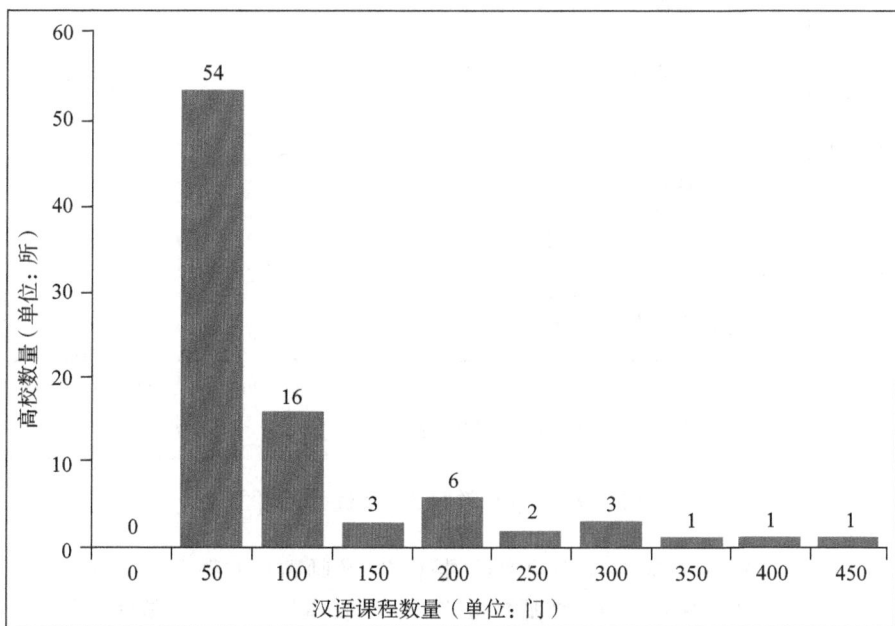

图 1　中文课程数量图

3.2　日本高校中文课程的师资情况

本节将基于以上所示的日本高校中文课程数量，同时结合日本高校中文教师人数，分析日本高校中文教师的课程负担。图 2 为日本高校中文教师人均班级数量图，图 3 为日本高校中日国籍中文教师数量分布图。从图 2 可以看出，中文教师人均担任 2 到 4 个班级的高校为 34 所，占到总体的 39%，人均担任 4 到 6 个班级的高校为 25 所，占到总体的 29%，人均担任 6 到 8 个班级的高校为 12 所，占比为 14%。在 87 所高校中，80% 以上高校的中文教师人均担任班级为 2 到 8 个，冈山大学（271 门）、金泽大学（155 门）、御茶水女子大学（75 门）、群马大学（32 门）、东京工业大学（82 门）的中文教师人均担任班级数量均在 8 个班级以上，反映出这些学校在相对于旺盛的中文学习需求下，其师资力量相对不足。整体而言，87 所日本高校的中文教师数量在 1 人到 73 人之间，其开设中文课程的数量在 2 到 434 门之间，课程开设越多，其中文教师也就越容易不足。

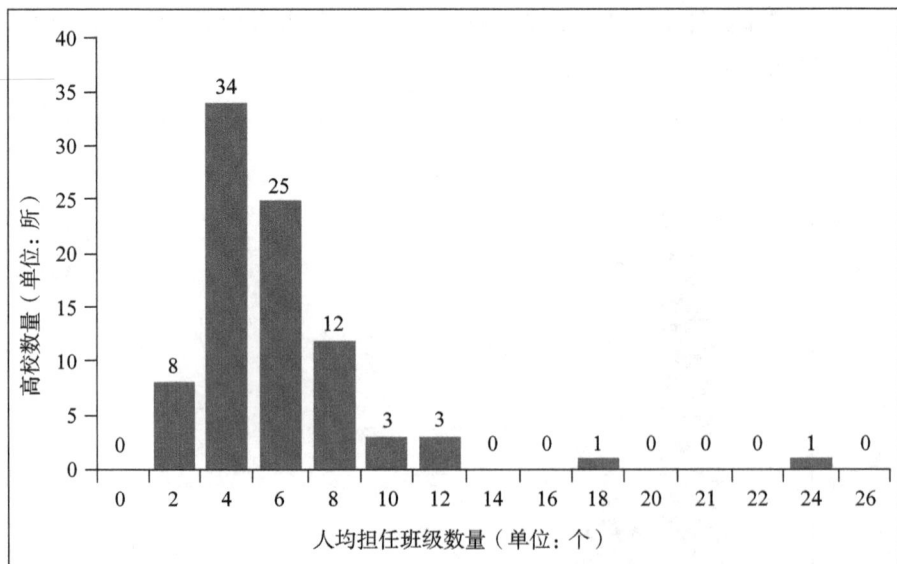

图 2　日本中文教师人均班级数量图

图 3 为 87 所日本高校中的中日国籍中文教师数量的散点图，根据图中的趋势线可知，中国人中文教师数量略微多于日本人教师。从整体的散点分布来看，日本人教师较多的高校有 38 所，中国人教师较多的高校为 40 所。

其中，群马大学、长冈技术科学大学、名古屋工业大学、圣路加国际大学中文教师均为日本人，滋贺医科大学、佐贺大学、东京海洋大学、福井大学、东京医科齿科大学、丰桥技术科学大学、芝浦工业大学、东京农工大学、福冈女子大学、名古屋市立大学中文教师均为中国人。总体而言，日本高校中中文母语者教师相对充足，能够满足学生接触外籍教师的学习需求。

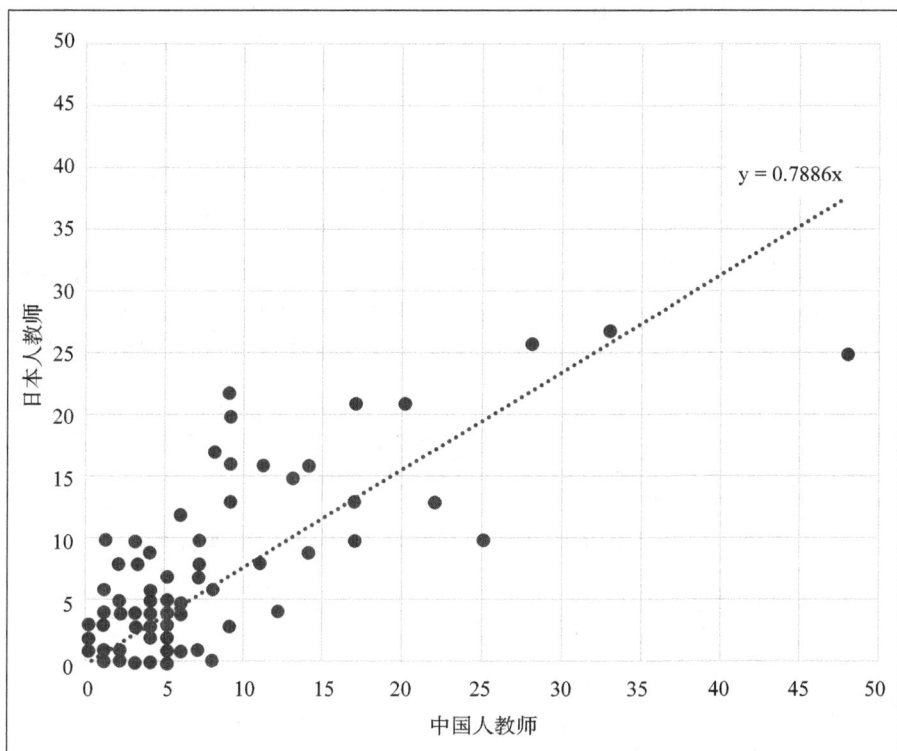

$$y = 0.7886x$$

图 3　日本高校中日国籍中文教师数量分布图（单位：名）

3.3　日本高校中文课程的设置情况

本节将介绍日本高校中文教育的具体课程设置情况，中文专业的课程设置方面以东京外国语大学、大阪大学为例。这两所高校分别为语言类高校、综合类高校，且中文专业开设历史悠久，影响力较大，对日本中文教育的发展有着重要影响。东京外国语大学起源于 1857 年幕府创办的"蕃书调所"，中文学科于 1873 年开设，是其历史最悠久的学科之一。东京外国语大学的中文教育虽然一度中断（如 1882 年），但对日本的语言学者、外交官、商人等与中国有深刻联系的群体产生了深远的影响，促进了中日两国的文化交流。大阪大学的外语学院可追溯到 1921 年创立的大阪外语学校，后陆续更名为大阪外事专门学校（1944 年）、大阪外国语大学（1949 年），成为仅有的两所国立外国语大学之一。并于 2007 年 10 月与大阪大学合并，成为国立大学法人综合大学中唯一的外语学院。其中文专业于 1921 年开设，已有 103 年的办学历史。

　　表 3 总结了东京外国语大学和大阪大学中文专业的教学宗旨及其课程设置情况。两所大学在培养中文人才时，均采取低年级夯实中文基础、高年级使用中文开展研究的方针，这一宗旨贯穿其大学四年的课程设置。具体表现为大一大二课程种类较为单一，均为中文本体的学习，包含听说读写等技能方面的训练。大三大四的课程设置较为丰富，包含中国文学、汉语方言、书面语以及其他各方面的学习。这是因为在 1948 年，日本的大学设置审议会否决了东京外事专门学校设立外语学院的申请，认为外语学习是学术研究的手段而非目的，世界上不存在以外语教学为主要目的的大学（转引黄小丽 2019：73）。因此，日本各大高校在外语教育中会加入语言学、文学、史学、哲学、社会学、经济学、政治学等方面内容，对特定语种区域的各方面展开研究（张韬 2017），类似于我国的"区域国别研究"。

表 3　东京外国语大学和大阪大学中文专业学科课程情况

		东京外国语大学	大阪大学
教学宗旨		大一、大二：采用自编教材，夯实中文基础，会话课实施小班教学。大三、大四：开设各类课程，全面深入了解中文，使用中文开展研究	大一：培养学生"听""说""读""写"等各项技能。大二：学生依据自己的兴趣，选择性地深入学习中文，了解中国。大三大四：使用中文开展研究
课程设置	大一	阅读、语法、口语	初级综合中文
	大二	阅读、语法、口语、泛读	中级综合中文、中级中文会话、中级中文写作、中级中文泛读、中文能力考试、广东话
	大三	口语、中文商务文书、中国近代文学、福建话、广东话、上海话、中文阅读、中文表达研究	商务中文（口译）、高级中文写作、高级中文会话、从学校教育了解到现代中国社会、民国时期的中文、中国电影相关文献阅读、中文歌曲文章阅读、广东话、中文小说阅读、中文新闻及演讲等、中文的结构、中文水平的评估、中文书面语等
	大四	中文表达研究、口语、书面语、福建话	

　　表 4 总结了几所代表院校的公共外语课程名称，其中不仅包含东京外国语大学与大阪大学的课程情况，还追加了两所高校，分别为名古屋大学和京都大学。这两所院校均为日本一流学府，而且中文教育规模较大，其中文课程数量均破百。这四所高校的公共中文虽然课程设置单一，但是均囊括了初级中文到高级中文的全阶段课程，其课程设置可以认为是整个日本社会对小语种教育必要性达成共识的产物。日本高校重视学生多语种能力的培养，"外语课程"的学分成为毕业要求的重要前提。如名古屋大学本科生毕业需要在修满英语课程 10 个学分的基础上，再修满另外一门外语课程 10 个学分。

表 4　代表院校的公共中文课程情况

高校名称	课程名称
东京外国语大学	中文初级语法、中文初级口语、中文高级口语、中文高级阅读
大阪大学	初级中文、中级中文、高级中文
名古屋大学	中文基础、中文初级、中文高级、中文中级
京都大学	中文理论、中文语法·文化理解、中文口语实践

4　日本高校的中文教材

　　本研究调查了 108 所高校中文课程的教材使用情况，因 16 所高校未开设中文课程或未公开中文教材，所以最终收集到了 92 所高校所使用的中文教材信息。本节首先会介绍日本高校中文教材的使用情况，然后从教材的种类数量、出版社与编者信息、命名特点三方面来分析搜集到的教材信息。

4.1　日本高校的中文教材使用情况

　　其中，32 所高校选用的中文教材为 10 种以上，5 所高校的中文教材超过 30 种。该 5 所高校的信息、选用教材数量及中文课程数量等信息如表 5 所示。

表 5　选用教材数量最多的 5 所高校情况

高校名称	选用教材种类	开设中文课程数量	单位教材的使用班级数量
同志社大学	68	292	4.30
学习院大学	45	68	1.51
立命馆大学	43	382	8.88
东洋大学	43	434	10.09
大阪大学	37	175	4.73

　　这 5 所大学的中文课程数量在 92 所高校中居于高位，其中东洋大学和立命馆大学是中文课程开设数量最多的 2 所高校，因此可以推测中文课程数量的多少会影响其教材选用的种类。从表 5 可以看出，东洋大学的单位教材的使用班级数量为 10.09，也就是说该高校约 10 个教学班级使用同一本教材。这表明东洋大学的中文教学在教材选择上较为统一、教师的主观选择性较弱。此外，立命馆大学与东洋大学的单位教材的使用班级数量相当，该高校的中文教学在教材选择上也较为统一。另一方面，学习院大学虽然选用较多种类的中文教材，但是该高校的单位教材的使用班级数量（1.51）较少，可推测该高校的中文教师在教材选用上拥有更多的主动性。

4.2　日本高校中文教材的种类数量

4.2.1　日本高校中文教材的内容分类

　　本节调查的 92 所日本高校使用的中文教材为 395 本。以教材的主要内容为分类标准进行分类后，结果如表 6 所示。表中的综合教材为包含各方面内容的教材。

表 6　中文课程教材内容分类表

种类	数量（本）	占比
综合	106	26.84%
语法	87	22.02%
交流会话	85	21.52%
文化	33	8.35%
备考书籍	27	6.84%
阅读	12	3.04%
写作	12	3.04%
听力	9	2.28%
时事	7	1.77%
词汇	6	1.52%
专门用途	4	1.01%
翻译	4	1.01%
发音	3	0.76%

从表 6 可以看出，综合类教材占比超过 25%，这表明日本高校的中文教材倾向使用包含听、说、读、写等多方面内容的教材，如《读写说＋听 中文的基本 进步篇》[1]《和李丽说话吧！中文初级语法 & 会话》[2]。语法类和交流会话类教材的占比均超过 20%，仅次于综合类教材。在语言的学习中，语法的学习往往都是备受重视的，其占比高达 22%，如《回答为什么的初级中文语法书》[3]《入门中文 基础语法篇》[4]。另外，日本高校也非常重视语言学习中交际能力的培养，会话交流类的教材占比高达 21%，如《二年级学生的交流中文》[5]《初级中文 会话篇 用自己的话说中文 改订版》[6]。

此外，文化类教材和中文考试的备考教材占比均未超过 10%。文化类教材大多是以介绍中国的文化或中日文化对比为主，如《入门 视觉中国》[7]《日中文化交流剧场》[8]。部分教材也以介绍日本文化为主，如《用中文来介绍日本》[9]。在备考教材中，备考日本本土的中文考试"中文检定考试"的教材有 24 本（88.9%），备考中国中文水平考试的教材有 5 本（18.5%），其中有 2 本备考教材可以同时备考日本和中国的中文考试，因此可以推测日本高校更加重视日本本土的"中文检定考试"。

其次，阅读、听力、写作、词汇、翻译、发音类教材数量占比较小。一方面，日本高校对以上六个方面的能力培养重视程度不够。另一方面，该类教材在市面上售卖数量有限，相关内容往往是融合到综合类教材里进行教学。

最后，时事类教材与专门用途类教材占比也很少。但是《时事中文教科书 2023 年版》[10] 却是高校中使用最为广泛的教材，被 21 所高校使用。专门用途类的教材有《属于社会科学系学生的初级中文》[11]《现代商务中文 通过会话和电子邮件学习日中商务实务》[12]，以上教材均是将中文作为一门语言工具来辅佐社会科学专业以及商务工作的学习，中文学习并非课程教学的主要目标。

---

1 该书的日语书名为《赤シート付 読み書き話す＋聴く 中国語の基本 ステップアップ編》。

2 该书的日语书名为《李麗と話そう！ 中国語初級文法＆会話》。

3 该书的日语书名为《Why？にこたえるはじめての中国語の文法書》。

4 该书的日语书名为《はじめての中国語 基礎文法編》。

5 该书的日语书名为《2 年生のコミュニケーション中国語》。

6 该书的日语书名为《初級中国語 会話編 ～自分のことばで話す中国語～改訂版》。

7 该书的日语书名为《入門 ビジュアル中国》。

8 该书的日语书名为《日中いぶこみ劇場》。

9 该书的日语书名为《中国語で案内する日本》。

10 该书的日语书名为《時事中国語の教科書 2023 年度版》。

11 该书的日语书名为《社会科学系学生のための初級中国語》。

12 该书的日语书名为《現代ビジネス中国語 会話と電子メールで学ぶ日中ビジネス実務》。

综上所述，教材分类中，综合类、语法类、交流会话类为三大主要类别，皆超过 20%，其他类别占比均不超过 10%。可以得出日本高校在中文教学上最重视综合能力学习、语法学习和交流会话学习这三方面。

4.2.2　日本高校中文教材的难度分类

在日本高校的中文教材分类中，除了教材的主要内容，教材难度级别也是重要的分类维度，表 7 统计了不同级别的中文教材数量以及占比。表中的"跨级别"类教材是指包含两个或三个难度级别的教材；"其他"类教材为难以划分难度级别的教材。从表 7 可以看出，初级教材占比最大，超过 50%，可以初步推测日本高校开设的中文课程中，约一半为初级课程。中级教材占比约 24%，高级教材占比更少，不到 1%。这表明日本高校的中文教学中，学习初级中文的学生数量较多，但学习中级、高级的学生数量逐步递减。

跨级别难度的教材占比 15%，仅次于初级教材和中级教材。该类教材大部分囊括初级和中级，可以帮助学生从初级更好地过渡到中级，如《中文作文：从初级到中级 改订版》[1]《准中级中文 会话篇》[2]。

其他类别的教材是与难度级别无关的教材，如文化类教材、听说读写等各技能相关的教材，具体有《中国的俗语》[3]《中文日常生活》[4]《作文规则66 条》[5] 等。

表 7　中文课程教材按难易等级分类

教材的难度	数量（本）	占比
初级	206	52.16%
中级	96	24.31%
高级	3	0.75%
跨级别	61	15.44%
其他	29	7.34%

1　该书的日语书名为《中国語作文：初級から中級へ 改訂版》。
2　该书的日语书名为《準中級中国語 会話編》。
3　该书的日语书名为《中国のことわざ》。
4　该书的日语书名为《中国語デイリーライフ》。
5　该书的日语书名为《作文ルール66》。

4.2.2　日本高校中文教材的泛用性

本节通过统计收集到的 395 本中文教材被选用的学校数量来考查这些教材在 92 所高校中的泛用性。调查结果如表 8 所示，被 1 所学校选用的教材数量为 226 本，被 2 所学校选用的教材数量为 59 本，被 3 所学校选用的教材数量为 44 本，被 4 所学校选用的教材数量为 19 本，被 5 所学校选用的教材数量为 13 本，被 6 所学校选用的教材数量为 10 本，被 7 所学校选用的教材数量为 9 本，被 8 所学校选用的教材数量为 3 本，被 9 所学校选用的教材数量为 2 本，被 10 所及以上的学校选用的教材有 9 本。

可以看出，教材被选用的高校数量与教材数量成反比，只被 1 所学校选用的教材竟然多达 226 本，其中部分教材是由学校自主编订的，如《东京外国语大学中文教材 语法》[1]。从表 8 也可以看出，92 所日本高校在教材选用上具有不统一、差异性较大的特点，每所高校甚至每位教师在教材选择上都具有较大的自主性，因此可以推测不同高校的学生对于中文知识、文化等方面的内容认知差异也较大。

表 8　中文课程教材的泛用性统计

教材被选用高校数量	与选用高校数量匹配的教材数量
1	226
2	59
3	44
4	19
5	13
6	10
7	9
8	3
9	2
10 及以上	9

以下主要介绍被 10 所及以上高校所选用的泛用性最强的 9 本教材，这 9 本教材的信息如表 9 所示。由表 9 可知，在这 9 本教材中语法类教材数量最多，总共四本，占比为 44.44%。具体有《回答为什么的初级中文语

1　该书的日语书名为《東京外国語大学中国語教材　文法》。

法书》《简化版 用中文表达！》[1]《大学生初级中文 24 课 修订版》[2]《可以说的中文》[3]。

表 9　被 10 所及以上的高校选用的教材情况

教材名称	使用该教材的学校数量
时事中文教科书 2023 年版	21
回答为什么的初级中文语法书	16
大学生初级中文 24 课 修订版	13
你需要了解的中国事情 修订版	12
简化版 用中文表达！	11
现代中国 从初级到中级	11
可以说的中文	10
用中文沟通	10
第二年就可以传达的中文 关于自己和日本	10

此外，时事类教材为 3 本，占比为 33.33%，其数量仅次于语法类教材。具体有《时事中文教科书 2023 年版》《你需要了解的中国事情 修订版》[4]《现代中国 从初级到中级》[5]，其中，《时事中文教科书 2023 年版》是所有教材里被选用最多的教材。最后，文化类教材有 1 本，综合类教材也有 1 本，分别为《第二年就可以传达的中文 关于自己和日本》[6]《用中文沟通》[7]。

从各类教材的占比可以看出，日本高校在中文教学方面首先注重语法和时事的教学。语法教学可以使学生在中文的学习上更扎实，因为在二语习得过程中，语法是无论如何都无法避开的重要内容。时事教学可以使学生在学习中文的同时了解中国的发展情况和当下的社会主流话题等内容，提高学生的中文应用能力。

1　该书的日语书名为《スリム版　中国語で伝えよう！》。
2　该书的日语书名为《改訂版 大学生のための初級中国語 24 回》。
3　该书的日语书名为《しゃべっていいとも中国語》。
4　该书的日语书名为《知つておきたい中国事情 改訂版》。
5　该书的日语书名为《カレント中国 初級から中級へ》。
6　该书的日语书名为《2 年めの伝える中国語 自分のこと 日本のこと》。
7　该书的日语书名为《中国語でコミュニケーション》。

4.3 日本高校中文教材的出版社与编者信息

在 395 本日本高校中文教材中，日本出版社出版的书籍为 358 本，占比为 90.63%，中国出版社出版的书籍为 37 本，占比为 9.37%。这说明日本高校的教师在教材选择上更倾向于选择日本本土出版的中文教材。这可能是因为日本本土出版的中文教材在内容选择和教材编写上更注重以日语为母语的中文学习者的学习需要，而中国出版的中文教材主要针对的是海外国家的中文学习者，因此日本高校选择日本本土出版的教材可以达到更好的教学效果。

本调查所收集到的 395 本中文教材中作者共 455 人。其中中国人为 257 人，占比为 56.48%，日本人为 188 人，占比为 41.32%，日本的组织机构为 9 家，占比为 1.98%，此外还有一位作者是其他国籍，占比为 0.22%。由中国出版社出版的 37 本教材中，作者为 42 人，且全部都是中国人。由日本出版社出版的 358 本教材中，作者共有 413 人，其中中国人为 215 人（52.06%），日本人为 188 人（45.52%），日本的组织机构为 9 家（2.18%），其他国籍为 1 人（0.24%）。可以看出，即使是日本出版社出版的教材，中国作者的数量占比也超过日本人，由此可知在日本从事中文教育的中国人很多。而且，能够参与中文教材的编写说明这些教材的中国作者参与和研究日本的中文教学已颇有时日。可以推测，日本拥有非常优渥的中文教师资源，中国人中文教师参与编写中文教材对提升教材质量有很大的帮助。

此外，在所有作者中，日本作者相原茂有 26 本书籍被高校选为中文教材，是所有作者中被选用的教材数量最多的作者，足以证明其在中文教材编写方面具有极大的影响力。

4.4 日本高校中文教材的命名特点

中国出版社出版的 37 本教材大多是以教材的内容、等级直接命名，如《发展汉语（第 2 版）中级写作（Ⅰ）》《汉语初级强化教程综合课本 Ⅰ（第二版）》等。

日本出版社出版的 358 本教材中，教材的命名较为多样。最为显著的特点是在书名中频繁使用日语的外来语词汇。该类教材多达 137 本（38%）。其中使用频率较高的外来语词汇有"コミュニケーション"（communication）等。其次，部分书名中会出现带有文化特征的词汇。如《前往中文之路—目标富士山–2/E 增补版》[1] 中的 "富士山"《花开中文》[2] 中的 "花开（花咲く）"、《入门中文 致敬西游记 三订版》[3] 中的 "西游记（西遊記）"、《初级讲义 功夫中文》[4] 中的 "功夫（カンフー）" 等。还有部分教材书名中会出现中日两国的人名，如 "美樱（美桜）""李丽（李麗）""友子（友子）""莎莎""李香" 和 "王丽"，这些名字在中国和日本很常见，也容易让日本的中文学习者产生亲近感。还有部分书名中包含了中国的地名或城市名，如《友子的北京生活》[5]《二订版 你好，上海》[6] 和《了解台湾的 72 章【第 2 版】》[7] 等等。以上两类含中国人名字和中国地名的教材在内容上也会加入较多的中国的文化内容。教材中的人物经历和生活故事也成为中文学习者获取中国文化知识的一个重要途径。

此外，部分书名中出现中文发音的假名以及中文拼音。如《ニーハオ！ニッポン – ふりむけば、中国語。》中的 "ニーハオ" 与中文的 "你好" 发音相似，《ほあんいん！中国語〈会話篇〉改訂版》中的 "ほあんいん" 与中文的 "欢迎" 发音相似。此外，《中国語でおもてなし 問答 wèndá ペアワークで会話練習》直接使用了中文拼音 "wèndá"。这三本中文教材的书名具有鲜明的中文特色。

参考文献

胡金定，2014，日本的漢語教育現状，《言語と文化》(18)：125-130。

武井由紀，2019，多様な外国語教育の推進には何が必要か —外国語教育支援事業から導く課題と展望—，《複言語・多言語教育研究》(7)：95-114。

张韬，2017，「縄張り作業」：日本の大学における「外国語学部」の発展史の一考察，《評論・社会科学 = Social science review》(122)：85-106。

安藤彦太郎，1988/1991《中国语和近代日本》(中国語と近代日本)，卞立强译。北京：北京大学出版社。

1　该书的日语书名为《中国語に続く道 – 富士山を目指して -2/E 増補版》。
2　该书的日语书名为《花咲く中国語》。
3　该书的日语书名为《入門中国語　西遊記へのオマージュ　三訂版》。
4　该书的日语书名为《初級テキスト　カンフー中国語》。
5　该书的日语书名为《友子の北京ライフ》。
6　该书的日语书名为《二訂版　你好，上海》。
7　该书的日语书名为《台湾を知るための 72 章【第 2 版】》。

吴晓文，2023，中日邦交正常化 50 年以来日本中文教育发展的特点、挑战与对策，《华文教学与研究》(01)：88-95。

王顺洪，1989，日本汉语教育的历史与现状，《语言教学与研究》(04)：26-41。

黄小丽，2019，日本小语种教育的历史、现状及相关政策，《外语教学理论与实践》(04)：71-80。

20　日本本土中文教材中的文化呈现——以《回答为什么的初级汉语语法书》（新修订版）为例

王会欣

1　引言

随着全球化的深入和中国国际影响力的不断提高，中文在全球的学习需求不断增加。作为学习中文的基础工具，中文教材不仅承担着语言传授的功能，还起到了文化传播的作用。特别是在外国本土编写的中文教材中，文化的呈现往往反映出编者对中外文化差异的理解和调适。因此，研究这些教材中文化内容的呈现方式，在理解中外文化交流的现状、促进语言教学的有效性等方面具有重要意义。本章以日本本土中文教材为切入点，分析日本本土中文教材中的文化呈现，探讨文化呈现的特点及特征，并对未来编写针对日本的国别区域化中文教材提出建议。

2　教材概况

2.1　教材组成及使用范围

《回答为什么的初级汉语语法书》（新修订版）是一本由相原茂、石田知子、户沼市子共著的语言文化知识教材。该书出版于同学社，适用对象是零基础的中文语言学习者，共涵盖 35 课的内容。每一课都是按照语法项目进行分类书写的：例如第 1 课名词、数词、量词；第 2 课时间、年月日、钱；第 3 课指示代词和人称代词等。每节课包括语法讲解、补充说明及练习题 3 部分的内容。本书一共 383 页的内容，本章主要分析第 1 课到第 35 课的课文及练习题的内容，即第 13 页至 346 页的内容。

2.2 所选教材的教学目标与理念

如教材前言中所说，语言学习如果只是机械的重复，那么我们对知识点的理解和掌握也只是表层的、短暂的。相反，如果我们能理解和掌握语言的语法规则和应用原理，学习就能做到事半功倍，甚至做到举一反三。《回答为什么的初级汉语语法书》（新修订版）这本教材具有两大特征。第一个特征是回答为什么的一种态度。本书旨在使学习者在学习中文语法规则的同时关注其形成原因，从而达到深层记忆的效果。第二个特征是专为认真学习中文的人而设计。无论是学习哪一种语言，如果不付出一定的努力，就无法成为一名大师。这本书旨在帮助学习者成为"具有一定水平的大师"。

2.3 对所选教材进行分析的原因

上一章节对 92 所日本高校的中文教材泛用性进行了调查，结果如表 1 所示。

表 1　日本高校中文教材泛用性统计

教材	使用学校数量
时事汉语教科书 2023 年版 （時事中国語の教科書 2023 年度版）	21
回答为什么的初级汉语语法书 新修订版 （Why? にこたえるはじめての中国語の文法書　新訂版）	16
大学生初级汉语 24 课 修订版 （大学生のための初級中国語 24 回　改訂版）	13
你需要了解的中国事情 修订版 （知っておきたい中国事情　改訂版）	12
（简化版 用中文表达！） （スリム版　中国語で伝えよう！）	11

通过表 1 可以看到《时事汉语教科书》（2023 年版）是应用范围最广的一本教科书，其次是《回答为什么的初级汉语语法书》（新修订版）。《时事汉语教科书》是面向高级中文学习者的系列书籍，每年都会出版，主要是从各个角度介绍过去一年的各种事件。《时事汉语教科书》（2023 年版）是该系列的第 27 本教材。主要介绍了 2023 年间在中国发生的一些热点事件。由于此教材是针对当年的事件和情况编写的，所以内容可能会随着时间迅速过

时或消失，如《时事汉语教科书》（2023 年版）中出现的一些表达，如"萌萌哒""么么哒""绝绝子""啵啵间""奶酪体""冰墩墩体"等。这些可能会过时或者消失的内容如果计入文化点的统计当中，几年之后可能会失去数据的准确性。因此，本研究没有把《时事汉语教科书》（2023 年版）作为此次研究对象。

位列第 2 位的《回答为什么的初级汉语语法书》是于 1996 年首发，2016 年新修订的一本中文语法书。选择此书进行分析的理由有三个。第一，在日本高校中使用范围较广。如表 1 所示，在所调查的 92 所高校中有 16 所高校在使用此教材授课。第二，教材内容丰富。每课不仅有详细的语法解释，还设置了大量的练习，练习的分量约占每课内容总量的三分之一。该教材还穿插了 400 多张的插图，使教材内容变得生动直观。此外，该书充分利用版面空间，在左右边栏还添加了该课所讲知识点相关的其他书籍的推荐及各类有益信息的共享。第三，本书的主要作者相原茂教授是一位资深的中文教育者，单独著书 30 余本，合著或编著书籍超 60 余本。可以说相原茂教授对中文及中国文化的了解广泛且深入。对这本教材进行考察和研究是有价值且有意义的。

3　文化呈现在中文教材中的地位与意义

3.1　文化呈现在中文学习中的重要性

中国是有着五千年历史的文明大国，中国文化博大精深。近年来中国经济飞速发展，中国的国际地位也日益提高，同时中文学习者也不断增加。学习者学习中文不仅仅是学习文字语言知识，更是学习中国文化的一个过程。文化在中文学习中扮演着至关重要的角色，这主要体现在以下几个方面。一方面是语境理解。语言和文化密不可分，语言是工具，是文化的表达方式，文化是内涵，是语言的表达内涵。了解中国文化可以帮助学习者更好地理解中文的语境和背景，从而更准确地理解词语和表达的含义。另一方面是学习的动力和动机。中国文化有着深厚的底蕴，对中国文化的了解可以增强学习者的学习兴趣和动力。中国古代的四大发明，文学艺术，历史人物，中国当代的科技、人文、饮食等，都有助于调动中文学习者的好奇心，激发学习者踏上探索中国文化的旅程。此外，文化的重要作用还体现在综合能力方面。文化所涵盖的内容包括历史、地理、文学、艺术、居住、出行、饮食等各个方面。学习者通过接触多方面的文化，有助于拓宽知识面，提升综合能力。

3.2　文化呈现对学生跨文化交际能力的培养作用

　　国际中文教育的目标不仅是传播中国文化，还在于培养学习者跨文化意识，构建人类命运共同体（周小兵等 2019：57）。国际中文教育本质上是跨文化的交流，因此国际中文教育领域文化教学的独特性在于文化教学和语言教学的紧密联系，并以培养跨文化交际能力为主要目标（祖晓梅 2003；毕继万 2009：14）。中文教材中的文化呈现对学生跨文化交际能力的培养体现在多个方面。首先，中文教材中的文化呈现有助于提高学习者的交际能力。文化是交际的基础，通过学习中国文化，学习者可以更好地理解中国人的思维方式、价值观念和行为习惯，从而更好地融入中国人的交际圈子。其次，文化呈现有助于增强学习者的跨文化意识，使拥有不同文化背景的人可以做到相互尊重和相互理解，从而更准确地解读对方的意图和态度，避免认知偏差产生的冲突和误会。再者，文化呈现有助于培养学习者开放的心态和包容的态度。文化呈现可以引导学习者和自己的母国文化进行比较和思考，分析两者的不同和相似之处。通过这种比较，学习者可以认识到两国各自的文化独特之处，培养包容的态度和开放的心态。最后，文化呈现有助于拓展学习者的国际视野，提升其文化适应能力。在全球化逐步推进，国际交流和合作逐渐频繁的时代背景下，提升学习者的文化适应能力有助于学习者更好地融入国际社会，更顺利地进行国际交流和合作。

4　分类框架及文化点统计方式

4.1　分类框架的选取

　　本文按照国际中文教材研发基地，中山大学所制定的《国际汉语教材文化点分类框架》（以下简称"分类框架"）对所选教材中的文化点进行分类。该文化点分类框架是基于大规模国际中文教材语料库所研发出来的，具有全面性、细致性、准确性和科学性等特点，有很大的参考价值和意义。分类框架将文化点分为四层五类。第一层包括中国国情、成就文化、日常生活和习俗、交际活动、思想观念五项内容。其中中国国情含 13 项，成就文化含 5 项，日常生活和习俗含 15 项，交际活动含 4 项，思想观念含 9 项，总计 46 项，构成了分类框架的二层分类。分类框架对文化点进行了更加细致的三层和四层分类，但限于本研究篇幅有限，此次仅对一、二层文化点进行分类和考察，对统计数据进行分析过程中如若提及三、四层分类，会在文中进行标注。国际中文教材文化点分类框架的一、二层分类具体内容如表 2 所示。

表 2 《国际中文教材文化点分类框架》第一、二层

A 中国国情	B 成就文化	C 日常生活和习俗	D 交际活动	E 思想观念
0 国情概况	0 成就文化概况	0 日常生活和习俗概况	1 交际情景规范	0 思想观念
1 政治和法律	1 科技	1 服饰及习俗	2 非语言交际	概况
2 经济	2 艺术	2 饮食及习俗	3 交际风格	1 价值观
3 地理	3 文学	3 居住	4 跨文化交际	2 宗教信仰
4 环境与文化	4 语言文字	4 学习与工作		3 哲学思想
遗产保护		5 家庭生活		4 审美观
5 历史		6 交通		5 自然观
6 人民		7 通讯		6 时空观
7 教育		8 度量衡		7 财富观
8 家庭		9 购物消费		8 教育观念
9 社会保障		10 休闲娱乐与健康		
10 大众传媒		11 节日节气		
11 中国体育		12 人生庆典		
12 性别		13 禁忌迷信与象征		
		14 安全		

　　本章所研究的《回答为什么的初级汉语语法书》（新修订版）中的文化点主要呈现方式有课文，插图和练习题。参照周小兵等（2019：54），张虹、李晓楠（2022：80）可将文化点分为显性文化点和隐性文化点。显性包括教材中文化知识板块和明显以文化为主题的材料，而隐性主要指通过练习呈现的文化。本文将课文中出现的文化点（例句、语法解释，或是课文中的插图以及对某一词语或文化的补充解释说明内容）计入为显性文化点。与此相对的，在练习中出现的文化点计入为隐性文化点（练习题、练习中的图片、在练习部分出现的词语及文化现象的解释等）。

4.2　文化点统计方法

　　关于教材中的文化点，本研究按照以下方法进行统计。

　　第一，如果一个文化点同时以文字和图片的方式出现，如图 1 "画龙点睛"同时出现在课文和图片中时，则合计为一个文化点，不分别计算；如果

一张插图传递出来的是新信息，如图 2 文字中出现的是"上海"，图片中依次是"上海城隍庙""火车""上海外滩"，那么插图所呈现的三个文化点分别计为新的文化点。

他　非常　漂亮。
Tā　fēicháng　piàoliang.
（彼女はとてもきれいだ）

春天　马上　就　到　了。
Chūntiān　mǎshàng　jiù　dào　le.
（春はもうまもなくやってくる）

では，副詞"非常"によって彼女の美しさの度合いが示され，また副詞
"马上"や"就"によって春の到来はいつなのか，「もうまもなくだ」
と時間的な判断が示されて，聞き手に安定した情報を伝えてくれます．
副詞なしでは文は画龍点睛を欠いてしまいます．

图 1　截取自《回答为什么的初级汉语语法书》(新修订版)
第 15 课：141

他　从　上海　回来。
Tā　cóng　Shànghǎi　huílai.
（彼は上海から帰ってくる）

图 2　截取自《回答为什么的初级汉语语法书》(新修订版)
第 13 课：124

　　第二，周小兵等（2019：53）从宏观和微观角度出发将信息文化分为"国情"和"日常"两个维度。其中"国情"是指从国家、社会、民族角度出发的政治、经济、历史、社会问题等信息；"日常"指围绕着个体或家庭等较小的社会单位展开的生活信息。本研究参考周小兵等（2019）的定义将文化点进行分类。如例（1）中的"乒乓球"是从国家及社会层面来描述的，属"国情"分类；而例（2）中的"乒乓球"是从个人兴趣爱好角度来描述的，属"日常"分类。

（1）<u>乒乓球</u>被称为中国的"国球"，是一种深受大家喜爱的体育运动。

（2）她们周六日喜欢逛街和打<u>乒乓球</u>。

第三，同一文化点在教材中出现的次数可称为"文化点频次"，去除重复出现次数可称为"文化点种类"（周小兵等 2019：79）。本研究按照这一标准进行文化点的统计，如例（3）中"上海"记作一个文化点，频次为三。

（3）<u>上海</u>是经济、金融、贸易、航海及科技创新的国际数字之都。2023 年<u>上海</u>接待国内外旅游者达千万人次。其中，外滩、豫园、迪士尼乐园为<u>上海</u>旅游的热门景点。

第四，本研究参考的文化分类框架虽然分类全面，层次分明，但是在实际应用中还是存在无法直接对应的情况。因此，难以直接套用《国际中文教材文化点分类框架》的文化项目，本研究通过对其所处的语境语义进行判断的基础上，将文化项目归入相应的分类中。如教材中出现的"节约水电，人人有责（P101）"中的"节约观念"在分类框架 E 思想观念-1 价值观中并未体现，但是"节约观念"是中华民族的传统美德，是社会主义核心价值观的重要内容。因此，本研究会将"节约水电，人人有责"列入 E 思想观念-1 价值观的分类中。总之，分类框架中并未列举出，但经判断应属于该类的情况，本研究将适当进行归类。

5　教材分析

5.1　文化点数量分析

本文按照 4.1 的方式对《回答为什么的初级汉语语法书》（新修订版）中出现的文化点进行了统计。统计结果如下。

表 3　《回答为什么的初级汉语语法书》（新修订版）中文化点的数量及占比

显性文化点	隐性文化点	合计
210	139	349
60.2%	39.8%	100%

从上述统计表中可以看到，这本教材中共出现了 349 个文化点。其中显性文化点占比较大，约占总量的 3/5，隐性文化点占比相对较少，约占总量的 2/5。一方面，从量上来说，课文页数多于练习页数；另一方面，从内容上来说，课文内容相对于练习来讲更紧凑更充实更丰富，所以文化点占比较高。

5.2 文化点一层类型分析

本研究按照中山大学国际中文教材文化点分类框架对《回答为什么的初级汉语语法书》（新修订版）的文化点进行了分类。本小节对文化点的一层类型进行分析考察。

表 4 《回答为什么的初级汉语语法书》（新修订版）中一层文化点的分类及其占比

显性文化点			隐性文化点		
第一层	文化点数量	占比	第一层	文化点数量	占比
交际活动	77	36.7%	日常生活和习俗	49	35.3%
日常生活和习俗	69	32.8%	交际活动	34	24.4%
成就文化	38	18.1%	成就文化	29	20.9%
中国国情	25	11.9%	中国国情	27	19.4%
思想观念	1	0.5%	思想观念	0	0.0%
合计	210	100%	合计	139	100%

由表 4 可知，在显性文化点的设置上，此教材主要集中在了交际活动方面，其余依次是日常生活和习俗、成就文化、中国国情、思想观念。其中，思想观念仅有 1 例，占比最少。在隐性文化点设置上，此教材集中在了日常生活和习俗方面，其余三项交际活动、成就文化、中国国情方面的文化点分布相对均衡，而思想观念的占比为零。思想观念占比较低可能是因为此书是面向初学者的一本学习教材。思想观念包含价值观、宗教信仰、哲学思想等内容，是一种超越衣食住行的，较复杂的思想交流，要想清晰地表达自己的观念，需要有一定的语言基础，因为该书是面向中文初学者的一本教材，授课内容主要集中在了日常生活和基本的交际活动方面，思想观念方面的文化点较少或者说是几乎没有。

5.3 文化点二层类型分析

本小节对文化点的二层类型进行分析考察。二层类型包含中国国情 13 项、成就文化 5 项、日常生活和习俗 15 项、交际活动 4 项、思想观念 9 项，共计 46 项的内容。首先来分析中国国情的文化项目。中国国情的二层文化点统计如表 5 所示。

表5　《回答为什么的初级汉语语法书》（新修订版）
中国国情的二层文化点统计

中国国情				
分类	显性（25）	隐性（27）	显性文化具体文化点	隐性文化具体文化点
地理	10	14	北京（14[1]）/上海（7）/北京的秋天（5）/北海公园（2）/天津/黄河/云南/西安/西湖/重庆/广州	北京（8）/上海（4）/天津（2）/北京的冬天/中国的面积/北京的秋天/北京站/行政区划简图/山西/万寿山/桂林/贵州省茅台镇/南京
人民	9	8	北京人（3）/独生子女家庭/计划生育政策/天津人/上海人/雷锋/鲁迅/孔子/司马迁	上海人（2）/北京人/广东人/中国的人口/雷锋/老舍/朱自清/谢晋
历史	4	1	奥运（2）/公元/公元前/战国	解放（4：中国解放2、北京解放、解放前）
政治和法律	1	0	党中央	×
家庭	1	1	亲族称呼图	亲族称呼表
教育	0	2	×	清华大学/北京大学
大众传媒	0	1	×	新华社
国家概况、经济、环境与文化遗产保护、社会保障、中国体育、性别等类别教材中并未出现				

　　从表5可以看到中国国情的文化点的具体分布，显性文化和隐性文化大致呈相似的趋势，都集中在了地理和人民方面。历史、政治和法律、家庭、教育、大众传媒等文化项目的呈现很少。而国家概况、经济、环境与文化遗产保护、社会保障、中国体育、性别等类别教材中并未出现。

　　首先是地理方面的文化点。可以看到，无论是显性文化还是隐性文化，对于中国城市的文化呈现较多，尤其是北京、上海这样的大城市出现的频次较多。北京是中国政治文化中心，有着丰富的历史遗产和传统文化；上海则是中国的经济金融中心，代表着现代化和国际化。这两座城市在教材中的多次呈现，有利于激发学习者的好奇心和探索欲，帮助他们了解中国的传统与现代、历史与未来。其次是人民方面的文化点。出现最多的是各地人民和历

1　括号内的数字表示该文化点在教材中出现的次数。

史及近现代名人。而值得关注的是显性文化中"独生子女家庭"和"计划生育政策"这两个文化点。教材中出现的"独生子女家庭"和"计划生育政策"与现实脱节，已经无法反映当前的中国现状，这可能会使学习者获得过时的知识，影响其对中国的认识，也容易形成错误的印象。在跨文化交流中，也更容易产生误解和冲突，阻碍真正的理解和沟通。

接下来是关于成就文化的二层文化点统计和考察。统计结果见表6。

表6　《回答为什么的初级汉语语法书》（新修订版）
成就文化的二层文化点统计

成就文化				
分类	显性（38）	隐性（29）	显性文化具体文化点	隐性文化具体文化点
语言文字	24	8	拼音/繁体字/简体字/三个女人一台戏/多个朋友多条路，多个冤家多堵墙/一块臭肉坏了一锅粥/前怕狼后怕虎/家家有本难念的经/手忙脚乱/开夜车/拍马屁/走后门/吃鸭蛋/碰钉子/咬耳朵/北京土话/情人眼里出西施¹/人怕出名猪怕壮/三个女人一台戏/说曹操曹操就到/有钱能使鬼推磨/与人方便，自己方便/先则制人，后则为人所制/虚心使人进步，骄傲使人落后	多音字/人往高处走，水往低处流/雨后春笋/人山人海/三心二意/书读百遍，其义自现/虚心使人进步，骄傲使人落后/千门万户
艺术	11	15	长城（5）/京剧（4）/中国电影（4）/杂技/古文化街/长安街/上海城隍庙/二胡/国画/天坛/王府井	万里长城（4）/油画（3）/国画/王府井大街/北京天坛/乡戏/京剧/故宫/胡同（3）/演戏/山水画/中国电影/话剧《茶馆》/戏曲《龙须沟》/电影《牧马人》
文学	2	5	画龙点睛/孟姜女哭长城	盘古和女娲的传说/《骆驼祥子》/神仙/愚公移山/《匆匆》

（待续）

1　"西施"以及此表格中出现的"曹操"虽然是中国的古代名人，也可分类为中国国情-人民-名人-古代名人类别，但是比起人物介绍教材中更强调的是谚语惯用语的使用，因此把此文化点归类到了"语言文字"，且本研究一个文化点不重复分类，所以"西施""曹操"没有计入中国国情的分类。

（续表）

成就文化				
分类	显性 （38）	隐性 （29）	显性文化具体文化点	隐性文化具体文化点
科技	1	1	敲钟计时	中国大运河
成就文化的成就文化概况类别教材中并未出现				

从表 6 可以看到，显性文化主要集中分布在语言文字方面，隐性文化主要集中在了艺术方面，科技方面的文化呈现较少，且"敲钟计时""中国大运河"等文化点也只是展现了中国古代科技的冰山一角，而中国近现代的科技更是没有提及。

首先来看语言文字方面的文化点。分类框架中将二层分类的"语言文字"细分为语言文字概况、标准语、方言、注音、汉字、词汇和惯用语、翻译、标点符号等 7 项小分类。教材中所呈现出来的显性文化点主要包含了注音、汉字、词汇和惯用语。其中惯用语的数量最多。惯用语是语言的精华，可以丰富学习者的语言表达，使其表达更加丰富和地道。学习者熟练掌握这些语言表达后，可以更加顺利地参与到语言交流当中，增强自己的交际能力。而且惯用语可以反映一个民族的历史、文化传统、价值观和生活习惯等，通过学习这些语言表达，学习者可以更深入地了解中国文化。其次是艺术方面的文化点。教材中的艺术文化点涵盖广泛，包括了建筑、音乐、绘画、曲艺、影视作品等多个方面。有利于学习者更全面地了解中国，也有利于增加学习者的知识储备。教材中的文学方面的文化点包含了成语故事、神话传说和一些文学作品。成语故事、神话传说和文学作品往往具有生动有趣的故事情节和吸引人的人物形象，教学的趣味性较强，可以激发学习者的学习兴趣，提高学习积极性。最后，关于科技方面的文化点。"敲钟计时""中国大运河"都属于中国古代科技呈现。这可以向学习者展示中国古代在科技方面的成就，增强学习者对中国文化的认识和尊重。但是教材中当代科技的欠缺，让学习者错失了解当代中国社会和科技发展的机会。近年来中国在航天、核聚变、生物科技、量子计算等多个科技领域取得突破和发展，如果在教材中不引入中国当代科技的内容，可能会影响学习者对中国的整体认识。

然后是关于日常生活和习俗方面的分析和统计。文化点统计结果如表 7所示。

表 7 《回答为什么的初级汉语语法书》（新修订版）
日常生活和习俗的二层文化点统计

日常生活和习俗				
分类	显性（69）	隐性（49）	显性文化具体文化点	隐性文化具体文化点
度量衡	19	1	两（2）/斤（2）/尺/亩/公里/平方米/吨/纸币"圆"/人民币块/人民币毛/块毛分/公斤/平方市里/市尺/市斤/市里/市升/市制/北京时间	一丈等于十尺
饮食及习俗	16	9	馒头（8）/中国菜（5）/烤鸭（3）/面条（2）/油条（2）/包子/涮羊肉/绍兴酒/北京美食/腐乳/花卷儿/酸奶/糖葫芦/豌豆黄/抽烟斗/龙井茶	中国菜（2）/米饭（3）/绿茶/红茶/北京饭店/麻婆豆腐/抽烟斗/白酒/青岛啤酒
休闲娱乐与健康	12	13	乒乓球（11）/看电影（7）/看电视（4）/散散步（3）/打打球（2）/下棋（2）/唱卡拉OK（2）/看戏/象棋/斗蛐蛐/打麻将/太极拳	看电视（5）/看电影（3）/跳舞/踢足球（3）/做早操/体操/游泳/看下棋/织毛衣/散步/乒乓球/卡拉OK/首都医院
学习与工作	9	7	图书馆（5）/学生宿舍（5）/操场（5）/暑假（4）/食堂（3）/开学（3）/日语系/教室/（学校）义务劳动	宿舍（5）/图书馆（4）/食堂（2）/教室（2）/操场（2）/出差/暑假
节日节气	6	3	春节（2）/国庆节（2）/立秋（2）/猪年/回娘家/星期天、星期日（无星期七说法）	中秋节/（中国）植树节/春节
交通	5	11	自行车（16）/火车（5）/飞机（4）/汽车（3）/"鉴真号"	自行车（8）/汽车（6）/飞机（5）/火车（2）/公共汽车/地铁/高铁/出租汽车/首都机场/船/电车
购物消费	2	5	百货商店（5）/美元换人民币	东安市场/新华书店/百货大楼/小卖部/商店
服饰及习俗、居住、家庭生活、通讯、人生庆典、禁忌迷信与象征、安全等类别教材中并未出现				

　　通过表 7 我们可以看到，在日常生活和习俗方面，显性文化的分布主要集中在度量衡（19）、饮食及习俗（16）、休闲娱乐与健康（12）及学习与工作（9）方面。而隐性文化呈现略有不同。依次为休闲娱乐与健康（13）、交通（11）、饮食及习俗（9）、学习与工作（7）。无论是显性文化还是隐性文化都有把"饮食及习俗"和"休闲娱乐与健康"这两项文化项目作为重点来呈现。

　　首先，该教材在显性文化点的设置上导入了很多的度量衡单位。度量衡是我们日常生活中常常遇到的概念，涉及消费购物、烹饪、旅行等方方面面。度量衡的单位和体系往往反映了一个国家和地区的文化和历史传统，学习者学习度量衡不仅是学习一种计量单位，更多的是在了解一种文化和传承，如教材中提及的"尺""公斤""市斤""市里"等单位可以帮助学习者了解中国历史上的科学和技术发展。其次在隐性文化点中，休闲娱乐与健康数量最多且包含的娱乐方式种类也有很多。了解中国人民的娱乐方式有助于学习者更好地融入中国人的圈子，建立良好的人际关系。另外，饮食及习俗在显性和隐性文化点中都占有较高的比例。通过介绍中国美食可以向学习者展示中国丰富多彩的饮食文化，通过介绍不同地区的美食，如教材中提及的北京烤鸭、绍兴酒、青岛啤酒、麻婆豆腐等，可以让学习者了解中国各地具有鲜明地域特色的美食文化。美食话题是学习语言的生动实践对象，不仅能够激发学习者的学习兴趣，调动他们的积极性和参与度，而且能为学习者在社交场合中提供谈资，快速增进彼此之间的交流和了解，促进人际关系的融洽与友好。最后，值得注意的是在交通方面，"自行车"这一文化点在显性文化里出现了 16 次，在隐性文化里出现了 8 次，可以说是本教材的一个高频词汇。近年来中国的发展日新月异，人们的出行方式也变得多样化。共享单车、共享电动车、网约车、顺风车、无人驾驶车等也逐渐成为出行的一种选择。而教材中多次出现"自行车"这种相对陈旧的内容，可能导致学习者对中国的认知偏差，容易形成不好的刻板印象。无法与时俱进的教材内容可能无法提供最新的生活场景和实际应用的生活场景素材，也就无法满足学习者对知识实用性的需求，从而导致他们的学习积极性和学习体验。

　　再者，是对于交际活动文化点的分析和统计。统计结果如表 8 所示。

表8　《回答为什么的初级汉语语法书》（新修订版）
交际活动的二层文化点统计

交际活动				
分类	显性（77）	隐性（34）	显性文化具体文化点	隐性文化具体文化点
交际情景规范	41	28	称谓：老师（20）/妈妈（14）/小王（12）/弟弟（11）/哥哥（10）/妹妹（9）/老王（6）/小张（6）/小李（6）/姐姐（4）/大夫（3）/小陈（3）/爸爸（3）/奶奶（3）/师傅（3）/张三（3）/先生（3）/二哥（2）/老婆/主任/三弟/大哥/大姐/爱人/小沈/李四/宝宝/乖乖/小朋友/小高/老人家/老张/叔叔/爷爷/您/张大爷/老李/老板/祝福：祝你健康/别客气（3）/欢迎你来北京（问候寒暄介绍）	称谓：老师（17）/妈妈（13）/弟弟（9）/妹妹（7）/爸爸（7）/小王（6）/哥哥（4）/小李（4）/小张（3）/大夫（3）/老张（2）/奶奶（2）/姑娘/王先生/姐姐/小刘/爱人/小文/小高/田大爷/张师傅/赵大叔/张叔叔　洗手吃饭（交际活动）/谢谢你/不用谢/抱歉/很对不起你
跨文化交际	32	6	中日男性女性用语比较/中英惯用语谚语/中日人口比较/南北方主食文化比较/汉语的外来语：沙发/巧克力/巴士/迪斯科/伊妹儿/幽默/引得/俱乐部/黑客/艾滋病/啤酒/芭蕾舞/高尔夫球/电脑/传真/机器人/软件/硬件/密码/死机/打印机/场合/立场/取消/手续/取缔/话题/咖啡	德国产的啤酒/咖啡/汉堡包/自助餐/中日饮食对比
非语言规范	4	0	竖大拇指（厉害）/竖小拇指（不行）/刮脸皮（没羞）/拉钩儿（约定）	×
交际风格在教材中并未出现				

通过表8我们可以看到关于交际活动的数据统计。无论是显性文化还是隐性文化在文化点设置上呈现相同的趋势。交际情景规范数量最多，其次是跨文化交际，最后显性文化点中有少量非语言规范方面的文化项目。而交际风格在教材中并未出现。

首先来看交际情景规范方面。虽然交际情景规范的文化点数量最多，但是类别却不多，主要集中在了亲属称谓和社交称谓上。在人情社会的中国，称谓的使用是复杂且多变的，不同场合、不同关系中需要使用不同的称谓。教材中大量导入这些文化点，一方面能让学习者学习中国的社会结构、家庭观念、人际关系等文化特征，另一方面能帮助学习者在社交场合中表现得体，游刃有余，避免因称谓使用不当而造成的误解。其次是跨文化交际的数据分析。显性文化点中，跨文化交际（二层）-文化间的相互影响（三层）-外国对中国的影响（四层）主要体现在了一些外来语方面。外来语的使用通常反映了语言接触、文化交流和社会发展的动态过程。但教材中出现的"迪斯科""伊妹儿""引得""传真"等词汇，在现实生活中已经很少使用了，这就导致在实际应用时出现理解障碍，无法有效与母语者进行沟通。隐性文化点中，主要体现在饮食方面外国对中国的影响。"咖啡""汉堡"等传入中国，对中国的饮食结构产生了很大的影响。越来越多的中国人，尤其是年轻人选择这种便捷的饮食方式。

最后是思想观念方面。仅在显性文化点中出现了一例。如 5.2 所言，思想观念占比较低可能是和教材性质有关。本研究考察的这本教材是面向初级学习者的教材，所教授的内容相对基础和简单，而思想观念表达需要有一定的语言基础，因此此类文化点呈现较少。

5.4　文化点阶段性考察

赵贤洲（1989）指出文化导入应遵循"阶段性、规范性、适度性和科学性"原则。所谓的阶段性原则即在不同的阶段，需要根据特定的情况和目标，采取不同的策略和方法。本研究将《回答为什么的初级汉语语法书》（新修订版）中 35 课的内容分为了 7 个阶段，每 5 课分为一个小阶段，各阶段文化点数量、比例的统计如表 9 所示。

表 9　阶段性课文文化点数量及占比

	1—5课 数量/ 占比	6—10课 数量/ 占比	11—15课 数量/ 占比	16—20课 数量/ 占比	21—25课 数量/ 占比	26—30课 数量/ 占比	31—35课 数量/ 占比	总计
显性	50/ 23.8%	38/ 18.1%	32/ 15.2%	54/ 25.7%	7/ 3.4%	12/ 5.7%	17/ 8.1%	210/ 100%
隐性	18/ 12.9%	38/ 27.3%	33/ 23.7%	9/ 6.5%	17/ 12.2%	11/ 8.0%	13/ 9.4%	139/ 100%

通过观察表9我们可以看到，文化点的分布多集中于教材的前半部分，而到了后半部分文化点有减少的趋势。这和我们"循序渐进，逐步导入"的预想有所不同。之所以出现这样的不同，与课程内容的设置有关。如教材的第19课，题目为"談話室　中国語ってどんなことば？（聊天室 汉语是一种什么样的语言）"是唯一以一问一答的会话形式出现的，会话中出现了很多称谓和惯用语谚语的解释，因此增加了文化点的数量，也就提高了显性文化中16—20课的占比。总之，编者在此教材文化点的设置上并没有有意识地去协调各项文化项目的占比，文化点的多少和每课所讲的语法主题相关。

6　结语

从整体上来说，本教材所呈现的文化项目数量很多，但是种类却不多。分类框架中的二层分类文化项目有些基本没有提及，文化点呈现不均匀的分布状态。而且有些文化点的呈现内容过时，没有实用性和吸引力。在文化项目的阶段性考察中，发现阶段性文化点的设置比例也呈现不稳定的分布势态，这可能和每节课的主题有很大关联。

教材在国际中文教育中扮演着至关重要的角色。优质的教材能有效地促进中文教学的顺利进行，提高教学效果，使学生在中文学习中获得全面发展。基于本研究对《回答为什么的初级汉语语法书》（新修订版）特点的分析，提出几条教材编写建议。

第一，更新教材内容。引入现代汉语，确保教材中的词汇、语法和表达方式符合现代汉语的使用情况，避免使用过时的词汇和句型；增加实用性内容，包括最新的科技术语、流行文化词汇和日常生活用语，使学习者能够在实际交流中使用所学语言。

第二，合理设置文化点。文化项目多样化，在教材中均衡设置各类文化知识点，如传统节日、饮食文化、历史名人、风土人情、当代科技等，避免偏重某一方面，使学生不仅了解中国的历史，也能了解中国的现在。分阶段设置文化点，帮助学习者在不同的语言学习阶段掌握相应的文化知识，提高他们的跨文化交际能力，增强学习中文的兴趣和动力。

第三，优化教材内容。如融入中日文化对比内容。通过中日文化对比的方式，帮助学习者理解和尊重两国文化的异同，增强跨文化理解和交流能力；增加实用文化知识，注重介绍实际生活中常用的文化知识，如礼仪、习俗、社交礼节等，使学习者能够更好地融入中国社会。

参考文献

毕继万，2009，《跨文化交际与第二语言教学》。北京：北京语言大学出版社。

张虹、李晓楠，2022，英语教材文化呈现分析框架研制，《中国外语》(02)：78-84。

赵贤洲，1989，文化差异与文化导入论略，《语言教学与研究》(01)：76-83。

周小兵、谢爽、徐霄鹰，2019，基于国际汉语教材语料库的中国文化项目表开发，《华文教学与研究》(01)：50-58+73。

祖晓梅，2003，跨文化能力与文化教学目标，《世界汉语教学》(04)：59-66。

21　日本本土汉语教材使用的影响因素及作用机制——以初、中级汉语教材中的文化呈现为例

李莹莹

1　引言

　　对外汉语教材作为汉语教学以及文化传播的载体，越来越受到研究者的关注，近年来已取得较快的发展。对外汉语教材研究的主题聚焦于教材编写理论、内容要素、体例结构、教材类别、教材评估、教材对比、国别化教材研究等（李宝贵等 2020：118）。其中，国别化教材研究逐渐成为对外汉语教材研究的热点（邵明明 2017：103）。国别化教材具有母语注释，重视语言和文化对比，符合所在国家的教育体制和学制学时，符合学习者的思维和学习习惯等特征和优势，国别化汉语教材的研究和建设成为扩大汉语影响力、传播中国文化的有效途径（栗亚芬 2023：110）。日本本土汉语教材研究出现于20 世纪末 21 世纪初。国内外关于日本本土教材的研究除了理论探讨外，主要包括日本本土汉语教材的编写理念、编写实践、内容要素、体例结构分析（津田量 2010；辛平 2013），或基于学习者需求角度的教材编写分析（刘弘、包靖益 2012）。然而，相对于教材在教学中的重要地位而言，教材研究整体稍显不足，且偏重教材编写经验的总结和反思，或对某一编写原则和方法的讨论（邵明明 2017），缺乏基于教师视角的研究分析。

　　教材开发与建设的最终目的，是为了促进教师、学生与教材进行互动（Graves 2019：338-339）。一直以来，在语言教育学界，教材研究的重心在于理论探讨和教材开发实践，直到最近，才开始关注教材使用研究。教材使用研究以课堂为基础，关注教材与教师和学习者之间的动态关系（Guerrettaz *et al.* 2022：549-550）。但是，与教材内容研究相比，关于学习者和教师如何在语言课堂中实际使用教材，教材对课堂的实际影响等实证性研究却远远不足（Larsen-Freeman 2014；Tarone 2014）。Tomlinson（2012）呼吁必须重视教材使用研究，对教材在课堂中的有效性开展实证研究。教材的有效使用决

定着教材价值在教育教学中的有效转化（徐锦芬、刘文波 2023：133），因此，教材使用研究可以帮助教材开发者实地了解教材使用者对教材的需求、态度和评价，从而有针对性地开发、建设更符合学生需求和实际情况的教材，更好、更有效地为教学服务。前两章已对日本本土中文教材的使用现状，文化呈现的内容和形式进行了分析，本章拟探讨影响日本本土中文教师使用教材进行文化呈现的因素，及其形成机制，从而为日本本土中文教材建设的进一步发展提供实证支撑。

2　文献综述

本小节首先对本研究涉及的关键术语教材使用进行定义，然后围绕教材使用的影响因素，对国内外相关文献进行综述，并在此基础上梳理分析框架。

教材指学生和教师在语言学习和教学过程中使用的资源，包括但不仅限于教科书、讲义、数字资源等，是语言学习课堂不可或缺的一部分（Tomlinson 2012：143）。教材使用（material use）指教师和学生在课堂环境中实际使用教材、与教材互动的方式。因此，教材使用研究是以课堂为基础的，实时反映教学过程的研究，具有动态性和情境性特征（Guerrettaz *et al.* 2022：547）。国内外关于教材使用的分析框架主要涉及教材使用取向、教材使用策略及行为、教材使用影响因素三个领域（徐锦芬、刘文波 2023：133）。

2.1　教师的教材使用观

过往关于教材使用策略及行为的研究通常侧重于教师的行为，关注教师在课堂中的教学决策和与教材的互动。这些研究通常从"忠实度"（fidelity）的角度出发，将教材（一般指教科书）定位为起点，分析教师遵循或修改教材的程度（Guerrettaz *et al.* 2022：552）。Shawer（2010）根据教师对教材的忠实度和修改度，将教师在课程中的角色分为课程传播者（curriculum-transmitter）、课程开发者（curriculum-developer）和课程创造者（curriculum-maker）。课程传播者忠实度最高，在课堂中极少对教材进行修改。课程开发者采用宏观和微观策略对教材进行改编，包括补充、调整、规划、实验、设计和扩展等宏观策略，并灵活搭配排序、主题补充、课时调整、任务的调整、改编和弃用等微观策略来实现宏观策略。课程创造者则会通过评估学生需求，生成新的课程主题，对教学内容进行重组排序，导入教科书以外的主题。

Brown（2009：22）认为教师是课堂的设计者，应因地制宜地对教材内容进行加工、改编和创作，教师的技能、知识和理念会影响教师对教材的理解和使用。

此类研究关注教师如何使用、改编和解读教材，认为语言课堂是复杂的、动态的，教材不仅仅是静态的物体，而是在不同程度上调节师生互动的工具（Guerrettaz *et al.* 2022：550），强调教师和教材之间的动态、辩证和互动关系，认为教材使用是教师积极地参与到教材之中并与之互动的过程（Remillard 2005：221-223）。

2.2 教材使用影响因素及分析方法

关于教材使用的具体策略，过往研究从宏观和微观角度归纳了具体的策略。Hutchinson & Eunice（1996：47-48，99-100）对教材使用进行情景分析，提出了一个涵盖教科书、教师、学习者、微观和宏观背景的教材使用分析框架：（i）教科书内容；（ii）教师因素（包括教学理念、教学培训、教学经验、教学风格、对教科书的评价等）；（iii）学习者因素（如语言能力、过往学习经验、偏好的学习方法等）；（iv）教室布局；（v）学校因素（课时限制、学校管理层对该学科以及对教材使用的态度等）。Brown（2009）根据教师与教材的互动模式，从宏观层面提出了教材使用的 5 种策略：（1）教师对教材的选择，决定是忠实地使用教材，有选择地使用教材，或是抵制、放弃教材；（2）教师在备课和教学过程中对教材的解读，受教师对教学内容的了解程度以及教师学科知识背景的影响；（3）教师将自己的教学目标和教材预期目标相协调；（4）教师应考虑学生的兴趣、能力、经历等；（5）教师对教材进行补充、修改或删减。McDonough & Shaw（2003）将英语教学中的教材使用策略归纳为增加、删除、修改和重组，认为教材使用策略可以最大限度地提高教材与学习者之间的契合度。徐锦芬、范玉梅（2017）认为教师的教材使用动机受到教师对教学法的理解、学术背景和兴趣、关于英语教学和学习的信念以及考试制度的影响。张虹等（2021）则通过大规模问卷调查发现除了教学环境、教师理念、学生水平和考试、教学效果也会对教材使用产生影响。

关于教材使用策略的研究方法，已有研究大多以质性个案研究方法为基础，采用课堂观察、访谈、多模态分析（手势研究、话语分析、文本分析）等方式收集数据，主要用于使用策略和动机研究。如徐锦芬、范玉梅（2017）

采用了质性个案研究方法，对大学英语教师进行访谈和课堂观察，分析了教师使用教材任务的策略和动机。

综上所述，教材使用研究在数学、科学等教育领域比较成熟，但在语言教育领域却相对较新。目前，学界关于语言教学中教材使用的研究甚少，因此，将多种质性研究方法相结合，深入地了解语言教学中的教材使用过程变得非常必要（Guerrettaz *et al.* 2022：552）。

2.3　日本本土中文教材研究

国内外为数不多的关于日本本土中文教材研究主要从教材编排、内容特征展开分析。一方面，日本初级中文教材的研究揭示了其编写上的问题。张英（2001）认为，日本中文教材教学目的不明确因而在内容安排和练习设计上随意性较大，显得不够科学严谨。此外，刘弘、包蓓益（2012）从学生偏好的角度探讨了教材编排形式，认为日本学生更重视教材的趣味性。另一方面，部分研究也指出了教材内容的倾向性。辛平（2013）指出，日本本土中文教材重视语言知识的直接传授和理解，不重视课文及生词，缺乏语言交际；在话题选择上主要以日本为背景，围绕在日留学生的学习生活开展。可见，日本本土中文教材在编排上缺乏科学性严谨性，内容上重语言，轻内容，话题选择较单一，难以较好地呈现中国的社会文化。

然而，文化是国际中文教育的核心内容，教材是呈现文化的载体。日本本土中文教材在文化呈现上的倾向与不足，不仅关系到日本学习者对中国文化的理解和接受程度，也会对教师的教学方法，教材使用策略产生影响。因此，探讨需求侧，即教师和学生对教材的使用行为、需求、评价，可以更好地帮助教材开发者优化教材中的文化呈现内容、形式，对推动国际中文教育的深入发展具有积极作用。

3　研究设计

为了深入探讨日本本土中文教材的使用情况，本研究拟聚焦教材中的文化呈现，通过对日本本土高校教师进行深度访谈收集数据，探讨影响教师使用日本本土中文教材行为、策略的因素，及其成因，以期为日本中文教材的编写和使用提供参考。

3.1 研究问题

本研究采用质性个案研究方法，拟围绕以下两个问题展开：（1）影响日本高校教师呈现教材中的文化内容的因素有哪些？（2）这些因素如何互相作用，制约教师的教材使用策略？

3.2 研究对象

本研究以日本高校的四位中文教师为研究对象。四位老师均为中国国籍，在日本高校取得博士学位后，现任教于日本国立、私立大学的文科院系，教授中文系或其他文科院系的本科生。所教授课程为"初级汉语""中级汉语""汉语 1""汉语 2"等初、中级汉语课程。受访者基本信息如表 1 所示。

表 1　受访者基本信息表

编号	性别	职称	教龄	课程性质	研究方向	教授年级
T1	女	副教授	10 年	必修课	认知语言学	中文系本科生一、二年级
T2	女	讲　师	18 年	必修课	日语语法	中文系本科生一、二年级
T3	女	研究员	12 年	选修课	日本文学	文科院系本科生一、二年级
T4	女	讲　师	3 年	选修课	语音学	文科院系本科生一、二年级

3.3 数据收集及分析方法

本研究对四位教师进行了半结构式深度访谈。为了了解受访教师具体呈现，首先根据 Hutchinson & Eunice（1996）的教材使用分析框架拟定访谈主题，内容涵盖以下六个主题：（1）受访教师信息、教学理念、教学目的、教学经验、研究兴趣；（2）教材（结构、难度、篇幅、教材形式）；（3）学习者（学力、语言能力、学习目的）；（4）教学设计（教学流程、教学方法、动机和态度）；（5）课程设置及教学环境（教学制度、课时、课程考核等）；（6）外部环境（中日关系、舆论影响）。访谈问题详见本章附录。在访谈过程中，受访教师先对个人背景、所属院系、课程性质、学生学情等基本信息进行详述，之后谈论了她们的教学经历和教材使用实践。访谈者还请受访教师就教材中的文化呈现内容讲述了具体教学流程，教学方法，深度了解她们有关教材使用的行为和动机。为了在具体的深度访谈过程中发现新观点，访谈者会根据不同情况挑选访谈问题，并要求受访者尽可能多地给出自己的观点并描述细节。此外，还收集了教学课件和补充资料作为辅助分析数据。访谈通过腾讯会议、微信视频在线上进行，每个访谈时长约 70 分钟，访谈用语为中文。

在数据分析方面，首先，将访谈录音转写成文字，共获取了约 7.5 万字的文字资料。其次，使用 NVivo11 Plus 进行手动逐行的编码，包括开放式编码、轴心式编码、选择性编码。（1）开放式编码的要求研究者将收集的资料按其本身呈现的状态进行记录，从中发现概念类属并确定类属的属性和维度（陈向明 2020：332）。本研究将访谈材料分解成最小且有意义的原始语句并赋予概念，将其中和"文化呈现""影响因素""使用动机"相关的初始概念进行分类，进行理解、比较和筛选的概念化过程后，共形成涵盖所有记录的 25 个初始概念。（2）轴心式编码将开放式编码所分别命名的概念范畴进行聚集，参考概念框架和已有文献，厘清概念间的逻辑关系并对概念节点进行删除、合并或重命名，直至形成 6 个能够涵盖教师使用教材呈现文化的影响因素及动机的范畴，如表 2 所示。（3）选择式编码对已发现的初始概念和范畴进行归纳和相关性联结，形成核心概念，使资料的各部分构成有机关联的整体。本研究通过归纳不同初始范畴，提炼出 3 个对教材使用行为产生影响的主范畴，分别是教材使用动机（教师认知、教师素养、学习者水平与需求）、制约因素（教材的局限性、外界环境）以及教师认同感。

表 2　开放性编码形成概念与范畴

范畴	初始概念	原始材料
教师认知	教学目的	可以勾起学生更想了解中国，更想学好汉语的欲望，我觉得这应该是（中国文化呈现）最大的目的。
	定位	文化呈现不是这门课的重要教学目的，或者说不是必要的教学目的。
	呈现意愿	老师们还是会想办法让学生做一些文化体验，但不是每位老师都愿意这么做，毕竟需要自己设计、张罗，比较麻烦。具体怎么教，怎么讲要看老师了。
教师素养	学术兴趣	我是搞语音研究的。有时候教材中会出现一些汉语的音译外来词，例如"伊妹儿"。我会解释这个词是从英语的发音变过来的，是怎么变成这几个字的，还有其他什么音译词，让学生体会中文音韵的特点，了解中文的语言文化。
	文化素养	自己比较熟悉、了解的（文化）内容会多讲一些。我经常担心自己的文化修养不高，很难说明白这些文化背后的渊源。
	教学能力	说实话，我觉得老师应该对这些文化内容做好教学设计。

（待续）

（续表）

范畴	初始概念	原始材料
教材的局限性	呈现形式单一	教材是有图片的，但是就简单的一张图，有时是黑白的，感觉不是那么的生动活泼。
	内容过时	教材是十几年前出版的教材，内容跟不上现在的时代，稍微过时了。
	内容占比低	中国文化相关的内容在教材中只占了大约5%的比例。课后的一个小栏目，例如介绍中国的传统节日有哪些。内容很简单，而且不是每课都有。
	母语讲解缺失	有些词在课文当中出现了，没有任何解释，学生也不明白这是个什么样的文化，有什么魅力。
	教材任务缺失	教材中的课后练习或拓展练习都是围绕语言知识点展开的，几乎没有涉及文化知识点。
	多模态教材的缺乏	教材应该更多地、更好地设计这些中国文化知识，只是简单的几个字，或者老师口头讲述的话，学生还是很难体会到其中的含义。
学习者水平与需求	中文水平不足	尤其是低年级的学生，中文没学多久，拓展内容太多怕他们听不懂；不讲得深入一点儿，他们又意犹未尽。
	文化体验缺失	只是口头讲述，没有体验的话，学生很难体会到这具体是什么文化。就例如说茶道，你跟学生说中国的茶道博大精深，说得再多，可能学生也就当作一个知识点一听而过。但是如果老师真正让他穿着中国的旗袍，亲身体验一道一道功夫茶的程序，看到自己的老师和同学做出来的茶，然后真的坐在座位上品茶，他对文化的理解和感受肯定是不一样的。
	对文化呈现的兴趣	学生对中国文化比较感兴趣，想了解中国人为什么要这样做。学生对日本没有的而中国有的东西特别感兴趣。
	对文化呈现的需求	学生更希望能全方位，通过五感去感受文化呈现。例如教材中提到春节，可能我会把春联、福字带过去，贴在黑板上让他们感受一下。学生非常需要这种通过五感来感受文化的课堂活动，我一般会适当拓展。
	学分需求	可能因为我们学校是私立大学，有些学生只是为了拿学分，对课上的文化内容不太感兴趣。
教师认同	价值认同	课上融入中国文化的内容是很有必要的。
	归属感	学生对这些内容（文化呈现）越感兴趣，就会从心理上接受这个老师，进而更愿意多花心思在这门课的学习上，我也越愿意多花点儿心思。
	成就感	有时候讲到一些中国的社会文化，看到学生眼睛在闪闪发亮，会让我觉得特别有成就感。

（待续）

（续表）

范畴	初始概念	原始材料
外界环境	专业支持缺乏	没有培训或者集中备课，但是会和一些老教师请教在上这堂课时注意怎么教。老教师会做一个简单的讲解。
	课程设置不完善	学校、教务对于文化知识点的讲解没有硬性要求，也没有设置专门的中国文化课，所以如何呈现，呈现什么，完全看老师本人。
	课时限制	如果课时不够，有些文化相关的内容我会简单带过，或者跳过不讲。
	设备限制	校区稍老一点儿，那个电脑屏幕也小，挺麻烦的，所以有时不太愿意去弄（给学生播放图片、视频）。
	对敏感话题的回避	教材中涉及政治文化的内容课上会介绍，但是不会主动谈及敏感话题，尽量不去触及。

4　研究分析

　　教师使用教材呈现文化是众多因素影响下的复杂的、动态的过程。本研究根据 3 个主范畴，可以构建影响教材使用行为的各因素之间的动态关系及作用机制，如图 1 所示。首先，使用动机是最根本的影响因素。教师对文化

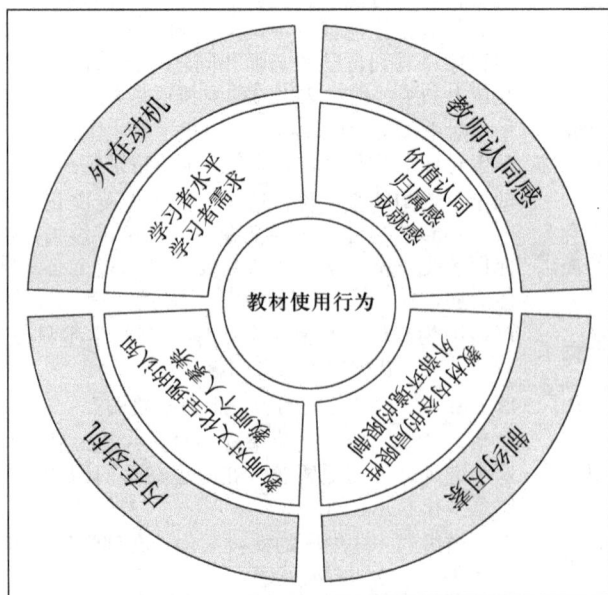

图 1　教材使用影响因素作用机制

呈现的认同，教师的素养，是教材使用动机的内在动机；学生对文化呈现的渴望和需求，则从外部推动了教师的教材使用行为。其次，教师的素养和能力、教材内容的局限性、外部环境的制约，又直接限制了教材使用行为，促使教师采用各种策略呈现文化内容。此外，教师通过文化呈现获得的认同感（积极或消极认可），又反哺教材使用动机和教材行为。

4.1　教材使用动机：内在认知与外在需求的共同体现

动机分为内在动机和外在动机。内在动机指个体对某个行为或活动感到自发、自主和有意义的兴趣和能力，大多源于自身对事物的热爱和探求精神；外在动机指人们在行为和决策中受到的外部因素影响，大多源于生存所需、社会规范或功利主义，能够对个体行为和选择产生直接的影响。通过访谈发现，受访者所担任的初、中级中文课程的教学大纲中，均没有提及中国文化呈现，但受访者一致认可了在课程中融入文化呈现的必要性，并且会主动地使用增加、修改等策略呈现文化。而影响教材使用动机形成的因素，包含内外两个层面。

（一）学习者对文化呈现的需求是最直接的外在因素。受访者普遍认为初、中级中文教材中的文化呈现最主要的目的是趣味性和实用性。趣味性指满足学习者对中国文化的求知欲和情感需求，激发对中国文化的兴趣，从而提升课堂的趣味性。实用性指满足学习者未来旅游、职业规划、自我增值等实际需求。

> "因为涉及文化的内容都比较难，课上是为了活跃课堂气氛，让学生对中国文化感兴趣。"（T3）"日本企业更倾向于招聘会汉语，了解中国情况的日本学生，所以课上多拓展一些中国的社会文化内容，有助于学生未来的就业。"（T1）

学习者的兴趣和需求导向，一直贯穿于教师的整个教材使用行为中。当学习者的需求得到满足，又会进一步地提出新的需求。教师也会持续关注学生的兴趣点和需求，对教材使用策略和教学方法做出调整。

> "在讲解一个教材上出现的习俗时，有学生感叹：'太不可思议了！为什么中国人会这么做，有什么含义吗？'我才反应过来学生是想了解这些习俗背后的渊源。以后碰上类似的文化内容，我会准备好材料，采

取提问互动的方式，让学生通过中日文化对比的角度去理解，或者让学生自己查阅资料，在课上用日语做小发表。"（T3）

（二）教师的学术兴趣和文化素养是影响教材使用动机的内在因素。

首先，受访教师的学术研究方向、个人的文化素养、教学设计能力等，会影响教师选择呈现教材中的哪些文化内容，如何呈现。

"因为我是研究认知语言学的，比如在讲解汉语的量词'条''道'等，就会启发学生思考汉语和日语的差异，并从认知语义学的角度解释汉语的思维逻辑。"（T3）

"我学过一点儿功夫茶的皮毛。教材中有一课提到中国的茶道，我就穿上旗袍，带着茶叶和茶具到课堂上给学生亲自做展示。还让学生也尝试着自己泡茶。"（T2）

其次，教师的内在动机，是受到学习者兴趣和需求这个外在动机制约的。一旦收到消极的反馈，教师就会改变策略，采取弃用、删减等策略。

"课文中提到中国的京剧，我想着京剧和日本的歌舞伎比较相似，学生应该会比较感兴趣，就在课上播放了一小段京剧的片段。学生好像并不感兴趣，我就没有再拓展下去，很快地跳到下一个内容。"（T4）

反之，教师的内在动机也会对学习者的兴趣和需求产生影响。教师对文化呈现的意愿不高，缺乏课堂互动或没有针对学习者的中文水平、需求进行适当的增加、修改，也会对学习者的兴趣产生消极的影响。"如果老师没有拓展开来，就这么讲一下，一带而过。学生可能连吃力都不会感觉就直接不感兴趣了"。（T3）由此可见，教师通过了解学生的兴趣和需求，将外在因素内化，与教师本身的内在动机相整合。内外动机互相转化，互相影响，促使教师在使用教材进行文化呈现时发挥着积极的主观能动性。

4.2　制约因素：教师、教材、环境之间的矛盾

Hutchinson & Eunice（1996）和 McDonough & Shaw（2003）均提到影响教材使用的多重因素。通过访谈，我们发现制约日本本土教师使用教材呈现文化的因素主要在于教材的局限性和外界环境的限制。

　　一是教材内容的局限性和教师主观能动性的矛盾。通过访谈以及教师提供的教材样本发现，4位受访教师中，3位教师所使用教材的出版年限超过8年，另一位教师从今年开始使用了2023年出版的新教材。受访教师均反馈，日本文部省、高校教务管理层以及各院系对教师使用何种教材并无规定和要求，因此教师在教材选用上有极高的自由度。由于初、中级中文课程的教学目的是中文语言能力的习得，因此教师选择教材的标准在于编排是否合理，课后练习、教材任务是否丰富，以及教材的实用性，而教材的文化呈现及趣味性并非教师选择教材的考量因素。"这个教材我为什么选它，很大一个原因是（内容编排）循序渐进，环环相扣，而且情景会话也比较贴近实际生活。将来学生去留学，交中国的朋友也能用得上。"（T1）由于教材侧重语言知识点，和文化相关的内容编排、呈现形式等就存在着局限性。

　　首先，内容上篇幅少，难以理解，没有很好地反映当今中国社会文化的特征。其次，编排上缺乏文化点相关的任务或课堂活动。再者，文化呈现的形式枯燥。显性文化呈现以"小栏目"等补充内容的形式出现在课后。隐性文化呈现以单词的形式出现在单词表、会话和课文中，只有相应的单词翻译，缺乏母语的辅助性讲解。"教材也没有相应的解释，只有冷冰冰的一个单词，或者一句话，学生很难理解，我们老师也难讲。"但是教师的内在认知和学生的需求又促使她们对文化呈现有一种责任感。"说实话，我觉得老师应该对这些文化内容做好教学设计。"（T2）教师在教材使用过程中既要尊重教材的统一性和权威性，同时须将教材内容与学生需求的多样性相结合，这给教师带来了压力和考验。教师对自己能否很好地呈现文化产生不安和焦虑：有些教材上的文化内容比较难，我很担心自己是否能很好地回应学生的问题。"（T1）

　　可以看出，教师迫切需要专业的支持，可以是多模态的辅助教材，也可以是有经验的老教师传帮带。"如果有关于中国文化介绍的视频库，这样我们老师在授课时就不需要像无头苍蝇一样到处乱找。"（T2）与此同时，这种压力也推动教师积极发挥主观能动性设计课堂。通过访谈可以发现，受访教师在教材使用中采用了增加、删减、修改等策略，使用游戏互动式、体验式、翻转课堂等多种教学方法设计课堂。

　　　　"教材上关于中国文化的内容太少太单调了，一般我都会在网上找视频，网上找图片做补充。"（T3）"我会删掉这些（过时的）内容，改成近年的热门话题，比如移动支付、无人驾驶汽车之类。"（T4）

二是外界因素如课时、设备的限制，对教师的呈现意愿、教材使用策略的制约。课时不够，设备老旧的情况下，教师会删减、跳过文化内容。此外，中日两国之间在政治、经济、文化上的互动也会影响教师的教材使用策略。受访教师表示在授课过程中不会跳过教材里的政治文化内容，坚持做忠实的"课程传播者"。即便在调整教材使用策略时，他们也会谨慎对待，确保教学内容的适宜性。

4.3　教师认同感：自我认同对教材使用的调节作用

李笑樱、闫寒冰等（2018）认为，教师职业认同感包括职业价值观、归属感和效能感。职业价值观包括教师个体对职业的社会价值以及职业对自我价值的认识。归属感指教师个体对教师角色、组织的归属感。效能感指教师对自己能否胜任职业的信念，对教师如何应对压力有直接的影响。三者又会对教师的行为倾向产生影响。就教师的教材使用行为来看，受访教师不仅认可文化呈现的必要性，还认为对自己的教学能力、文化素养的提高也有一定的促进作用。

> "说起来挺惭愧的，有些中国文化的背景和渊源我都不清楚，还专门去查了好多资料才知道。"（T1）"我会去参考上过这门课或类似课程的老师他们用了什么样的方法、教具给学生讲。"（T2）

教师在教学设计的过程中获得专业同行的支持时，会对教师这个群体产生群体归属感。同时，当自身的教材使用行为获得学生的积极反馈和认可时，也会产生一种"被学生接受"的归属感，以及教学能力得到认可的成就感。这种归属感和成就感，使教师逐步建立自信，形成高度的教师认同感。

> "有一课教材中出现了熊猫相关的内容，我就整理了近期和熊猫相关的热门话题和学生交流。有学生提到前段时间上野动物园的熊猫生了宝宝，说希望能学好中文，帮助中日两国提高熊猫的繁殖技术，让熊猫宝宝更健康地成长。我听了之后特别感动。"（T3）

认同度高的教师能够成功处理压力，积极应对教材或外界环境带来的负面影响，对教学效果、学生态度、教材使用行为产生积极的影响。反之，如果教师难以从同行、课堂上获得归属感，也得不到正面的反馈，就会对自己的教学能力产生怀疑，在一定程度上影响教师呈现文化的意愿，教师就会采用删减、跳过等消极的使用策略。

"我的课有些学生是为了拿学分，或者为了考证来的，对课上拓展的文化内容没什么反应。这种时候我就会少讲一些，或者快速地过一遍，赶紧进入下面的语法、会话环节。"（T4）

本研究借助访谈等质性研究资料，考察了日本高校初、中级中文教师使用教材呈现文化的影响因素及动机成因，回应了 Guerrettaz *et al.*（2022）等研究者对语言教学中的教材使用过程进行质性研究的呼吁。

研究显示，教师在教材使用过程中，受到内在动机（教师对文化呈现的认知、教学目标、课堂趣味性）和外在动机（学生语言水平、情感需求、实用需求）的综合影响。由于课程大纲和教务管理层并没有对教材中的文化呈现有明确的规定，教师是否呈现教材的文化内容，如何呈现，属于自发行为。尽管如此，受访教师对文化呈现的信念和对学生需求的理解，驱使她们充分发挥主观能动性对教材进行改编。此外，教师的个人素养对教材使用有着重要的作用。教师对文化呈现的内容、呈现方式的选择，受教师的学术兴趣、文化素养、教学能力的影响，体现了教师能动性的差异。研究还发现，教材内容的局限性和外在环境的限制，又给教师带来了压力和挑战。教师需要克服教材内容、外在环境带来的消极影响，运用增加、删减、修改、跳过、重组等多种策略。这一结果表明，教师作为教材使用者会依据内外动机和客观条件做出能动选择，印证了 Remillard（2005）的观点，即教师和教材之间存在动态、辩证和互动的关系，教材使用是教师积极地参与到教材之中并与之互动的过程。研究进一步发现，教师认同感也对教材使用行为产生调节作用。教师的教材使用行为产生的正面、负面反馈，影响着教师认同感的高低。而教师的认同感又反过来作用于教材使用行为。高认同感可以有效促进教师解决客观条件带来的问题和压力，促使教师积极地改编教材内容，低认同感则会迫使教师弃用、删减文化呈现内容。

教材使用是一个多方因素共同作用下的复杂过程。本研究尝试将影响教材使用的各个影响因素统合为一个有机整体，阐明其形成机理。研究结论为中文教材中的文化呈现带来了重要启示。

首先，本研究结果体现了教材内容对教材使用有着重要的制约作用，鉴于教材内容存在诸多的不足，日本本土中文教材需要在文化呈现的内容编排，话题选择，教材任务，呈现形式，以及多模态教材的开发等方面做出改进。受访教师在访谈中多次提到学生对文化体验的渴望，以及教师对多模态教材的需求。教师即使使用国内开发的中国文化系列视频，视频以中英介绍为主，极少有日语讲解。刘乐宁（2010）认为"国别化"中文教材需要解决中文教材适用性的问题，应包括注意教材容量本土化、生词注解母语化、讲解对比化、话题本土化4个要素。因此，日本本土中文教材中的文化呈现不仅要在内容上体现中国文化的时代特征，突出趣味性，还要在充分考虑学习者语言和认知水平的基础上，设计合作式、互动式的教材任务，以激发学习者兴趣。其次，在呈现形式上，应考虑教师的需求和初、中级学习者的中文水平，充分发挥纸质教材、电子教材、音像教材、网络平台的优势，开发多模态教材、教具，形成主干教材和辅助教材相配合的立体化体系。实际上，受访教师T4在弃用了原有的中文教材后，选择了2023年新出版的中文教材。教材不仅编排新颖，有配套的文化视频，内容上还选用了"中国高中生的学习生活""中国的卡拉OK"等年轻群体感兴趣的话题，得到了教师的认可。但是，这样兼顾语言学习和文化呈现的新教材极少，尚未在日本国内普及，需要教材编写者加大对现有教材的改编力度。

其次，本研究结果还体现了教师个人素养对教材使用行为的影响，以及专业支持对教师认同感的促进作用。受访教师均在教材使用中积极发挥了主观能动性，即教师不甘于做"课程传播者"，而倾向于做"课程开发者"或"课程创造者"。在这个过程中，教师个人的能力、兴趣和素养起着关键的作用。由于受访教师均没有教育学的研究背景，尽管部分教师有着10年以上的教学经验，依然对教学法的理论、方法论不甚了解，在面对文化呈现中出现的问题，学生的消极反应，依然缺乏自信。教师能力、素养的不足不仅会影响教师的教材使用策略，还会让教师陷入不自信，焦虑的状态。因此，除了老教师的传帮带之外，还应该构建可供日本中文教师共同交流的教学平台，定期举办中文教学研讨会，为教师提升教学能力提供脚手架。

最后，囿于跨国访谈的地域限制，以及研究周期有限，接受访谈的教师人数有限，且在有限的线上访谈时间内，无法对充分阐述更多教材使用的细节。在后续的研究中，将结合量化分析和质性分析方法，进一步聚焦教材使用的影响因素，探究深层次影响机制。

参考文献

Brown, M. W. 2009. The teacher-tool relationship: Theorizing the design and use of curriculum materials. *Mathematics teachers at work: Connecting curriculum materials and classroom instruction*. London/New York: Routledge. 17-36.

Grammatosi, F. & N. Harwood. 2014. An experienced teacher's use of the textbook on an academic English course: A case study. In N. Harwood (ed.). *English Language Teaching Textbooks: Content, Consumption, Production*. London: Palgrave Macmillan.178-204.

Graves, K. 2019. Recent books on language materials development and analysis. *ELT Journal 73* (3): 337-354.

Guerrettaz, A. M. & G. S. Mathieu, S. Lee & A. Berwick. 2022. Materials use in language classrooms: A research agenda. *Language Teaching* 55 (4): 547-564.

Hutchinson & G. Eunice. 1996. What do teachers and learners actually do with textbooks?: teacher and learner use of a fisheries-based ELT textbook in the Philippines. Ph.D. Dissertation. Lancaster: University of Lancaster.

Larsen-Freeman, D. 2014. It's about time. *Modern Language Journal 71* (1): 62–64.

Littlejohn, A. 2022. The analysis and evaluation of language teaching materials. In J. Norton & H. Buchanan (eds.). *The Routledge Handbook of Materials Development for Language Teaching*. London/New York: Routledge. 263-276.

McDonough, J. & C. Shaw. 2003. *Materials and Methods in ELT: A Teacher's Guide*. London: Blackwell.

Remillard, J. T. 2005. Examining key concepts in research on teachers' use of mathematics curricula. *Review of Educational Research* (75): 211-246.

Shawer, S. 2010. Classroom-level curriculum development: EFL teachers as curriculum-developers, curriculum-makers and curriculum-transmitters. *Teaching and Teacher Education* (26): 173-184.

Tarone, E. 2014. Research on materials and their role in classroom discourse and SLA. *Modern Language Journal 98* (2): 652–653.

Tomlinson, B. 2012. Materials development for language learning and teaching. *Language Teaching* 45 (2): 143-179.

陈向明，2020，《质的研究方法与社会科学研究》。北京：教育科学出版社。

津田量，2010，日本汉语教材综合研究及分析，《汉语学习》（02）：105-112。

李宝贵、李慧、璩大盼，2020，四十年间国际中文教材研究的热点、趋势与特征，《汉语教学学刊》（00）：118-137。

李笑樱、闫寒冰，2018，教师职业认同感的模型建构及量表编制，《教师教育研究》30（02）：72-81。

栗亚芬，2023，近十五年国别化汉语教材研究述评，《重庆科技学院学报（社会科学版）》（01）：110-118。

刘弘、包蒨益，2012，日本学生对于汉语教材编写形式的偏好研究——以福冈大学为例，《国际汉语教育》（01）：158-168+213。

刘乐宁，2010，论汉语国别教材的适用性，《国际汉语学报》1（00）：14-21。

邵明明，2017，近二十年对外汉语教材研究综述，《国际汉语教育（中英文）》2（01）：100-107。

辛平，2013，日本本土汉语教材特征分析——以三套日本初级汉语教材为例，《国际汉语教育》（02）：144-151。

徐锦芬、范玉梅，2017，大学英语教师使用教材任务的策略与动机，《现代外语》40（01）：91-101+147。

徐锦芬、刘文波，2023，外语教材使用：分析框架与研究主题，《现代外语》46（01）：132-142。

张虹、李会钦、何晓燕，2021，高校英语教材使用及其影响因素调查研究，《外语教学》42（04）：64-69。

张英，2001，日本汉语教材及分析，《汉语学习》(03)：61-69。

附录　访谈提纲

1.您在呈现教材中的中国文化时，一般采用什么样的教学方法？请具体描述教学设计、教学流程。

2.您觉得文化呈现是否是课程的重要教学目的之一？您对呈现教材中的中国文化持什么样的态度？

3.您觉得教材中关于中国文化的内容难度如何？

4.您在呈现教材中的中国文化时，采取什么样的策略？为什么会采取这样的策略？

5. 您觉得学生在学习教材中的中国文化相关内容时是否感到吃力？学生的哪方面因素会影响您的教材使用策略？

6. 关于讲授、呈现教材中的中国文化，对您来说最困难的地方是什么？

7. 课程考核、等级考试（如日本中文检定、HSK）是否会影响教材使用策略？

8. 外界因素（如中日关系、教育部门政策、学校管理层态度、课时安排等）是否影响您使用教材中和中国文化相关内容的策略？

9. 您希望今后的教材在呈现中国文化时，可以如何改进？